KB276047

목진석 감수 · 이하림 지음

기본정석으로 강자가 되어라

기본에 충실하면 기력향상은 저절로 따라온다!

더 디퍼런스

기본 **정석**으로
강자가 되어라

2판 1쇄 발행 2025년 8월 1일

감 수 목진석
지은이 백재욱
발행인 조상현
마케팅 조정빈
발행처 더디퍼런스

등록번호 제2018-000177호
주소 경기도 고양시 덕양구 큰골길 33-170(오금동)
문의 02-712-7927
팩스 02-6974-1237
이메일 thedibooks@naver.com
홈페이지 www.thedifference.co.kr

독자여러분의 소중한 원고를 기다리고 있습니다. 많은 투고 부탁드립니다.

ISBN 979-11-6125-552-1 13690

더디퍼런스 출판사는 다른 시선으로 세상을 담는 책을 만듭니다.

  사전적인 의미에서 정석(定石)은 한자어 우리말의 명사이며, 바둑에서는 "최선인 것으로 인정되어 온 일정한 수(手)들의 응접으로 일단락된 형태"를 말합니다. 일상에서도 '어떤 일을 처리할 때의 정해진 일정한 방식'으로 많이 사용되는 말입니다. 이런 사전적인 의미로만 이해한다면 바둑의 정석은 귀와 변은 물론 중앙에서도 나타날 수 있는 일정한 최선의 수순으로 넓혀 생각할 수 있을 것입니다.

  그런데 바둑은 귀에서부터 출발해 변으로 발전하죠? 변으로 발전해가는 귀의 변화가 워낙 다양하므로 바둑의 정석은 좁혀서 귀에서의 응접으로 생각할 수 있겠습니다.

  이런 정석이 이루어지기까지의 과정 속에는 프로기사들의 고뇌의 순간순간이 농축된 한수 한수가 담겨 있다고 봐도 지나치지 않는 표현일 것입니다. 그 정석의 변화 속에는 바둑의 기본이나 근간을 이루는 모범적인 행마법, 때로는 변칙적인 수, 임기응변의 수도 망라되어 있으며 무리수, 함정수 등도 도처에 숨어 있습니다.

따라서 정석을 익힌다는 것은 포석을 짜기 위한 밑바탕을 튼실하게 하는 작업일 뿐 아니라, 중반전에 쓸모 있는 행마의 틀이나 형태를 갖추는 요령도 함께 공부하는 셈입니다. 그것만으로 그치지 않고 사활의 급소를 짚어내는 감각이나 수읽기의 힘을 깊이 있게 해주며, 끝내기의 맥점이나 수법까지도 저절로 익힐 수 있게끔 한다고 확대해석해도 좋겠습니다.

그러면 정석공부는 어떻게 해야 하는 것일까요? 아마추어가 세상의 정석을 모두 섭렵하기란 매우 어렵습니다. 따라서 기본적이고 중요한 정석을 중심으로 필수적인 지식을 얻는 정도로도 충분합니다. 최근의 추세는 화점이라는 주메뉴에 소목이 디저트로 살짝 얹어진 느낌이 드는 포석이 전성시대를 누리고 있습니다. 화점은 날일자걸침이 99퍼센트, 응수도 협공보다는 날일자로 고분고분 받는 횟수가 훨씬 많습니다. 소목의 경우는 한칸걸침이 대세이며, 날일자걸침이나 눈목자걸침은 기분전환으로 두는 듯한 인상입니다.

그런 점을 감안해, 이 책에서는 가장 널리 쓰이는 화점에 날일자걸침과 소목에 한칸걸침을 중점적으로 다루었습니다. 어려운 변화는 되도록 피하고 간명하면서도 꼭 알아야 할 변화를 소개하는 데 역점을 두었습니다. 간명함 속에도 간혹 복잡한 변화가 숨어 있지만, 그 정도는 익혀 두어야 강자로 가는 길에 체면이 서겠죠?

기본에 충실하면 기력향상은 저절로 따라옵니다. 이 책을 통해 공부하다 보면, 자신도 모르는 사이에 놀랍게도 강자가 된 모습을 발견하지 않을까요.

백재욱

차례

1장 ☞ 화점 날일자걸침│수비형 응수

제1형 화점 날일자걸침│날일자응수

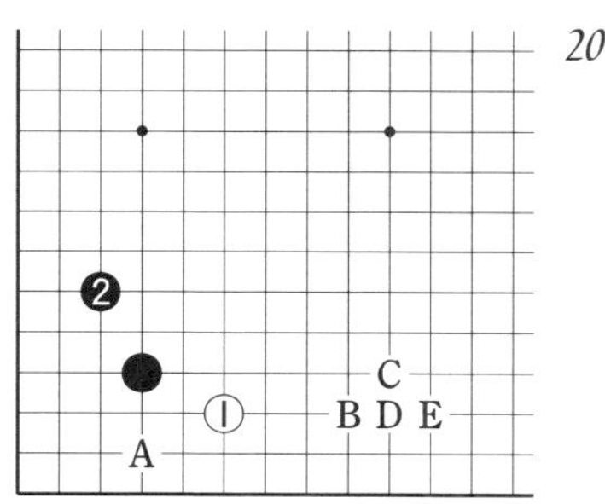

20

제2형 화점 날일자걸침│한칸응수

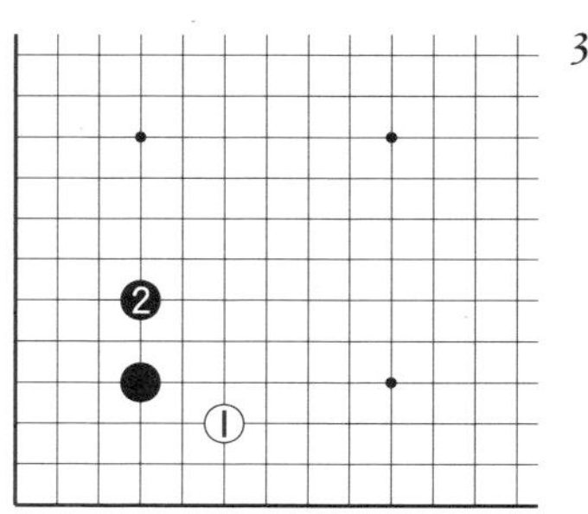

37

제1형 소목 한칸걸침 | 아래쪽 붙임

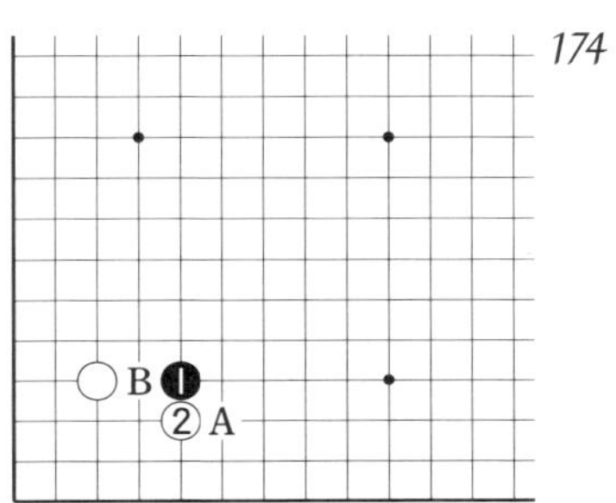

제2형 소목 한칸걸침 | 위쪽 붙임

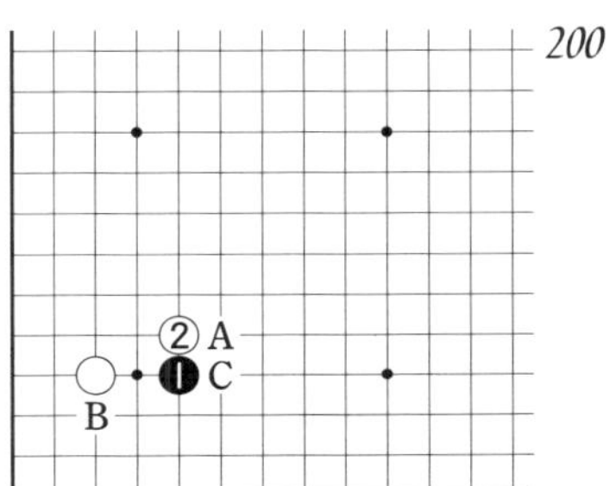

제3형 소목 한칸걸침 | 여러 응수와 협공

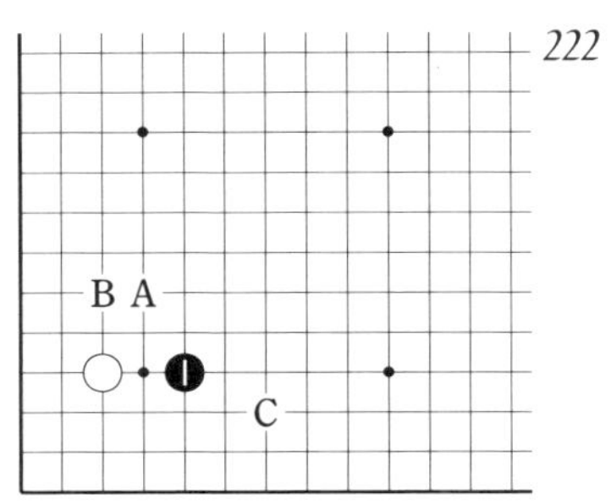

제4형 소목 한칸걸침 | 두칸높은협공

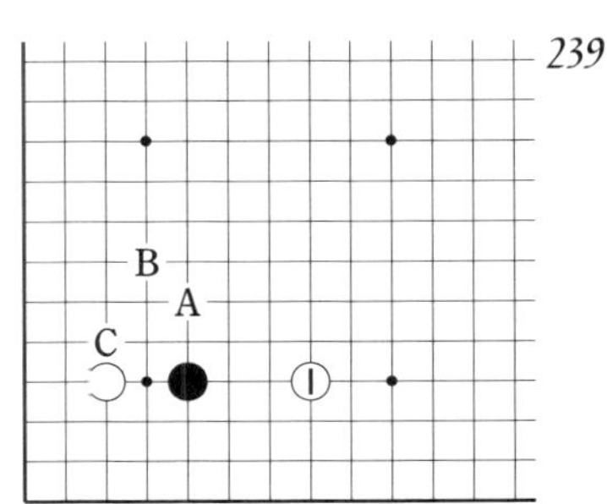

화점과 소목의 기본정석을 마스터하라

현대바둑에서 가장 각광을 받고 있는 착점이라면 단연 화점을 첫 손가락에 꼽을 수 있다. 한판의 바둑, 포석에서 프로나 아마추어를 막론하고 최소한 네 귀 가운데 두 군데 이상은 화점이 지배하고 있다는 사실이야말로 화점이 얼마나 효율적인 착점인지 알려주는 대목이다.

화점은 귀를 한 수로 처리할 수 있다는 데 그 가치가 크다. 다만, 실리에는 약한 면이 있다. 3三의 곳이 비어 있으니 상대방에게 쉽게 귀를 빼앗긴다. 그 대가로 얻는 세력을 활용하여 변으로 발전하는 속도도 빠르고, 중앙으로의 발언권도 강해진다.

소목은 한 수로 귀를 지킬 수 없다는 것이 단점이지만, 한 수를 더 들여서 귀를 굳힐 경우 적지 않은 실리를 확보할 수 있다는 장점도 있다. 굳힘을 방해하는 걸침과 걸쳐온 돌을 협공하는 자연스런 흐름 속에서 필연적으로 싸움이 벌어질 수밖에 없는 것이 소목이 가진 속성이기도 하다.

최근의 경향은 귀의 착점은 화점과 소목, 두 가지만 있는 것처럼 보인다. 3三이나 외목, 고목을 구경하기 힘들어진 것도 결코 우연은 아니다. 중앙을 중시하는 현대바둑의 특성상, 실리에 치우친 3三이 기피(?) 대상이 되었는지도 모른다. 또한 덤이 커져서 더욱 바둑이 치열해진 까닭에 툭하면 바둑판의 4분의 1을 차지하는 대형정석이 출현하기 일쑤인 외목이나 고목이 환영받지 못하는 현실이다.

이런 저런 까닭으로 화점이나 소목으로만 이루어진 포석이 전체 바둑의 90퍼센트가 넘게 된 것 같다. 따라서 화점이나 소목의 기본적이고 중요한 변화만 익힌다면 정석을 거의 마스터했다고 봐도 좋을 것이다.

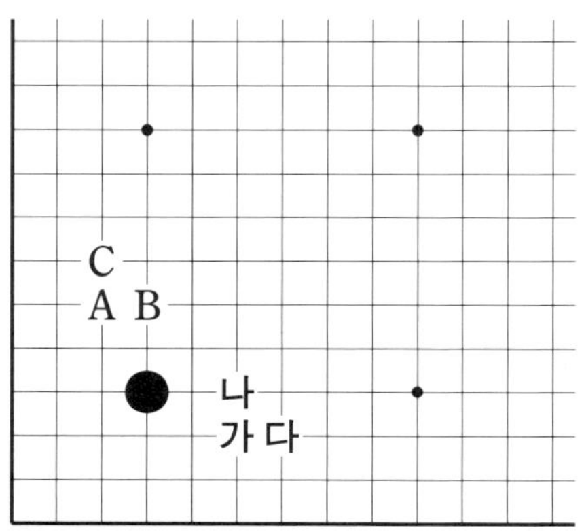

1도

1도(화점 걸침에 대한 단상)

화점의 걸침에 대해서는 대칭이 되도록 응수하는 것이 상식적이다.

백[가]의 날일자걸침에는 흑A의 날일자응수, 백[나]의 한칸걸침에는 흑B의 한칸응수, 백[다]의 눈목자걸침에는 흑C의 눈목자응수가 그것이다.

C
A B
D H
E ① F G

2도

2도(화점 날일자걸침에 대해)

백1의 날일자걸침에 흑A는 가장 견실한 응수다. 그 외에도 B, C 등도 쓰이며 D의 붙임, E의 마늘모붙임도 배석에 따라 쓰인다.

또한 F의 한칸이나 G의 두칸, H의 두칸높은협공 등도 적극적인 수법이다.

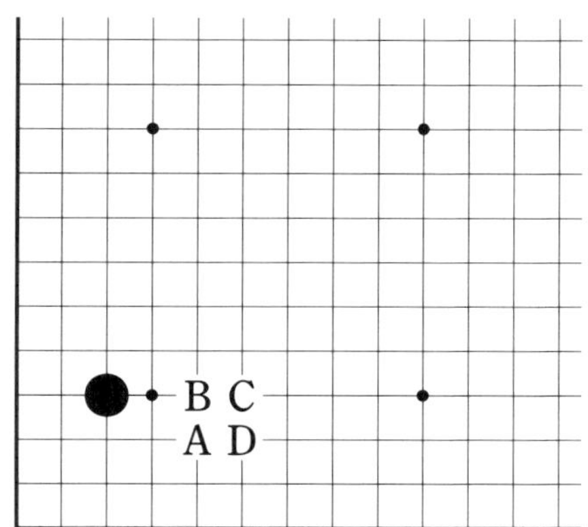

3도

3도(소목에 대한 걸침)

흑의 소목에 대한 백의 걸침으로는 A~D의 네 가지가 보통이다.

최근에는 B의 한칸걸침이 높은 점유율을 보이고 있으며, 그 다음이 A와 D의 걸침이다.

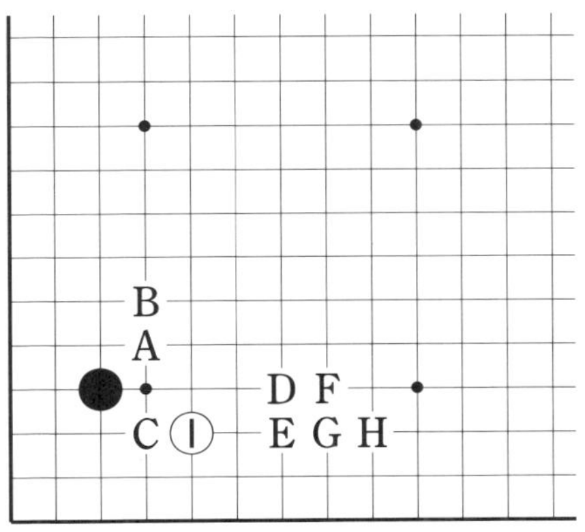

4도

4도(소목에 날일자걸침)

백1의 날일자걸침에 대해 흑은 온건하게 받는다면 고전적인 A의 마늘모나 B의 날일자다.

흑C의 마늘모붙임도 간혹 쓰이며, 협공한다면 D 이하 H까지가 널리 두어진다.

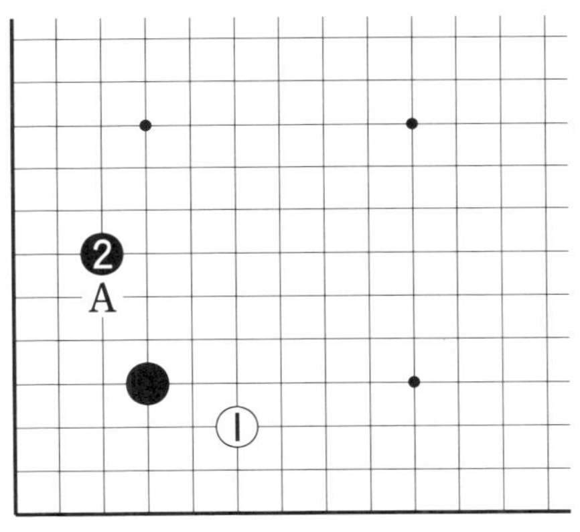

5도

5도(화점에 날일자걸침)

앞서 나온 백1의 날일자걸침에 대해, 예전에는 그것도 아주 오래전이지만 흑2의 눈목자응수가 절대적이던 시절도 있었다. 그때는 흑A의 날일자는 선택지에 없었고 둔다면 혼날 만한 수였다.

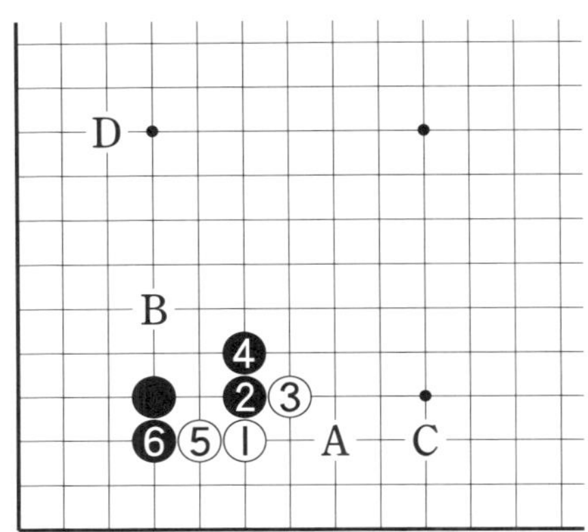

6도

6도(화점 날일자걸침에 붙여뻗음)

백1의 날일자걸침에 흑2에서 4의 붙여뻗음은 접바둑에서 유력한 수법 가운데 하나다.

6 다음 백A면 흑B, 백이 그냥 C로 벌리면 흑도 D에 크게 전개하는 것이 보통이다. 맞바둑에서는 좀처럼 구경하기 힘든 응접이다.

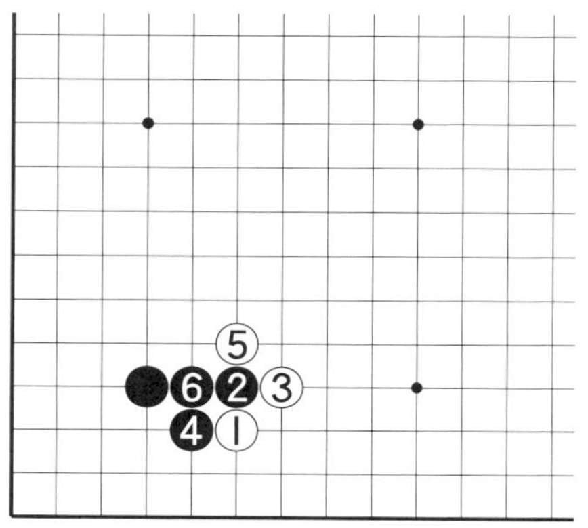

7도

7도(화점 날일자걸침에 붙여막음)

백1에 흑2로 붙이고 4에 호구쳐 막는 것은 백5의 한방이 아프다고 해서 기피하던 진행이었다.

그러나 이창호 9단이 애용해서 높은 승률을 올리자, 각광을 받아 너도나도 따라 두던 시절이 있었다. 실리에 짠 수법이다.

8도

8도(상식을 깬 마늘모붙임)

백1의 날일자걸침에 당장 흑2로 마늘모 붙여서 백3, 5를 허용하는 것은 상식을 깬 수법이다. 백은 2립3전의 이상형이 아닌가?

예전 같았으면 야단맞을 수법이지만, 지금은 프로가 앞장서서 아무렇지도 않게 두고 있다.

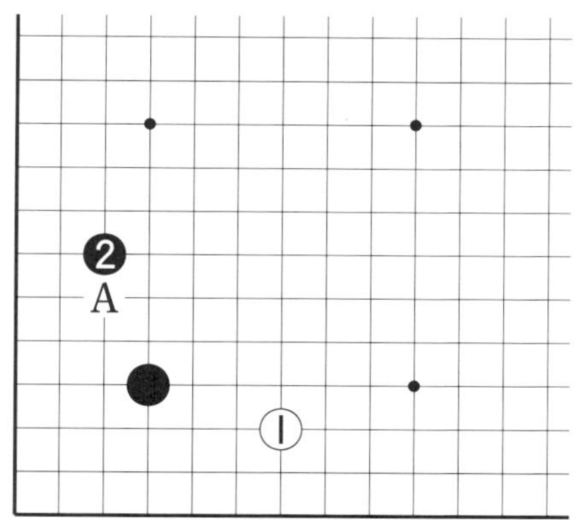

9도

9도(화점에 눈목자걸침)

백1의 눈목자걸침은 흑의 협공을 견제하는 뜻을 가진 수법이다. 따라서 흑은 점잖게 응수하는 것이 상식이다.

제일감은 대칭인 흑2의 눈목자일 것이다. 대신 가장 견실한 A의 날일자도 생각할 수 있다.

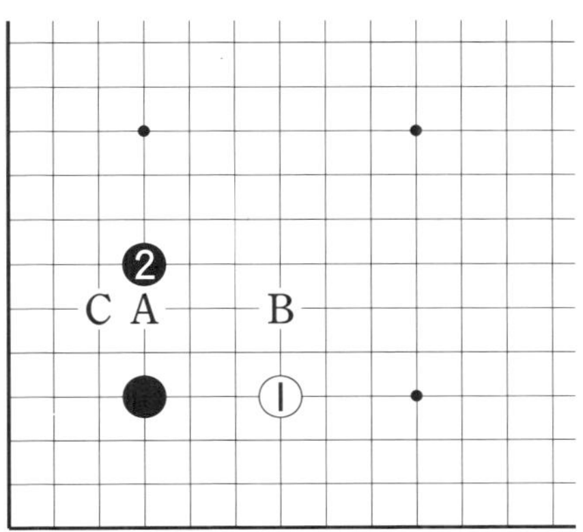

10도

10도(화점 두칸걸침에 대해)

백1의 두칸걸침에 대한 흑의 응수
는? 대칭으로 응수한다면 흑2의 두
칸이다. 다만 좀 허술하다.

흑A의 한칸이 100점짜리 응수로
알려져 있다. 다음 흑B가 중앙을
의식한 호점이다. 애초에 흑C의 견
실한 응수도 가능할 것이다.

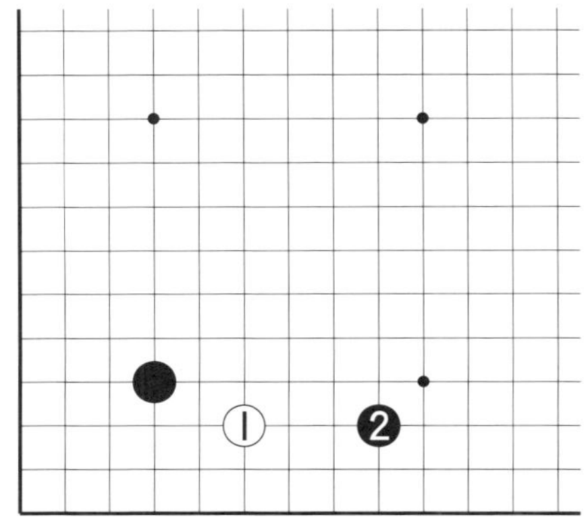

11도

11도(화점 날일자걸침에 한칸협공)

백1의 날일자걸침에 대해 가장 적
극적인 흑의 반응은 2의 한칸협공
이다. 으랫동안 협공의 제1인자 자
리를 누려왔다.

A의 두칸높은협공은 한칸협공보
다 선배격인 수로 예전에 인기가
높던 수였다.

12도

12도(두칸협공의 등장)

그런데 시대가 변해, 백1의 걸침에
흑2의 두칸협공이 모습을 드러냈
다. 있는 수이지만 잊혀져가다시피
했는데, 느닷없이(?) 등장해서 인
기를 끌고 있다. 유행의 열기가 식
으면 사라질지도 모르지만….

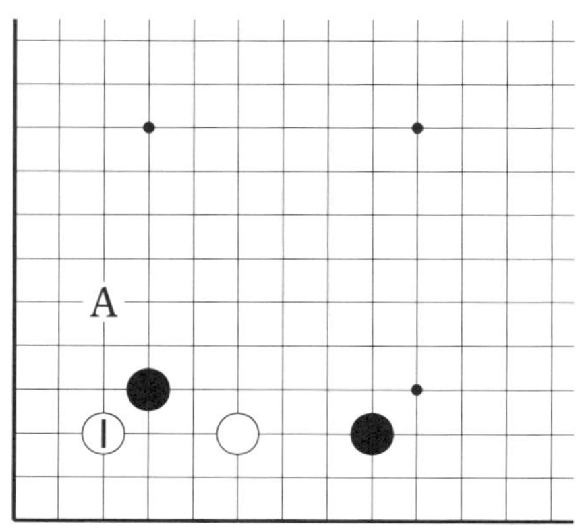

13도

13도(3三침입이 보통)

흑에게 협공을 당한 이상, 백1로 3三에 들어가는 것이 보통이다.

만약 3三 대신 A 근방에 양걸침을 하면 아주 까다롭고 어려운 변화가 기다린다.

14도(기본적인 코스)

흑1쪽을 막는 것은 옳은 방향이며 백2에 흑3에 는 것도 정수다.

백4, 6으로 젖혀잇고 8까지가 정해진 코스다. 이렇게 해서 완성된 결과물과….

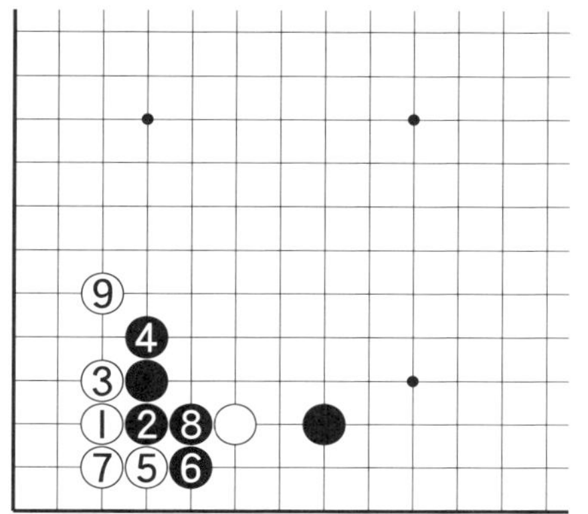

14도

15도(한칸협공과의 비교)

흑이 한칸협공했을 때와의 비교다. 백1 이하 9까지는 앞서와 똑같은 진행인데, 이 그림은 협공한 돌의 위치가 조금 중복인 느낌이다.

그 반면, 앞 그림은 자연스러워 보인다. 이 차가 두칸협공의 유행을 불렀을지 모른다.

15도

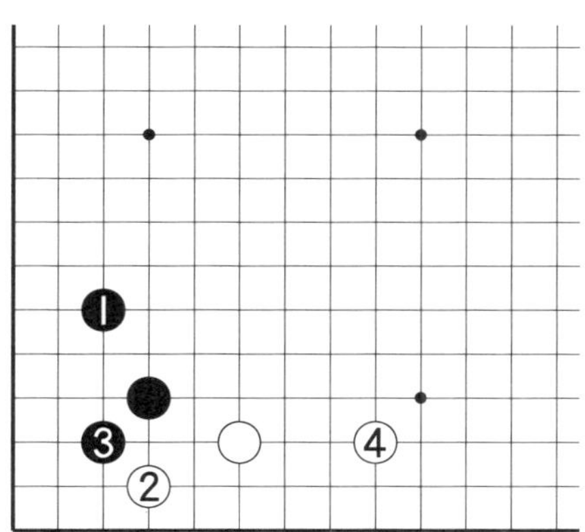

16도

16도(기본 중 기본)

흑1의 날일자응수에 백2의 날일자
로 귀쪽을 향해 2선에 달리는 것은
가장 널리 쓰이는 수법이다.

　점잖게 흑3으로 3三의 자리를 받
으면 백도 4에 두칸을 벌려서 안정
한다. 화점의 붙여뻗음과 더불어,
기본적인 형태다.

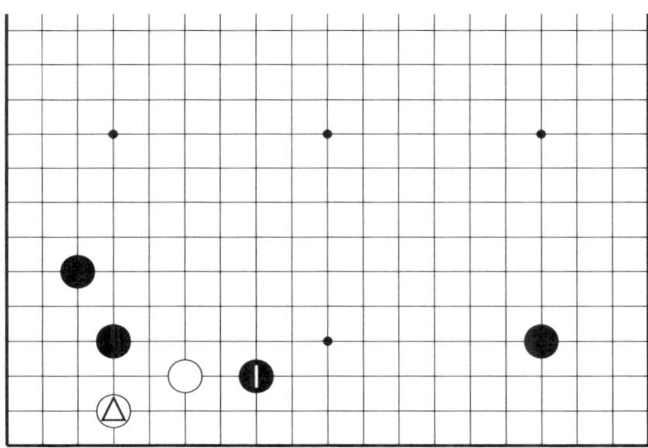

17도

17도(흑의 반발)

백△ 때 흑은 귀를 고분고
분 받지 않고 반발하는 수
도 있다.

　앞 그림처럼 진행되더라
도 불만은 없겠지만, 만약
오른쪽에 흑의 배석이 있다
면 1로 역습하는 수가 유력
하다.

18도(실리와 세력의 갈림)

앞 그림에 이어, 백1로 마
늘모해서 귀를 차지한 것은
당연한 한수일 것이다. 흑2
에서 4로 봉쇄하는 것도 예
정된 행동이다. 아직 일단
락까지는 몇 수 더 필요하
지만 백의 실리와 흑의 세
력으로 나뉘는 갈림이 된다.

18도

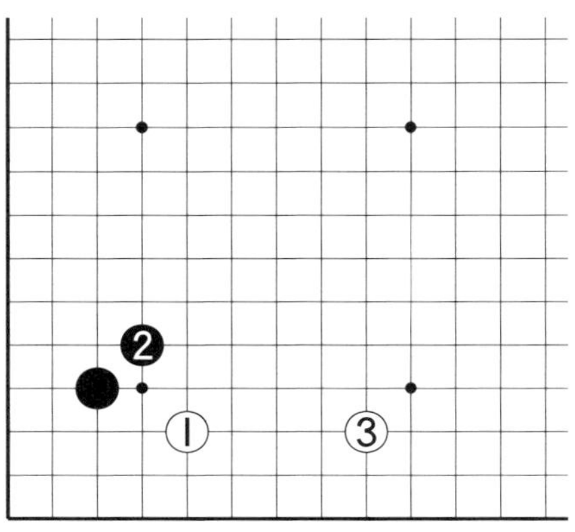

19도

19도(소목 날일자걸침에 마늘모)

이번에는 소목이다. 백1의 날일자 걸침에 흑2는 슈사쿠(秀策)의 마늘모라고 일컬어지는 가장 견실한 응수이지만, 덤이 큰 부담인 현대바둑에서는 발이 너무 느리다는 이유로 특수한 경우에만 쓰인다. 백3까지는 정형의 하나다.

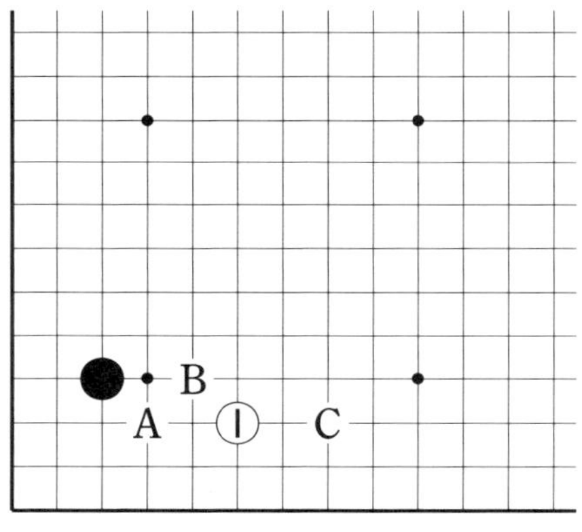

20도

20도(소목에 눈목자걸침)

백1의 눈목자걸침은 화점의 경우와 마찬가지로 흑의 협공을 완화하고 있다.

흑은 A의 마늘모면 견실하며, B로 짚어서 압박하는 수법도 유력하다. 또한 C 등의 협공도 배석에 따라 생각할 수 있는 수법이다.

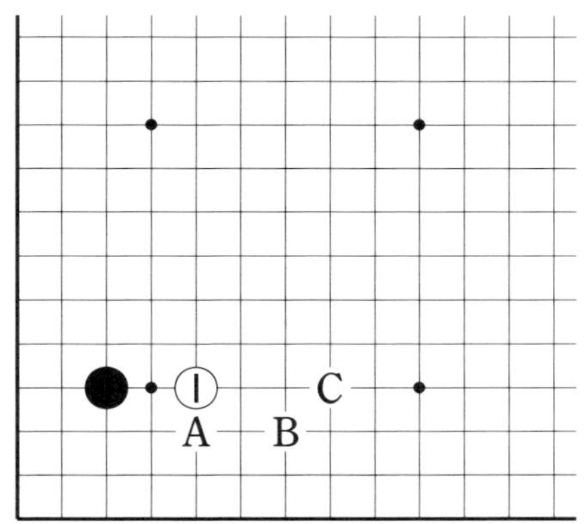

21도

21도(소목에 한칸걸침)

백1의 한칸걸침은 소목에 대해 가장 많이 쓰이는 수법이다.

흑은 A로 아래쪽을 붙이는 것이 온건한 수법으로 가장 많이 쓰인다. 적극적으로 둔다면 B의 한칸낮은협공이나 C의 두칸높은협공을 선택하는 정도다.

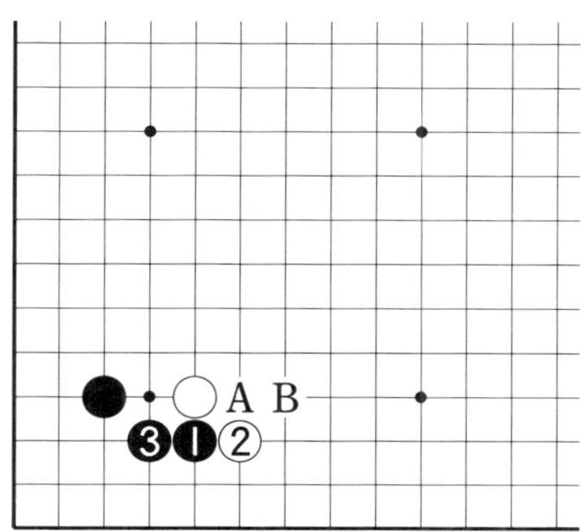

22도

22도(소목 한칸걸침에 아래쪽 붙임)

흑1의 붙임에 백2로 받는다면 흑은 3으로 *끄*는 것이 상식적이다.

다음 백은 특수한 상황이 아닌 한, A로 꽉 잇든가 B로 호구치든가 둘 중 하나를 선택하게 된다. 배석에 다라서는 아예 손을 빼는 수도 있다.

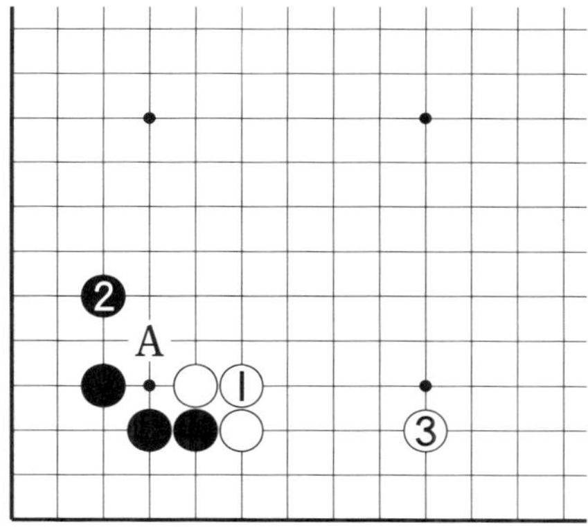

23도

23도(한칸과 마늘모)

백1로 꽉 이으면 흑은 2로 뛰고 백3까지가 기본형이다. 2는 A도 있는데, 옛날에는 흑A의 마늘모가 이 한수였고 2는 없는 수였다는 사실이다.

아마추어가 흑2로 두는 것을 보고 프로가 두기 시작해 너도나도 두게 됐다고 한다.

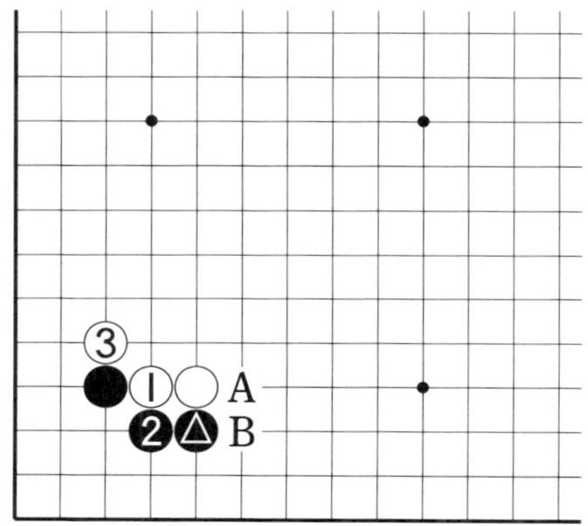

24도

24도(난해한 변화)

흑이 ▲에 붙였을 때 백1로 치받고 흑2에 백3으로 젖혀가는 것은 '밀어붙이기'라고 부르는 유명한 수법이다.

이다음 흑A면 작은 밀어붙이기, 흑B로 늘고 백이 A로 따라붙으면 큰 밀어붙이기라는 난해한 변화가 기다린다.

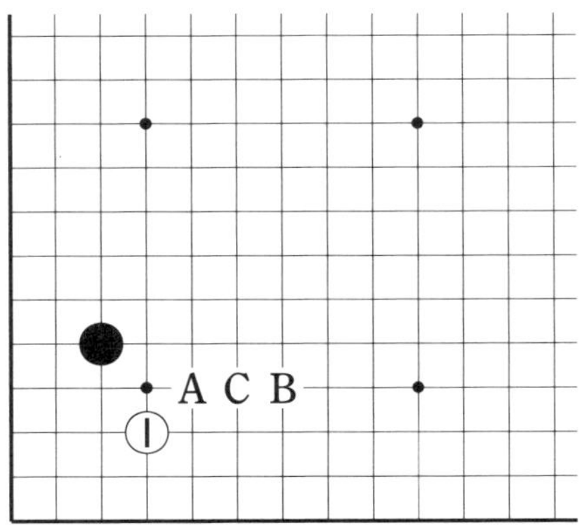

25도

25도(외목에 대해)

외목에 대해서는 백1의 소목걸침이 가장 많이 쓰인다.

흑은 A의 날일자씌움이나 B의 큰눈목자씌움을 비롯해 C의 눈목자씌움 등으로 대응하게 된다. 특히나 이 씌움은 '대사백변'이라고 부르는 난해한 변화를 품고 있다.

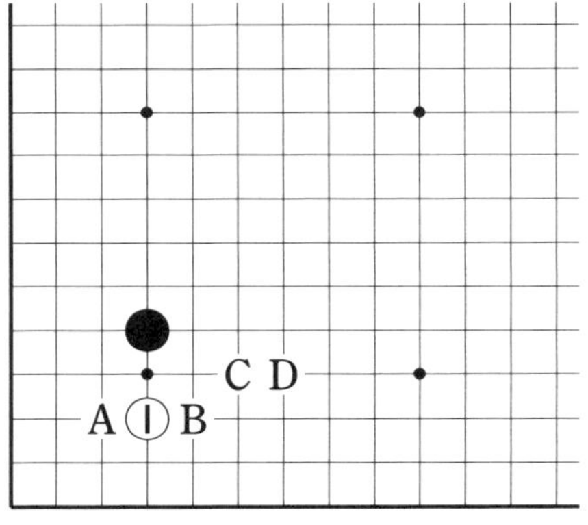

26도

26도(고목에 대해)

고목에 대한 걸침은 백1이 일반적이다. 흑A나 B의 붙임, C의 날일자씌움은 비교적 변화가 적다.

그러나 흑D의 눈목자씌움은 변화무쌍하고 함정도 많아 바둑판 4분의 1을 차지하는 대형정석이 쏟아져 나온다.

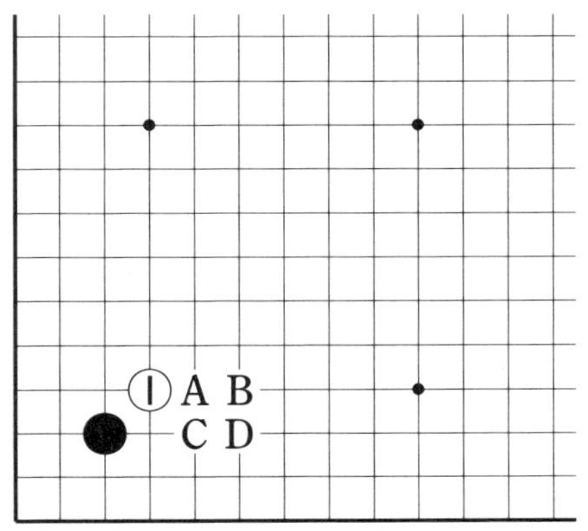

27도

27도(3드에 대해)

한때 인기 만점이었던 3드은 최근 점점 그 자취를 감추고 있다. 중앙을 중시하는 최근의 경향 때문일 것이다.

백1로 어깨를 짚어 흑의 중앙진출을 봉쇄할 수 있음에 주목하기 바란다. 이외에 백의 걸침은 A~D가 있다.

1
화점 날일자걸침
—
수비형 응수

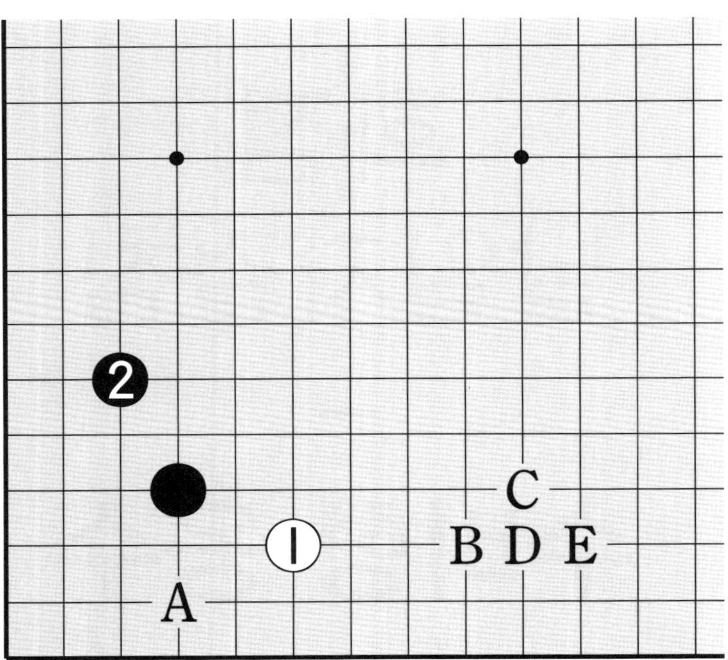

백1의 날일자걸침에 흑2의 날일자응수는 가장 정통적인 대응이다. 가장 견실하고 간명한 응수이기도 하다. 이다음 백은 A를 비롯해 B~E 등의 후속수법이 있다. 또한 백은 손빼기도 가능하다.

이외에도 백은 배석관계나 상황에 따라 색다른 수법을 구사할 수 있다.

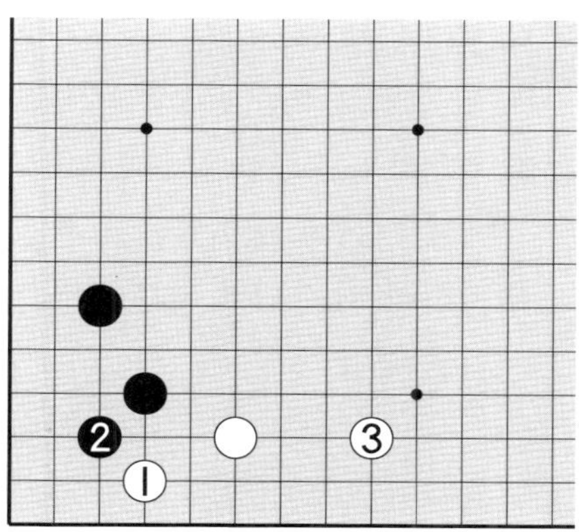

1도

1-1도(기본정석)

백1의 날일자로 미끄러지고 흑2로 받을 때 백3으로 두칸을 벌리는 것이 대표적인 기본정석이다.

　아주 간단하지만 이후 배석이 바뀔 때의 상황에 맞춰 주의해야 할 점이 몇 가지 있다.

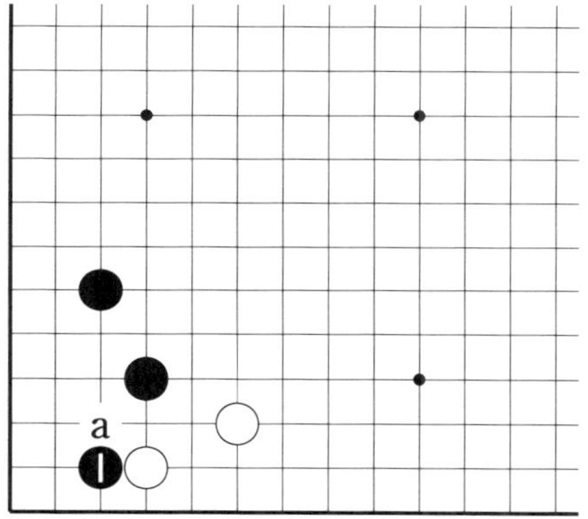

2도

1-2도(강력한 수?)

a 대신 흑1로 강력하게 붙여오면 백은 어떻게 대응해야 할까?

　흑1은 말도 안 되는 수단이지만, 백이 잘못 두면 좋은 수가 되어 버린다.

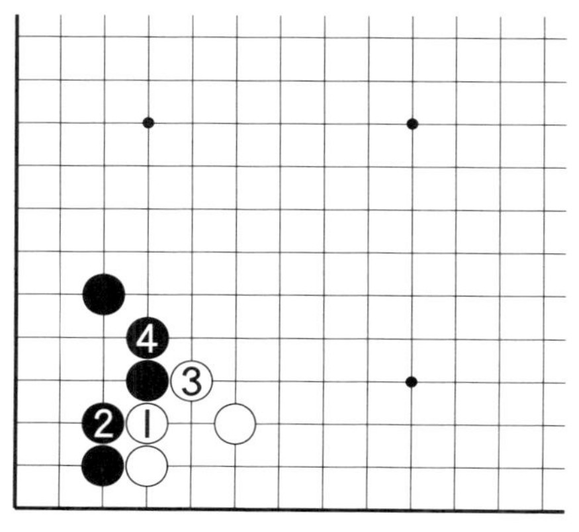

3도

1-3도(흑, 회심의 미소)

백1로 치받고 3에 솟구쳐 올리는 것은 흑의 의도대로 두어주는 꼴이다. 4까지 흑은 귀를 튼실하게 지켰지만 백은 아직도 완전치 않다.

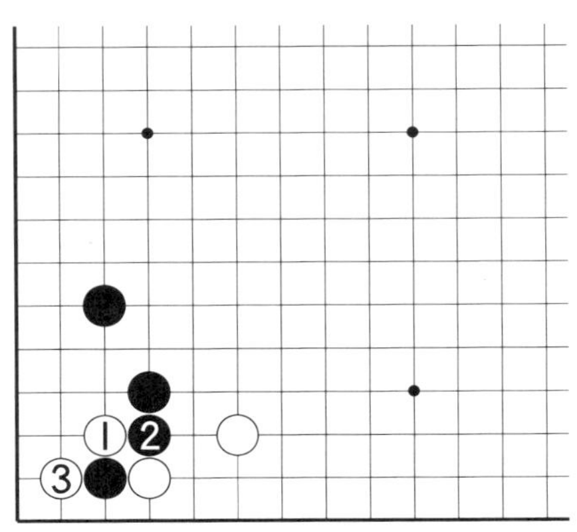

4도

1-4도(통렬한 젖혀나감)

백1로 젖혀나가는 것이 흑의 무리를 응징하는 통렬한 한수다.

　흑2에 백3으로 붙여왔던 흑 한점을 잡아서 백이 나쁠 리가 없다.

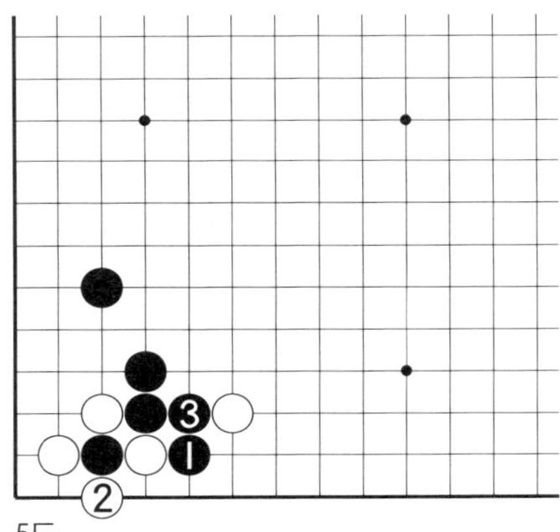

5도

1-5도(백, 선수로 귀를 접수)

계속해서 흑은 1, 3으로 차단할 수밖에 없다. 백은 선수로 귀를 접수해서 만족스런 결말이다.

　이것과 다음 그림을 비교해 보기 바란다.

1-6도(즉각 3三침입)

애초에 즉각 백1로 3三침입했을 때의 결과를 보겠다. 흑2에 백3, 5로 젖혀잇고 7에 달리기까지다.

　앞 그림에는 이 7이 필요 없지 않은가?

6도

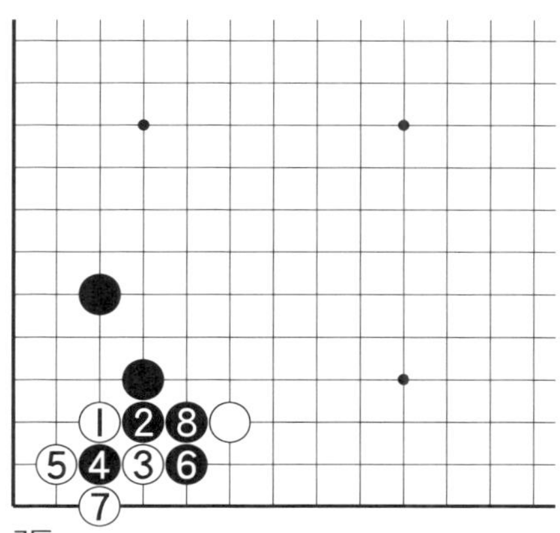

7도

1-7도(쓸데없는 수)

5도는 이 그림 백1, 3 때 쓸데없이 흑4로 끊어 잡혀준 것과 똑같다.

만약 흑 선생이 이걸 별거 아닌 것으로 여긴다면 심각한 문제다.

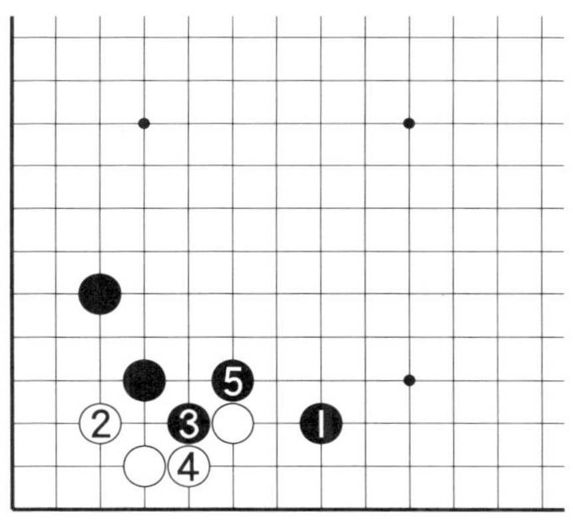

8도

1-8도(흑의 반발)

오른쪽과의 배석관계에 따라서는, 1도 백1에 귀를 받지 않고 흑1로 반발하는 수도 유력하다.

백2는 당연하며 흑은 3에서 5로 바깥쪽을 봉쇄한다.

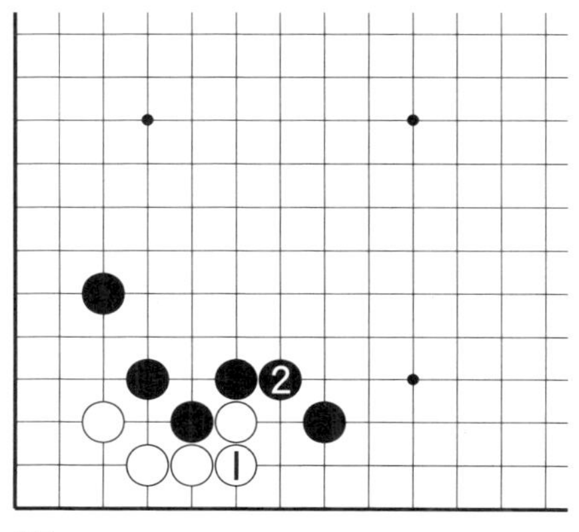

9도

1-9도(흑, 완벽한 세력)

계속해서 백1로 이으면 간명하지만, 흑도 2로 끌어서 완벽한 세력을 얻는다.

이것도 하나의 정형이지만 지금은 잘 두지 않는다.

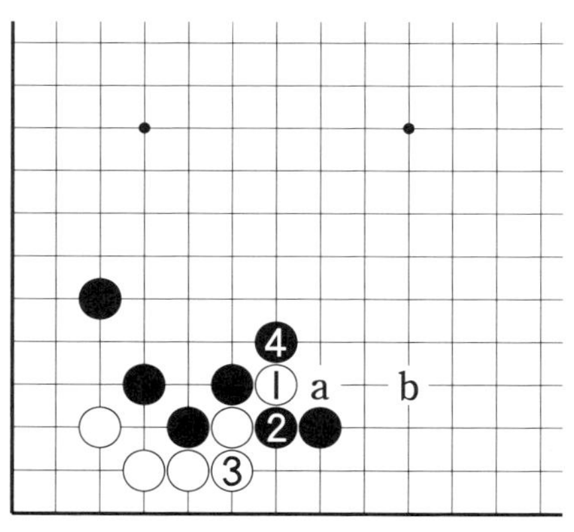

10도

1-10도(축머리 이용)

8도 다음 백1로 젖혀나가서 흑2, 4로 잡게 하는 것이 유행형이다.

다음 백은 a로 달아나는 수를 보고 축머리를 활용하게 된다. 흑이 또 둔다면 b가 틀.

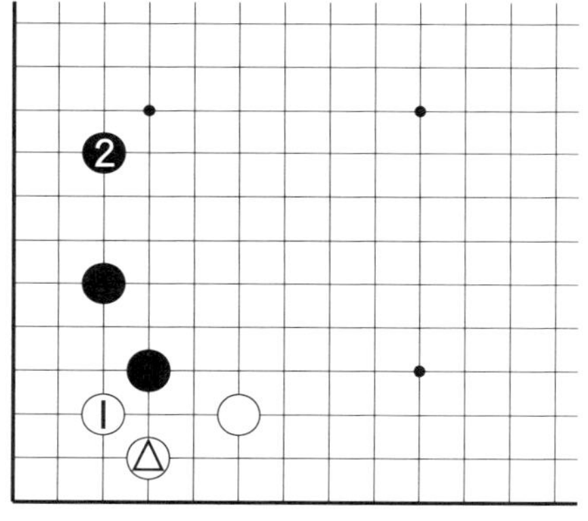

11도

1-11도(흑의 손빼기)

백이 △로 미끄러졌을 때 흑은 손을 뺄 수도 있다.

그러면 백1로 귀를 차지하며 흑을 위협한 것은 당연하며, 흑은 2로 벌리는 것이 틀이다.

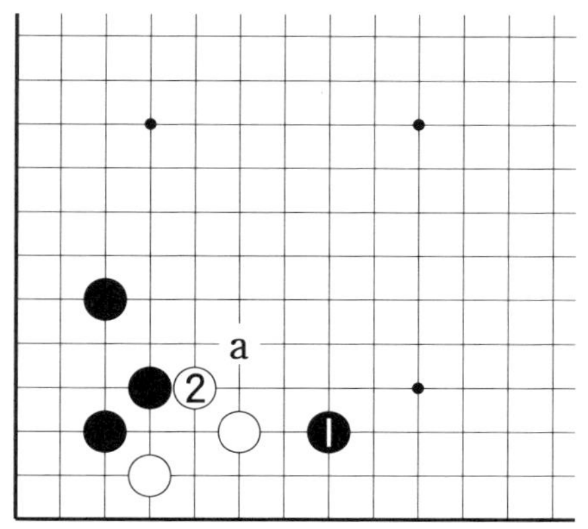

12도

1-12도(백의 손빼기)

백이 오른쪽으로 두칸을 벌리지 않고 손을 뺐을 경우에는, 흑1로 육박하는 것이 통렬한 공격이다.

백은 2의 마늘모붙임으로 타개하거나 a로 뛰거나 할 것이다.

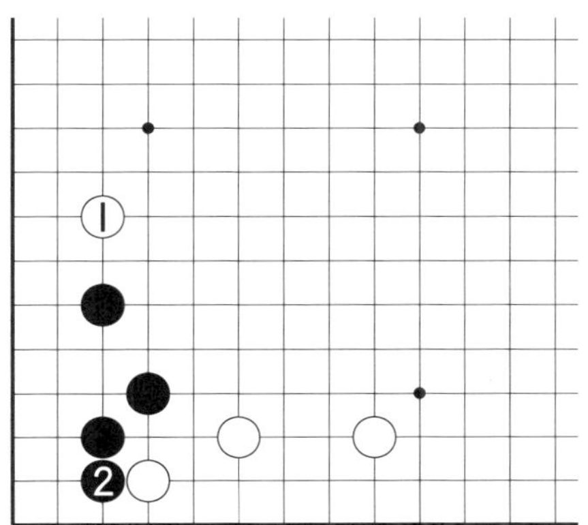

13도

1-13도(정석 이후/ 백 차례)

1도의 결과를 옮겨온 그림.

여기서 백1로 육박해서 귀의 흑을 압박해 오면 흑은 2로 받아 두는 것이 좋다. 실리와 근거에 관한 요소다. 이 수가 없으면….

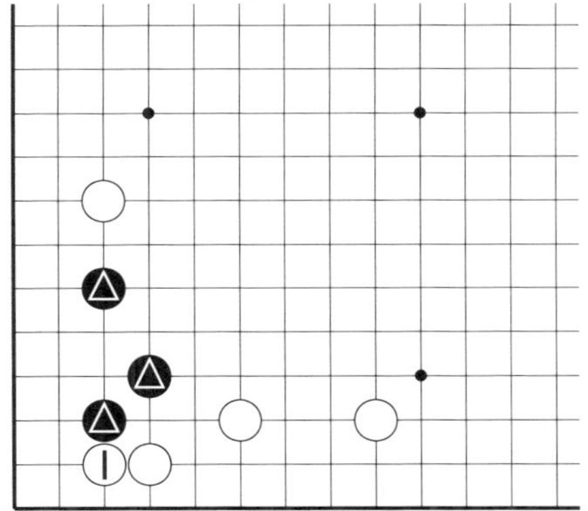

14도

1-14도(또 손빼면?)

백은 1로 기어들어 근거를 빼앗을 것이다. 졸지에 흑△ 석점이 위태로운 모습이 아닌가?

이처럼 근거에 관한 곳은 큰 곳 못지않게 중요하다.

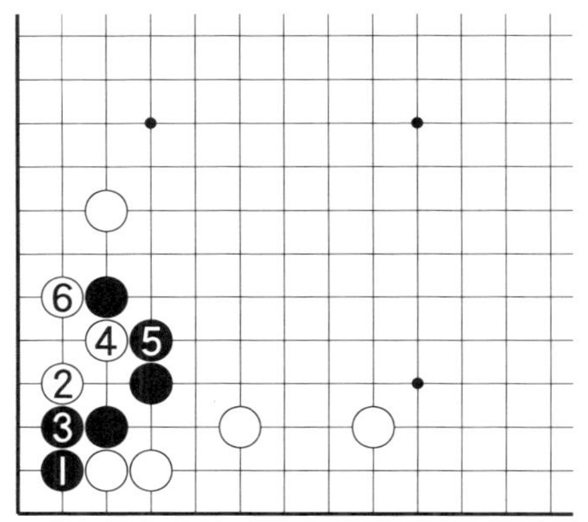

15도

1-15도(흑, 빈털터리)

계속해서 흑1에 백2로 들여다보는 것이 급소다. 흑3에 이으면 백4, 6으로 파헤쳐서 흑을 내몬다. 흑은 빈털터리로 달아날 수밖에 없다.

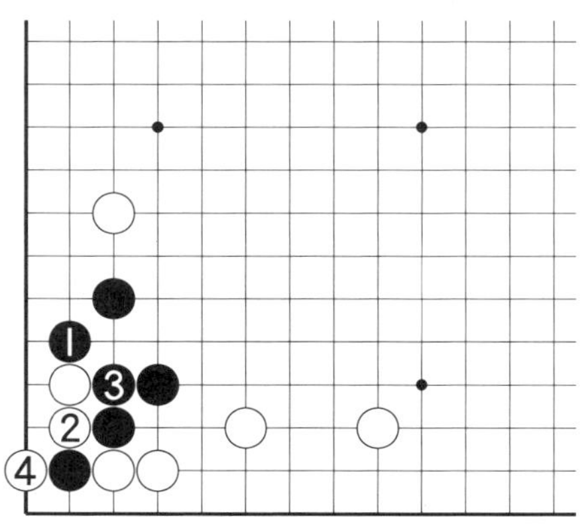

16도

1-16도(흑의 맥점/ 축관계)

앞 그림 백2에 잇지 않고 흑1로 마늘모 붙여서 저항하는 맥점이 있다. 단, 이 수는 축관계가 뒤따른다. 백2 때 흑3이면 백4로 흑의 사정은 별로 나아지지 않는다.

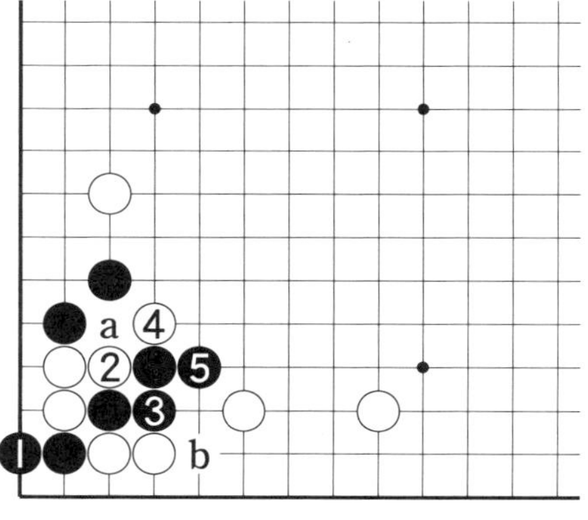

17도

1-17도(내려섬도 맥점)

앞 그림 3으로는 이 그림 흑1에 내려서는 것이 귀의 특수성을 활용한 맥점이다.

백2, 4는 필연이지만, 흑5 다음 a와 b가 맞보기여서 백이 곤란해 보인다.

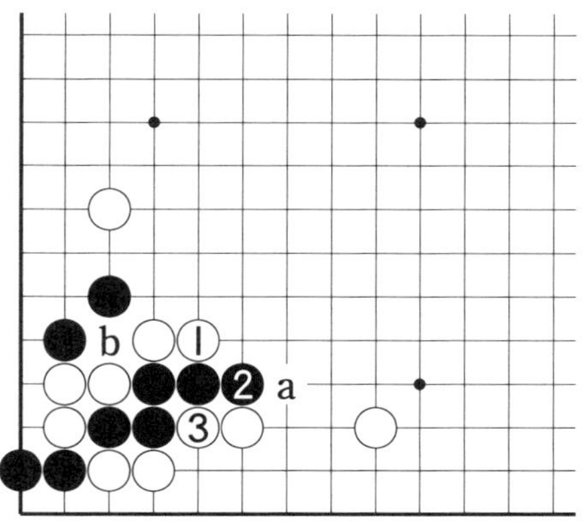

18도

1-18도(치열한 수법)

그러나 계속해서 백1로 하나 밀어놓고 3으로 메워가는 것이 치열한 수법이다. 다음 a의 축과 b의 이음을 맞보고 있다.

축이 백에게 유리하다면 흑의 낭패일 것이다.

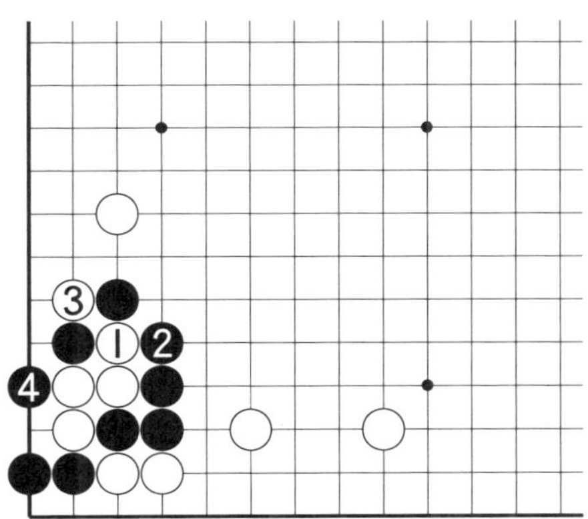

19도

1-19도(백, 궤멸)

17도의 변화다. 젖히지 않고 백1로 돌파하려고 하는 것은 착각이다. 흑2로 막혀 백의 궤멸이다. 백3에는 흑4의 몰아떨구기가 성립한다.

1-20도(흑, 나약한 모습)

백이 △로 기어들었을 때 흑1로 늦추는 것은 초보자의 발상으로 나약한 태도다. 백은 2로 따라붙어서 계속 흑을 위협할 것이다.

20도

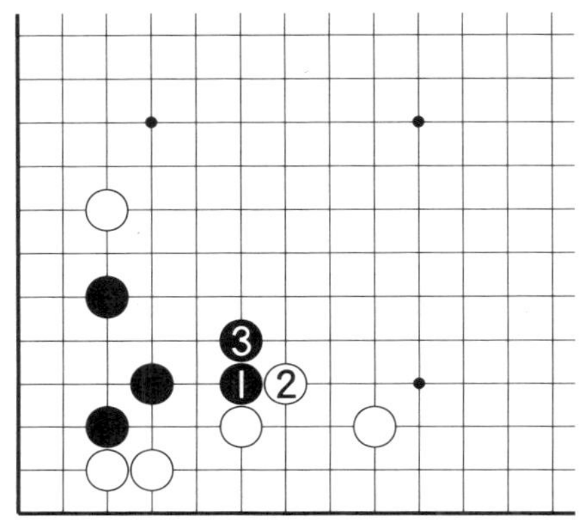

21도

1-21도(붙여서 진출)

귀를 받지 않고 흑1로 붙여서 중앙으로 진출하는 수도 있다. 백2면 흑3으로 느는 것이 요령일 것이다.

단, 백도 튼튼해지는 점이 불만이다.

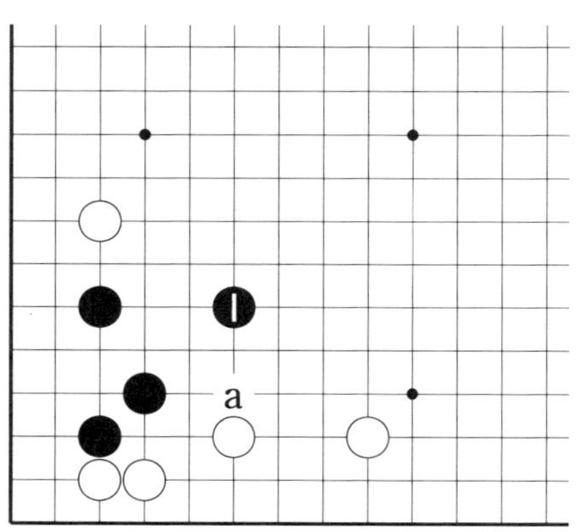

22도

1-22도(스마트한 행마)

그냥 흑1로 진출하는 것이 스마트
하다. 다음 a에 붙여서 정비하는 수
를 보고 있다. 고수의 행마법이라
고 할 수 있겠다.

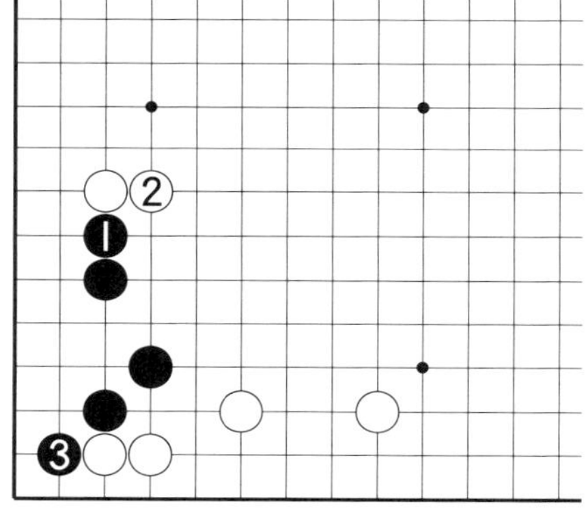

23도

1-23도(노림은 막지만)

빨리 안정하고 싶다면 흑1로 치받
고 나서 3에 받으면 된다.

이러면 백의 노림은 막을 수 있
지만, 백2로 서게 해준 것이 약간
악수 교환이라서….

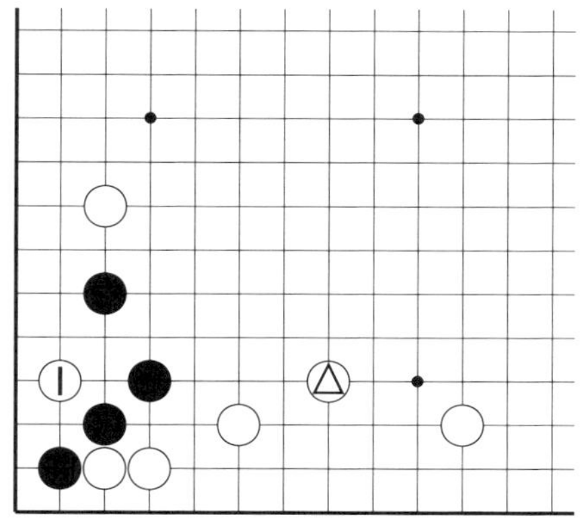

24도

1-24도(응용문제/ 흑 차례)

백1로 들여다본 장면이다. 오른쪽
백△의 위치가 다름에 주의해야 한
다. 축은 흑이 유리한 것으로 설정
한다.

그런데도 이 수를 강행한 백의
의도는?

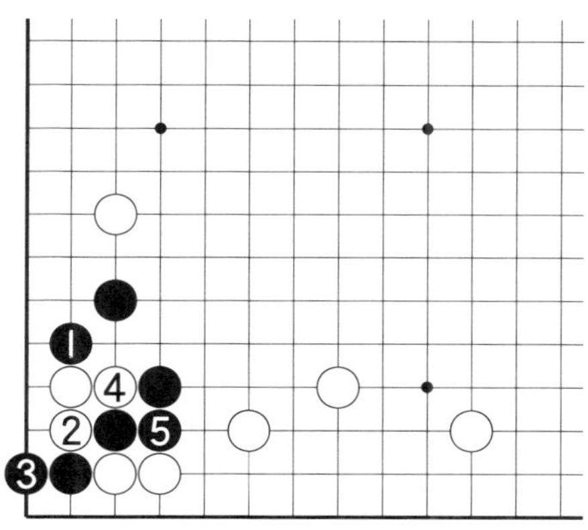

25도

1-25도(마늘모붙임)

어쨌든 고분고분 이어줄 수는 없다. 흑의 마늘모붙임이 앞서 배운 맥점이다.

백2로 끊고 흑3에 내려선 것은 필연이며 백4, 흑5 다음….

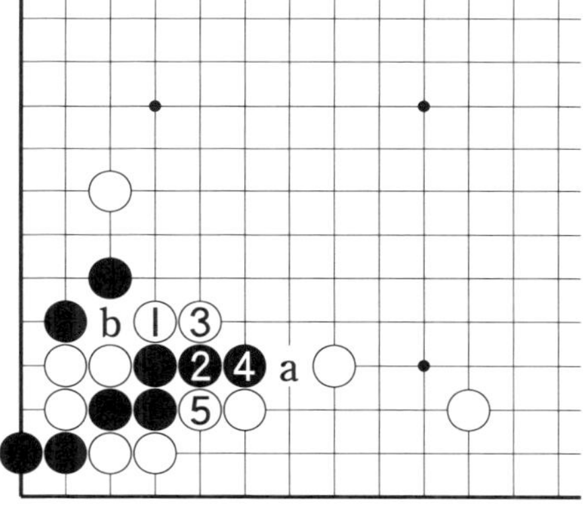

26도

1-26도(끊을 틈이 있나?)

백1에 흑2는 절대의 한수다. 거기서 백3으로 하나 더 밀고 5에 두어 공배를 채운다.

백a의 축은 안 되지만, 과연 흑은 b로 끊을 틈이 있을까?

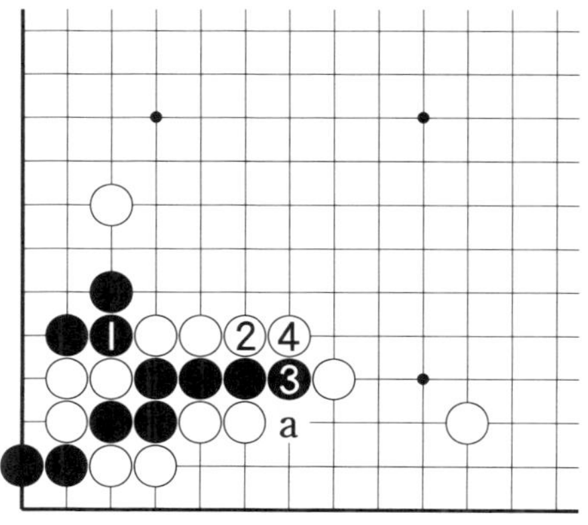

27도

1-27도(함정에 빠지다)

즉각 흑1로 끊는 것은 백의 함정에 빠지는 꼴이다.

백은 2, 4로 단수단수해 아래쪽 축으로 흑을 잡아 버린다. 4로는 a로 몰지 않음에 주목하기 바란다.

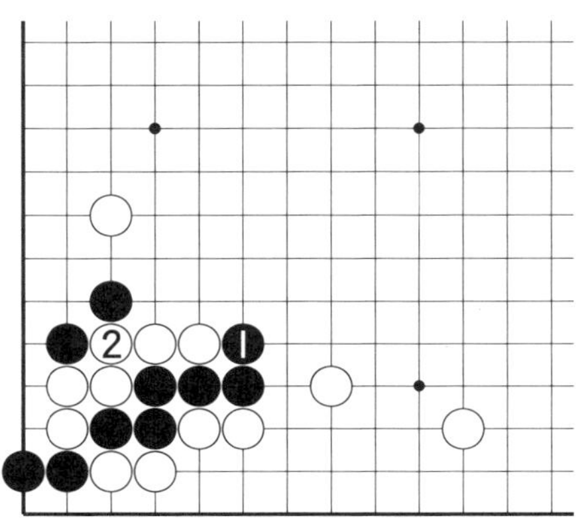

28도

1-28도(흑, 걸려들다)

축을 피하기 위해 흑1로 꼬부리는 것은 고지식하다. 백은 회심의 미소를 지으며 2로 이을 것이다. 흑은 보기 좋게 걸려들었다.

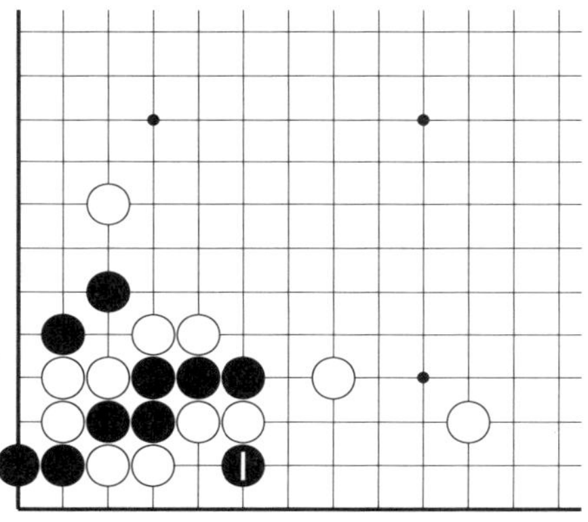

29도

1-29도(기상천외한 배붙임)

그렇다면 흑은 백이 아래쪽으로 모는 축을 방비하기 위한 궁리를 하지 않으면 안 된다는 결론이 나온다. 흑1의 배붙임이 기상천외한 맥점이었다.

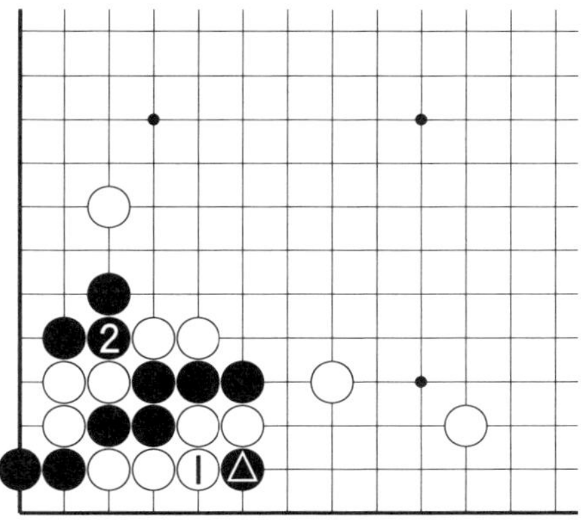

30도

1-30도(문답의 의미는?)

백은 1로 잇지 않을 수 없다. 그제서야 흑은 2로 끊는다.

도대체 무슨 일이 있어난 것일까? 흑△와 백1의 문답이 가진 의미는 무엇일까?

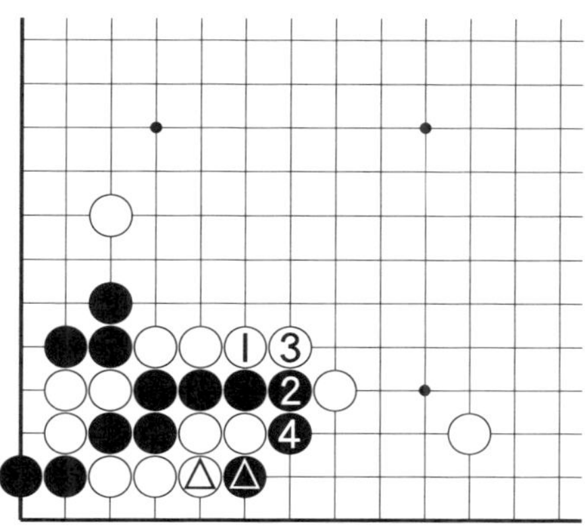

31도

1-31도(교묘한 축머리)

앞 그림 다음 백1, 3으로 흑을 몰아 보겠다. 27도와는 달리 흑4로 달아나는 수가 성립함에 주목하기 바란다.

　흑❷와 백△의 문답이 교묘하게 작용하고 있다.

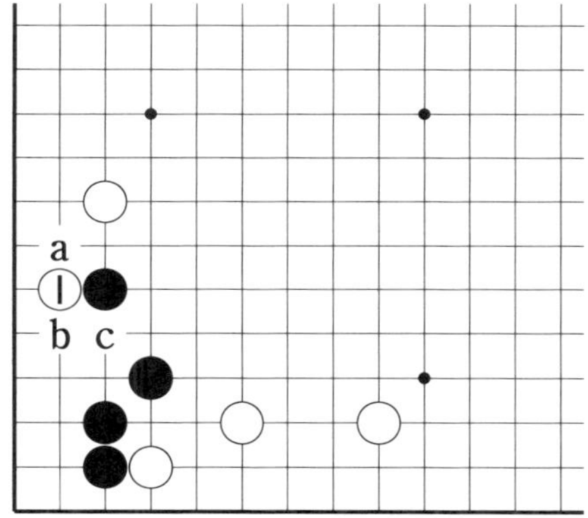

32도

1-32도(상용의 붙임)

13도를 옮겨온 그림.

　여기서 백1로 2선에 붙여 보는 것이 상용수법이다. 흑의 응수에 따라 활용하겠다는 의도다. a, b, c의 세 가지 응수가 생각된다.

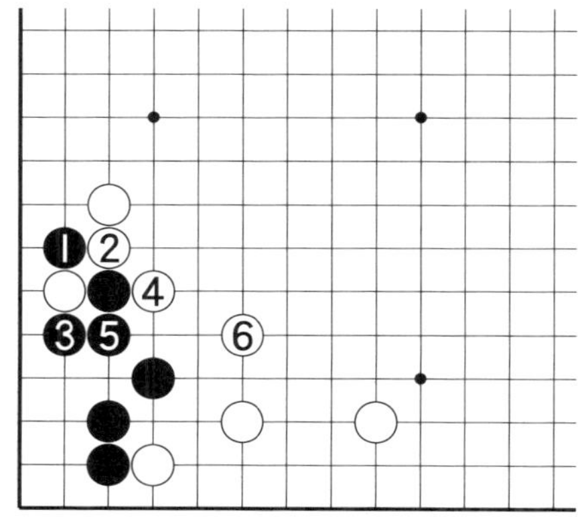

33도

1-33도(백의 주문)

흑1, 3으로 덥석 백 한점을 잡는 것은 백의 주문이다.

　백은 4를 활용하고 6으로 봉쇄해 세력을 얻는다. 흑은 소탐대실의 결과를 낳았다.

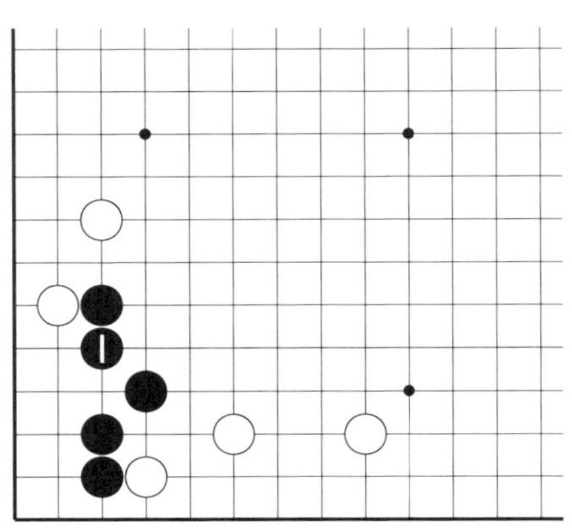

34도

1-34도(여지를 안 준다)

백에게 활용의 여지를 주지 않는 가장 확실한 수는 흑1이다.

이렇게 가만히 늘어 두면 백도 약간 김이 새 버릴 것이다. 앞 그림과 비교해 보라.

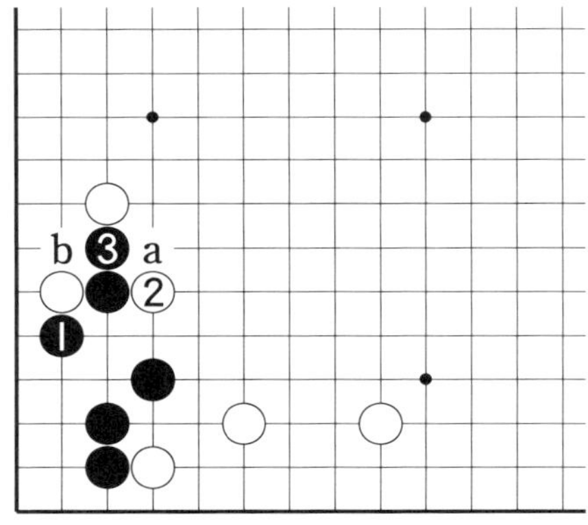

35도

1-35도(실전적인 수법)

32도 다음 흑1로 받는 변화다. 그러면 백은 2로 붙여서 활용하려고 할 것이다.

흑3의 치받음이 실전적인 수법이다. 다음 a와 b를 맞보고 있다.

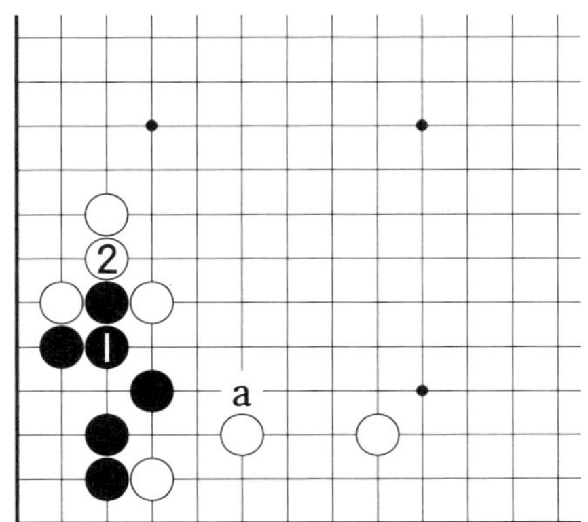

36도

1-36도(곱게 잇는 수)

앞 그림 3으로는 이 그림처럼 곱게 흑1로 잇는 수도 많이 쓰인다.

백2에는 흑a 등으로 봉쇄를 피해 중앙으로 진출할 수 있다.

2. 벌림과 붙임

2-1도(여러 가지 벌림)

백1, 흑2 다음 백은 귀쪽을 두지 않고 그냥 벌릴 수도 있다. 3을 비롯해 a, b, c 등의 선택이 있다.

오른쪽 백의 배석과 관계가 밀접하다.

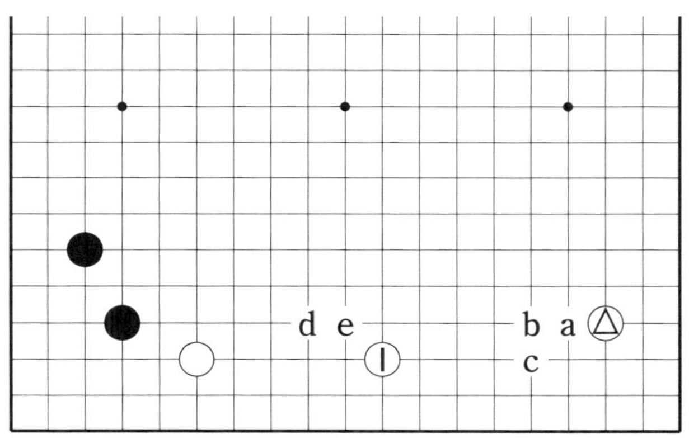
2도

2-2도(배석에 따라)

우하귀에 백△가 있다면 백1의 벌림이 적절하다. 이 포진은 일명 미니중국식이라 한다. 만약 백이 a나 b, c에 있다면 1 대신 d나 e가 좋을 것이다.

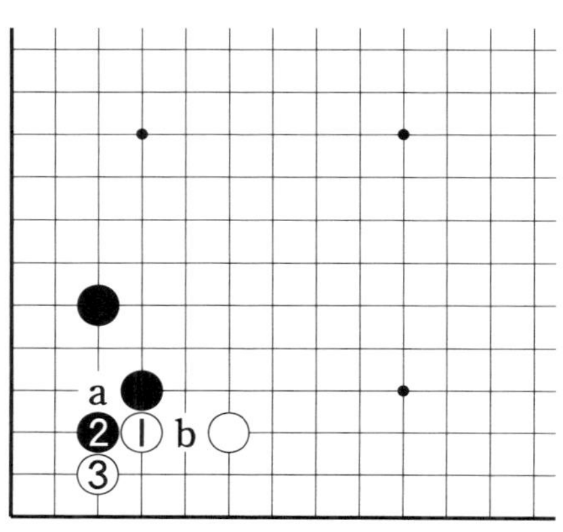
3도

2-3도(백의 이단젖힘)

귀쪽을 날일자로 미끄러지지 않고 백1로 붙이고 흑2에 백3으로 이단 젖혀 가는 수법도 있다.

다음 흑은 a와 b의 선택이 있다.

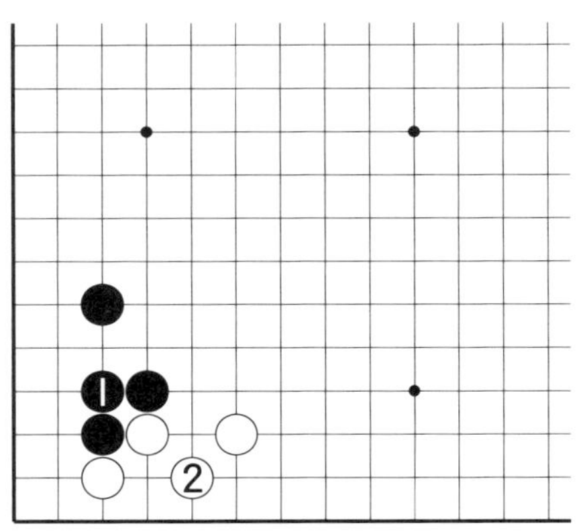

4도

2-4도(간명한 코스)

흑1로 꽉 잇는 수가 가장 간명하다. 백도 2로 호구를 쳐서 정비하는 것이 틀이며, 흑백 서로가 불만이 없는 갈림이라고 볼 수 있다.

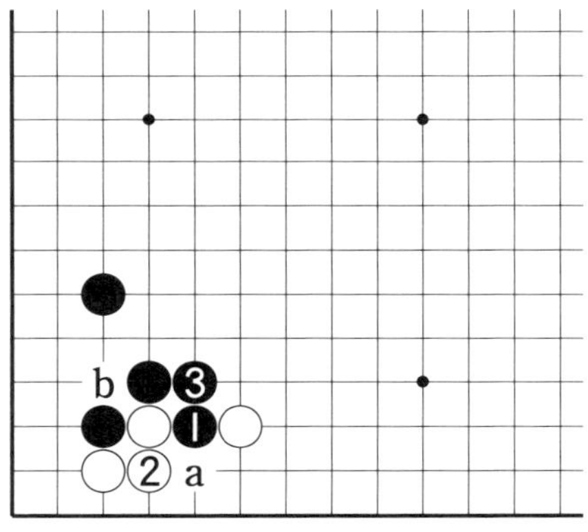

5도

2-5도(두 가지 선택)

3도 다음 흑1로 단수하고 3에 잇는 수법이 가장 많이 쓰인다.

이다음 백에게는 두 가지 선택이 있다. 하나는 a의 건넘, 또 하나는 b의 끊음이다.

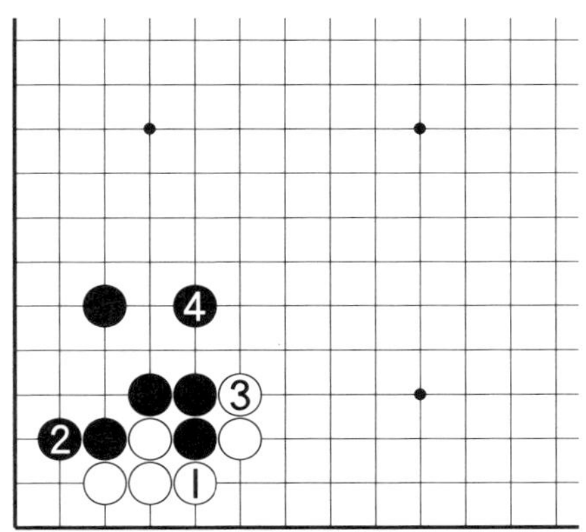

6도

2-6도(흑, 견실한 자세)

백1로 건너면 흑2는 절대다. 다음 백3으로 밀어올리고 흑은 4에 뛰어 정비하는 것이 상식이다.

흑은 견실한 자세여서 불만이 없을 것이다.

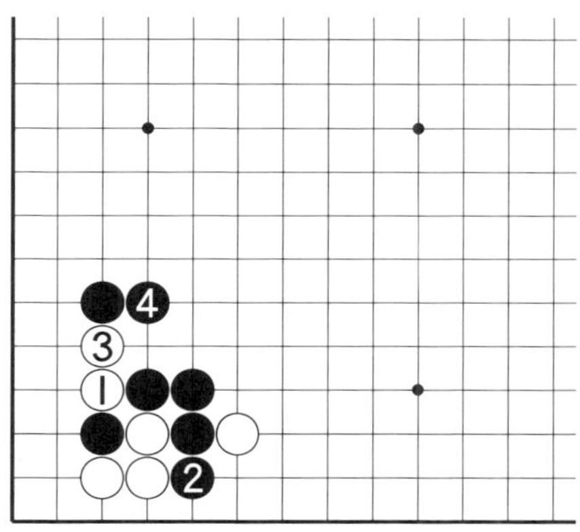

7도

2-7도(흑, 완벽한 세력)

5도 다음 백1로 끊으면, 예전에는 흑2로 바로 차단했다. 그러면 백도 3에 차 받아 선수를 뽑았다.

흑은 단점이 없는 완벽한 세력을 얻어서 만족한다.

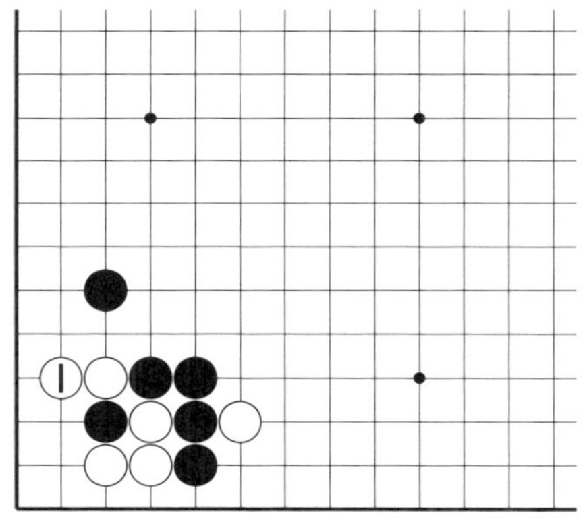

8도

2-8도(후수이지만)

앞 그림의 결과는 묘미가 없다고 본 것이 이 그림의 백1이다. 비록 후수이지만 바깥쪽 흑에 단점을 남겨 훗날을 기약하려는 의도다.

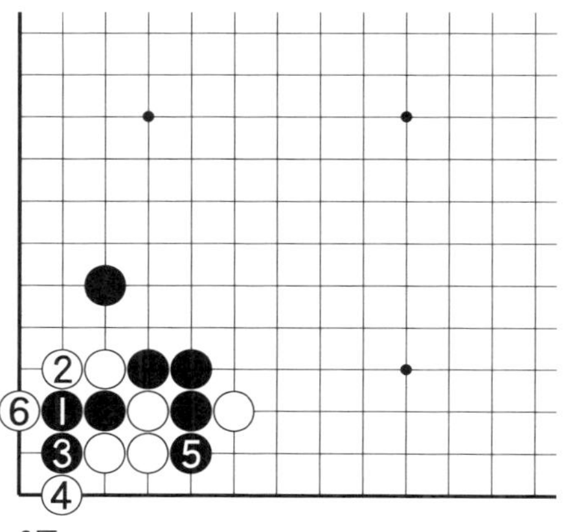

9도

2-9도(유행형)

7도 백1의 상황에서 흑1, 3으로 두어 석줄으로 키워 버리는 것이 유행이다. 6까지가 일단락된 형태다.

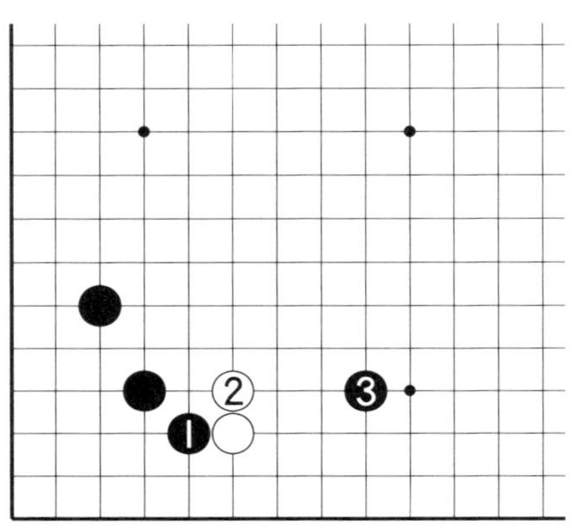

1도

3. 날일자응수에 손빼기

3-1도(공격의 상식)

백이 날일자로 걸치고 나서 손을 뺀 경우, 흑이 어떻게 대응하느냐를 본다.

흑1로 마늘모 붙이고 백2에 흑3으로 공격하는 것이 상식이었다.

3-2도(백의 변신)

그러나 백도 앞 그림은 무겁다고 보고 변화를 구한다. 즉, 서지 않고 1로 하나 젖히고 나서 3에 벌리든가 해서 변신할지도 모른다.

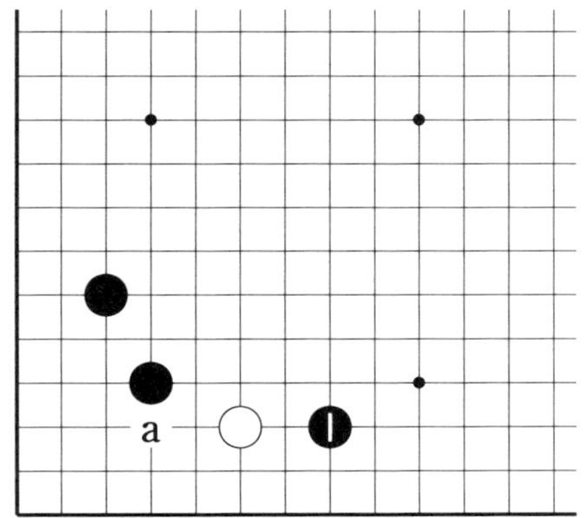

2도

3-3도(협공이 상식)

그래서인지 흑1로 단순하게 협공하는 것이 상식화되었다.

백이 또 손을 뺀다면 흑a로 철주를 내려 백의 움직임에 제동을 거는 것이 요령이다.

3도

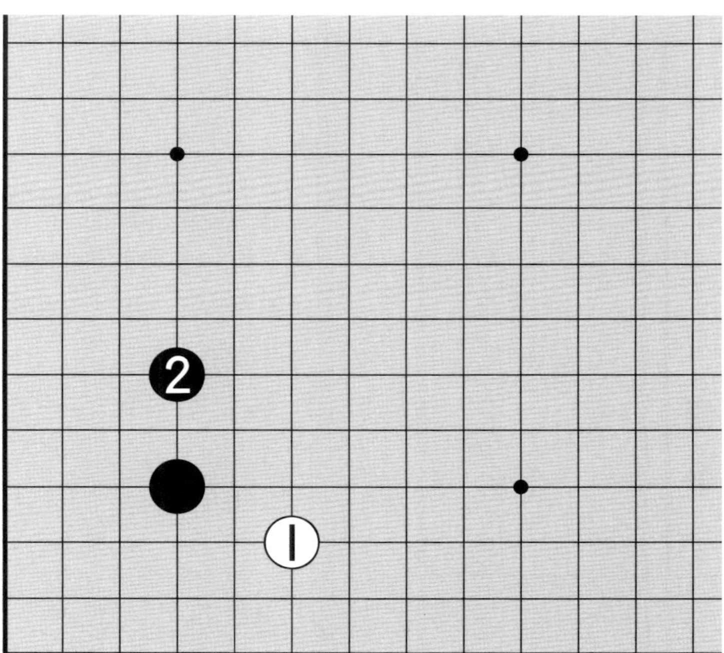

백1의 날일자걸침에 흑2의 한칸응수는 중앙을 의식한 위풍당당한 대응이다.

3드의 곳이 비어 있는 것은 날일자응수 대와 다름없지만, 이 경우는 백이 바로 3드에 들어오기가 쉽지 않다. 여기서는 가장 기본적인 정석을 테마로, 그 이후의 수법과 그에 따르는 여러 가지 변화를 세밀하게 살펴보기로 한다.

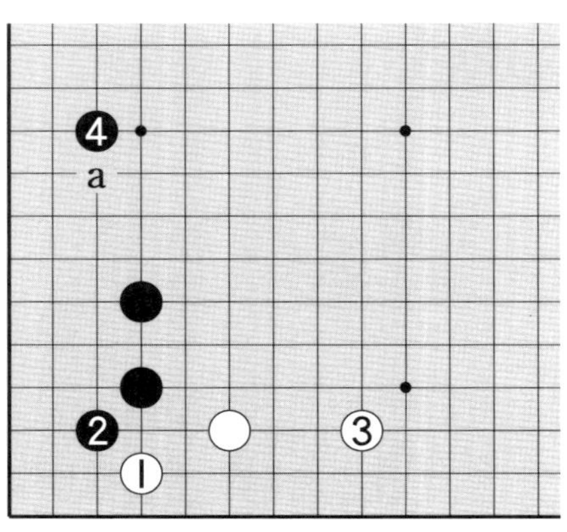

1도

1. 정석 이후의 두칸벌림 공략

1-1도(기본정석)

백1의 날일자로 미끄러지고 흑2에 백3으로 두칸 벌리는 것은 [제1형]과 마찬가지의 진행이다. 이 경우는 흑4(또는 a)가 필요하다.

2도

1-2도(통렬한 육박)

앞 그림 4를 소홀히 하면 이 그림에서 보듯이 백1로 육박하는 수가 통렬하다.

흑a로 받아 두면 되지만 뒷문이 열려 있어 기분 나쁘다.

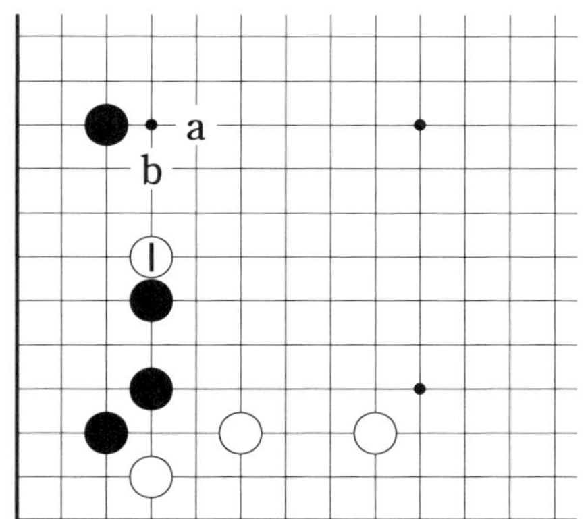

3도

1-3도(정석 이후/ 백의 수법)

1도 이후 흑에 대한 백의 수법을 살펴보겠다.

가장 많이 쓰이는 수가 백1의 붙임이다. 그 다음 a의 모자와 b의 어깨짚음이다.

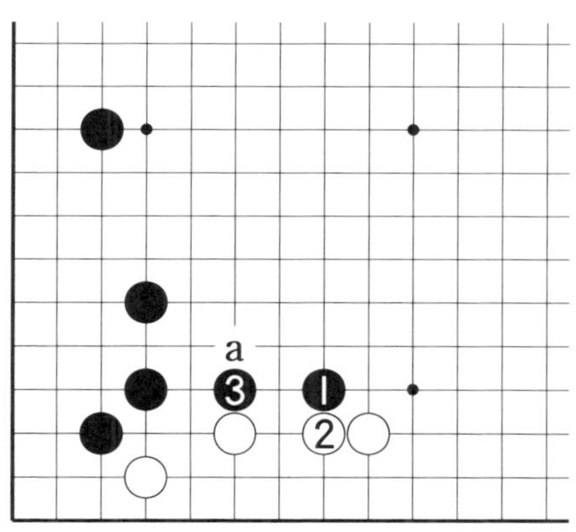

4도

1-4도(정석 이후/ 흑 차례)

1도 이후 흑은 1로 백2를 강요하고 흑3으로 붙여서 세력을 쌓는 수법을 흔히 쓴다. 이런 수단이 싫다면 백은 흑1이 오기 전에 a로 뛰는 것이 호점이다.

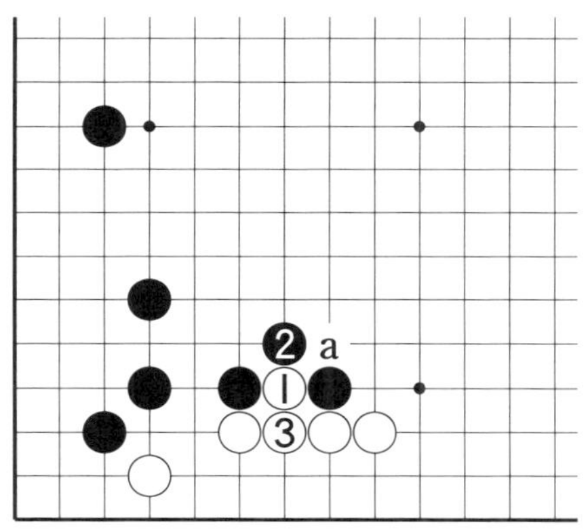

5도

1-5도(백, 두터운 대응)

앞 그림에 이어 백1, 3으로 끼우고 잇는 것이 두터운 대응이다.

흑은 소기의 목적을 달성한 것으로 보고 손을 뺄 수도 있고 a에 이어도 좋다.

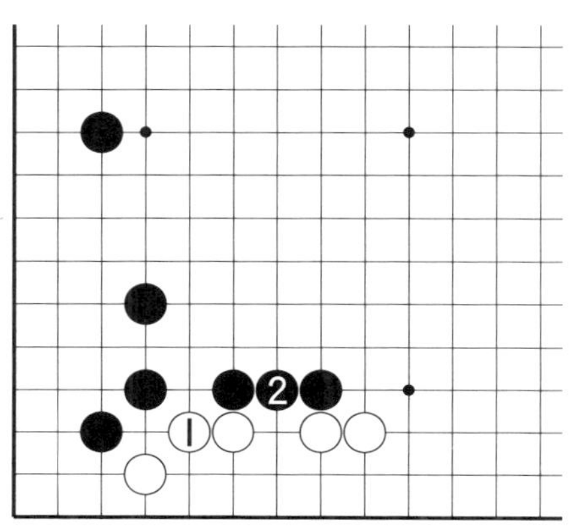

6도

1-6도(백, 냉정한 대응)

4도 다음 백1로 곱게 느는 수도 흔히 두어진다. 흑의 약점을 강조하는 냉정한 대응이다.

흑은 2로 빳빳하게 잇고 백의 단점을 엿보게 된다.

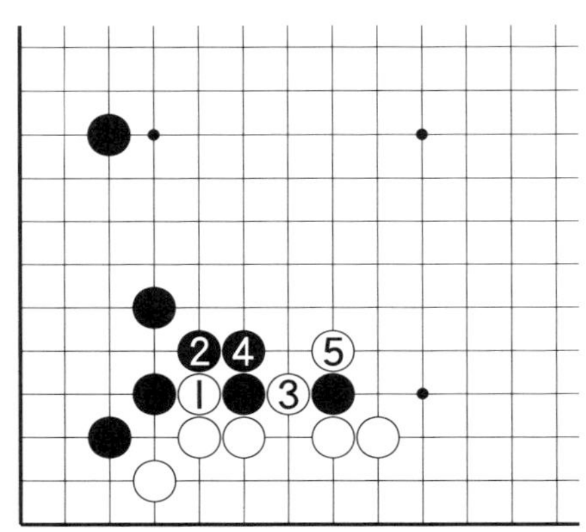

7도

1-7도(흑의 세력을 깎다)

흑은 앞 그림 2를 두지 않는 경우도 있다. 그것이 이 그림이다. 백은 1로 하나 찌른 다음 3에서 5로 진출해 흑의 세력을 깎게 된다.

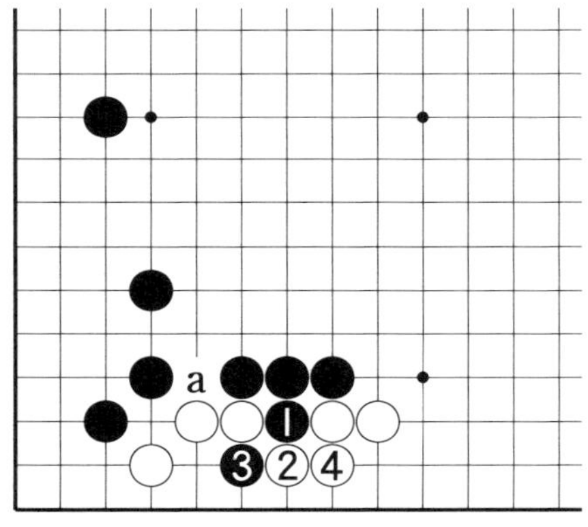

8도

1-8도(재미있는 응수타진)

6도의 상황에서, 흑은 기회를 봐서 1로 하나 나간 다음 3에 끊어 응수를 살피는 것이 재미있다. 백4로 이어 준다면 a쪽 단점이 사라진다.

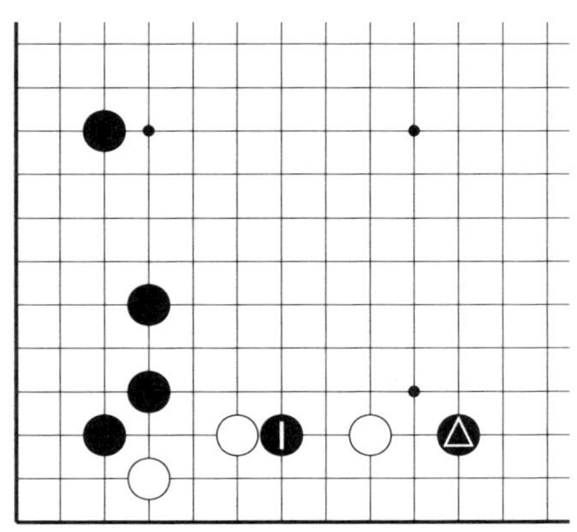

9도

1-9도(흑의 급습)

기본정석이 이루어진 다음 흑▲의 돌이 오면 백 석점이 허술해진다.

　그 허점을 노린 것이 흑1의 급습이다. 여기서 백의 응수를 묻는다.

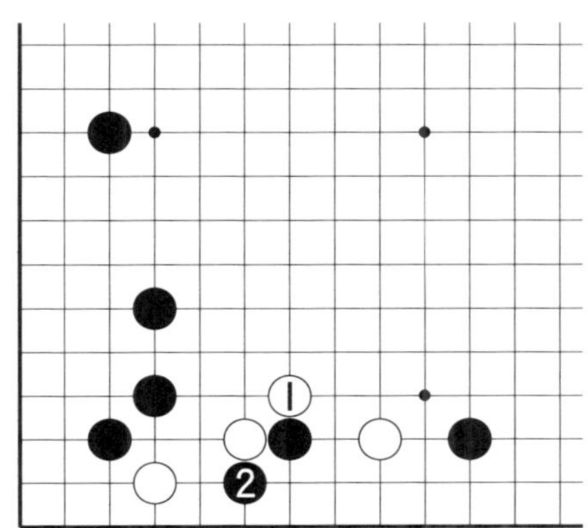

10도

1-10도(젖혀오기를 기대)

사실 흑은 위든 아래든 백이 젖혀 오기를 기대하고 있다.

기세상 백은 1로 위쪽을 젖히고 싶지만…. 막상 흑2를 당하면 좀 괴롭다.

1-11도(흑의 실리가 크다)

계속해서 백1에 끊으면 흑2로 몰고 4에 이어서 백 한점을 접수한다. 귀의 실리가 엄청 커졌다.

반면 백은 흑 한점을 따냈어도 별 게 없다.

11도

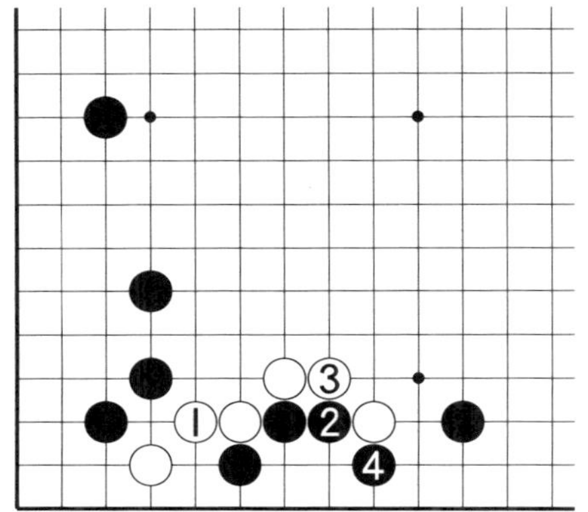

12도

1-12도(백, 전체가 미생)

그렇다고 백1로 늘면 흑은 기분 좋게 2에서 4로 건너간다.

백은 단점 때문에 강력하게 반발하기가 어렵다. 백 전체가 미생마 신세다.

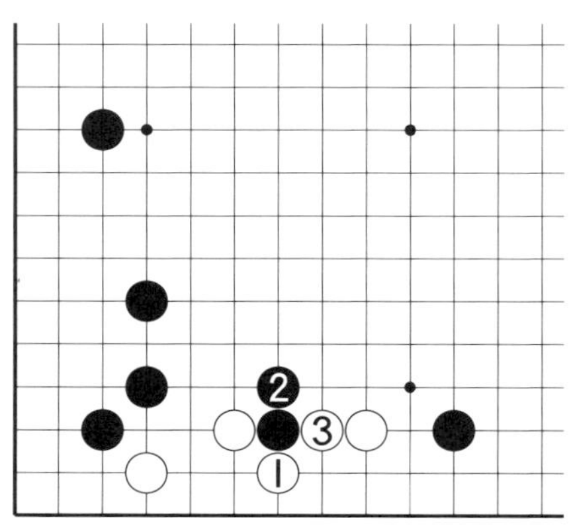

13도

1-13도(혼자만의 생각)

그렇다면 애초에 백1로 아래쪽을 젖히는 것은 어떨까?

흑2면 백3으로 두어서 아무 탈도 없는 것 같은데…. 그러나 이것은 혼자만의 생각이다.

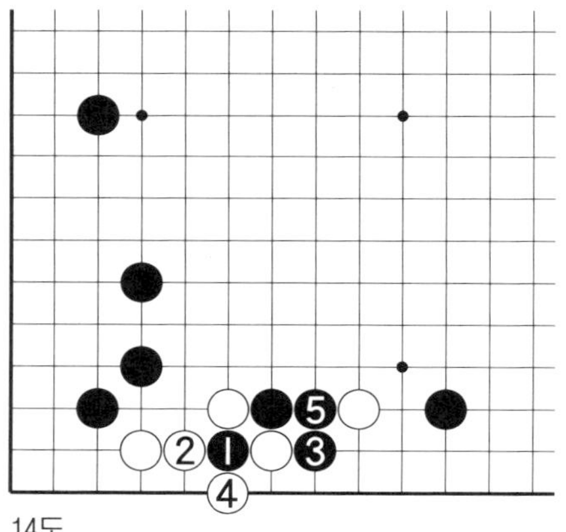

14도

1-14도(준엄한 맞끊음)

앞 그림 2로는 이 그림처럼 흑1로 맞끊는 수가 있다. 정말 준엄한 맥점이지 않은가?

백2로 1의 한점을 잡는다면 흑3에서 5로 백을 갈라서 만족한다.

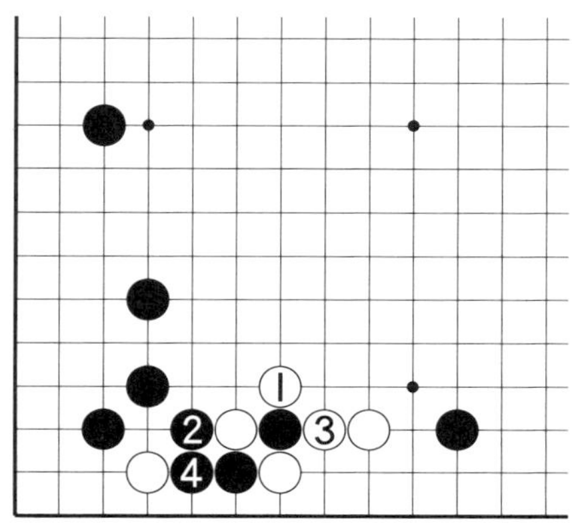

15도

1-15도(11도와 마찬가지)

그렇다고 백1이면 이번에는 흑2에서 4로 백 한점을 품에 안아 버린다. 어디서 본 것 같지 않나?

그렇다. 앞서의 11도와 같은 결과다.

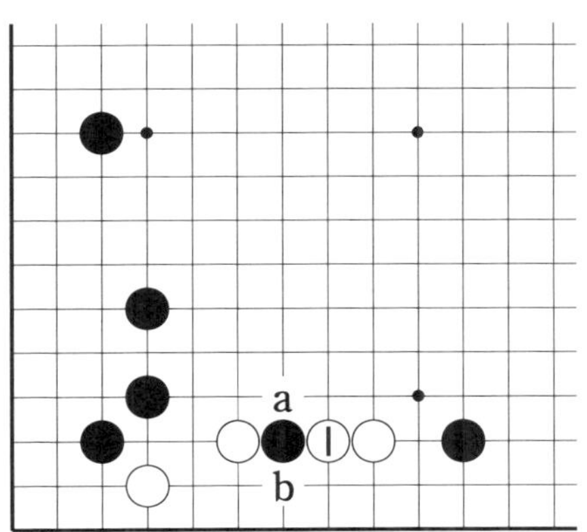

16도

1-16도(백, 유일한 타개책)

9도 다음, 좀 이상해 보이지만 백1로 헤딩하는 수가 유일한 타개책이다. 프로나 아마추어 고수들이 추천하는 수이기도 하다. a와 b를 맞보고 있다.

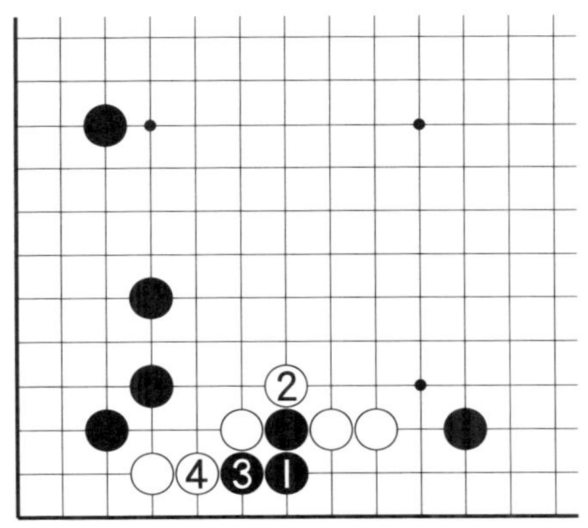

17도

1-17도(아무 수도 없다)

흑1에는 백2로 막는 수가 성립한다. 흑3에 꼬부려 봐도 백4로 꽉 받아서 그만이다.

아슬아슬한 것 같지만 아무 수도 없음을 확인하기 바란다.

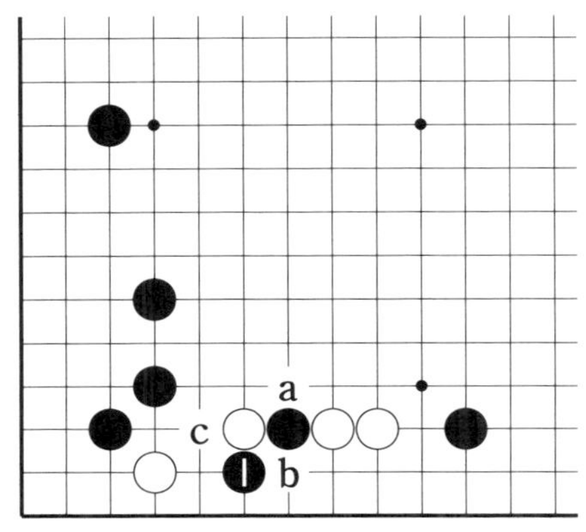

18도

1-18도(젖힘의 관문)

그런데 흑1로 젖혀올 때가 문제다. 이렇게 오면 백은 어떻게 대응해야 하는 것일까?

a나 b는 흑c가 있어 앞서의 11도나 15도로 돌아간다.

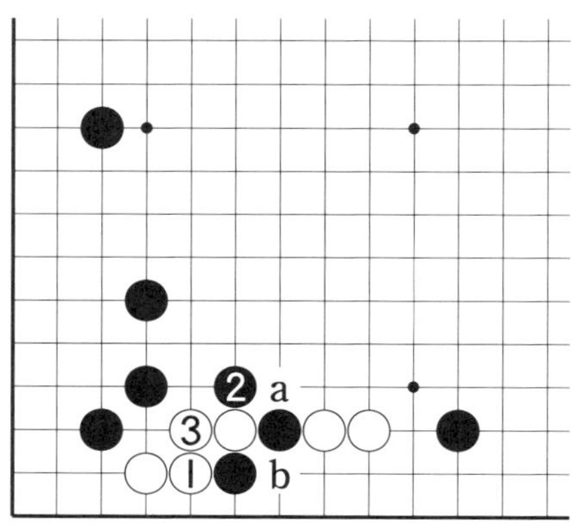

19도

1-19도(맥점 일발)

백1로 꽉 받는 좋은 맥점이 있었다. 이 한수로 백은 위기를 돌파한다. 흑2엔 백3으로 이어서 탈이 없다. 다음 a와 b가 맞보기다.

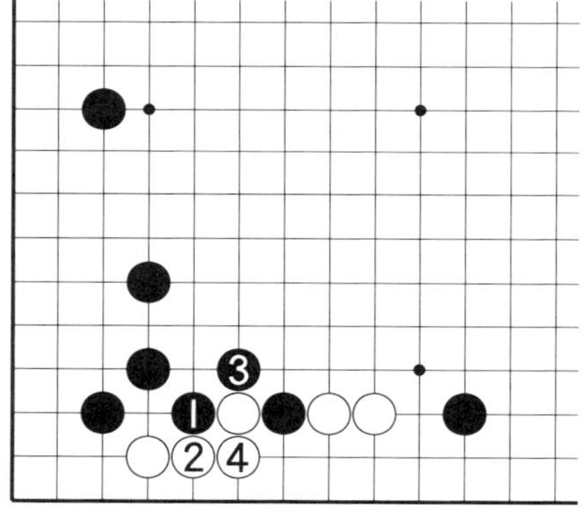

20도

1-20도(백을 괴롭히다)

수는 안 나지만 흑은 백을 괴롭히는 수단이 두 가지 있다.

그 하나는 흑1의 마늘모붙임이다. 백2를 강요해 흑3을 한방 날린다. 아프지 않은가?

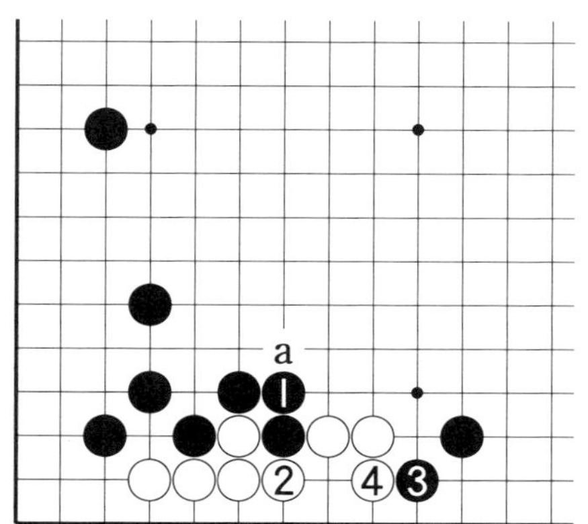

21도

1-21도(흑, 선수)

다음 기회를 봐서 흑은 1, 3을 선수할 수도 있다.

또 아예 두지 않고 백을 가르는 수를 엿보며 a 등의 선수활용을 남겨 두는 것도 유력하다.

44

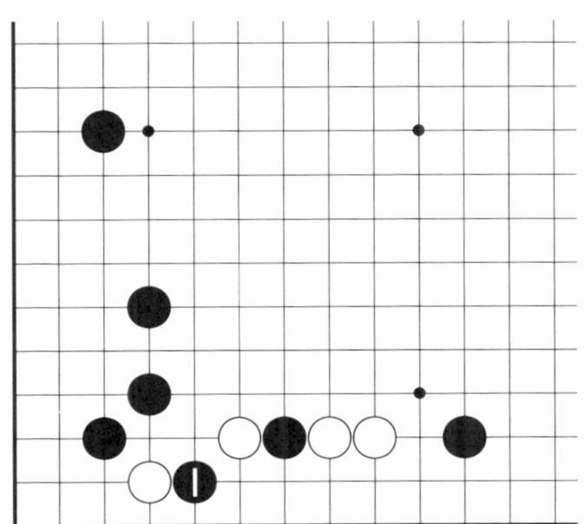

22도

1-22도(흑, 무서운 노림)

그런데 흑에게는 더 무서운 노림수
가 있다. 그것이 바로 1의 붙임이
다. 백의 아주 작은 허점을 집요하
게 추궁하고 있는 수다.

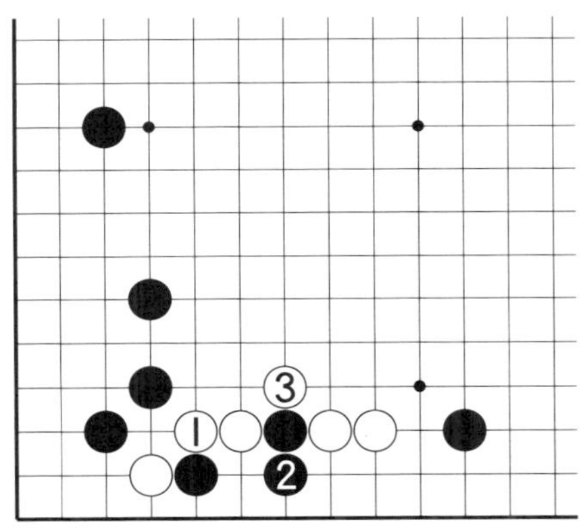

23도

1-23도(준비된 내려섬)

어쨌든 백은 1로 차단하고 싶어진
다. 이렇게 백이 버티면 흑2로 내
려서는 수가 준비되어 있다. 백3은
절대이며, 이다음….

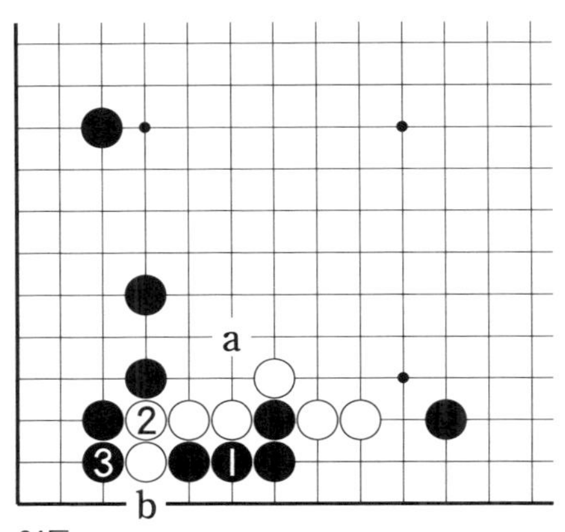

24도

1-24도(맞보기)

흑1로 잇고 백2를 기다려 흑3으로
넘자고 한다. 즉, 건넘과 끊음이 맞
보기다.

　백a는 흑b로 건너게 해 여전히
단점이 남는다.

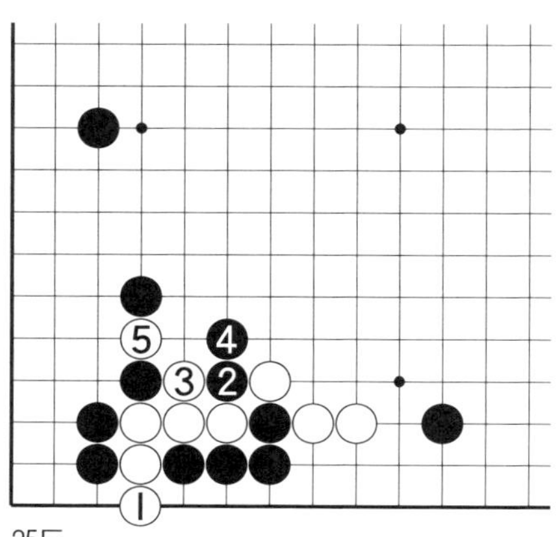

25도

1-25도(끊음이 무섭다)

'에잇, 그렇다면' 하고, 백1로 내려서서 건넘을 허용하지 않으면 흑2의 끊음이 무섭다.

백3으로 하나 단수하고 5로 돌파를 시도할 것이다.

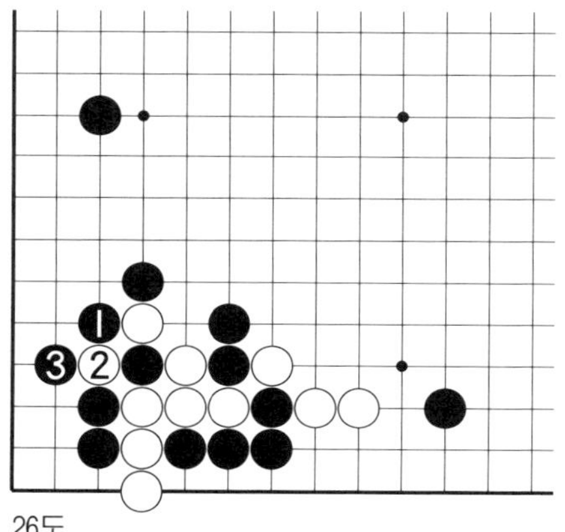

26도

1-26도(흑, 최강의 저항)

앞 그림에 이어 흑1, 3이 최강의 저항이다. 백이 패를 걸어온다면 불문곡직하고 계속 따내 버리겠다는 배짱이다. 따라서 백은….

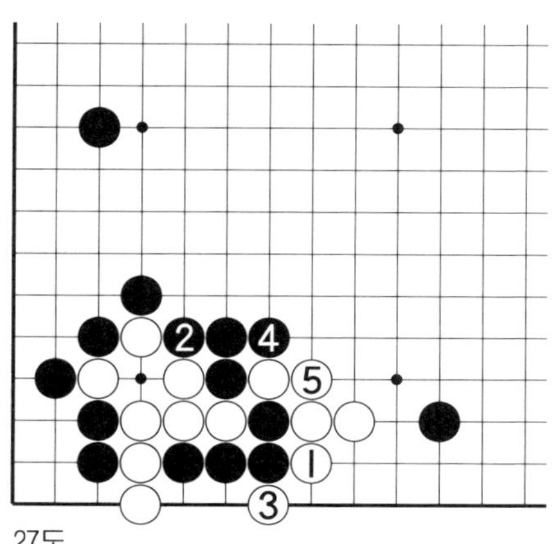

27도

1-27도(흑, 대성공)

부득이 백1, 3으로 후퇴하지 않을 수 없다. 그 사이에 흑2를 당해 백 두점이 떨어져 나가고 흑4의 한방도 얻어맞는다. 흑의 대성공이나 다름없다.

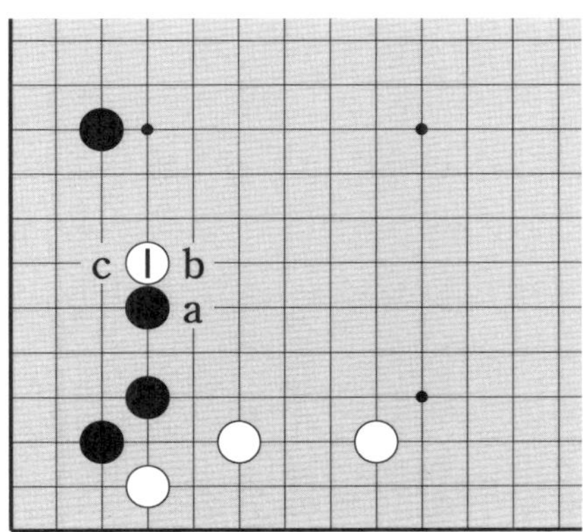

1도

2-1도(정석 이후/ 백 차례)

이번에는 1-3도 백의 수법 가운데에서 가장 많이 쓰이는 1의 붙임에 대해서 살펴보겠다.

흑의 응수는 a, b, c의 세 가지 정도를 생각할 수 있다.

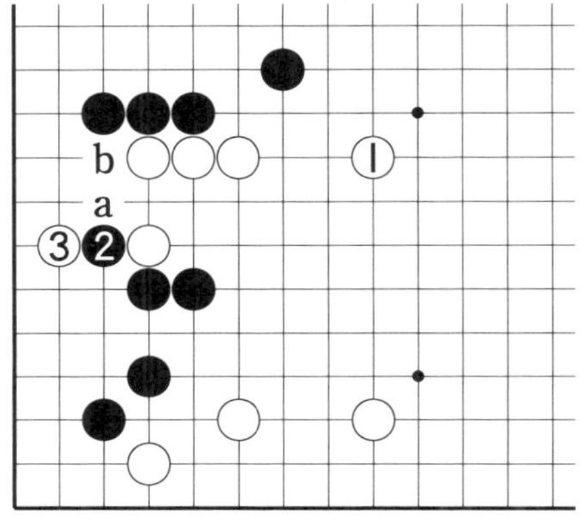

2도

2-2도(흑, 온건한 수법)

흑1로 서는 것은 가장 온건한 수법이다.

백2의 어깨짚음은 상식적인 행마이며 흑3으로 밀고 백4 이하 흑7까지의 진행이 보통이다. 이다음….

3도

2-3도(젖힘에 주의!)

백은 흑2의 젖힘에 주의가 필요하다. 3의 붙임이 맥점이다. 다음 흑 a에 백b가 성립하지 않은가?

3 대신 a로 받아 흑3을 허용해서는 당한 꼴이다.

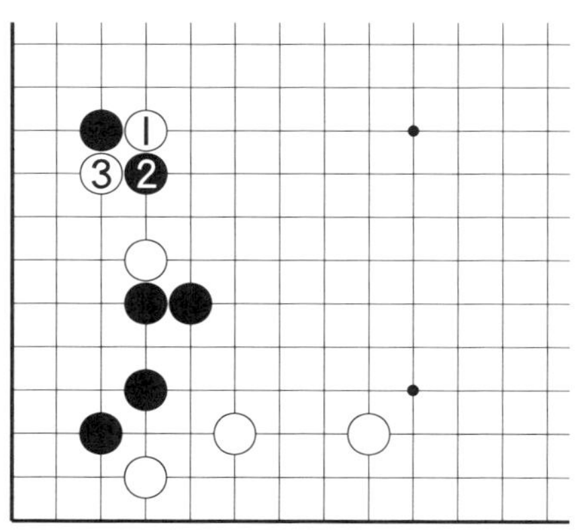

4도

2-4도(붙임의 공방)

2도 2로는 이 그림 백1에 붙이는 수가 만만치 않은 변화를 품고 있다. 흑2는 최강의 대응이며, 여기서 백3의 맞끊음은 흑을 교란하려는 속셈이다.

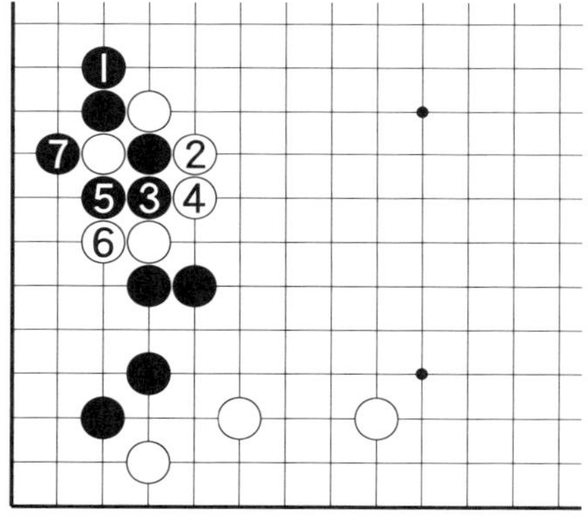

5도

2-5도(흑, 안일한 응수)

앞 그림에 이어, 흑1은 가장 안일한 응수다.

　백은 기다렸다는 듯이 2에서 4, 그리고 6으로 계속 단수해서 흑진을 돌파할 것이다. 흑7 다음….

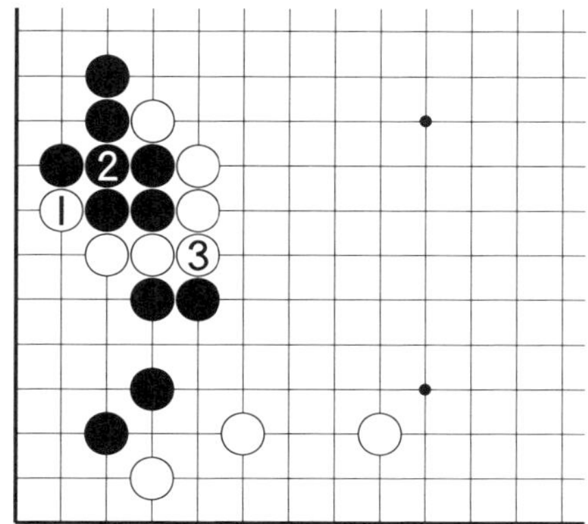

6도

2-6도(관통상을 입다)

백은 1로 기분 좋게 한방 몰아 두고 유유히 3에 잇는다.

　흑은 관통상을 입은 보기 흉한 모습이지 않는가? 귀쪽 흑 넉점은 불안에 떨고 있다.

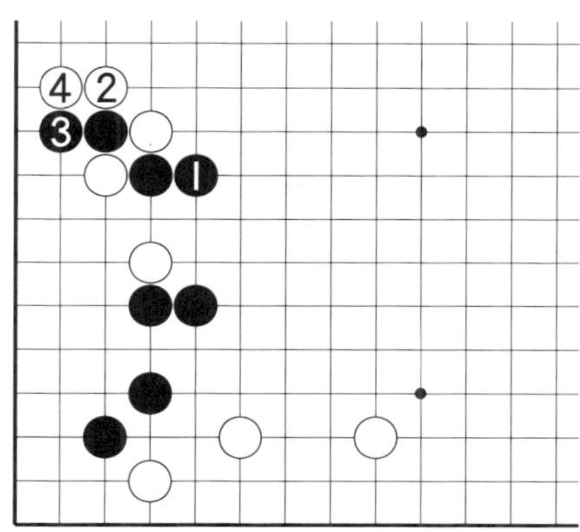

7도

2-7도(축관계가 발생)

4도 다음 흑1로 뻗는 것은 기리(棋理)에 합당한 수법이다. 그렇지만 이 변화는 축관계가 발생한다.

　백은 2로 단수하고 4에 막아올 것이다. 계속해서…

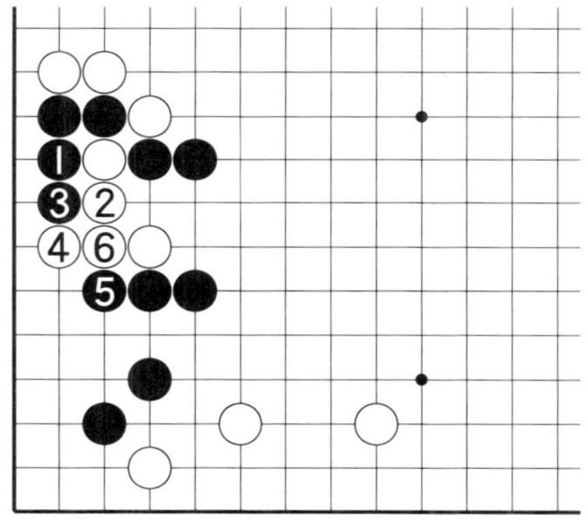

8도

2-8도(절대의 수순)

흑1쪽에서 단수하고 3으로 나오는 것까지는 절대의 수순이다. 백4 때 흑5로 들여다봐 백6에 잇게 한 것은 손해 없는 선수활용이다.

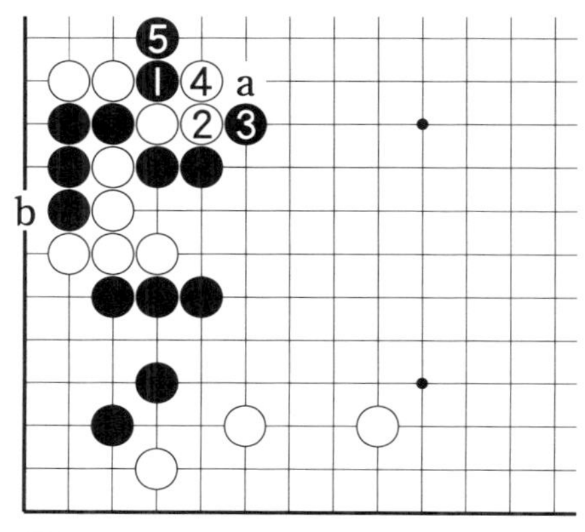

9도

2-9도(정확한 수순)

계속해서 흑1로 끊고 백2에 흑3으로 하나 몰고 5로 달아나는 것이 정확한 수순이다.

　흑은 a의 축을 보고 있다. 축이 안 된다면 백b로 잡혀 낭패다.

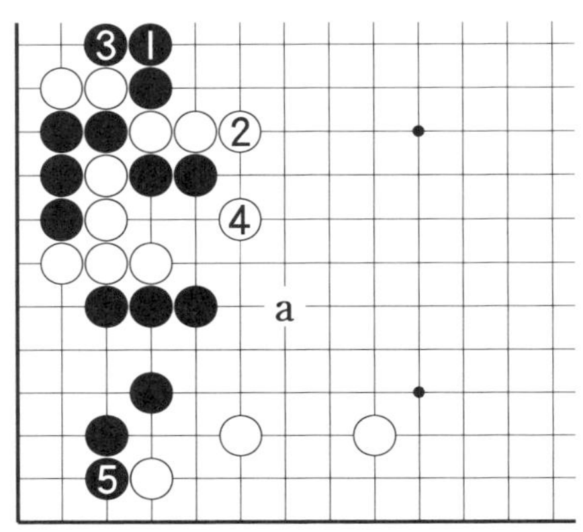

10도

2-10도(그냥 흑1은 미흡)

앞 그림 3으로 이 그림처럼 그냥 흑1에 뻗는 것은 미흡하다.

백은 축이 불리할 경우 2, 4로 변신할 것이다. 흑은 5 또는 a의 손질이 필요하다.

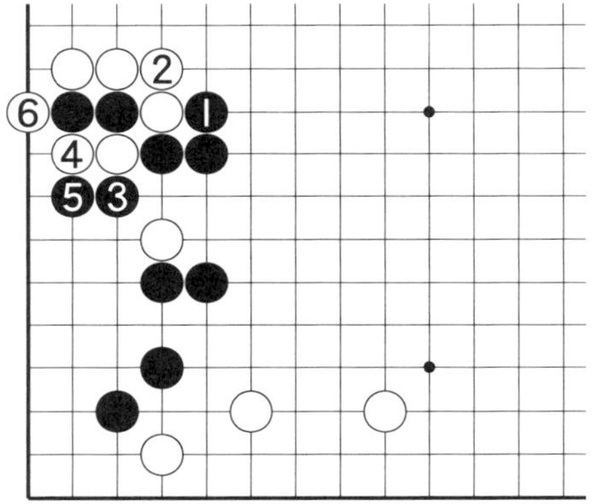

11도

2-11도(백, 대성공)

흑은 9도의 축이 불리하다면 1로 몰고 3에서 5로 두점을 버릴 수밖에 없다.

이 결과는 백의 대성공이다. 따라서 흑은 축이 불리할 경우….

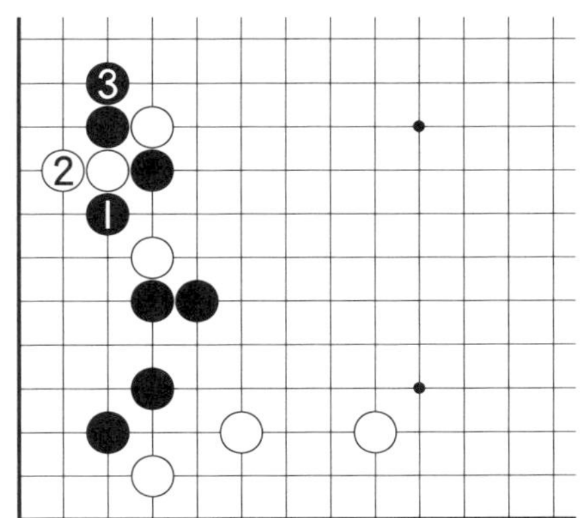

12도

2-12도(강력한 수법/ 추천)

흑1로 단수하고 3에 느는 수를 추천한다. 사실 축관계를 떠나 매우 강력한 수법이라고 할 수 있다.

여기서 백은 두 가지 선택이 있다.

50

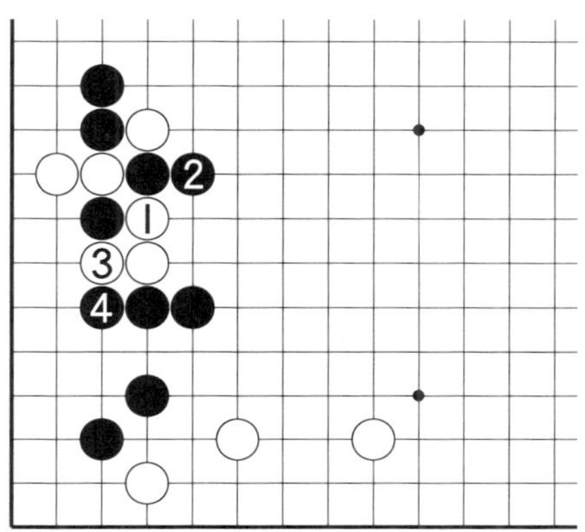

13도

2-13도(백, 안에서 삶을)

하나는 백1, 3으로 흑 한점을 잡는 코스다. 안에서 삶을 꾀하자는 의도다. 그러면 흑은 봉쇄를 염두에 두면서 4로 따라막는 것이 준비된 수다.

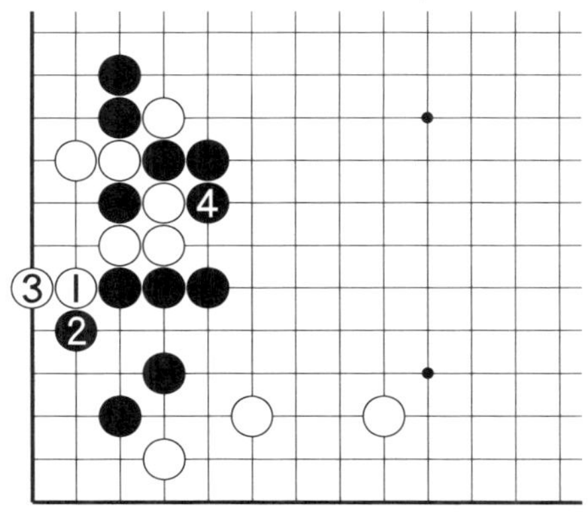

14도

2-14도(흑, 두터움을 얻다)

계속해서 백1로 젖히고 3에 내려서는 것이 삶을 확보하는 좋은 수다. 다른 수로는 잘 안됨을 확인하기 바란다. 흑은 두터움을 얻어서 만족이다.

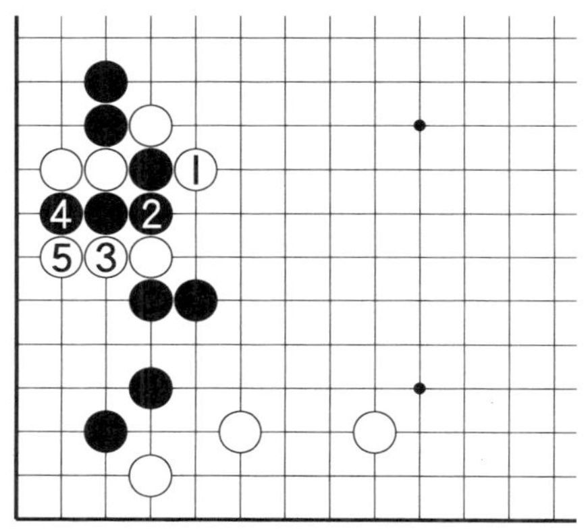

15도

2-15도(백, 돌파하는 수법)

또 하나는 백1쪽에서 단수하고 흑2로 잇기를 기다려 백3, 5로 버림돌을 활용해 돌파하는 수법이다.

흑은 관통을 피할 길이 없다. 이 다음…

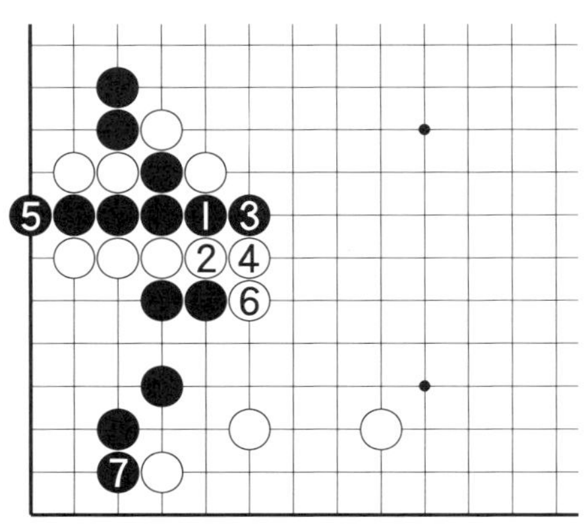

16도

2-16도(흑, 유리한 결과)

흑1, 백2, 흑3, 백4 모두 절대적인 수순이다.

여기서 흑5의 내려섬이 냉정한 한수이며. 백6의 꼬부림에는 흑7로 귀를 살려서 유리한 결과다.

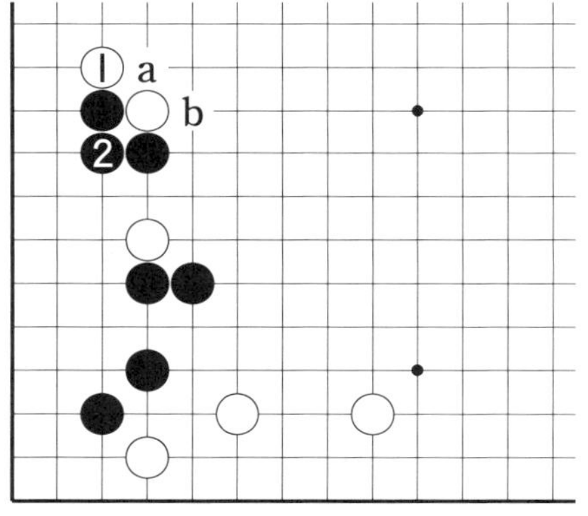

17도

2-17도(간명한 수법)

이 상황에서 백1로 이단젖히는 수도 있다. 그러면 흑2로 잇는 것이 간명한 수법이다.

축이 유리하다면 흑a로 끊고 백b 때 이으면 더욱 좋다.

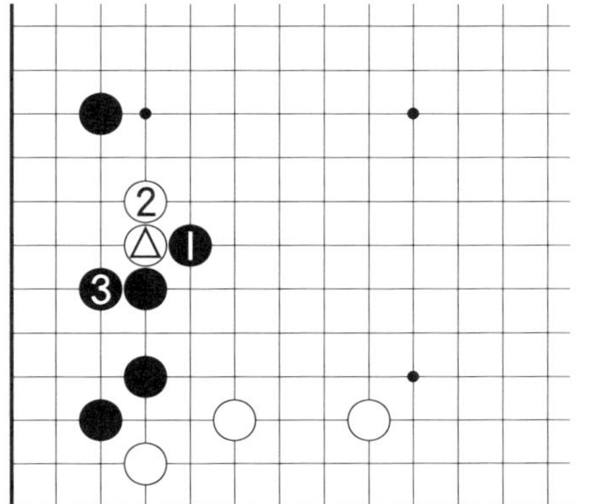

18도

2-18도(흑의 위쪽 젖힘)

백△로 붙인 시점으로 되돌아간다.

여기서 흑1의 위쪽 젖힘은 강력한 수법이다. 백2로 느는 것은 정수이며, 흑은 3으로 내려서서 싸울 채비를 갖춘다.

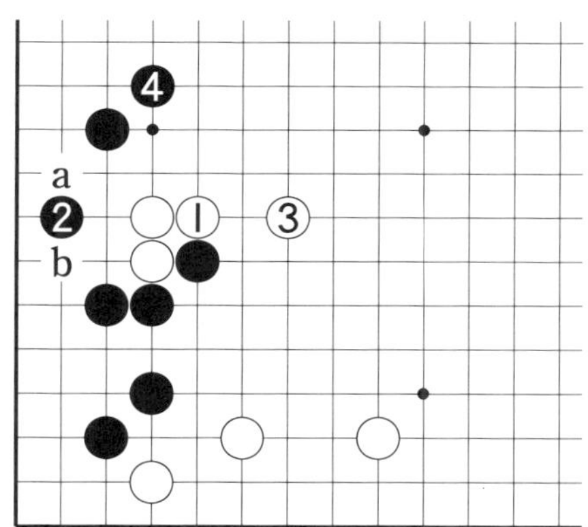

19도

2-19도(마늘모가 맥점)

백1로 꼬부리면 일단 흑2로 건너는 것이 무난하다.

백3에 뛸 때 흑4의 마늘모가 백이 a와 b로 건너붙여서 차단하는 노림을 방어하는 맥점이다.

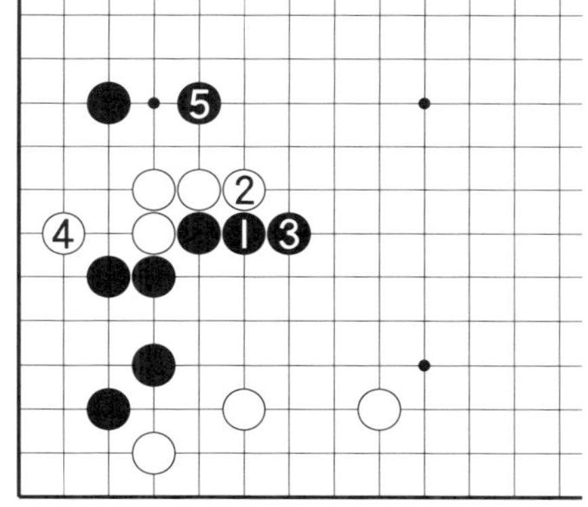

20도

2-20도(전투 개시)

앞 그림 2로 이 그림 흑1에 늘 수도 있다.

백2에 흑3으로 또 는 것은 중앙을 중시하는 태도다.

백4의 분단에 흑5로 뛰어서 전투가 개시된다.

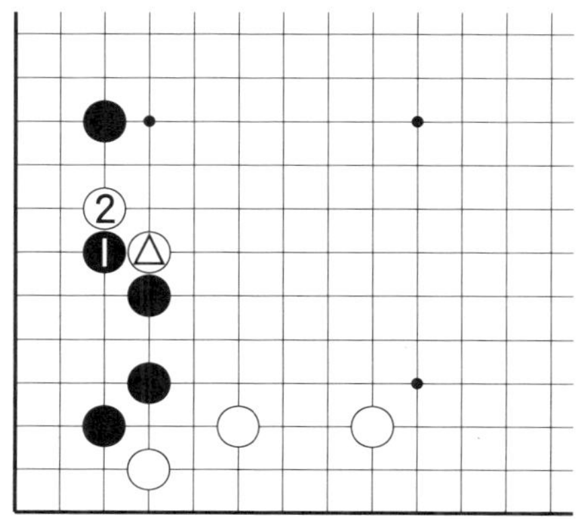

21도

2-21도(흑의 아래쪽 젖힘)

백△의 붙임에 흑1로 아래쪽을 젖히는 변화가 가장 간단할 것 같지만, 뜻밖에도 은근히 복잡하면서도 까다롭다.

백2의 이단젖힘이 그 시발점이다.

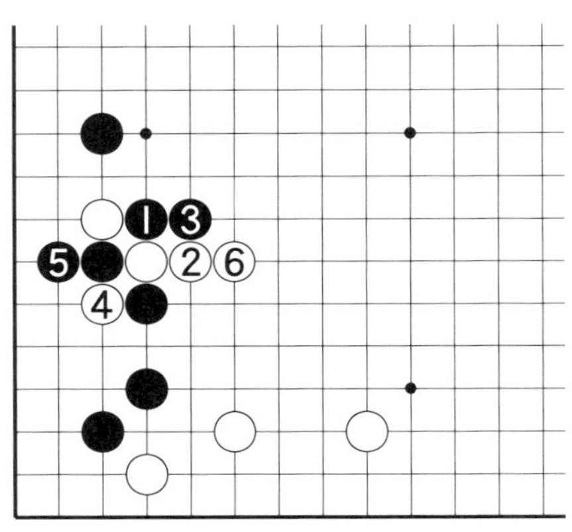

22도

2-22도(배워둘 만한 수순)

일단 흑은 1로 끊어야 한다. 그리고 백2에 흑3에 밀어 올리는 수가 배워둘 만하다.

백도 4로 하나 끊어 놓고 6에 는 것이 수순이자 행마법이다.

2-23도(정형화된 진행)

계속해서 흑1은 너무도 당연하며 백2의 꼬부림도 중요한 수다.

흑3은 이것이 행마의 틀이며 다음 백a, 흑b가 예상된다. 정형화된 진행이었다.

23도

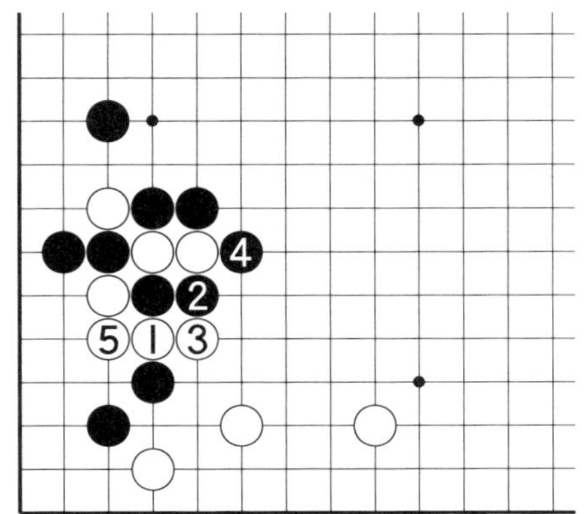

24도

2-24도(거북등따냄)

22도 6으로 이 그림처럼 백1~5로 귀를 수중에 넣으려는 것은 잘못이다. 흑의 거북등따냄(두점 따낸 모습)은 빵따냄을 능가하는 위력을 갖고 있다.

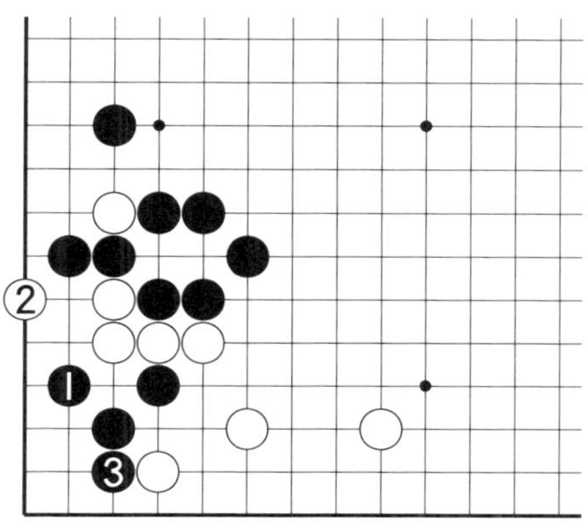

25도

2-25도(귀도 백집이 아니다)

그리고 귀에도 맛이 남아 있어 백 집이라고 볼 수가 없다.

가령 흑1로 마늘모하고 3에 막으면 백은 이 흑을 잡을 길이 없다. 다음 그림은 일례.

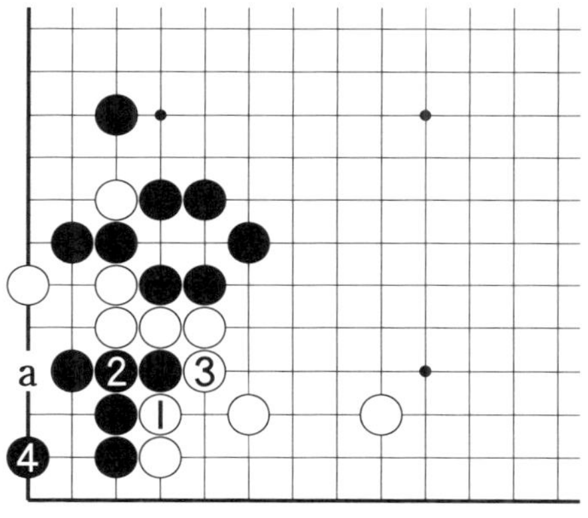

26도

2-26도(흑, 귀에서 살다)

백은 1, 3으로 바깥쪽 약점을 방비하는 정도일 것이다.

그러면 흑은 4에 뛰어서 유유히 살아 버린다. 다음 a가 듣고 있음을 확인하기 바란다.

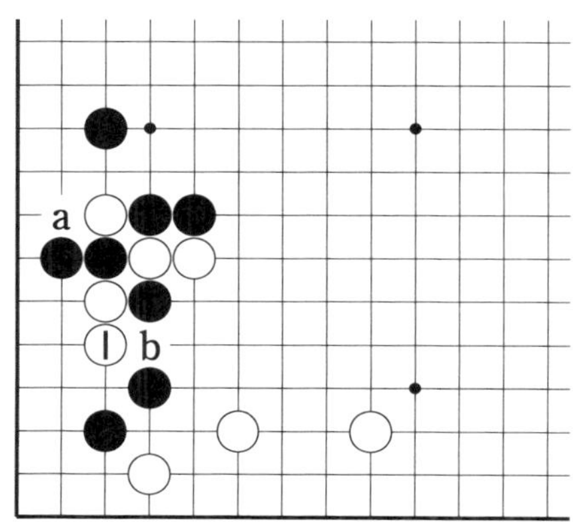

27도

2-27도(고약한 수단)

22도 6으로 이 그림 백1로 늘어 흑을 시험에 들게 하는 고약한 수단이 있다.

a와 b를 맞보기로 하고 있어 흑이 곤란해 보인다. 타개책이 있을까?

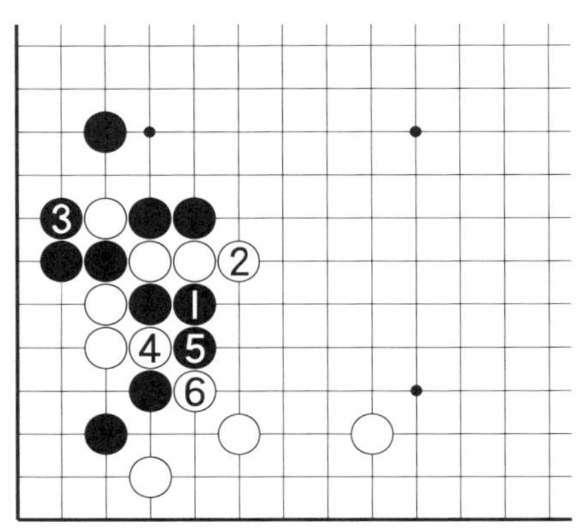

28도

2-28도(통렬한 나와끊음)

흑1로 단수해 백2와 교환하고 나서 흑3으로 손을 돌리는 것은 임시방편에 불과하다.

백4, 6으로 나와 끊는 것이 통렬해 흑은 대책이 전혀 없다.

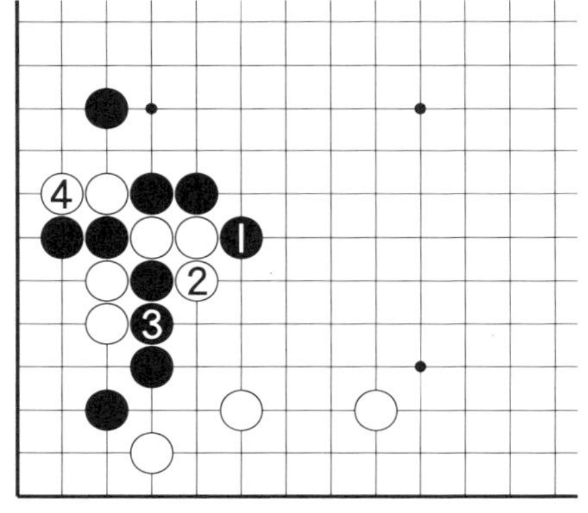

29도

2-29도(단수하고 잇는다)

27도 다음 흑1쪽에서 단수하는 수에 착안할 수 있다면 반쯤은 해결된 것이나 다름없다.

백2를 기다려서 자연스럽게 흑3으로 잇는 것이 수순이다. 백4는 당연하며….

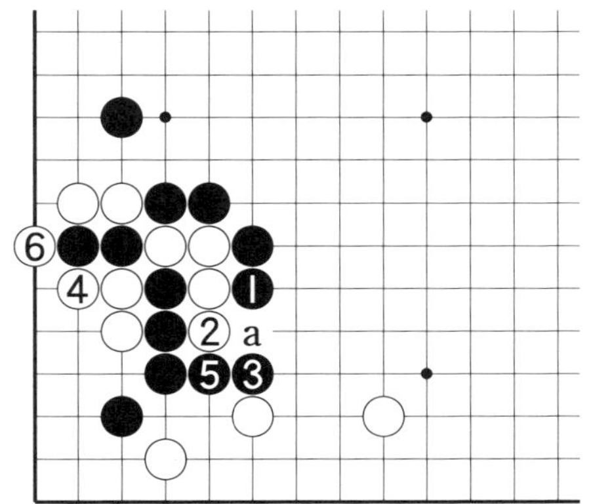

30도

2-30도(흑1, 3이 좋은 수순)

흑1로 하나 더 단수하고 나서 3으로 장문을 씌우는 것이 좋은 수순이다.

1로 그냥 a에 씌우는 것은 미흡하다. 백4에 흑5로 단수하고 백6에 따낸 다음….

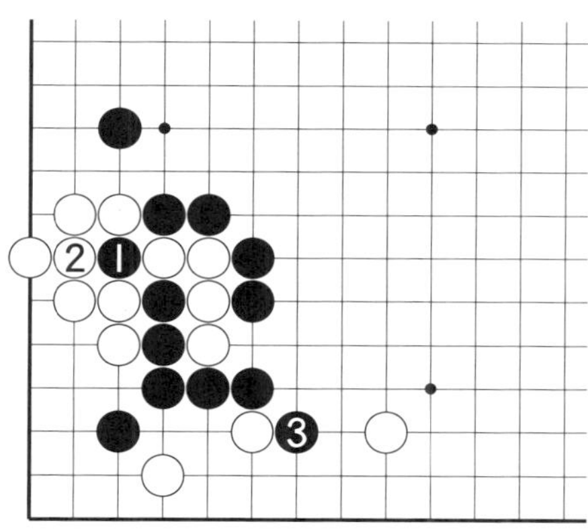

31도

2-31도(대가를 구하다)

흑1로 먹여치는 것이 기분 좋은 수다. 백2로 따내기를 기다려 흑3으로 젖혀서 백에게 데미지를 준다.

이 정도로 대가를 구한다면 만족할 만하지 않은가?

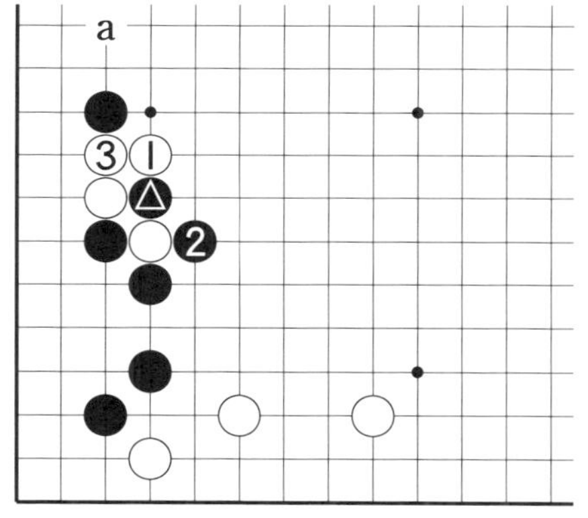

32도

2-32도(흑, 불만이 없다)

처음에 흑이 △로 끊었을 때 백1로 같이 단수하는 수도 있다. 흑은 2로 빵따내서 불만은 없다.

백3까지 a 근방에 백돌이 있을 때 쓰는 수법이다.

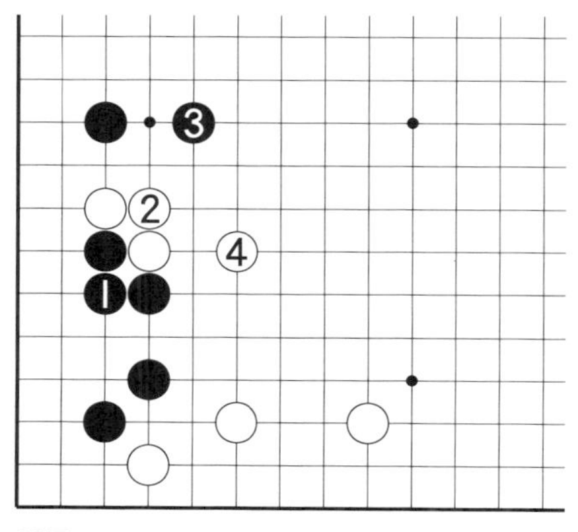

33도

2-33도(흑, 무기력한 태도)

백의 이단젖힘에 겁을 집어먹고 흑1로 잇는 것은 무기력한 태도다. 백2로 잇게 해서는 흑이 불리하다.

흑3에 뛰어도 백4로 뛰어나가 편한 모습이다.

2
화점 날일자걸침
—
공격형 협공

화점 날일자걸침 ☞ 한칸협공

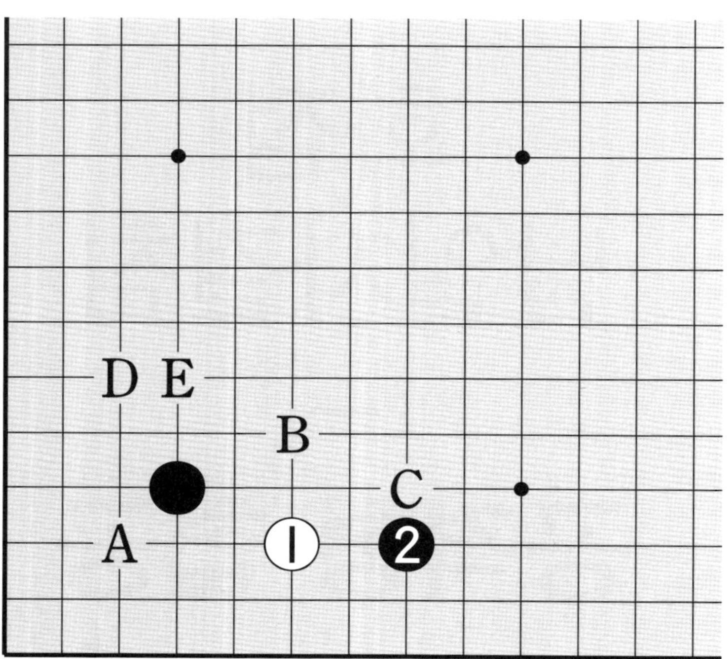

백1의 날일자걸침에 흑2의 한칸협공은 가장 일반적인 수법으로 한 시대를 풍미한 유행형이었다. 지금도 사랑받고 있는 협공 가운데 하나다.

이에 대해 흑은 A의 3三침입을 비롯해 B의 한칸뜀, C의 붙임, D나 E의 양걸침 등 다양한 선택이 있다. 또한 백은 손을 빼는 수도 가능하다.

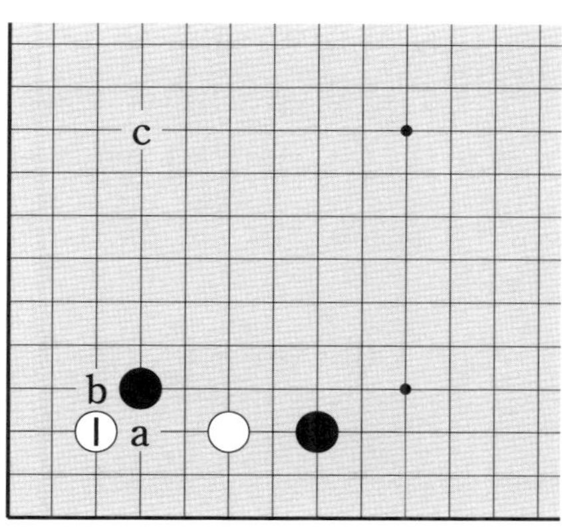

1도

1. 3三침입

1-1도(3三침입)

백1의 3三침입은 기력의 높고 낮음을 떠나 누구나 즐겨 쓰는 수법이다. 그 만큼 변화가 적다. 다음 흑 a와 b의 선택은 c 근방에 흑돌이 있느냐 없느냐에 달려있다.

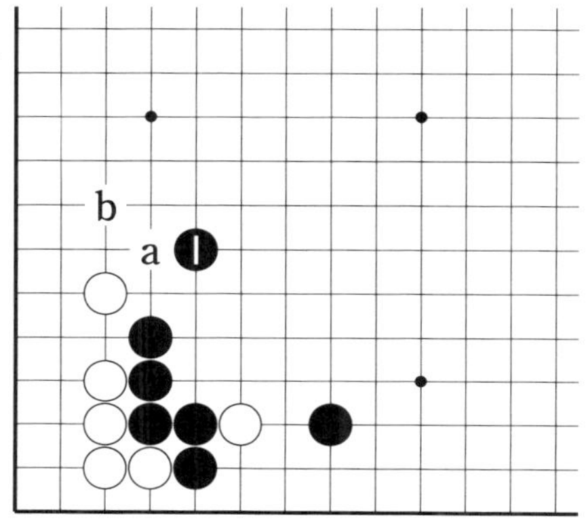

2도

1-2도(각는 방향/ 기본형)

좌변 쪽에 흑돌이 없을 경우에는 당연히 흑1로 막는 한수다.

백2로 하나 밀고 4, 6으로 젖혀 이은 것은 정확한 수순이며 8까지가 기본형이다.

3도

1-3도(정석 이후/ 흑 차례)

앞 그림 다음 흑이 또 둔다면 1의 날일자로 세력을 확장하는 수가 상식이다.

경우에 따라 a에 씌우는 수도 있으며 b로 육박하는 수도 유력하다.

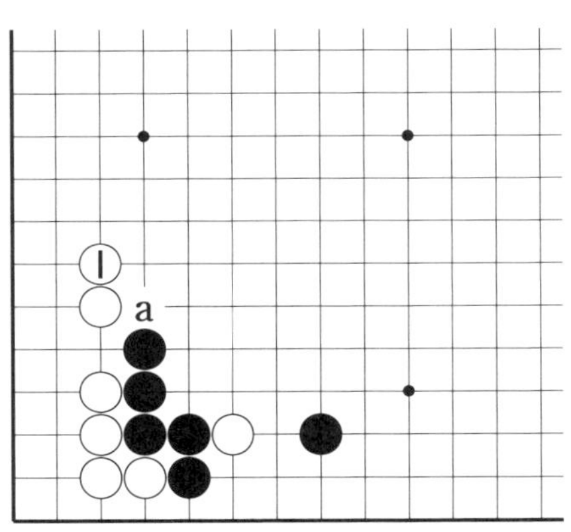

4도

1-4도(정석 이후/ 백 차례)

백에게 둘 차례가 온다면 기회를 봐서 1로 늘어서는 것이 배워둘 만한 수법이다. 힘을 비축하자는 뜻이다.

　물론 1 대신 a에 미는 수도 가능하다.

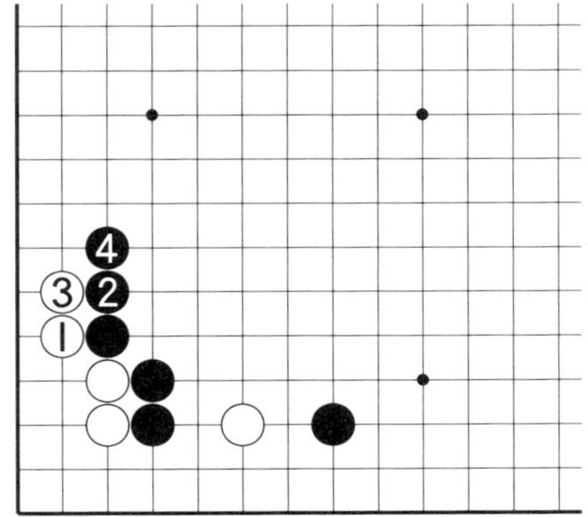

5도

1-5도(연습문제/ 백 차례)

2도의 3으로 이 그림 흑1로 젖혀왔다. 초중급자의 실전에서 간혹 나오는 수이기도 하다. 무리수 같은데….

　자, 백은 어떻게 대응해야 할까?

6도

1-6도(흑, 무리가 통하다)

백1로 받는 것은 흑의 무리수를 통하게 해주는 나약한 태도다.

　흑은 기분 좋게 2로 늘어 백3마저 강요한다. 흑4까지 백이 크게 당한 모습이다.

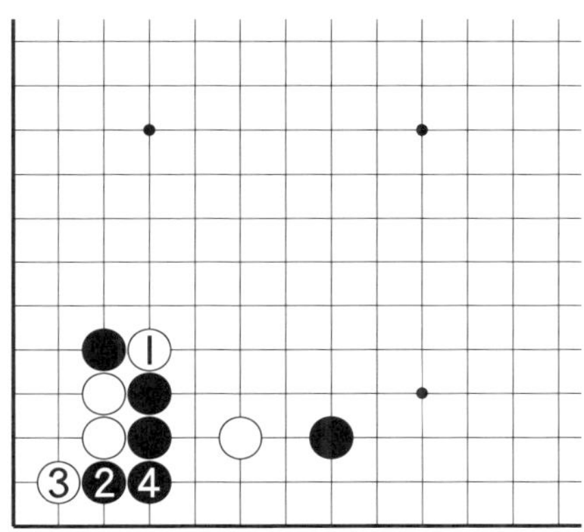

1-7도(강력한 끊음?)

5도 다음 백1의 끊음은 흑의 무리를 응징하고야 말겠다는 강력한 태도다.

그러나 흑2, 4의 젖혀이음이 오면 의외로 만만치 않다는 것을 깨닫게 된다.

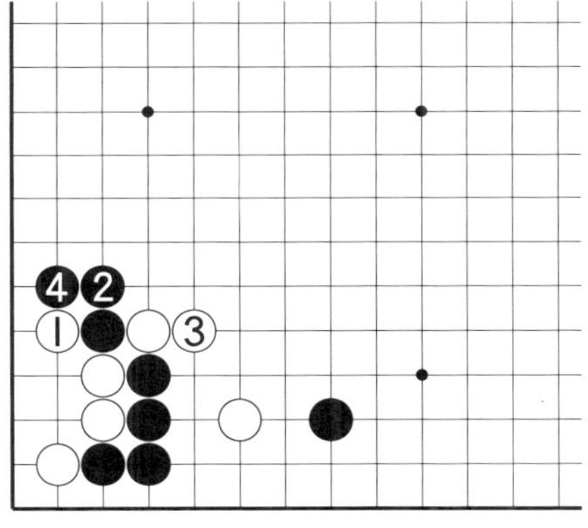

1-8도(백, 약간 성급하다)

백1은 절대이며 흑2에 즉각 백3으로 서는 것은 약간 성급하다. 흑4로 꼬부려 막는 수가 통렬하다.

자, 이 싸움의 결말이 과연 어떻게 될까?

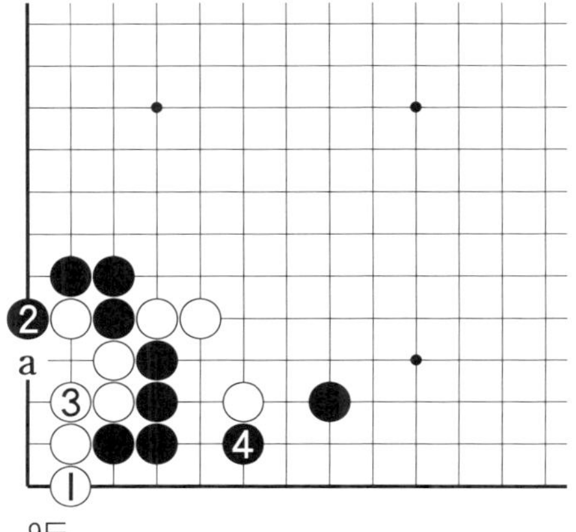

1-9도(그전이 역력하다)

백1에는 흑2로 한방 단수해 백3으로 잇게 한 다음 흑4로 건너는 것이 좋은 수순이다.

백에게 a로 버텨서 살자는 패는 있지만 고전이 역력하다.

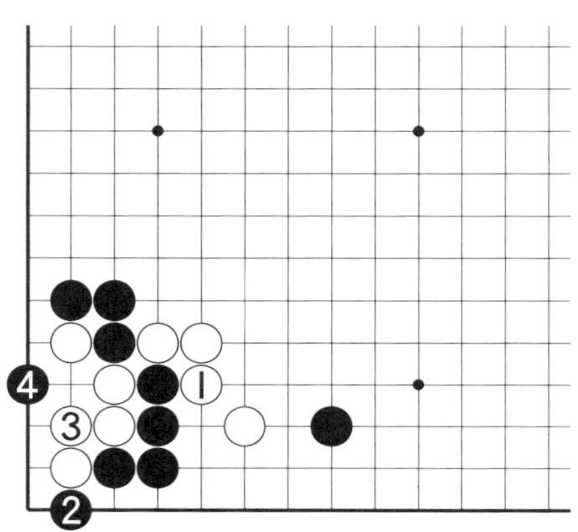

10도

1-10도(수상전은 흑승)

8도 다음 백1로 차단하며 수상전을 시도하는 것도 흑2의 젖힘을 불러 뜻대로 되지 않는다.

백3에는 흑4의 치중이 급소여서 이 수상전은 흑의 승리로 끝난다.

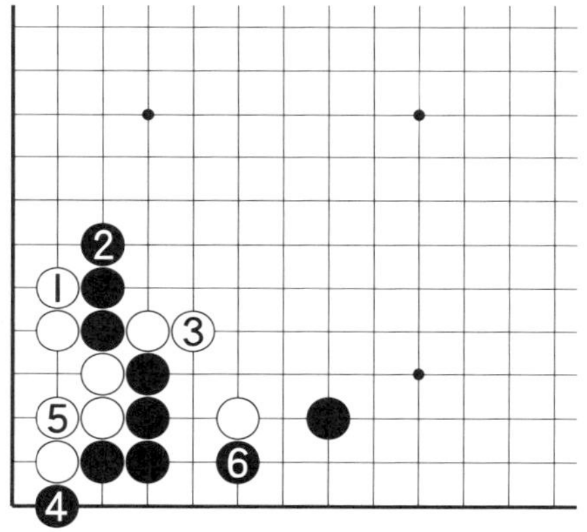

11도

1-11도(흑, 유리한 갈림)

8도 3으로 이 그림 백1로 기어나간 다음 3에 서는 것이 낫다.

흑4에 백5로 이어서 이 백은 살아 있다. 다만 6으로 건너서 흑이 유리한 갈림이다.

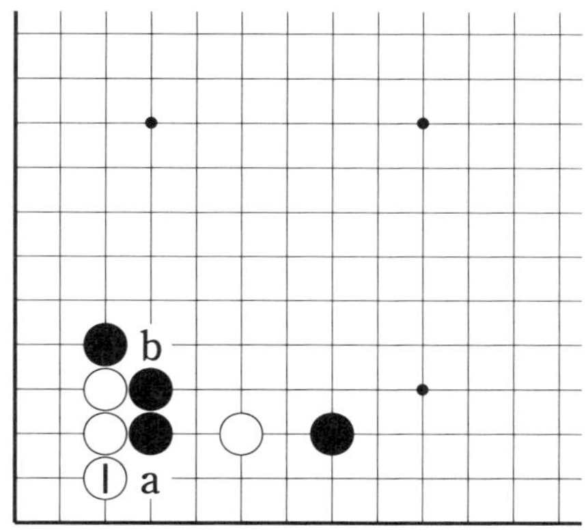

12도

1-12도(침착한 내려섬)

5도의 정답은 백1의 내려섬으로, 침착한 맥점이었다. 흑에게 변화의 여지를 주지 않는 수이기도 하다.

여기서 흑은 a와 b, 두 가지 선택이 있다.

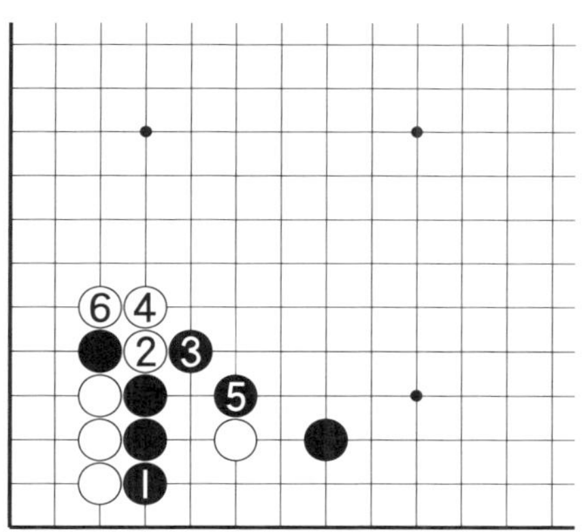

13도

1-13도(끊음이 통렬)

흑1로 막아서 한사코 좌우를 분단
하려고 하는 것은 백2의 끊음이 통
렬해 괴로워진다. 흑은 3으로 단수
하고 5에 지키는 정도일 것이다. 6
까지 백이 유리하다.

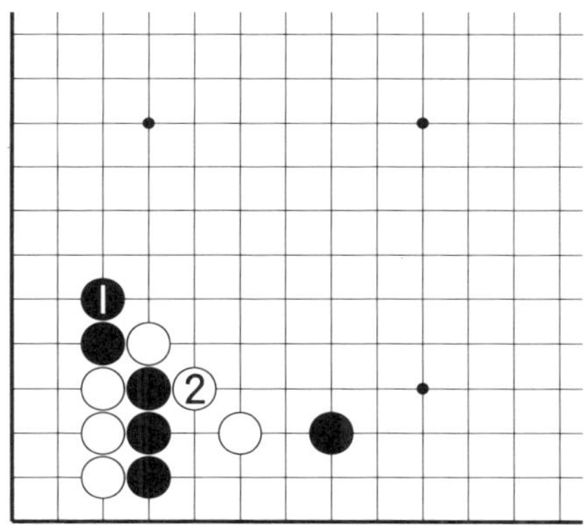

14도

1-14도(흑, 잡혀 버리다)

앞 그림 3으로 무심코 이 그림처럼
흑1에 늘었다가는 백2를 불러 흑
석점이 옴짝달싹도 못하고 잡혀 버
린다.

　오른쪽으로 건널 수가 없음을 확
인하기 바란다.

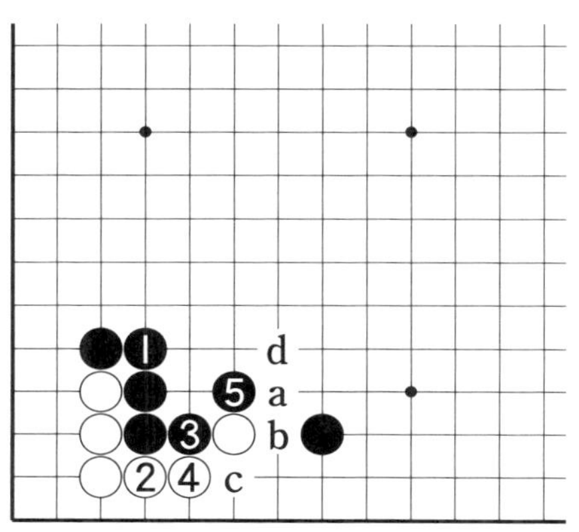

15도

1-15도(흑의 최선)

거슬러 올라가 흑은 1로 잇는 것이
최선이다. 백2에는 흑3에서 5로 젖
혀가는 것이 수순이다.

　이다음 백a, 흑b, 백c, 흑d 때 백
은 축머리를 노리게 된다.

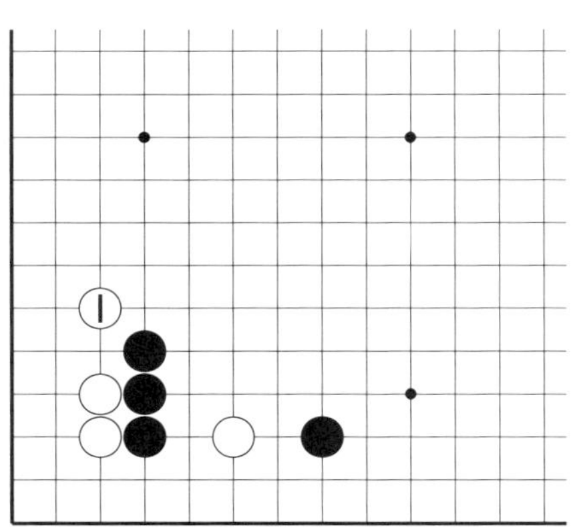

16도

1-16도(연습문제/ 흑 차례)

2도 4, 6의 젖혀이음을 두지 않고 이 그림처럼 백은 1로 뛰었다.

이것은 척 봐도 허술한 행마라는 것을 알 정도다. 흑은 어떻게 응징해야 할까?

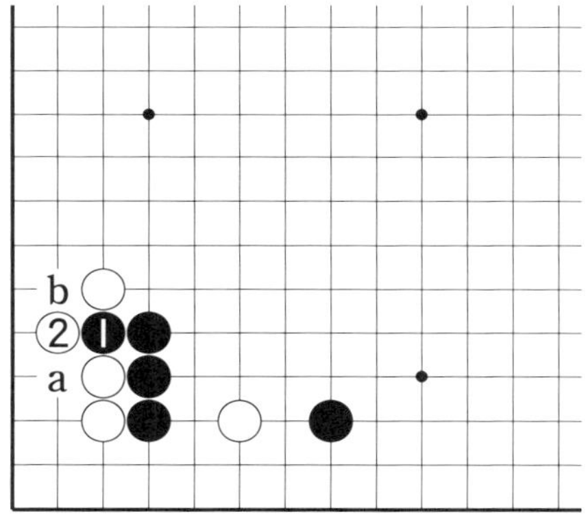

17도

1-17도(당연한 수순)

일단 흑1로 찔러 백2와 문답하는 것은 당연한 수순이다.

문제는 이 다음인데, 흑은 a와 b 중 어느 쪽을 끊어야 할까?

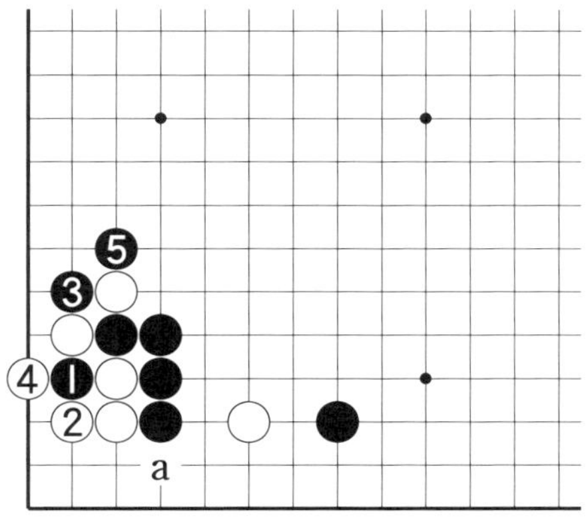

18도

1-18도(흑의 모범답안)

'잡고 싶은 반대쪽을 끊는 것이 원칙'이다.

흑1로 끊고 3, 5의 축으로 백 한 점을 잡으면 세력도 좋아질 뿐 아니라 a의 내려섬도 귀에 대해 선수다. 모범답안!

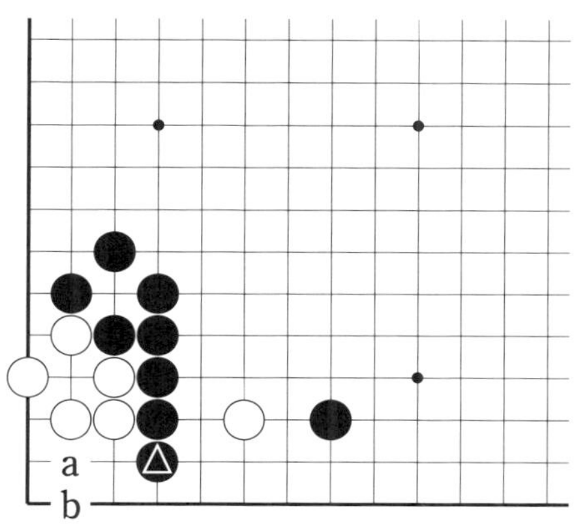

19도

1-19도(귀의 사활은?)

흑▲로 내려섰을 때 백이 손을 빼면 이 귀의 사활은 어떻게 될까?

이 귀에 대한 흑의 공략법은 a와 b, 두 가지인데 결과는 거의 비슷하다.

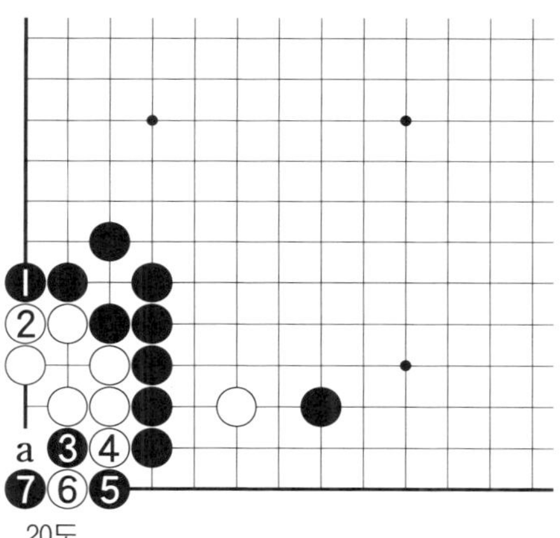

20도

1-20도(흑 차례의 패)

흑1, 백2를 선수한 이상 흑3에 붙이는 것이 올바른 공략이다.

백4에 이어서 6에 먹여치고 다음 a의 곳에 집어넣어서 흑이 따낼 차례의 패가 된다.

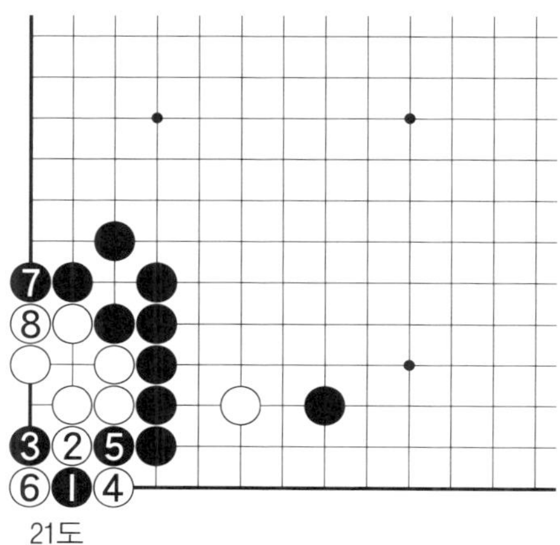

21도

1-21도(역시 흑 차례의 패)

19도 다음 흑1의 날일자로 달려도 백6까지 패가 된다. 흑7의 팻감을 쓸 수 있으니 흑이 따낼 차례와 다름없다. 앞 그림과 선택은 상황에 따라서….

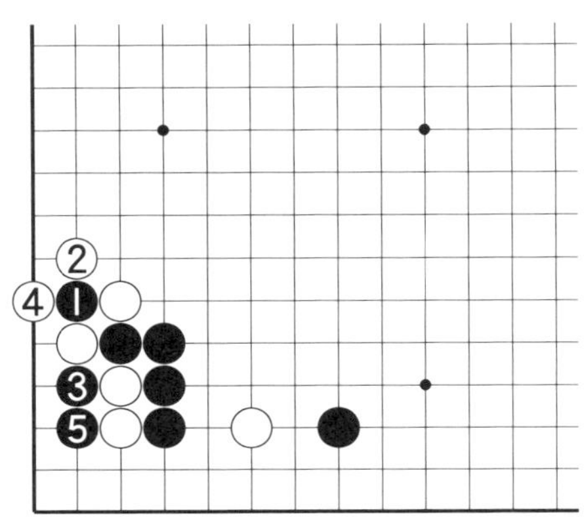

22도

1-22도(흑, 귀를 차지)

처음으로 돌아가서, 흑1쪽을 끊으면 백은 2로 잡게 된다. 이럴 때는 '끊어온 쪽을 잡는 것이 원칙'이다. 흑은 5까지 귀를 차지해서 만족스러운 결과다.

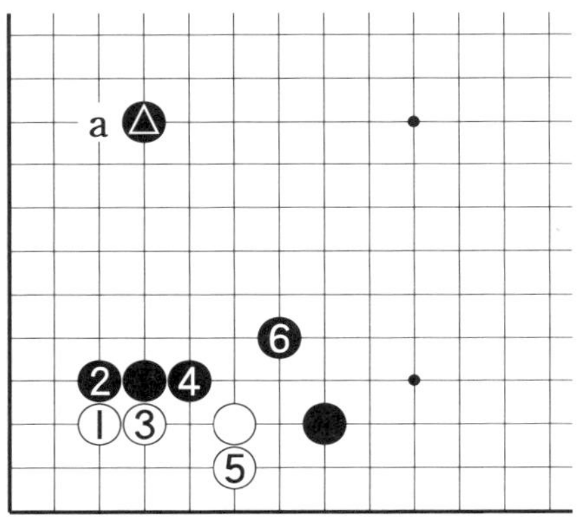

23도

1-23도(막음의 조건)

백1의 3三침입에 흑2쪽을 막는 경우는 흑▲(또는 a)의 착점이 이미 놓여져 있을 때 효과적이다. 백3에 흑4는 급소이며 백5에는 흑6으로 봉쇄하기까지가 기본형이다.

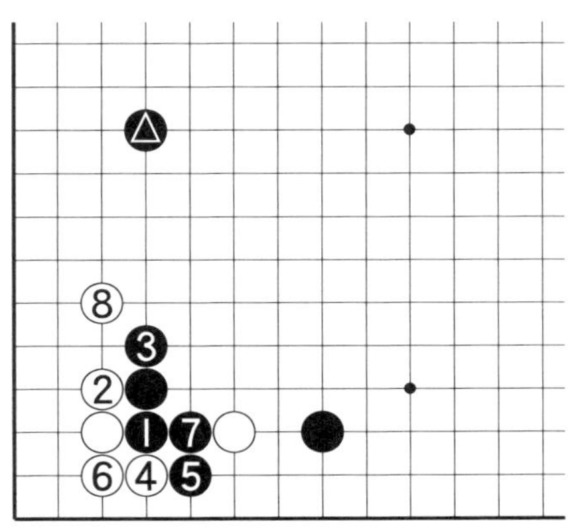

24도

1-24도(흑, 방향이 틀리다)

흑▲가 있는데도 흑1쪽을 막는 것은 방향이 틀린 수다.

백2 이하 8까지는 기본형이지만, 이렇게 되면 ▲가 급하지 않은 곳에 놓여 있음을 알 수 있다.

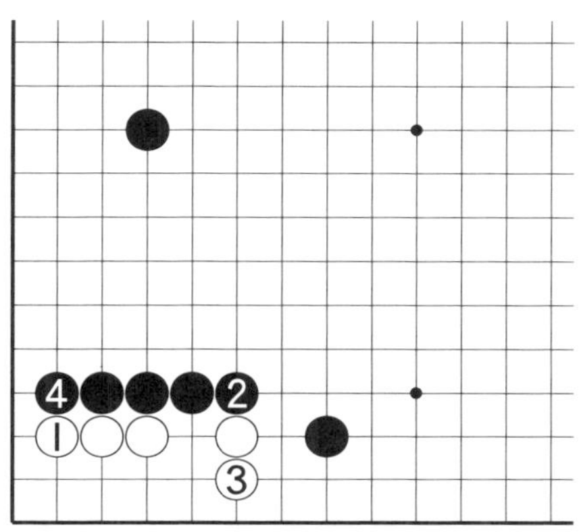

25도

1-25도(이것도 기본정석)

23도 5로는 이 그림 백1로 내려서는 수도 있으며, 흑은 2로 눌러막는 것이 요령이다.

백3을 기다려 흑4에 막는 것이 수순이다. 흑은 4를 손뺄 수도 있으며….

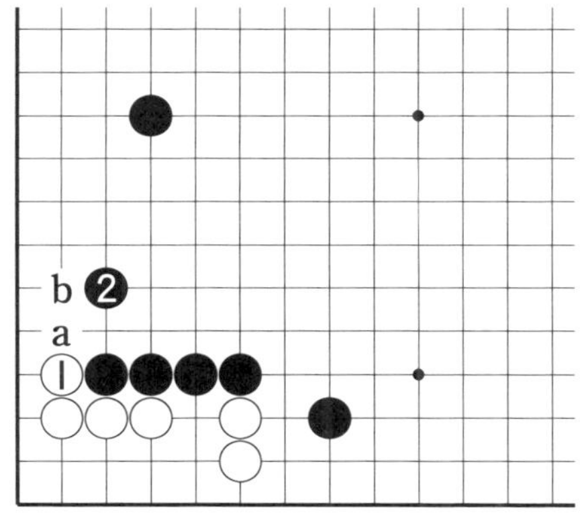

26도

1-26도(꼬부림에는 늦춰서)

그러면 백은 1의 꼬부림을 선수하게 된다.

흑2로 늦춰 받는 것은 정수로, a에 바로 막는 것은 백b의 껴붙임을 부르는 등 맛이 아주 나빠 피곤해진다.

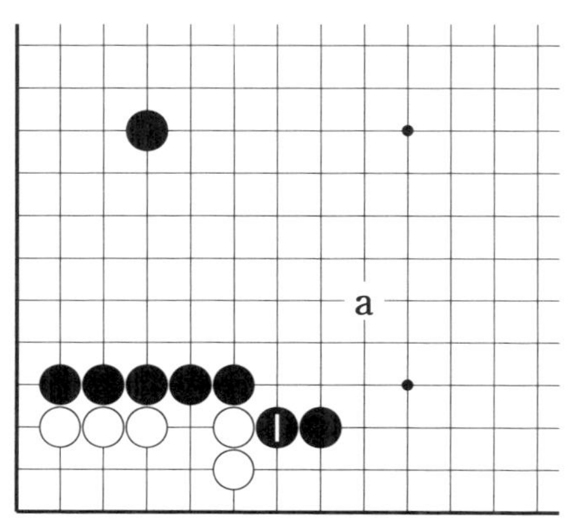

27도

1-27도(정석 이후/ 흑 차례)

25도 다음 흑이 둘 기회가 온다면 1로 약점을 보완하는 것이 두터운 수다.

약간 발이 늦다고 여긴다면, 대신 a로 폭을 넓히는 것도 유력한 수다.

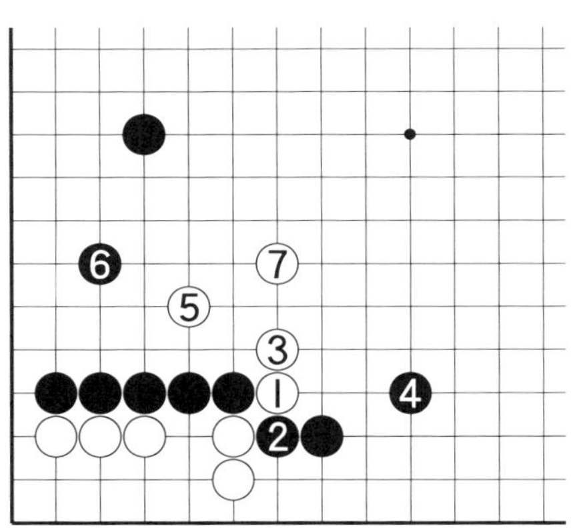

28도

1-28도(정석 이후/ 백 차례)

만약 백이 둘 기회가 오면 1로 젖혀나가는 수를 가장 많이 쓴다.

흑2의 끊음에 백3에 뻗고 흑4의 날일자는 올바른 행마다. 백5, 7로 정비해서 일단락이다.

2. 한칸 양걸침

2-1도(백의 양걸침)

흑의 한칸협공에 백1의 한칸으로 양걸침하는 수도 한때 크게 유행했던 수법이다. a의 날일자로 양걸침하는 수와 어깨를 나란히 했었다.

1도

2-2도(호각의 갈림)

흑은 1로 붙이는 수가 상식이며, 백2로 하나 젖혀서 흑3과 문답하고 백4로 붙여가는 것이 이른바 수순이다. 6까지가 정석으로 호각의 갈림이다.

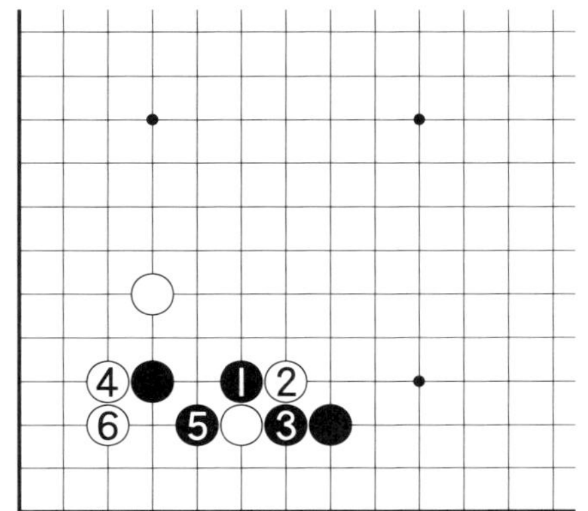

2도

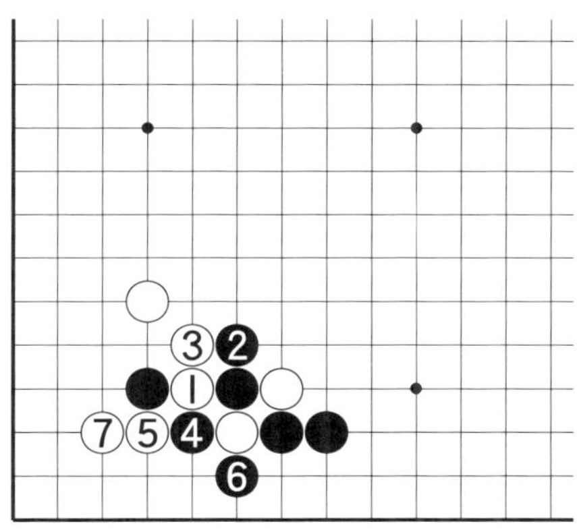

3도

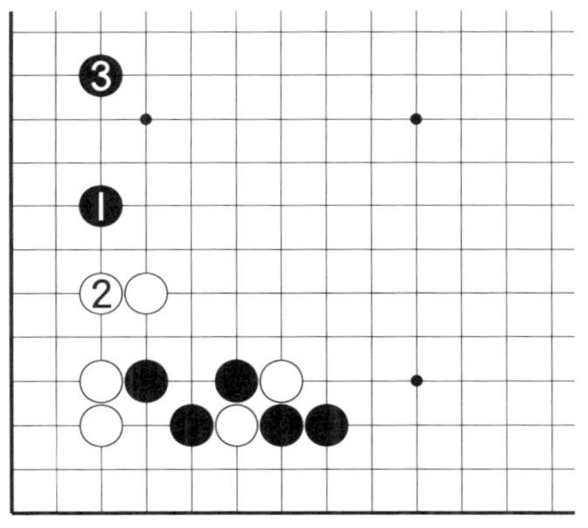

4도

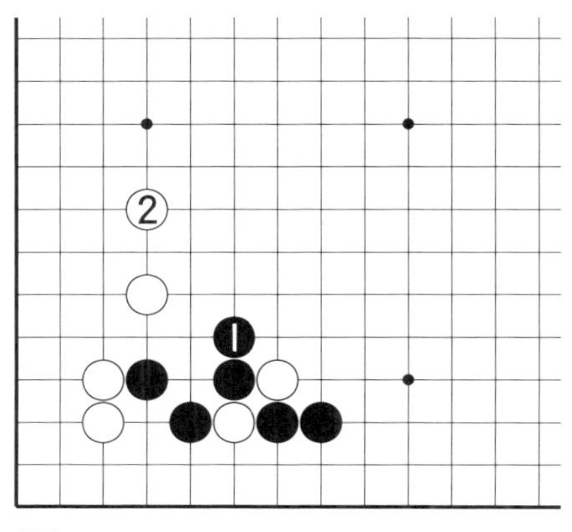

5도

2-3도(백, 엷은 것이 흠)

앞 그림 4로 이 그림처럼 백1로 단수하고 3으로 나가는 수는 어떨까?

흑4에는 백5, 7로 귀를 차지해서 그럴듯하지 않을까? 하지만 엷은 것이 흠이다.

2-4도(정석 이후/ 흑 차례)

정석이 일단락된 다음 흑이 둘 기회가 온다면 1로 육박하는 것이 매서운 수법이다. 백은 2로 지키는 정도이며, 흑3으로 벌려서 소기의 목적을 달성한다.

2-5도(흑, 두터운 수법)

앞 그림은 흑이 발빠른 수법이었다면, 이 그림 흑1은 두터운 수법이다. 한방 얻어맞는 수를 없앴다는 점도 무시할 수 없다. 백2는 거의 절대의 수비다.

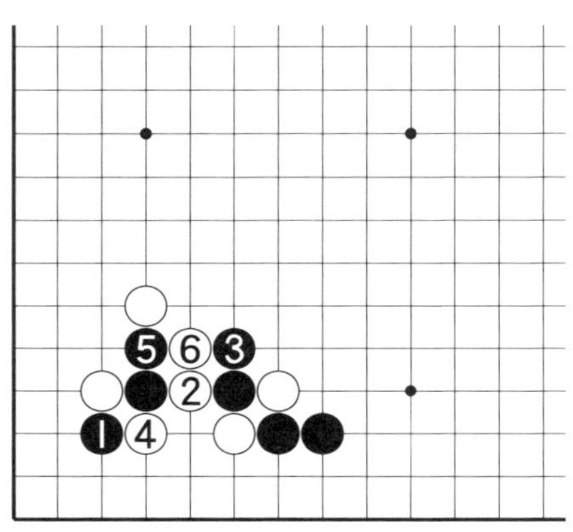

6도

2-6도(흑, 무모하다)

2도 5로 이 그림 흑1로 받는 것은 무모하다.

백2의 단수, 4의 단수를 안성맞춤으로 만들어주었음을 알 수 있다. 백6으로 치고 나가서 흑이 견딜 수 없다.

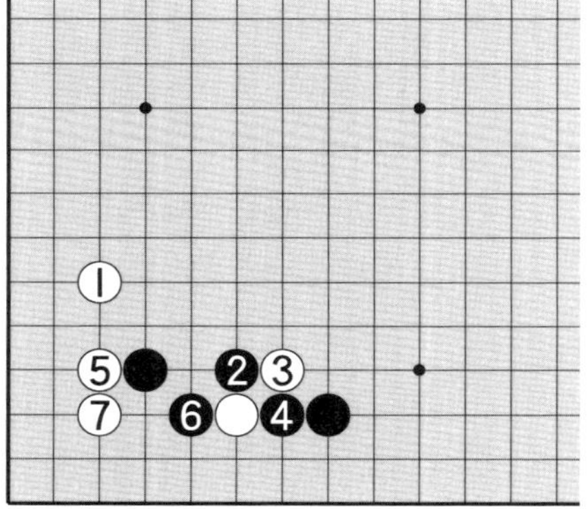

1도

3. 날일자 양걸침

3-1도(기본정석)

이번에는 백1의 날일자 양걸침을 살펴본다. 흑2는 앞서와 마찬가지이며, 백3에서 5도 같은 요령이다.

7까지가 기본정석으로 팽팽한 결과로 보인다.

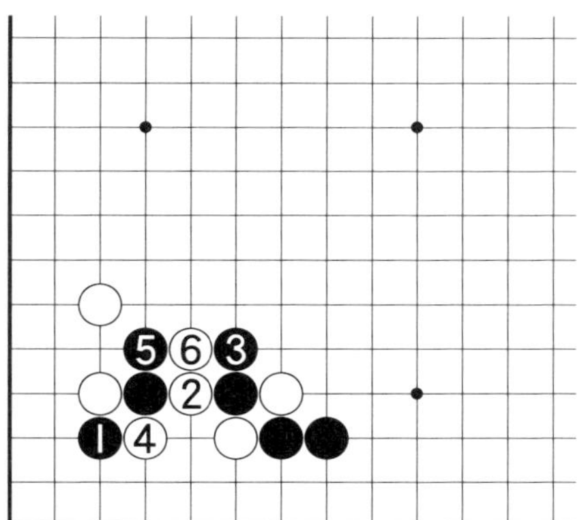

2도

3-2도(복잡한 변화)

앞 그림 6으로 이 그림 흑1에 받으면 복잡한 변화를 피할 수 없다.

백2로 단수하고 4에 또 단수하고 6으로 나가기까지는 필연이다. 이 다음….

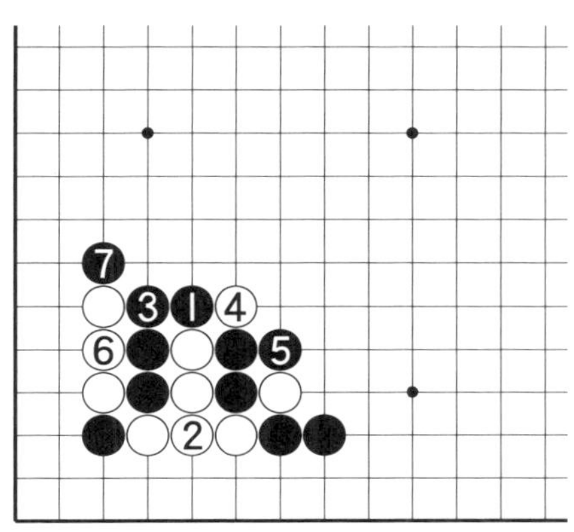

3도

3-3도(피하기를 권한다)

흑1로 단수하고 3에 잇는다. 백4, 6도 필사의 수순이다.

흑7로 젖혀 난해한 공방이 이어지는터, 이후의 변화는 생략한다. 이 코스는 피하기를 권한다.

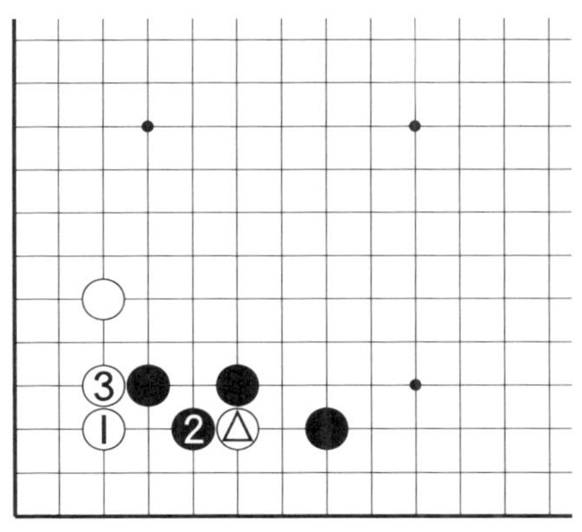

4도

3-4도(백, 다소 유리)

1도 3으로는 이 그림처럼 그냥 백1로 3三에 들어가는 수도 있다.

흑2면 백3으로 건너서 백이 다소 유리하다. △는 아직 활력이 남아 있다.

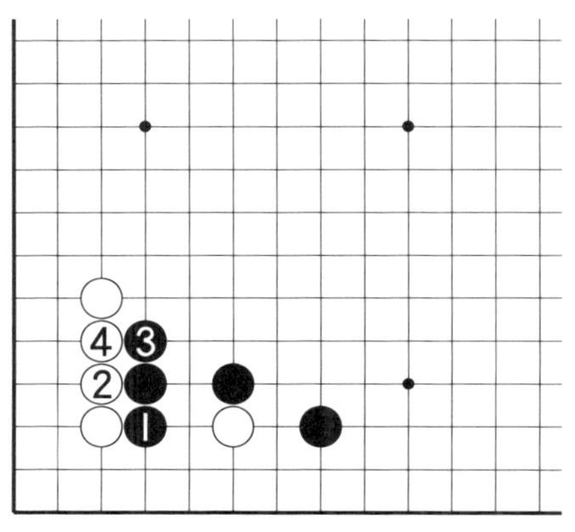

5도

3-5도(흑, 의외로 유력)

앞 그림 2로 이 그림 흑1쪽을 막는 수는 의외로 유력하다.

백2에 흑3은 급소이며, 백4의 이음은 두터운 수법이다. 여기까지 한때 꽤 유행했던 진행이다.

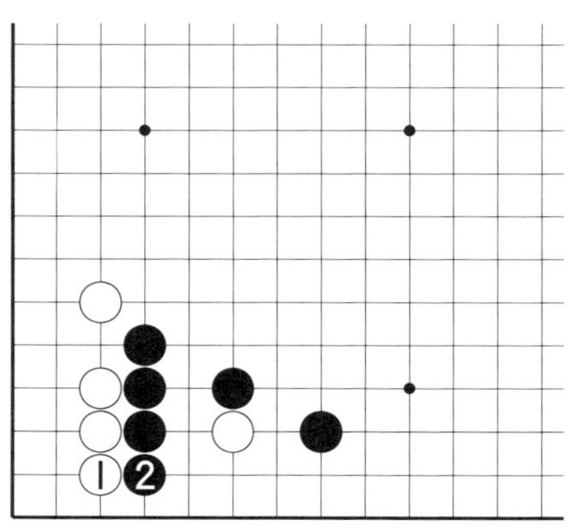

6도

3-6도(백, 선수를 뽑으려고)

앞 그림 4로는 이 그림처럼 백1에 내려서는 수도 많이 쓰였다.

흑2로 응수하게 해 선수를 뽑자는 의도였다. 그러나 좀 엷어서인지 인기가 금방 식었다.

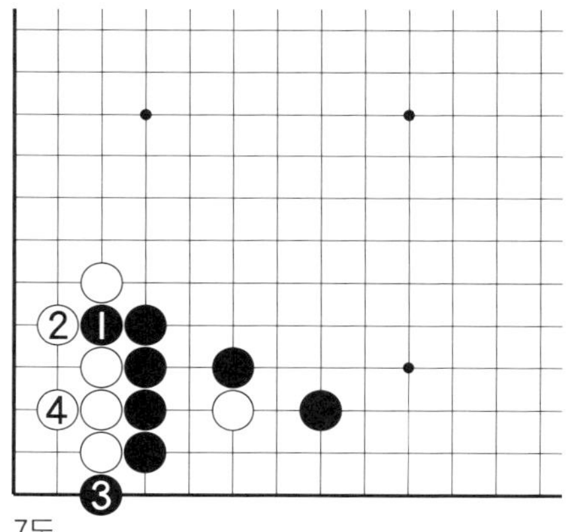

7도

3-7도(고약한 수단)

앞 그림의 상태로 백이 놔두면 흑1로 하나 찔러 백2에 받게 한 다음 흑3으로 1선을 젖혀가는 고약한 수단이 있다.

백4로 엉거주춤 받는 모습이 좀 구차하지 않는가?

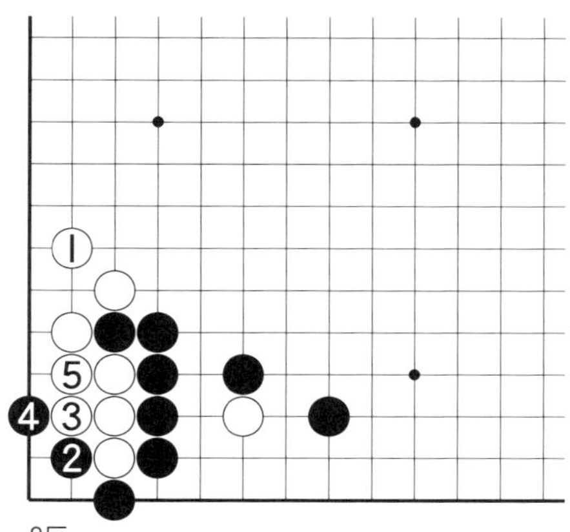

8도

3-8도(백, 기분 나쁘다)

그렇다면 앞 그림 4로 이 그림 백1로 호구치는 건 어떨까?

이번에는 흑2의 젖힘이 선수가 된다. 백3에 흑4로 한방을 얻어맞는 것도 기분이 좀 나쁠 것이다.

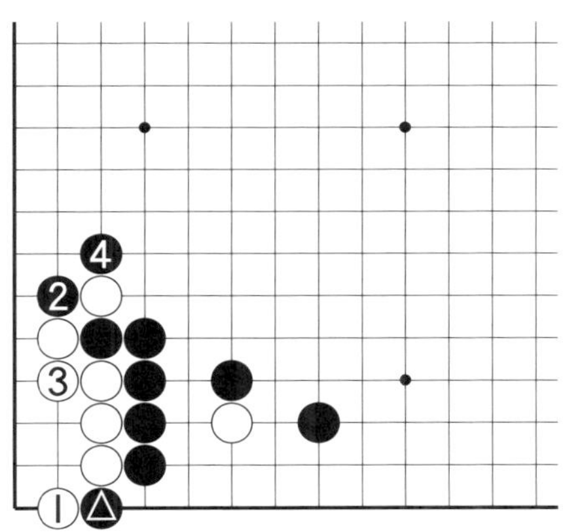

9도

3-9도(백, 경솔한 행동)

애초 흑▲의 젖힘에 백1로 덥석 받는 것은 경솔한 행동이다.

흑2의 끊음이 통렬하다. 백3에 흑4로 백 한점을 축으로 잡아서 백이 크게 당한 결과다.

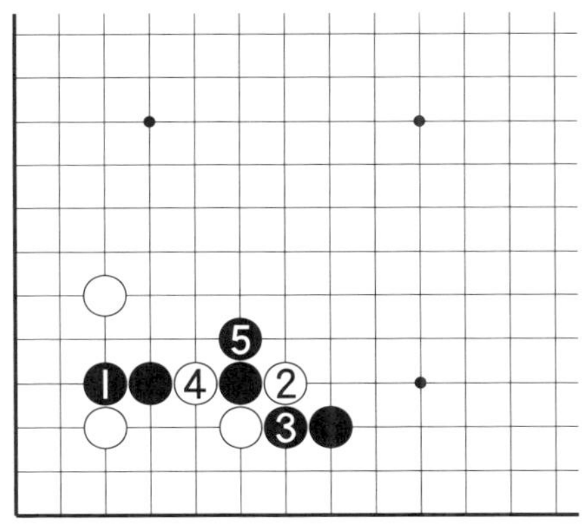

10도

3-10도(귀를 차지하겠다는 의도)

4도 백1때 이번에는 흑1쪽을 막는 변화를 살펴보겠다.

백2로 젖혀서 흑3과 문답하고 백4로 단수하는 것은 귀를 차지하겠다는 의도를 가진 수법이다. 계속해서…

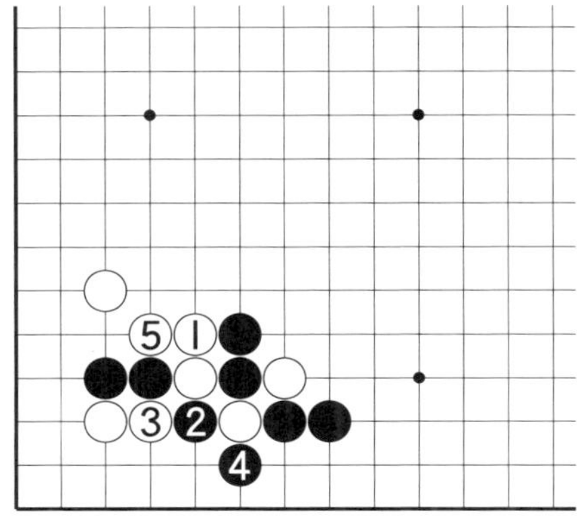

11도

3-11도(백, 목적 달성이지만)

백은 1로 나가 흑2를 유도하고 백3으로 끊는 수를 준비하고 있었다. 5까지 백은 목적을 달성했다.

다만 이것으로 좋으냐 하는 것은 별개의 문제다.

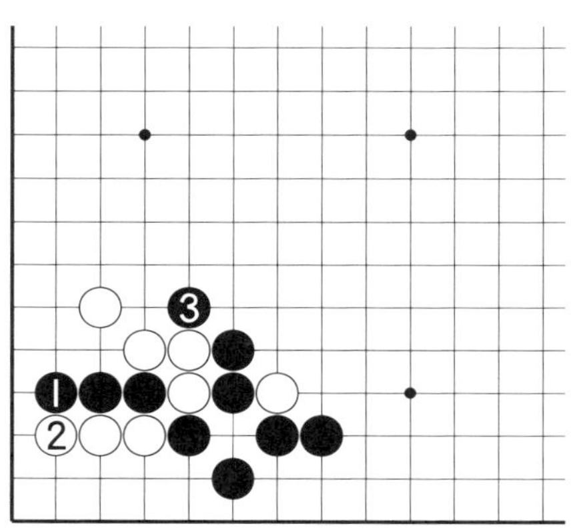

12도

3-12도(두점의 활용)

잡혀 있는 흑 두점에는 맛이 남아 있다. 흑1로 키워서 잡혀주고 3에 젖혀서 세력을 쌓는 것이 멋지다.

이로써 백은 이곳만큼은 중앙쪽 발언권이 사라진다.

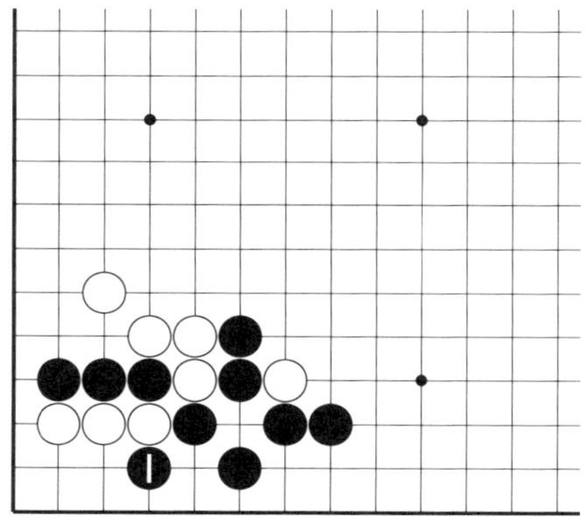

13도

3-13도(끝내기 이득)

흑은 앞 그림 3의 젖힘이 신통치 않다고 판단되는 국면일 경우, 이 그림처럼 흑1로 젖혀 끝내기 이득이나 보자고 할 수도 있다.

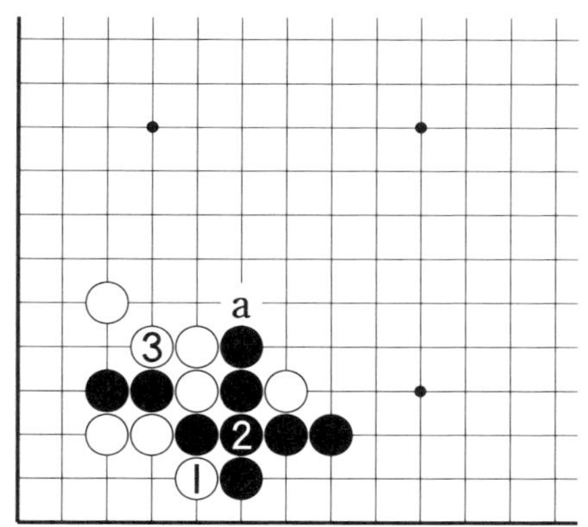

14도

3-14도(백, 집으로는 득이지만)

그것이 싫어서, 11도 5 대신 이 그림 백1로 단수하고 3에 두고도 싶어진다.

집으로는 득이지만 2의 곳에 흑돌이 오면 위쪽 a의 곳 젖힘의 위력이 달라진다.

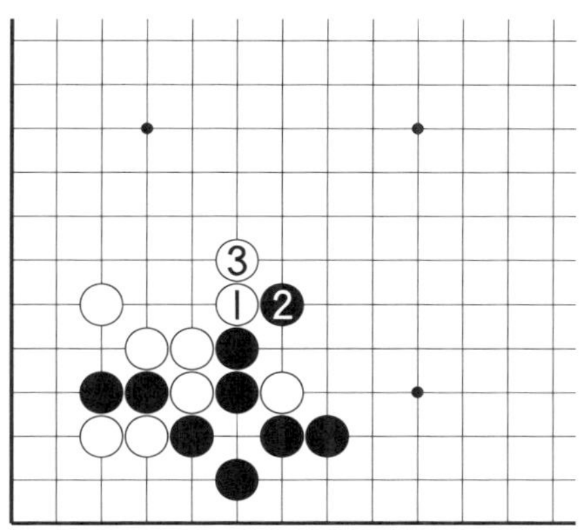

15도

3-15도(비교해 보면)

즉, 11도의 상황을 옮긴 이 그림과 비교해 보면 쉽게 그 차를 알 수 있다.

백1로 젖히고 3에 늘면 흑의 형태는 단점이 생긴다. 그러나 앞 그림은 단점이 전혀 없다.

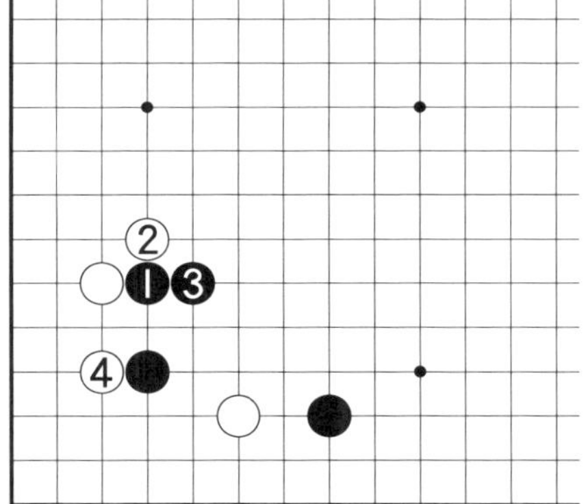

16도

3-16도(격언 그대로)

거슬러 올라가, 백의 날일자 양걸침에 흑1로 붙이는 수는 어떨까?

공격하고 싶은 돌의 반대쪽에 붙이라고 한 격언 그대로 두었으니 나쁠 리는 없을 것이다. 백2, 4에 대해….

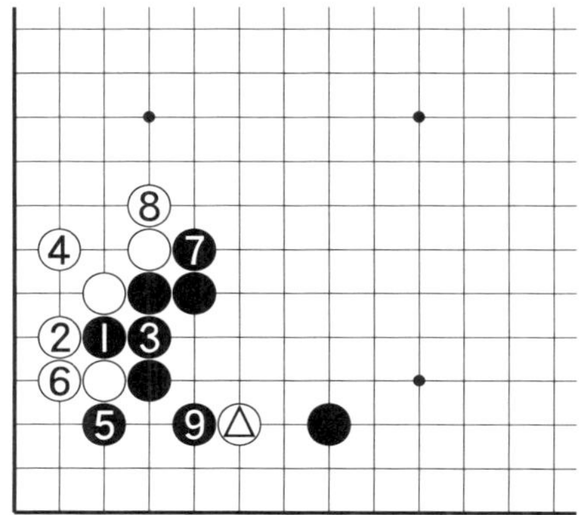

17도

3-17도(거의 호각의 갈림)

흑1, 3어 백4 이하 8까지는 정석이나 다름없는 진행이다. 흑9의 마늘모붙임이 백△의 활력을 없애는 호수여서 약간 흑이 중복이기는 해도 거의 호각의 갈림이다.

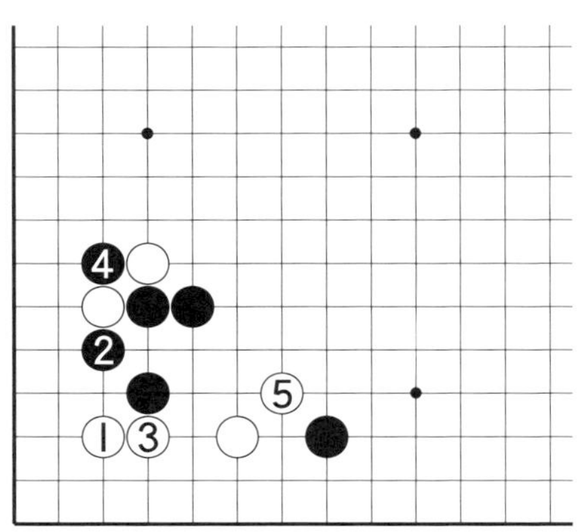

18도

3-18도(서로 자기 길을)

백은 흑의 붙여뻗음에 대해 그냥 1로 3드에 들어가는 수도 있다.

흑은 2에서 4로 '나의 길'을 가고 백도 3에서 5로 자기의 길을 간다. 서로 둘 만한 결과로 보인다.

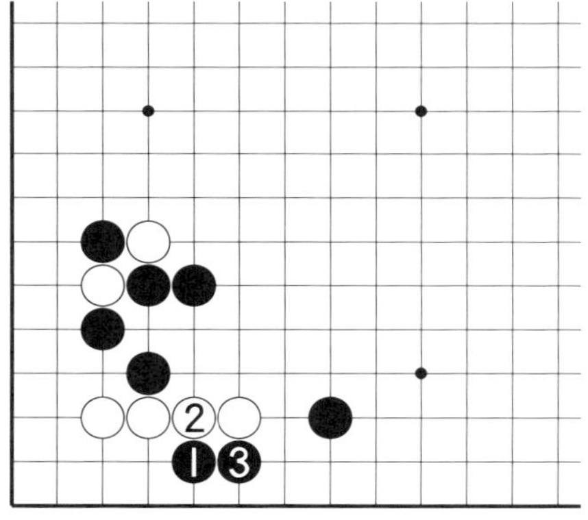

19도

3-19도(흑, 준엄한 치중)

앞 그림 5의 마늘모는 중요한 한수다. 만약 이 수가 없으면, 이 그림 흑1의 치중이 준엄하다.

백2를 강요하고 흑3으로 넘어서 백을 공격한다.

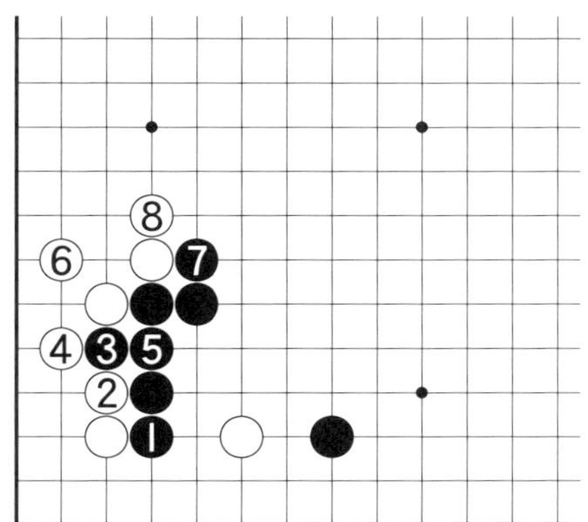

20도

3-20도(흑, 불만스럽다)

18도 2로 이 그림처럼 흑1쪽을 막는 것은 좋지 않다. 백2에 흑3, 5로 끼워잇고 7을 선수한 그림과 17도를 비교해 보기 바란다.

흑의 불만스런 결과임이 명백하지 않은가?

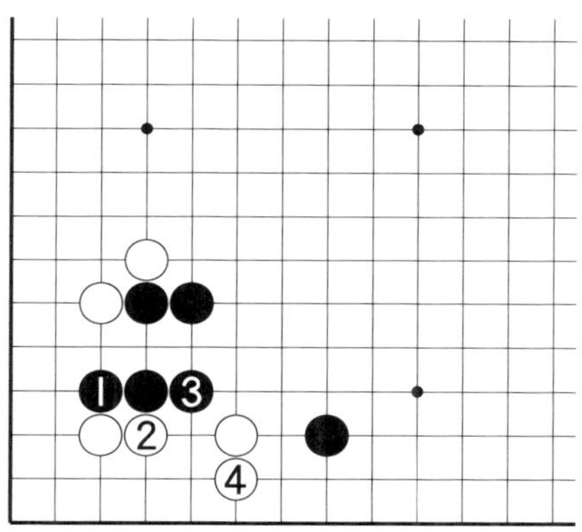

21도

3-21드(흑, 느슨한 막음)

그렇다고 흑1쪽을 막는 것은 느슨하다. 백이 2에서 4로 귀에서 정비하고 나면 흑은 중복이라는 느낌이 강하다.

백을 봉쇄해 봤자 맥이 좀 빠질 것 같지 않은가?

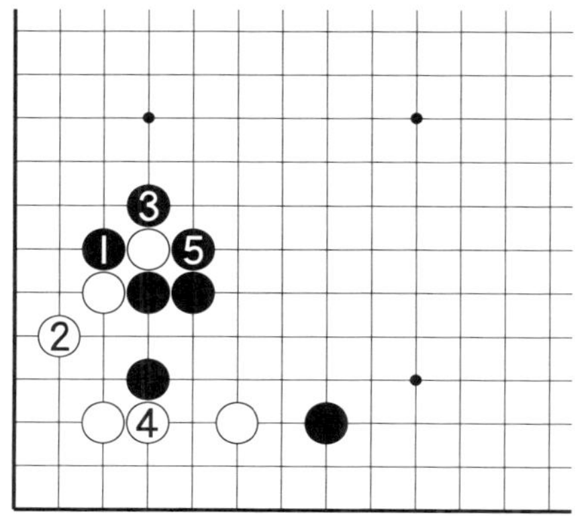

22도

3-22도(백, 효과적인 처리)

흑은 부분적으로는 1로 갖추는 정도겠지만 백은 2쯤으로 세력을 견제해 올 것이 뻔하다.

이러면 백은 귀와 변 양쪽을 둔 모습이므로 효과적인 처리를 한 셈이다.

23도

3-23도(흑, 다소 불만)

18도 백1 때 귀쪽을 상대하지 않고 흑1로 끊는 것은 강력한 수법이다. 그러나 백2에서 4로 연락하면 귀의 실리가 너무 크다.

상황이 따르겠지만 흑이 다소 불만인 경우가 많을 것이다.

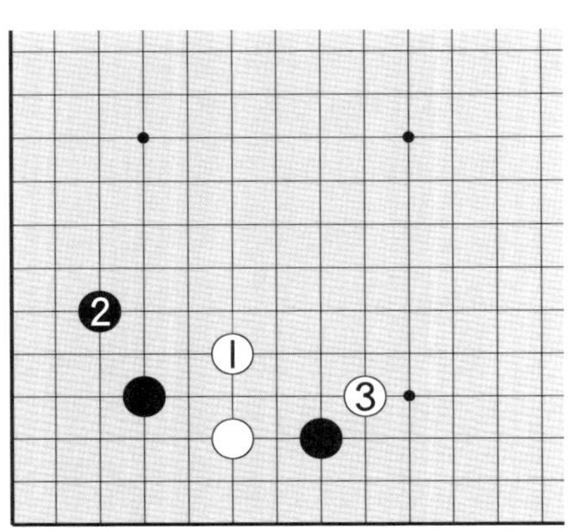

1도

4. 한칸뜀

4-1도(백의 한칸뜀)

흑의 한칸협공에 대해 백1의 한칸으로 뛰어나가는 수도 한때 많이 쓰였다.

흑2에 백3으로 어깨를 짚는 것이 배워둘 만한 행마다. 이다음 흑은 두 갈래 길이 있다.

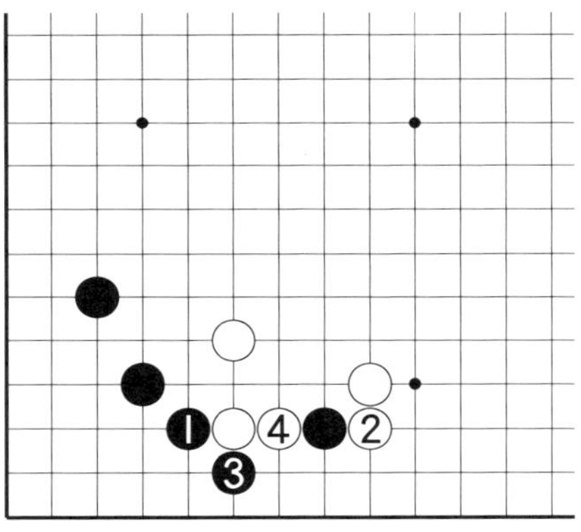

2도

4-2도(실리와 세력의 갈림)

그 하나는 흑1의 마늘모붙임이다.

백2는 두터운 수법이며, 흑은 3에 하나 젖혀두는 것으로 이곳 응접을 마무리한다. 실리와 세력의 갈림인 정석이었다.

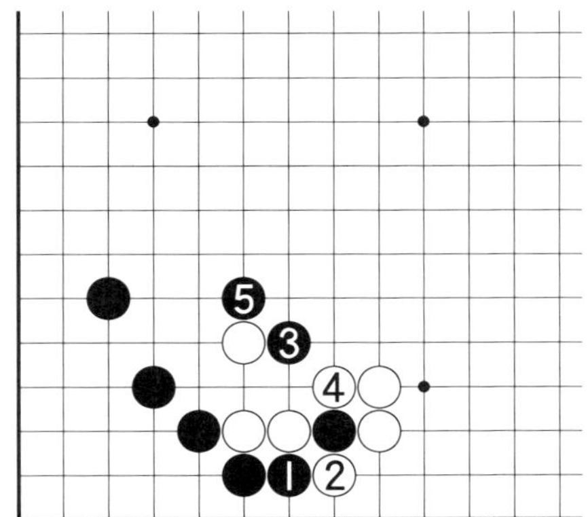

3도

4-3도(맥점 일발)

앞 그림에 이어, 흑은 적당한 기회를 봐서 1, 백2를 문답하고 흑3으로 붙이는 수단이 있다.

흑 한점이 달아나는 수에 착안한 맥점이다. 5까지 두터움을 쌓았다.

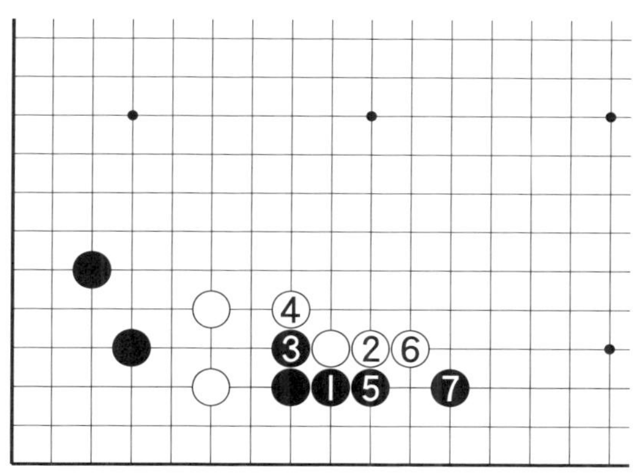

4도

4-4도(움직이는 수)

또 하나는 한점을 버리지 않고 흑1, 3으로 움직이는 수다.

흑5로 한번 더 기어나간 것은 긴요한 수이며, 7로 진출하기까지는 필연적인 진행으로 기본정석이다.

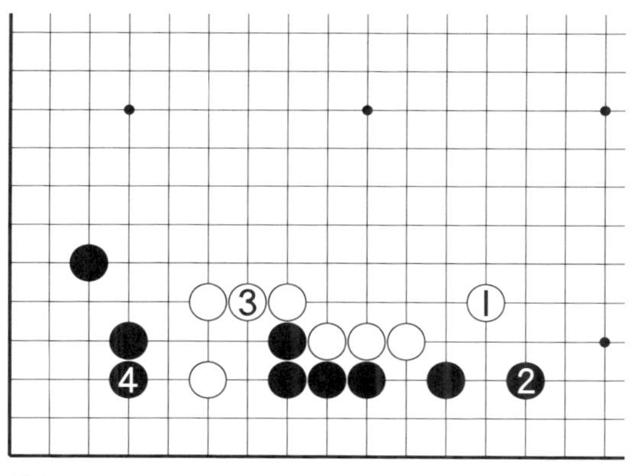

5도

4-5도(백, 두터운 수법)

앞 그림 다음 백은 1로 날일자하는 것이 호점이다.

흑2는 이렇게 받을 곳 (두지 않으면 백에게 당해 피곤함)이며, 백3에 잇기 까지 두터운 수법이다.

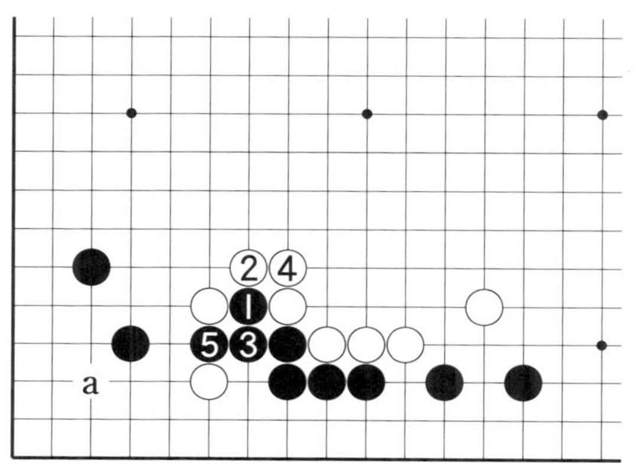

6도

4-6도(흑, 매서운 수법)

앞 그림 3이 없으면 엷다. 이 그림 흑1의 끼움이 매 서운 수법이다. 5까지 분 단되어 귀가 다 들어가면 흑집이 상당히 크다. 단, 백a의 뒷맛은 있다.

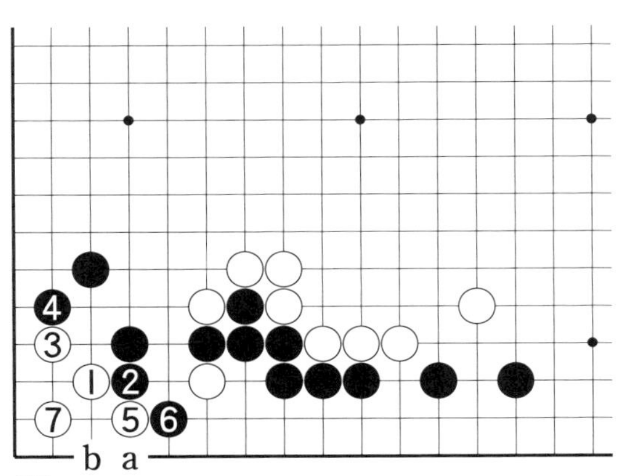

7도

4-7도(뒷맛의 일례)

하나의 예이지만 백1이면 흑이 이 백을 그냥 잡기는 어렵다.

　가령 흑2에 받으면 백3 이하 7까지 살자고 할 것이다. 다음 흑a에는 백b의 패가 있다.

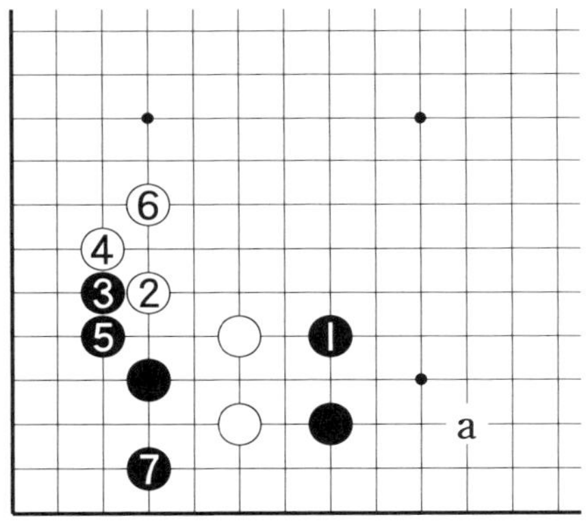

8도

4-8도(정형의 하나)

백의 한칸뜀에 귀를 방치하고 흑1 (또는 a)로 같이 뛰는 수도 있다.

　백2는 당연하며 흑은 3에 붙여 백4면 흑5, 7로 귀를 지키려는 의도로 정형의 하나다.

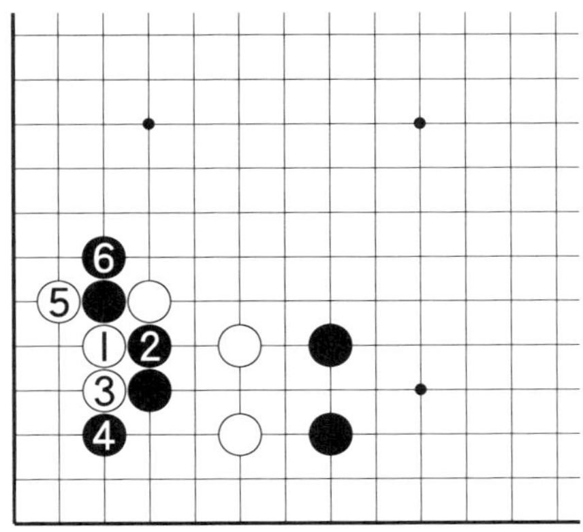

9도

4-9도(백의 강수)

그런데 앞 그림 4로는 이 그림 백1에 젖혀나가는 강수가 있다.

　이 변화는 매우 복잡하며 축관계도 내포되어 있다. 흑2는 이 한수이며 백3~흑6 다음…

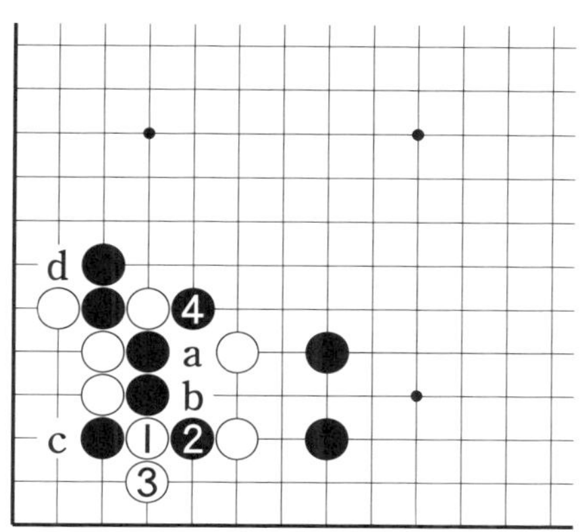

10도

4-10도(축관계에 따라)

백1로 끊는다. 흑은 4의 축이 성립하면 나쁘지 않다.

백은 축이 불리하면 a, b를 두방 선수하고 c에 손을 돌려야 하는데, 흑d를 선수당해 불만스런 결과다.

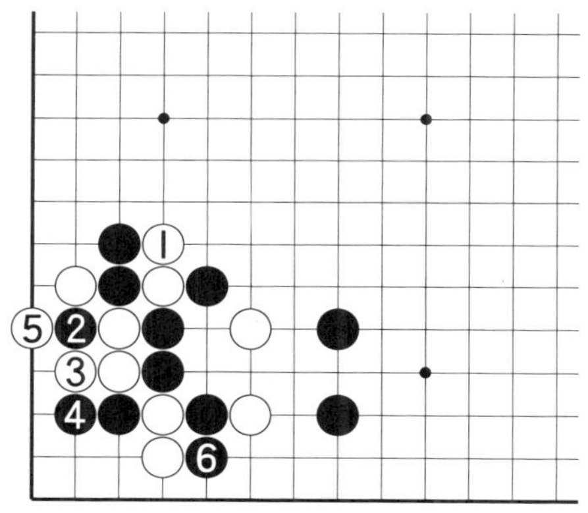

11도

4-11도(백1로 달아난다)

축이 백에게 유리하다면 1로 달아날 수가 있다. 그리고 이 코스는 백이 재미있는 결과를 낳는다.

흑은 2, 4를 선수할 수 있어서 6까지 백 두점을 잡을 수는 있다.

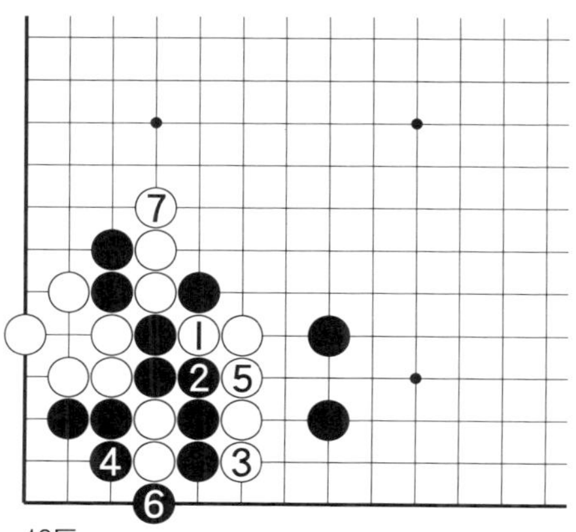

12도

4-12도(백, 두터운 모습)

그러나 백1, 3, 5로 철저하게 선수당하는 것이 아프다. 7까지 백의 모습이 상당히 두텁다.

결론적으로 흑은 축이 불리할 경우 다른 수를 강구해야 한다는 뜻이다.

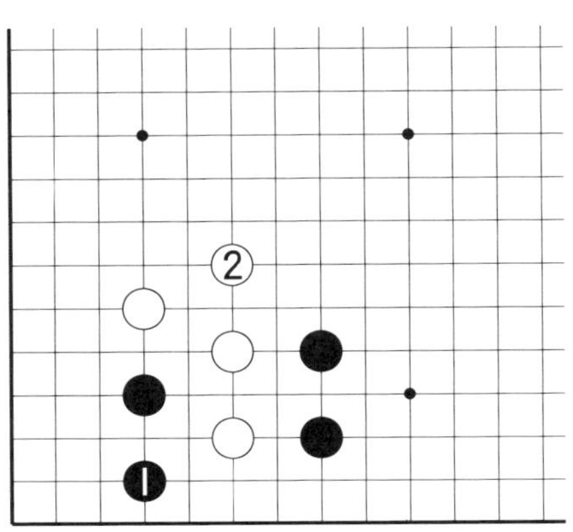

13도

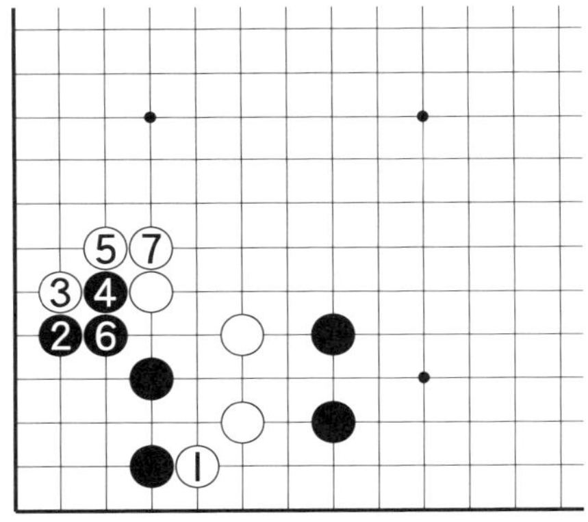

14도

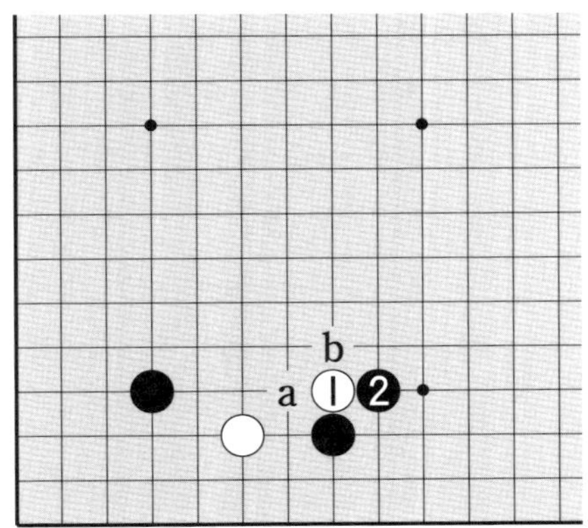

1도

4-13도(그런 대로)

애초에 흑은 1로 뛰어 자중하는 것이 바람직하다.

백도 트집을 잡기 어려우니 2로 뛰어서 정비할 가능성이 크다. 엷지만 흑은 선수를 잡아 그런 대로 둘 만하다.

4-14도(처진 날일자)

만약 백이 앞 그림 2로 이 그림 1에 마늘모 붙여 온다면 흑2의 처진 날일자로 대응하는 것이 좋다.

백3의 붙임에 흑4, 6으로 끼워잇고 백7까지가 정형이다.

5. 날일자붙임

5-1도(백의 붙임)

흑의 한칸협공에 백1의 붙임도 유력한 수법 가운데 하나다.

흑2의 젖힘에 백에게는 a로 끄는 수와 b로 뻗는 수, 이렇게 두 가지 선택이 앞에 놓인다.

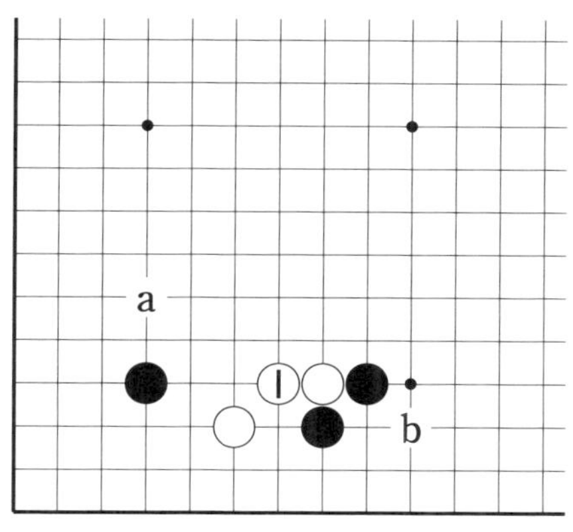

2도

5-2도(흑의 선택은?)

우선 백1로 끄는 수부터 살펴보겠다. 이 수는 흑에게 선택권을 다시 넘겨주는 의미도 없지 않아 있다.

a 근방을 둘 것이냐, 아니면 b로 호구칠 것이냐다.

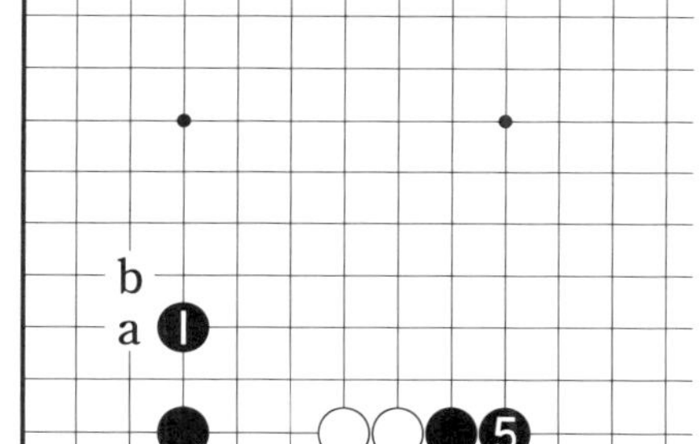

3도

5-3도(흑, 귀 중시)

흑1(또는 a나 b도 있음)은 귀쪽을 중시하는 수다. 백2의 끊음에는 흑 3, 5로 버릴 생각이다.

당장은 가볍게 보겠지만 앞으로 변의 흑 석점의 처리가 어렵다.

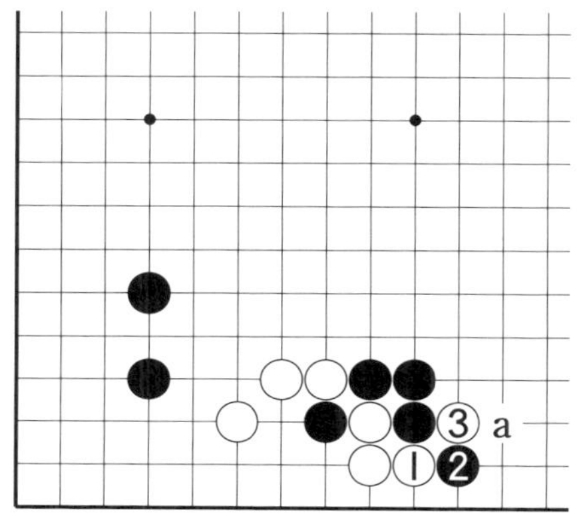

4도

5-4도(축 유리의 조건)

앞 그림의 진행에는 주의해야 할 점이 있다.

그것은 6을 두기 전에 이 그림 백1로 나가서 3에 끊어 놓는 수다. a의 축이 백에게 유리하다는 조건 이 붙는다.

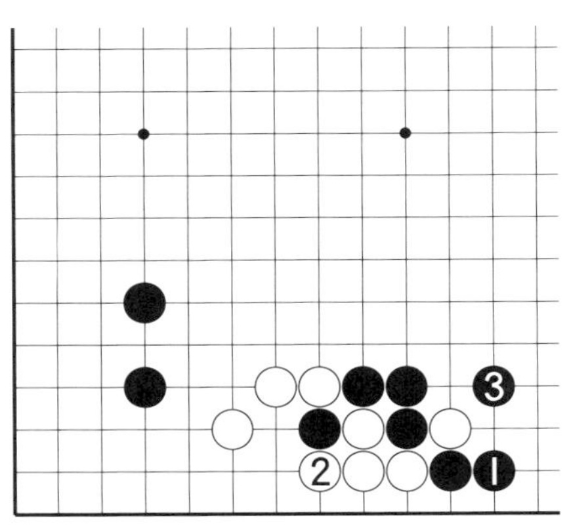

5도

5-5도(백, 선수를 뽑다)

흑은 축이 불리할 경우, 1로 늘어서 후퇴할 수밖에 없다.

　그러면 백은 유유히 2로 잡는다. 흑3이 필요하지 않은가? 아까는 흑 선수, 지금은 백 선수가 되었다.

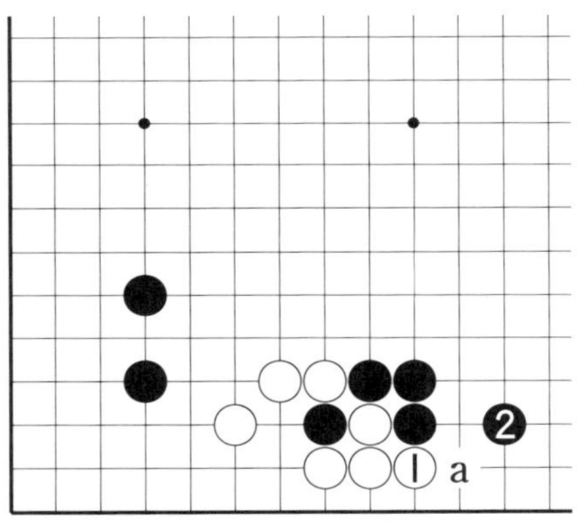

6도

5-6도(흑, 이제는 물러선다)

3도의 정석 다음 백이 1로 두어 봤자 이제 흑은 a로 받아주지 않는다. 축이 불리한 마당에 그렇게 받을 사람은 아무도 없을 것이다. 느긋하게 2로 물러선다.

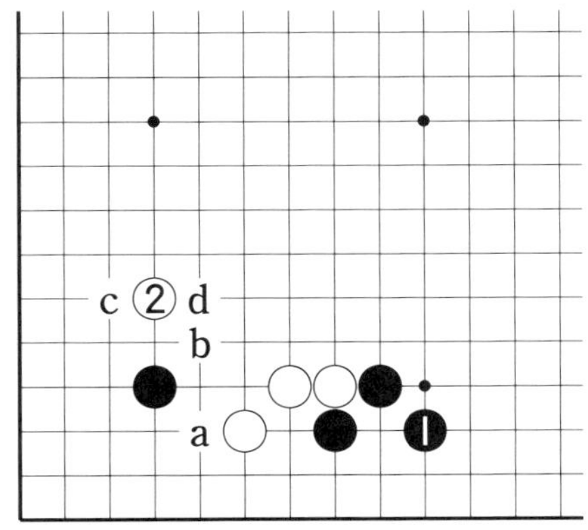

7도

5-7도(흑, 변을 중시하다)

2도 다음 변을 중시한다면 흑1로 호구치게 된다. 그러면 백은 2로 두어 고압적인 자세를 취할 것이다.

　흑의 대응은 a의 마늘모붙임을 비롯해 b, c, d의 여러 가지가 있다.

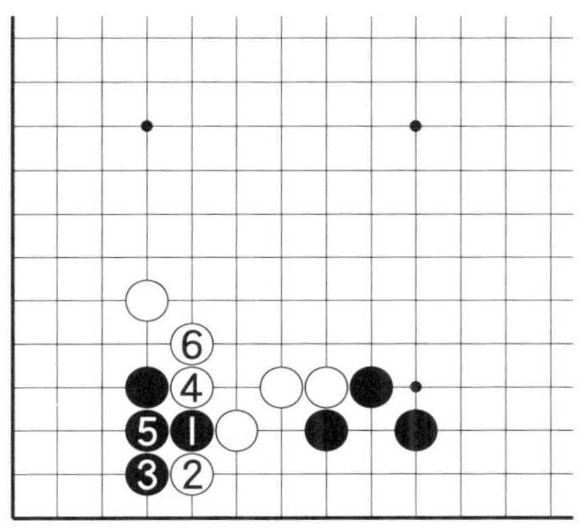

8도

5-8도(흑, 궁색한 모습)

흑1의 마늘모붙임은 귀의 안전을 확보하는 수이지만, 백2에서 4의 단수가 기분 좋은 수여서 탐탁치 않다. 6까지 백이 견고한 데 반해 흑은 궁색한 모습이다.

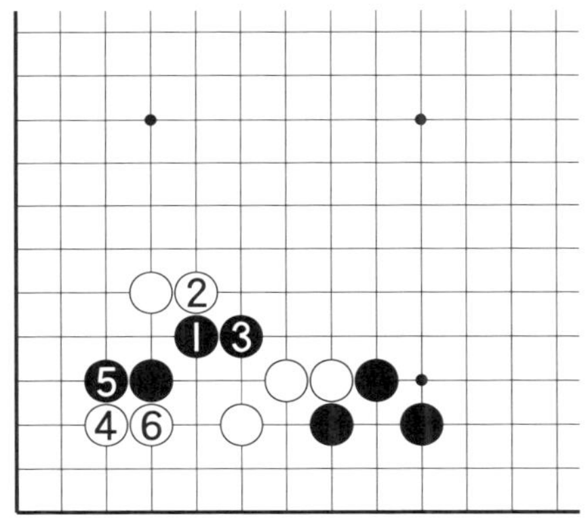

9도

5-9도(백의 대만족)

7도 다음 흑1의 마늘모는 투박한 행마다. 백2로 밀려 흑3을 나가는 자세가 자연스럽지 못하다.

백4의 3三침입에 흑5로 막는 정도이니 백6으로 건너서 백의 대만족이다.

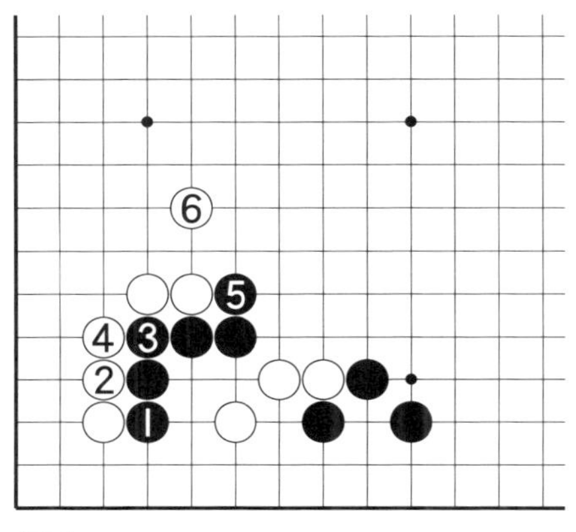

10도

5-10도(흑, 신통치 않다)

앞 그림 5로 이 그림처럼 흑1쪽을 막아 봐도 결과는 신통치 못하다.

백2, 4로 건너고 6에 뛰는 자세가 멋지다. 아직 백 석점은 숨이 붙어 있다.

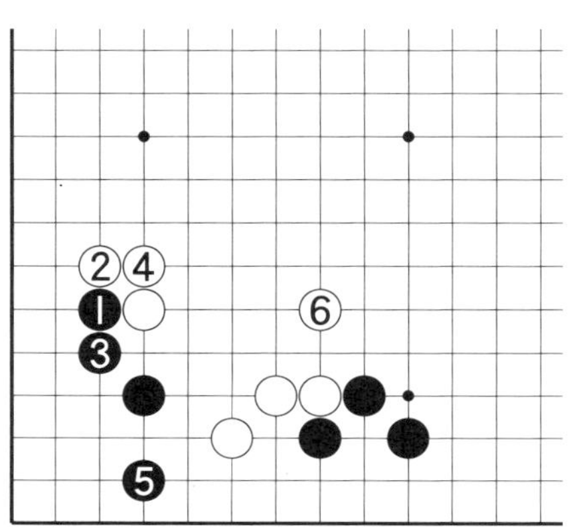

11도

5-11도(백, 두텁고 활발)

7도 다음 흑1로 아래쪽을 붙이고 백2에 흑3으로 끌면 5까지 귀는 걱정이 없지만, 전체적으로 백의 모습이 두텁고 활발하다.

흑은 조금 적극적인 자세가 필요하다.

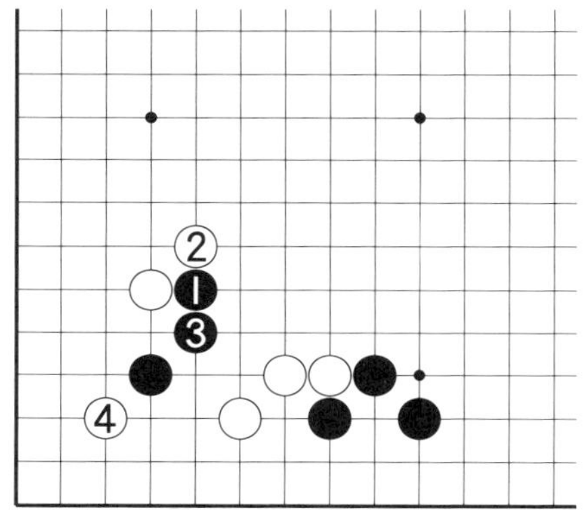

12도

5-12도(흑, 적극적인 태도)

흑1로 위쪽을 붙이는 것이 적극적인 태도다. 정면으로 맞서 싸우겠다는 뜻이다.

문제는 백이 4로 3三에 들어왔을 때다. 흑은 어떻게 대응해야 하는 것일까?

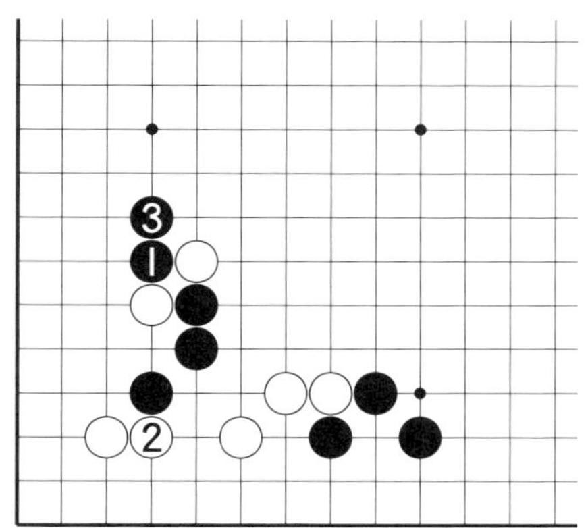

13도

5-13도(정석화된 진행)

귀를 상대하지 않고 흑1로 끊어가는 것이 대범한 수법이다.

백2로 건널 때 흑3으로 힘차게 뻗어서 일단락된다. 여기까지가 정석화된 진행이다.

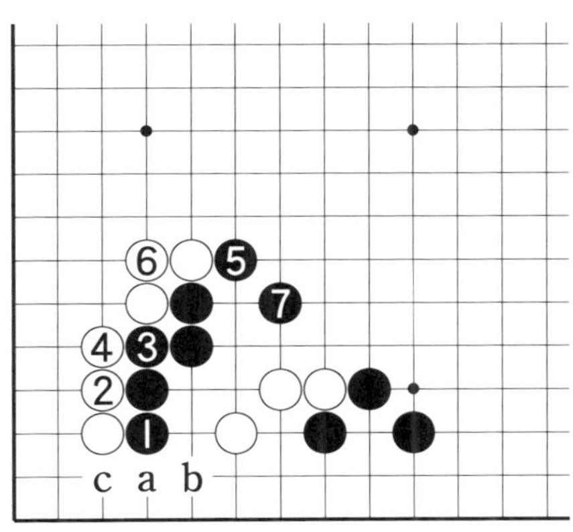

14도

5-14도(정형)

앞 그림의 끊음으로 흑1쪽을 막았을 때는 흑3과 백4의 문답이 중요하다. 거꾸로 백에게 당해서는 안 된다.

7까지가 정형이며 백a, 흑b, 백c의 젖혀이음은 거의 백의 선수권리다.

5-15도(흑, 이상하게 두었다)

앞 그림 5의 젖힘으로 이 그림처럼 흑1에 끊고 3으로 단수하는 것은 이른바 속수다.

5까지의 형태와 앞 그림을 비교하면 흑이 이상하게 두었다는 것을 알 수 있다.

15도

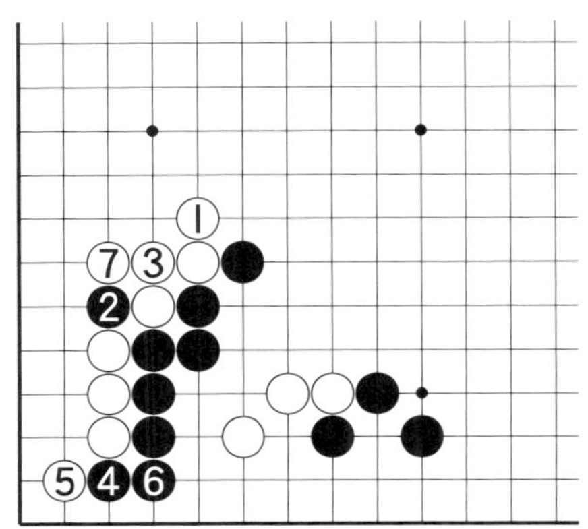

16도

5-16도(속수의 증명)

14도 흑5의 상황에서 백이 3의 곳을 잇지 않고 1에 두었다고 가정한다. 당연히 흑은 2쪽을 끊고 4, 6의 젖혀이음을 선수할 것이다.

그런데 앞 그림은 여기서 3쪽을 끊은 셈이니 이상하지 않았는가?

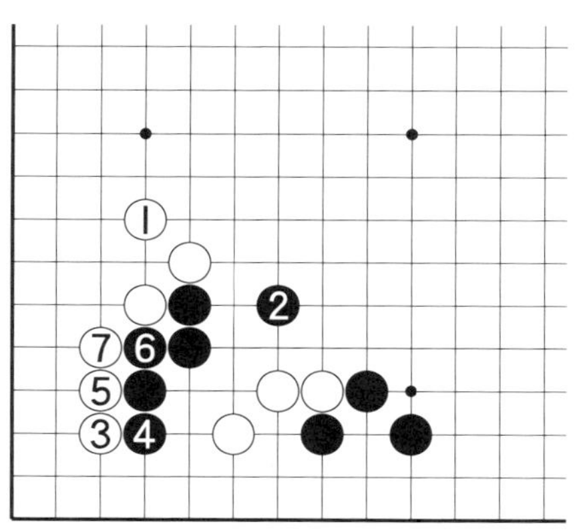

17도

5-17도(호구치고 나서)

12도 3三에 들어가기 전에 백1로 호구쳐서 흑2와 먼저 교환해 두는 수법도 있다.

역시 흑4쪽을 막는다. 그리고 백5 때 흑6, 백7의 문답이 아주 중요하다. 이다음….

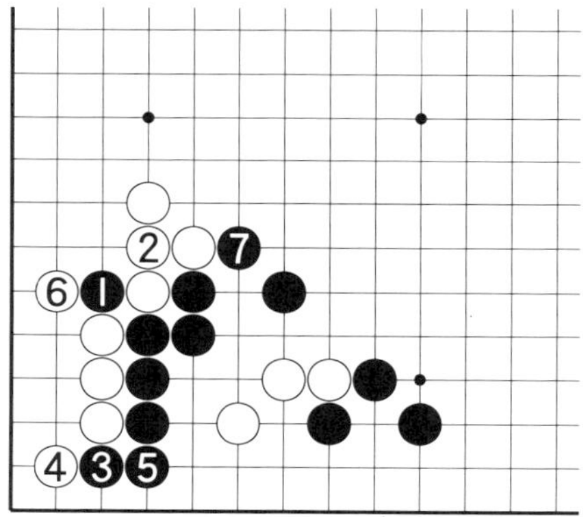

18도

5-18도(젖혀이음이 선수)

흑1로 끊는 수는 당연하다. 만약 백2로 이어준다면 흑3, 5의 젖혀이음을 선수로 둘 수 있으므로 흑으로서 큰 이득이다.

본래 이곳은 백의 권리가 강했던 곳이니까.

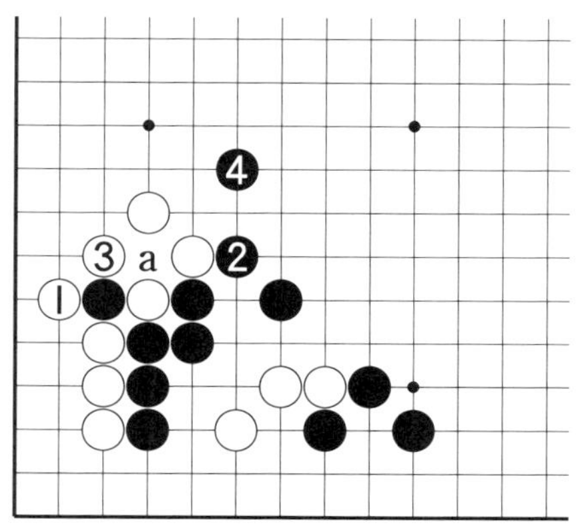

19도

5-19도(정형의 하나)

그러므로 백도 잇지 않고 이 그림 백1로 돌려치게 된다. 흑2에서 4로 뛰어나가는 진행이 예상된다.

2로 a에 따내고 백3 때 잇는 것은 모양이 사나우므로 흑으로서 피해야 한다.

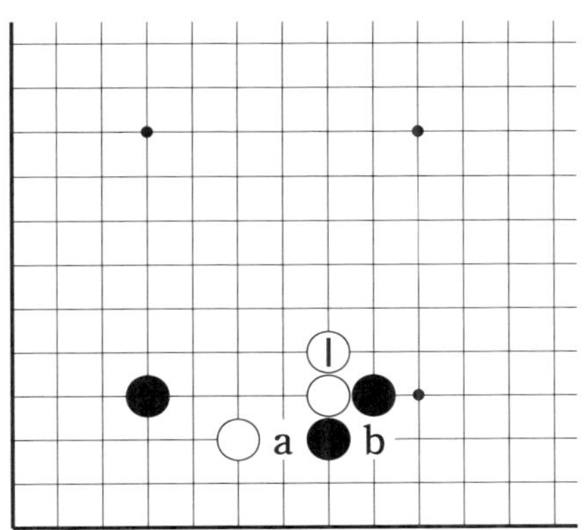

20도

5-20도(뻗는 변화)

거슬러 올라가 백1로 뻗는 변화를 살펴보겠다.

　보기보다는 간단하지가 않은데, 다음 흑a의 치받음이 주류를 이루는 수법이다. 흑b로 잇는 수는 참고 정도에 그쳐도 좋다.

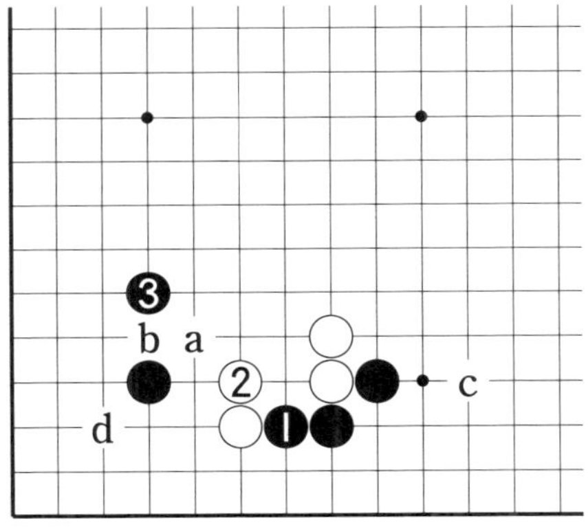

21도

5-21도(옛 수법들)

흑1로 치받고 3에 뛰는 것이 예전에 흔히 쓰인 수법이었다. 다음은 백a, 흑b, 백c라는 진행이었다.

　b 대신 d로 마늘모하는 수도 있었다. 지금은 잊혀진 수들이다.

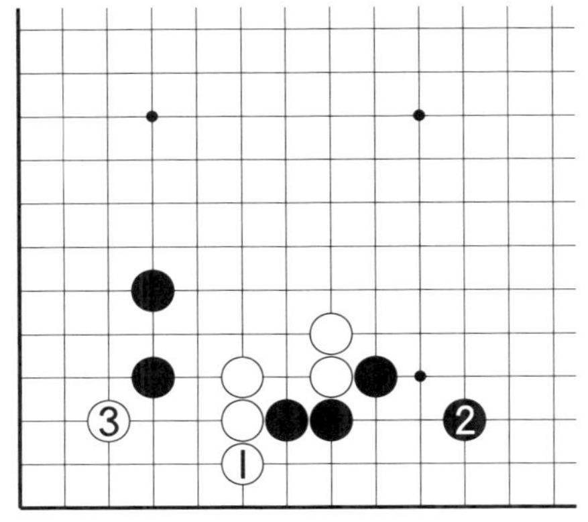

22도

5-22도(백1의 내려섬)

언제부터인가 백1로 내려섰다. 흑2로 오른쪽 단점을 지킨다면 백3으로 귀를 파고들어 안정을 꾀한다.

　내려선 백1은 좌우 양쪽을 맞보고 있는 수였다.

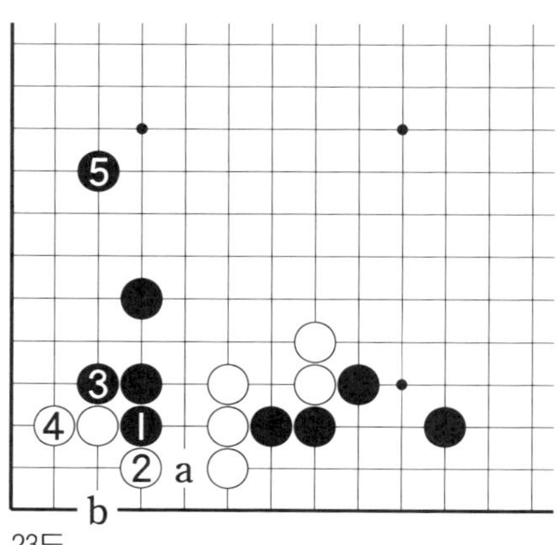

23도

5-23도(기본정석)

계속해서 흑1, 3에 백2, 4로 응수해서 귀에서 살아 있음이 백의 자랑이다.

　흑a의 끼움에는 백b로 호구쳐서 이상이 없다. 5까지 기본정석 가운데 하나다.

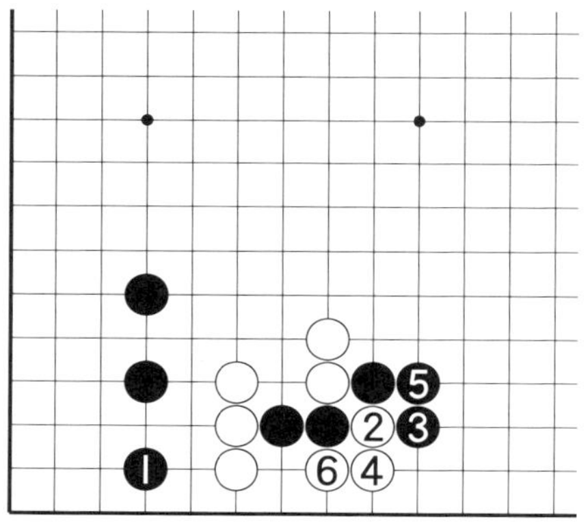

24도

5-24도(백, 나쁘지 않다)

22도 2로 이 그림처럼 흑1로 2선에 뛰어 백의 3드침입을 저지하는 변화다.

　그러면 백은 2로 끊어서 좋다. 6까지 두점을 잡고 안정해서 나쁘지 않다.

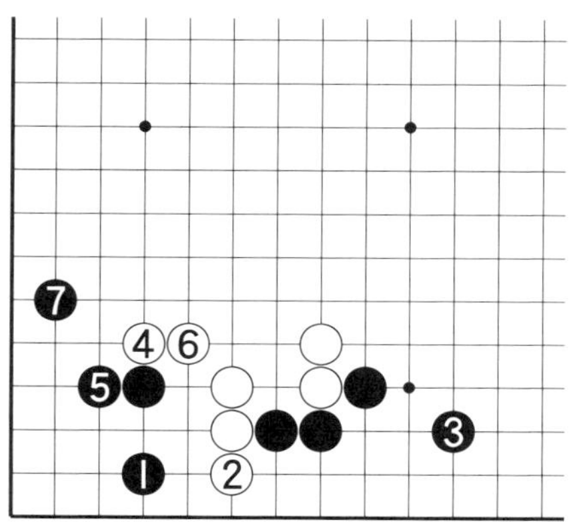

25도

5-25도(백, 말려들다)

애초 21도 백2에 흑1로 2선을 뛰는 수가 재미있다. 백2는 말려든 수로 흑3에 지키게 해 신통치 않다.

　백4가 맥점이지만 흑7까지 되면 백이 당한 모습이다.

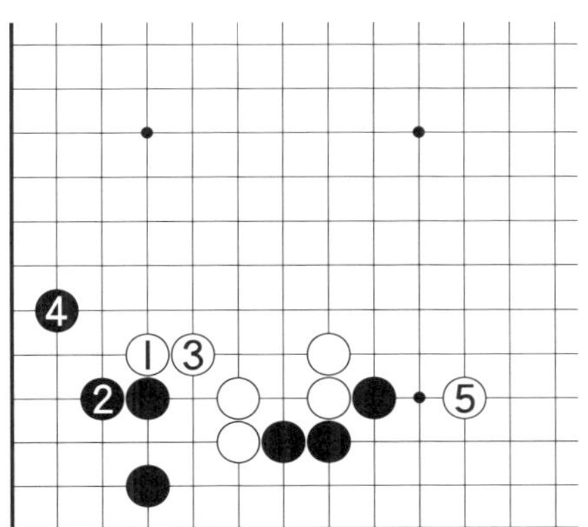

26도

5-26도(어려운 싸움)

앞 그림 2로는 이 그림처럼 즉각 백1로 붙이는 것이 올바르다.

흑2에서 4로 진출할 때 백5로 공세에 나선다. 이후 서로가 어려운 싸움이 예상된다.

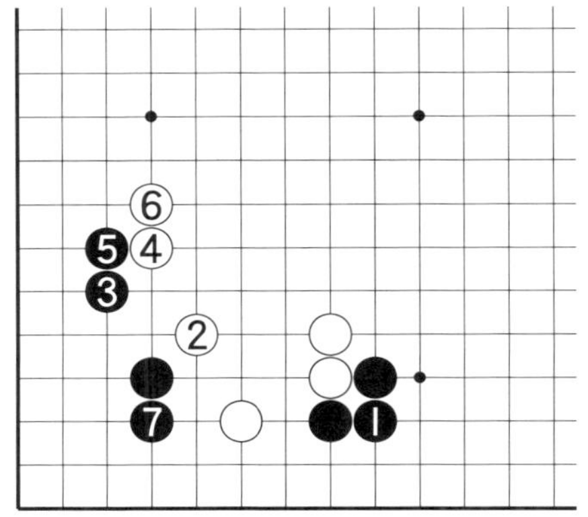

27도

5-27도(백, 두터운 모습)

앞 그림 4로 이 그림 흑1에 건너는 것은 엷어서 좋지 않다. 백2로 막는 것이 당연하면서도 호점이다.

흑3으로 보강할 때 백4로 전개해 백이 두터운 모습이다.

28도

5-28도(정형의 하나)

마지막 변화는 20도 다음 흑1로 꽉 잇는 수다. 그러면 백2의 날일자씌움이 능률적인 수법이다.

흑3에는 백4로 또 씌우고 6에 늘어 두터움을 쌓는다. 흑7까지는 정형의 하나다.

제2형

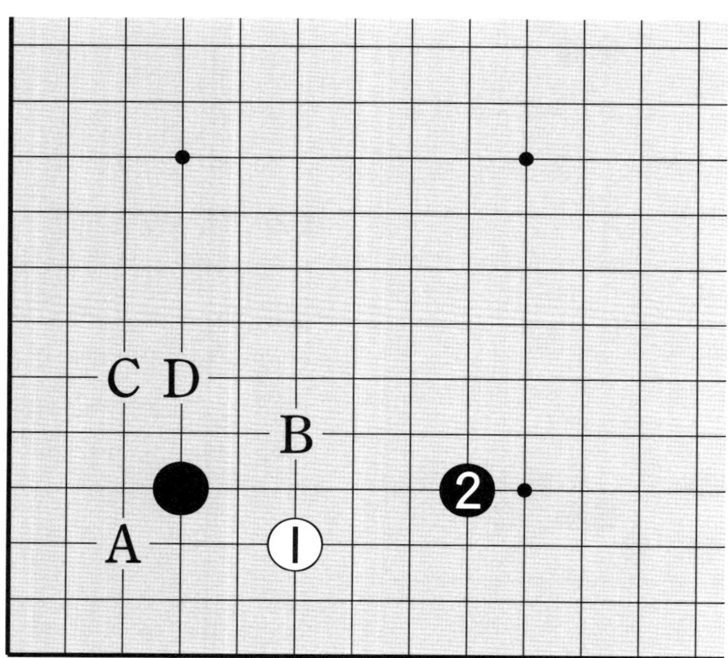

백1의 날일자걸침에 대한 흑2의 두칸높은협공이야말로 한때 폭발적인 인기를 끌었던 수법이다. 협공했다고 하면 으레 이 수를 떠올릴 만큼 협공의 선두주자였다.

최근 그리 자주 쓰이지는 않지만, 기본적으로 꼭 익혀 두어야 할 변화가 다수 있다. 백은 A의 3三침입을 비롯해 B의 한 칸뜀, C 또는 D의 양걸침 등의 대응책이 있다. 물론 특별한 상황이라면 손을 빼는 수도 가능하다.

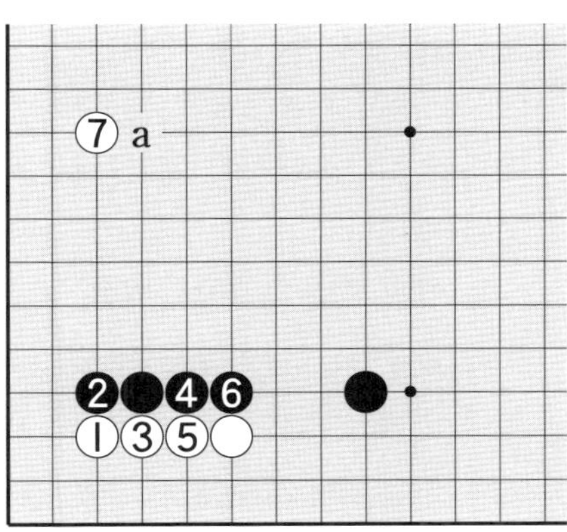

1도

1-1도(흑, 방향착오)

백1의 3트침입부터 본다. 흑2쪽으로 막는 것은 방향착오다. 6 다음 백7이 흑세력을 견제하는 호점이 된다.

흑2는 a 근방에 흑돌이 있을 때 두는 수법이다.

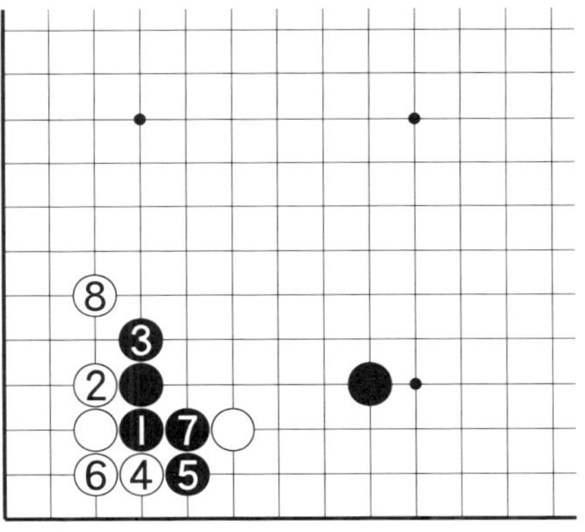

2도

1-2도(옳은 방향)

당연하지만 흑1이 옳은 방향이다. 백2 이하 8까지는 한칸협공 때, 또 두칸협공 때와 마찬가지다.

협공이 더 멀더라도 백이 3트에 들어가면 이 기본형을 따른다.

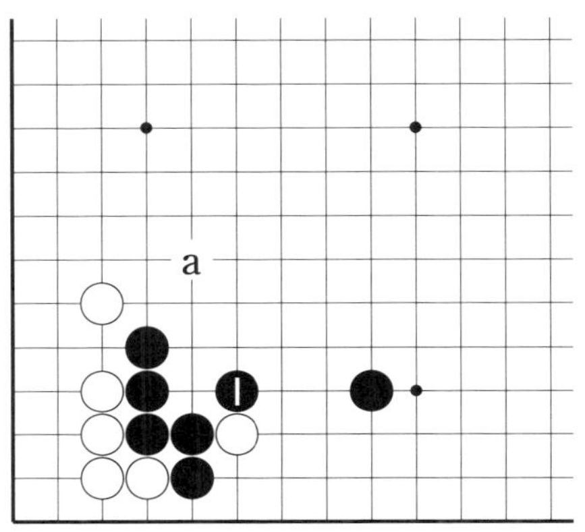

3도

1-3도(정석 이후/ 흑 차례)

앞 그림 이후에, 흑이 이곳을 또 두게 된다면 1로 젖혀서 백 한점의 움직임을 제압하는 것이 보통이다.

상황에 따라 a로 세력을 확장하는 것이 더 효과적인 경우도 있을 것이다.

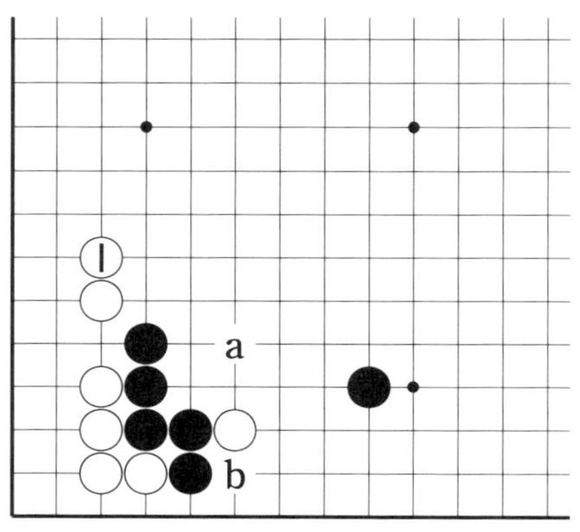

4도

1-4도(정석 이후/ 백 차례)

2도의 정석 이후, 백이 둘 기회가 온다면 1로 늘어서는 것이 배워둘 만한 행마다.

이렇게 힘을 비축한 다음, a나 b로 움직이는 타이밍을 엿보겠다는 뜻이다.

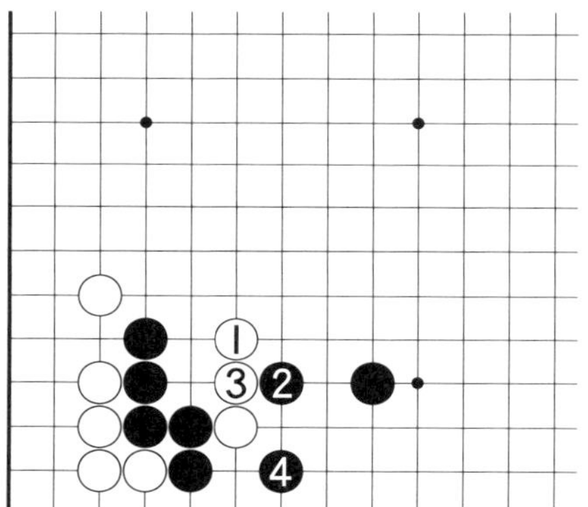

5도

1-5도(흑의 상용수법)

바로 백1로 움직이는 것은 그리 대단한 결과를 얻지 못한다.

흑2로 들여다보고 4에 건너는 것이 이런 경우의 상용수법이다. 공연히 짐만 만든 것 같지 않은가?

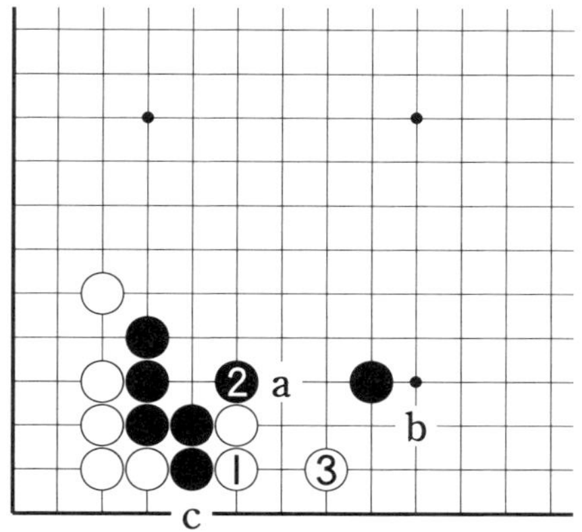

6도

1-6도(백, 유력한 수법)

상황을 봐서 백1로 따라막아 건너자고 하는 수는 유력하다.

흑2로 위쪽 진출을 제한하면 백3으로 뛰어 여러 수단을 엿본다. a의 젖힘, b의 진출, c의 건넘 등이다.

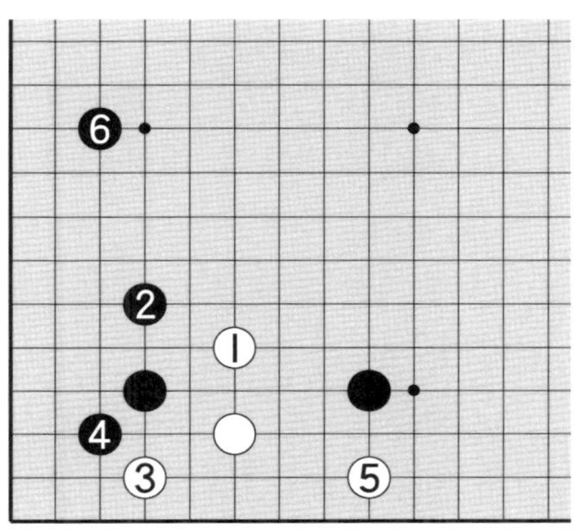

1도

2-1도(옛 정석)

백1로 뛰고 흑도 2로 뛰고 백3에서 5, 그리고 흑6까지는 예전에 너도나도 따라두었던 정석이다.

지금은 프로든 아마추어든 이렇게 안두는 것 같다. 흘러간 옛 정석이다.

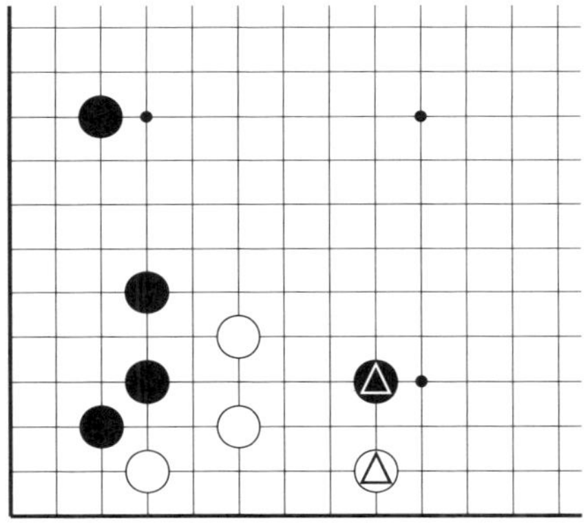

2도

2-2도(너무 저자세)

두지 않게 된 원인은 백이 너무 저자세인 탓이 아닌가 싶다.

요컨디 백△의 위치가 그렇다. 백△가 마치 흑에게 ▲로 잽을 한방 얻어맞은 듯한 모습 아닐까?

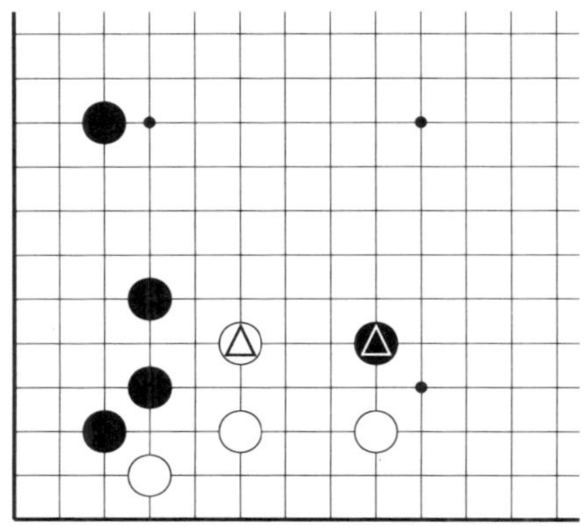

3도

2-3도(정석과의 비교)

이 그림은 화점 날일자걸침에 한칸 응수의 기본정석이다. 거기에 흑▲와 백△가 더해진 형태다. 어떤가?

이 그림과 2도를 비교하면, 2도가 백의 불만임은 명백하다.

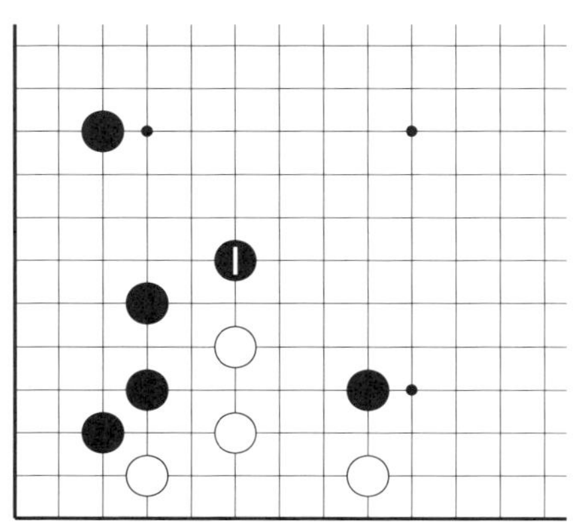

4도

2-4도(필쟁의 요소)

1도 다음 흑이 둔다면 1의 날일자가 필쟁의 요소다. 흑 세력을 키우며 백 세력을 지우고 있다. 백이 둔다 해도 1의 곳이 요소다. 모양의 접점을 이루는 곳이었다.

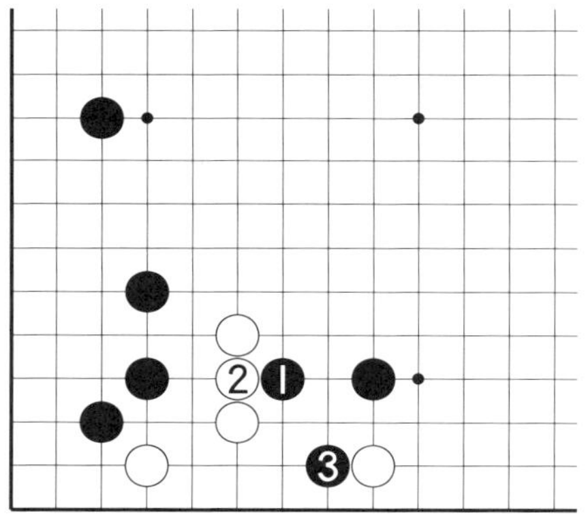

5도

2-5도(흑, 달리 둘 수도)

흑은 배석관계에 따라서는 달리 둘 수도 있다.

앞 그림의 1이 그다지 효과적이지 않은 국면도 있을 것이다. 그 경우 흑1, 3으로 활용할 수도 있다. 계속해서….

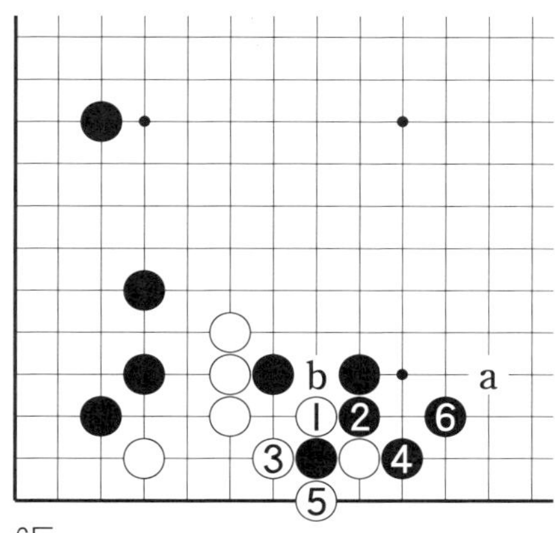

6도

2-6도(하나의 방법)

백1, 3으로 흑 한점을 잡은 것은 절대의 응수다.

거기서 흑은 4, 6으로 틀을 갖추는 것도 하나의 방법이다. 6은 a도 있으며, 4는 보류했다가 b를 선수할 수도 있다.

98

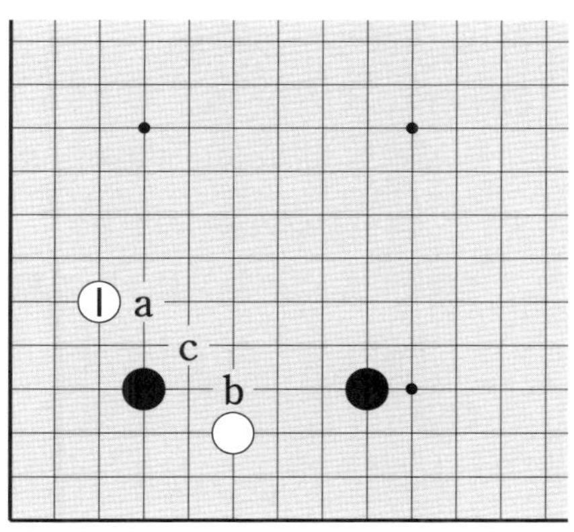

1도

3. 날일자 양걸침

3-1도(날일자 양걸침)

백1의 날일자로 양걸침하는 수는 복잡한 변화를 내포하고 있다.

흑의 대응으로 많이 쓰이는 수법은 a와 b의 붙임이다. 그리고 가장 간명한 c의 마늘모가 있다.

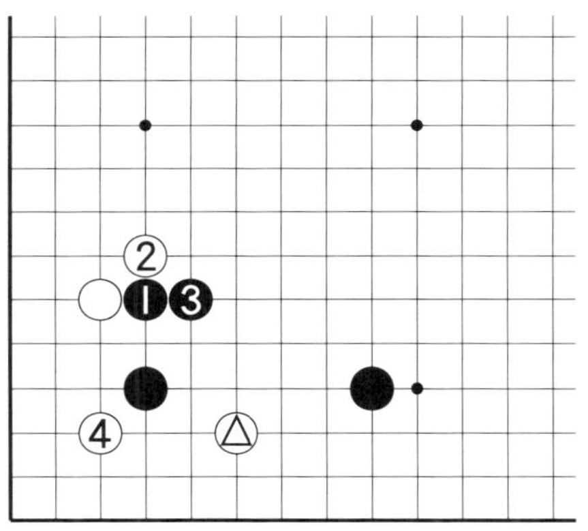

2도

3-2도(격언대로)

공격하고 싶은 돌(백△)의 반대쪽에 붙이라는 격언대로 흑1에 붙이는 것이 가장 먼저 떠올릴 수 있는 발상이다.

그러면 백은 2로 하나 젖혀 놓고 4로 3三에 들어올 것이다.

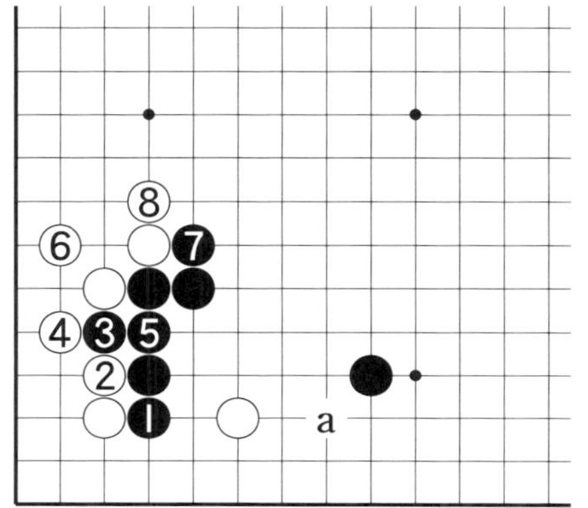

3도

3-3도(하수의 발상)

계속해서 흑1로 막는 것은 하수의 발상이다. 백은 2로 건너며 회심의 미소를 지을 것이다.

흑3 이하 백8까지 일단락되면 흑은 a로 협공했을 때보다 나을 게 별로 없다.

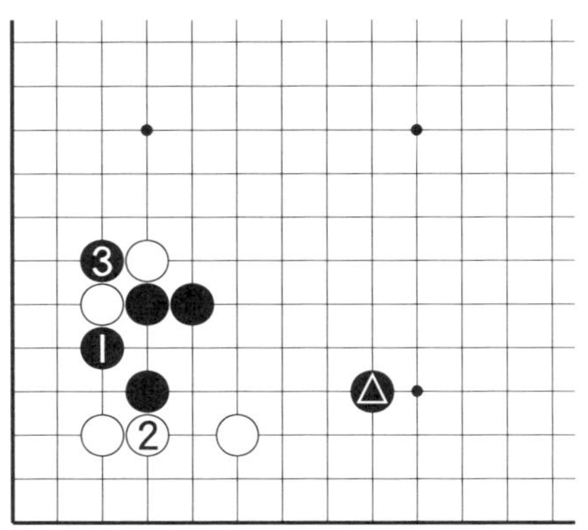

4도

3-4도(정형이기는 한데…)

2도 다음 흑1쪽을 호구쳐서 막는 것이 올바른 방향이다. 백2에는 흑3으로 끊어서 대가를 구한다.

　정형이라고 볼 수 있는데, 흑△가 약간 어정쩡한 위치여서 마음에 안 든다.

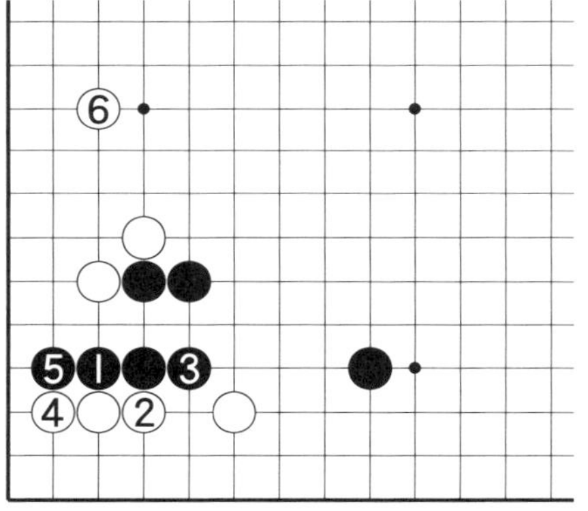

5도

3-5도(흑, 보기 좋게 당하다)

흑1은 방향만 맞을 뿐, 신통치 못한 결과를 낳는다. 백은 2와 4를 활용해 귀를 돌보고 나서 유유히 6으로 손을 돌린다.

　이것은 양쪽을 둔 백에게 흑이 보기 좋게 당했다.

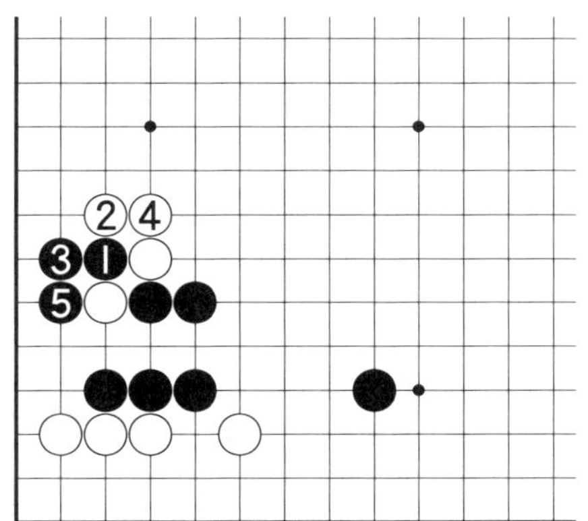

6도

3-6도(흑, 중복형)

그렇다고 앞 그림 5로 이 그림 흑1에 끊는 것도 별로 도움이 안 된다. 백은 2로 단수하고 4에 이어서 기분 좋게 버린다. 오히려 중복형만 되고 말았다.

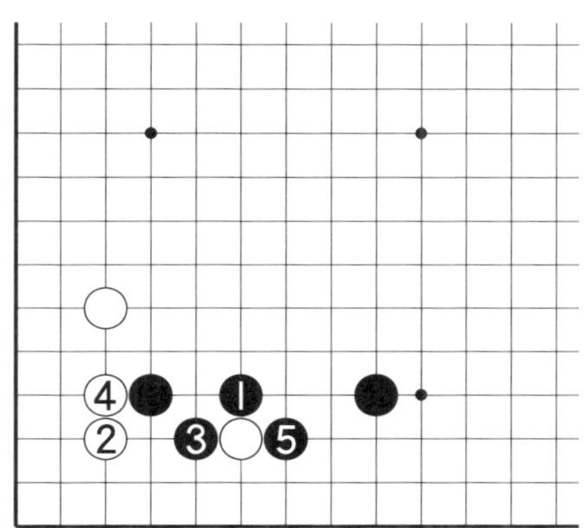

7도

3-7도(흑, 다소 불만이지만)

처음으로 돌아와서, 흑1은 공격하고 싶은 돌에 붙인 격이어서 기리에 어긋나지만 유력한 수법이다.

3, 5의 타협안은 약간 흑이 불만이라는 평가이지만 프로의 실전에서도 가끔 볼 수 있다.

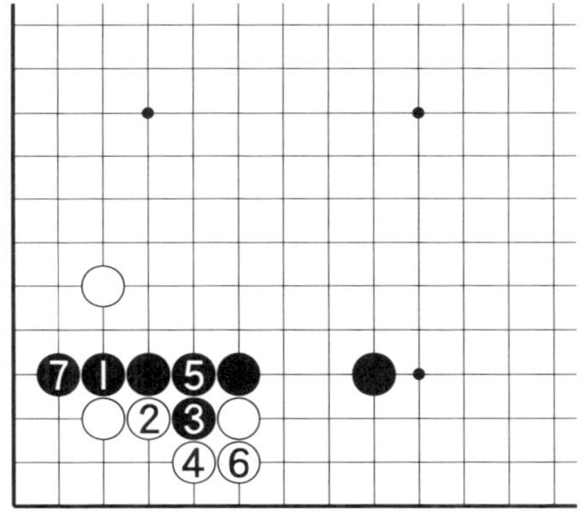

8도

3-8도(가장 많이 쓰인다)

앞 그림 백2에 흑1쪽을 막는 수가 가장 많이 쓰인다. 또한 변화가 적지 않다.

백2는 당연하며 흑은 3, 5로 끼워잇는 것이 보통이다. 백6에 잇고 흑7로 내려선 다음….

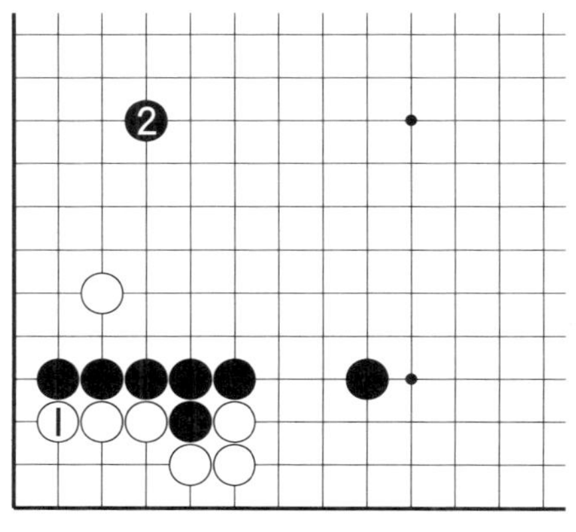

9도

3-9도(백, 온건한 수법)

백1로 귀쪽을 받아주는 것이 온건한 수법이다. 흑은 2로 품을 넓히는 수가 상식화되어 있다.

이 상태로 일단락되었다고 보고 잠시 방치할 수도 있으며, 더 둔다면….

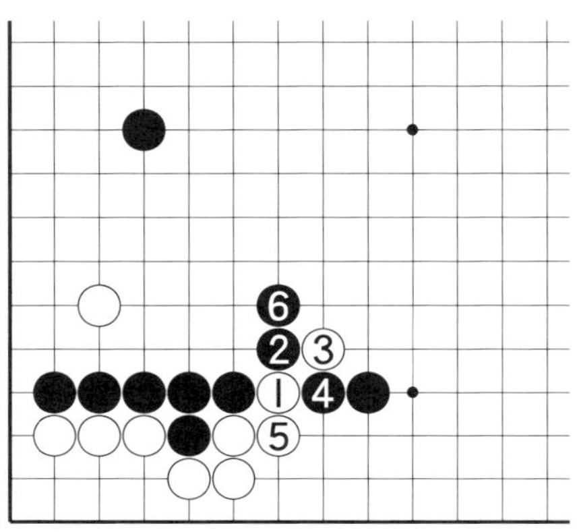

10도

3-10도(이단젖혀 나간다)

백1, 3으로 이단젖혀 나가 바깥쪽 흑에 흠집을 만들어 놓는 것도 하나의 방법이다.

　흑은 4로 끊고 6에 서는 것이 이럴 때 쓰는 행마법이자 올바른 대응이다. 이다음….

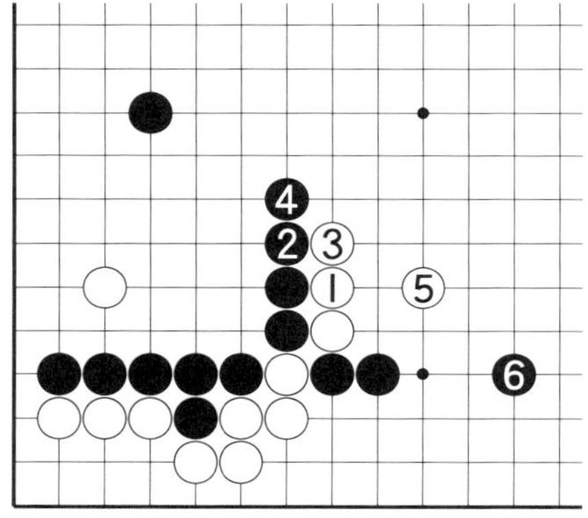

11도

3-11도(전투 개시)

백1, 3으로 밀어 놓고 5에 뛰어서 전투가 개시된다. 급전을 좋아한다면 이런 진행도 재미있을 것 같다.

　단, 바둑판 '4분의 1'이 꽉 찼다는 점에서 인기는 별로다.

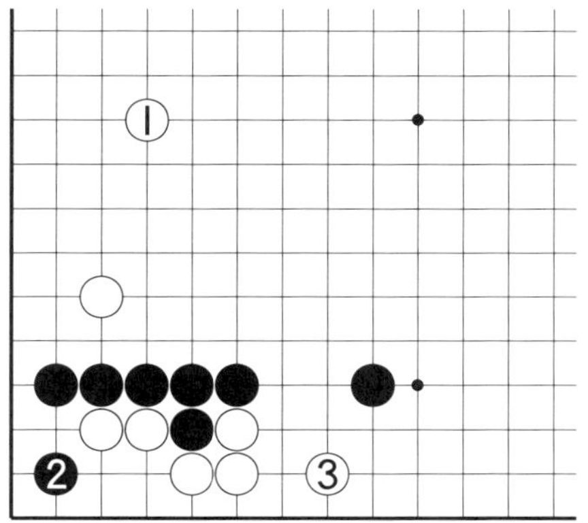

12도

3-12도(세력 견제)

9도 1로는 이 그림처럼 귀를 받지 않고 백1로 세력을 견제하는 수도 흔히 두어지고는 한다.

　귀는 흑2를 당해도 백3으로 뛰어 전혀 불안하지 않다는 뜻이다.

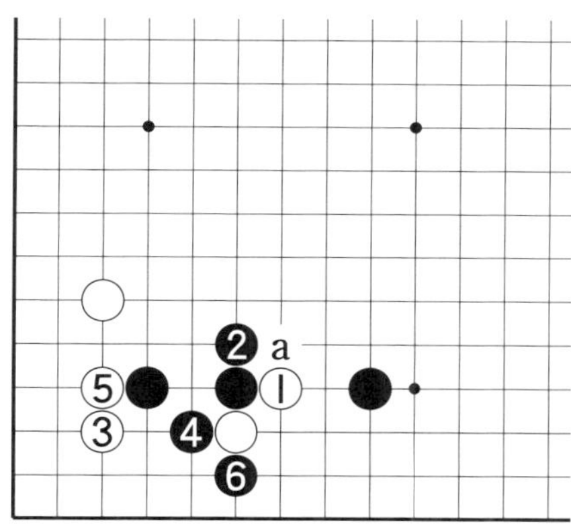

13도

3-13도(옛 정석)

애초 7도 흑1에 백1로 젖혀 놓고 3으로 3三침입하면, 흑은 4에서 6(처음에는 a로 두었음)으로 대응한다.

두터운 흑이 유리하다는 평가 때문에, 이것 역시 흘러간 정석이 되었다.

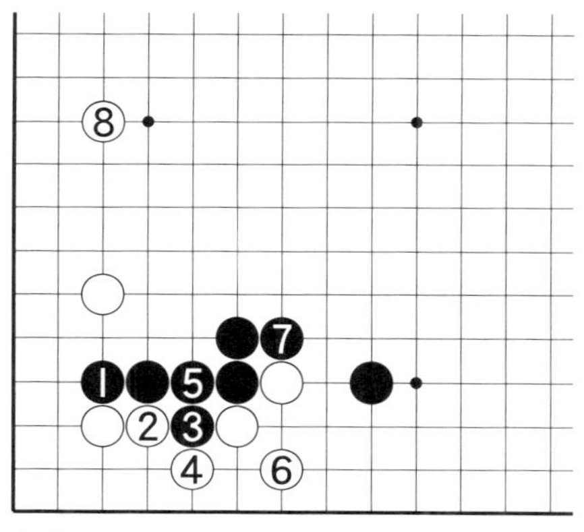

14도

3-14도(흑, 방향착오)

앞 그림 4로 이 그림 흑1쪽을 막는 것은 이 경우도 방향착오다.

백2 이하 6까지는 필연이며, 흑7로 꼬부릴 때 백8이 세력을 지우는 호점이어서 흑이 당한 결과다.

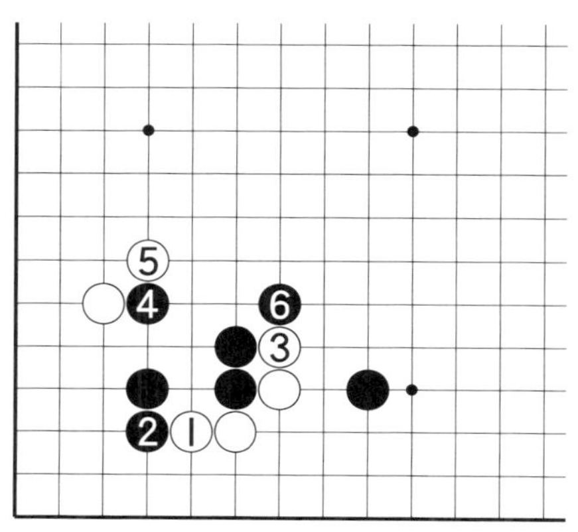

15도

3-15도(복잡하고 난해)

13도에서 3三 대신 백1로 들어가고 흑2로 받을 때 백3으로 밀어 올리는 코스는 복잡하고 난해하다.

여기서는 기본적인 것 몇 가지만 소개하겠다. 흑4와 6은 긴요한 수순이다.

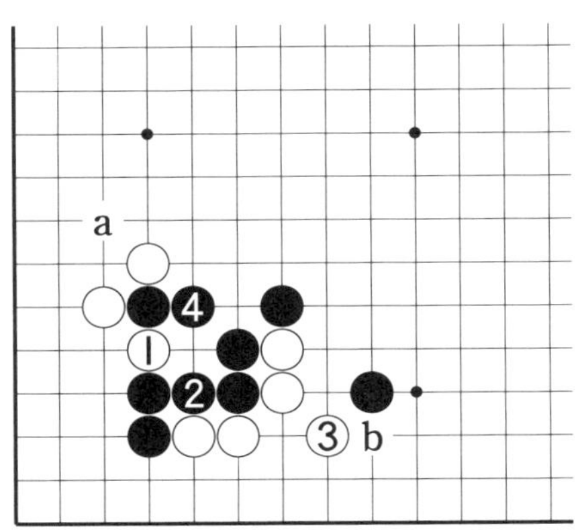

16도

3-16도(자연스런 수순)

계속해서 백1로 단수해 흑2와 문답하고 백3으로 호구치는 것이 자연스런 수순이다.

흑4 다음 백이 a에 호구치면 백b로 막아 아주 난해한 코스가 기다린다. 여기서는….

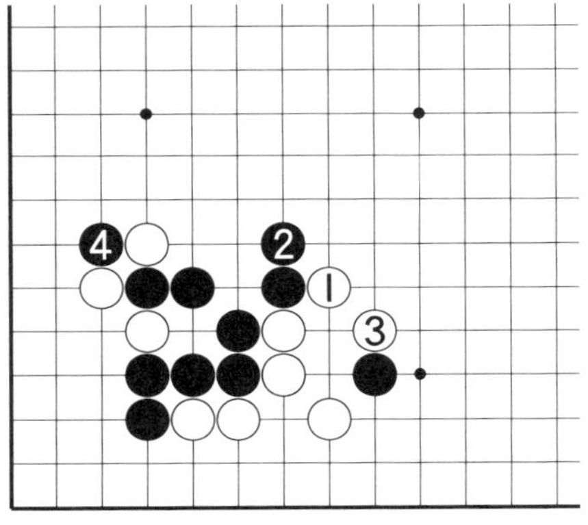

17도

3-17도(간명한 코스)

오른쪽을 돌보는 비교적 간명한 코스를 살펴보도록 하겠다. 일레이지만 백1로 젖혀 놓고 3으로 호구치는 수순이 그것이다.

그러면 흑은 필연적으로 4에 끊게 된다.

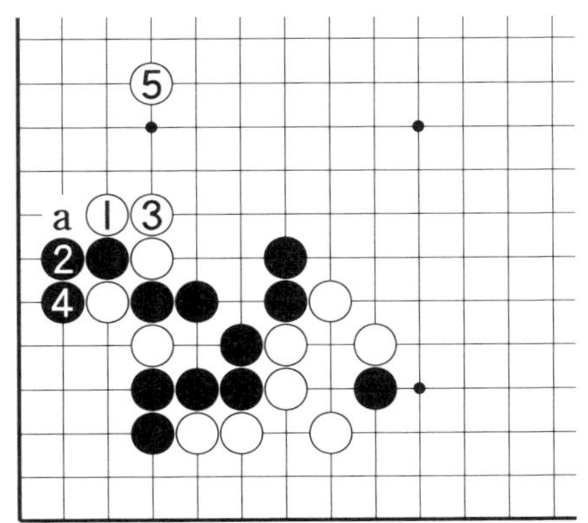

18도

3-18도(상용수법)

앞 그림 다음, 백1로 단수하고 3에 잇는 것이 상용수법이다.

이 백 석점의 처리가 문제인데, 이대로 손을 빼거나 5로 벌려 두거나 하는 정도다. 3은 a로 막는 수도 있다.

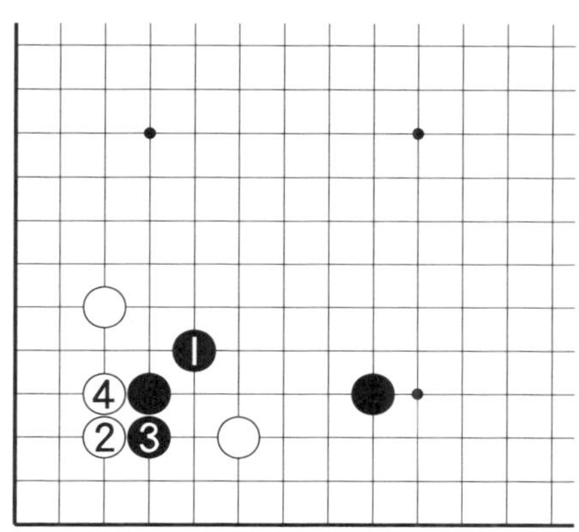

19도

3-19도(양걸침에 마늘모)

처음으로 돌아가서, 백이 날일자로 양걸침했을 때 흑1로 마늘모하는 변화다.

백2의 3三침입은 예정된 행동이며, 흑3쪽을 막은 것은 올바른 방향이다. 백4로 건넌 다음….

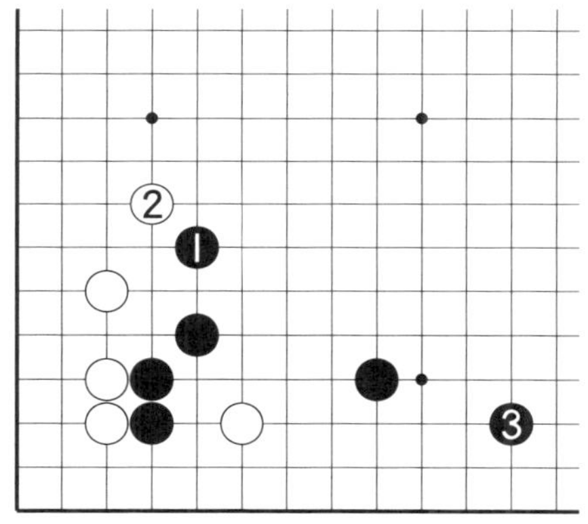

20도

3-20도(간명한 수법)

흑1로 뛰고 백2를 기다려서 흑3으로 지키는 것이 간명한 수법이다.

그러나 이 진행이 흑에게 유리하다는 뜻은 아니다. 오히려 약간 불리한 결과를 낳는다. 계속해서….

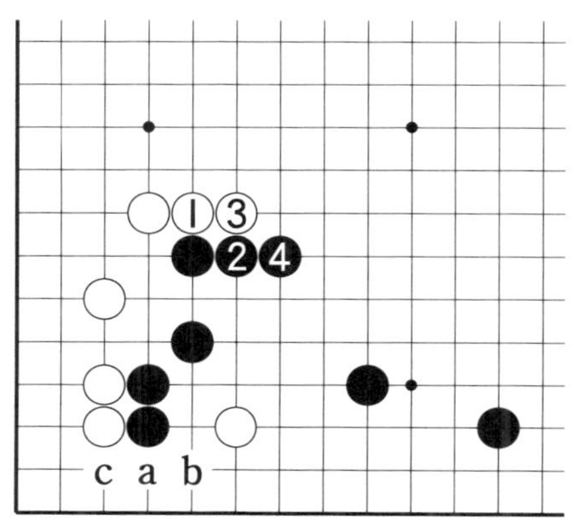

21도

3-21도(백, 폭이 넓다)

백1로 밀어 올리는 수가 조금 아프다. 흑2게 백3으로 또 밀어 올리는 수도 아프다.

백a, 흑b, 백c의 젖혀이음이 선수여서 흑집이 대단치 않은 반면 백의 폭은 꽤 넓다.

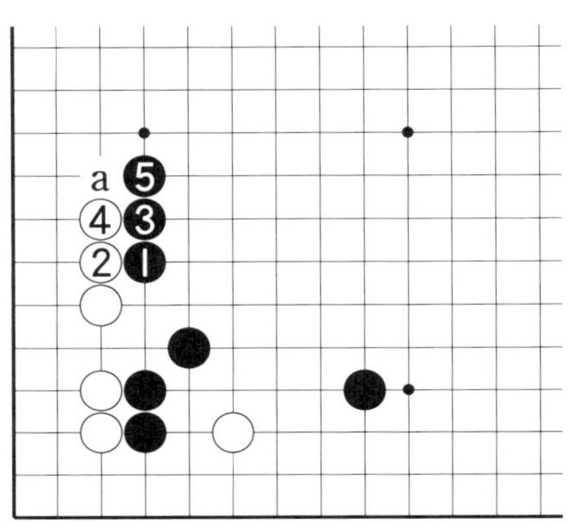

22도

3-22도(흑, 강력한 태도)

20도 1로는 이 그림 흑1의 날일자로 씌워가는 것이 강력한 태도다.

백2는 온건한 수법이지만 힘을 비축하고 있다. 흑5까지는 필연이며, 다음 흑a가 호점으로 남는다.

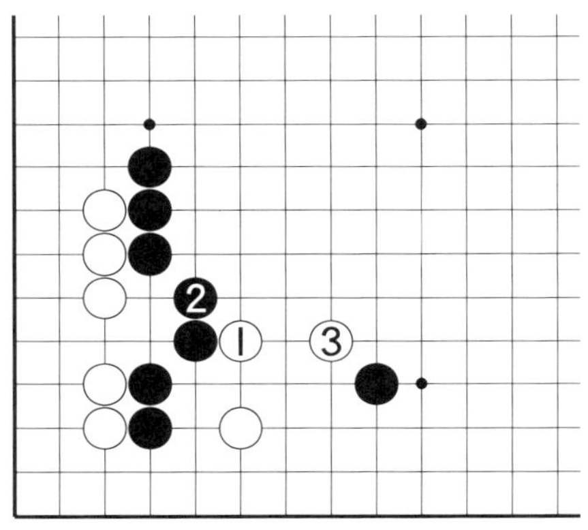

23도

3-23도(백의 노림수)

앞 그림에 이어, 백은 흑진을 부수는 노림수를 발동한다. 그것이 바로 백1의 붙임이다.

흑2는 정수이며, 백3으로 어깨를 짚으면서 중앙에 진출해 싸움이 벌어진다.

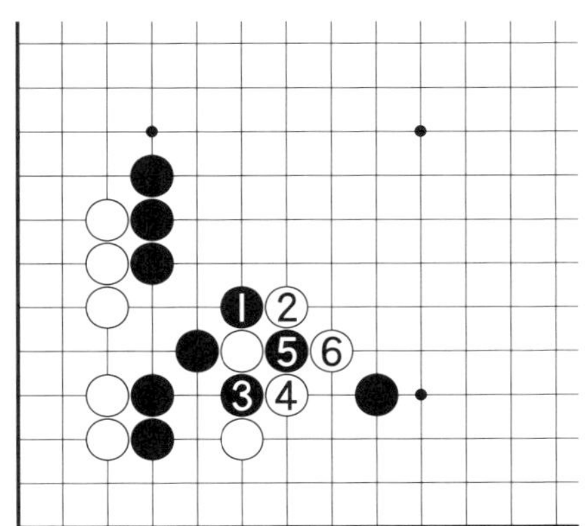

24도

3-24도(백이 바라는 바)

앞 그림 2로 이 그림처럼 흑1에 젖히는 것은 백이 바라는 바다. 2의 젖힘이 치열한 맥점이다.

흑3은 내친걸음이지만 백이 4, 6의 패로 버텨오면 이것은 흑이 걸려든 결과다.

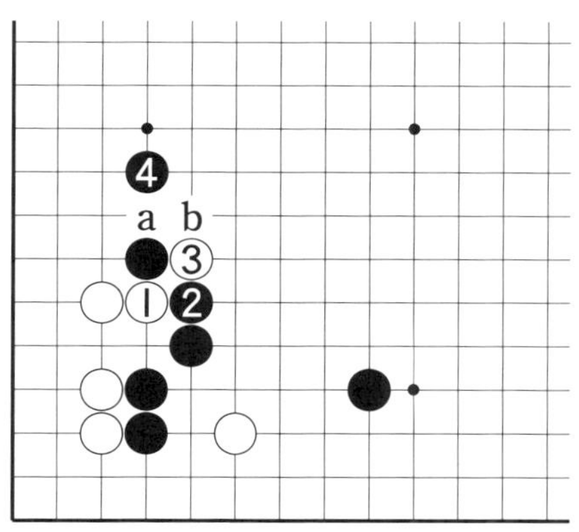

25도

3-25도(백, 적극적인 수법)

흑이 날일자로 씌웠을 때 백1, 3으로 나가끊는 것은 적극적인 수법이다. 이때 흑4로 한칸을 뛰는 수가 배워둘 만한 경묘한 맥점이다. 다음 백a면 흑b로 돌려친다.

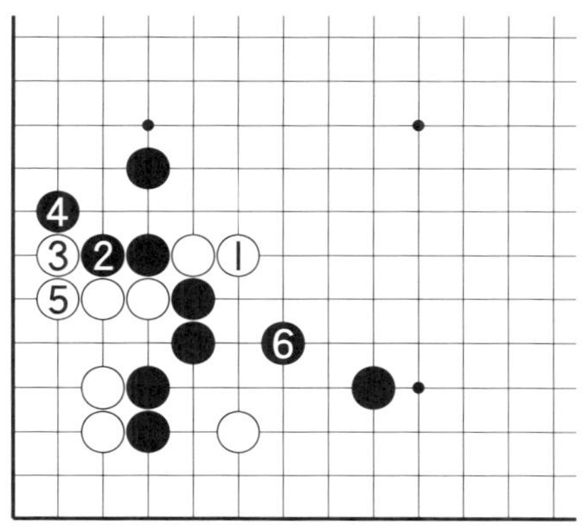

26도

3-26도(싸움은 이제부터)

따라서 백은 1로 뻗는 것이 정수다. 그제야 흑은 2로 막는다.

이러면 백3, 5의 젖혀이음은 절대수이며, 흑6으로 손을 돌려서 싸움은 이제부터다.

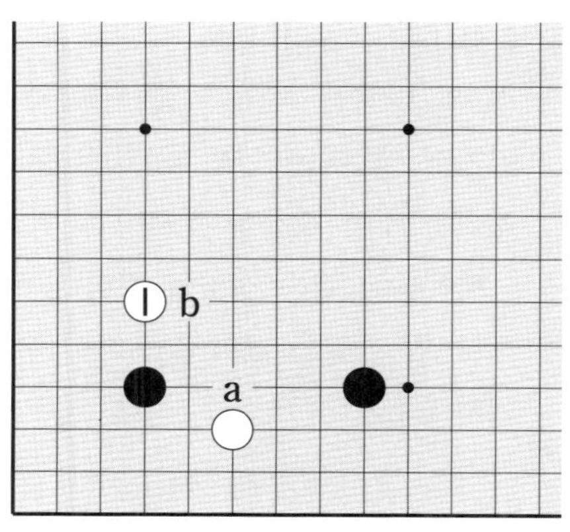

1도

4. 한칸 양걸침

4-1도(한칸 양걸침)

맨 처음으로 돌아가서, 이번에는 백1의 한칸으로 양걸침하는 변화다.

흑의 대응은 a와 b의 두 가지 정도가 생각되는데, 여기서는 특히 b를 중점적으로 다루겠다.

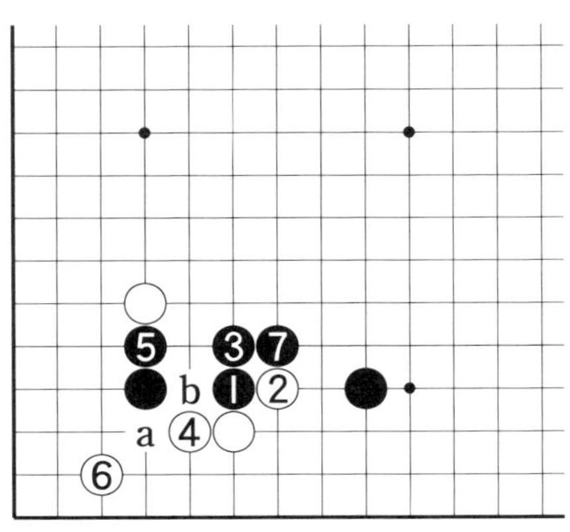

2도

4-2도(흑, 간명한 수법)

흑1의 붙임은 비교적 간명한 수법이다. 백은 2로 젖히고 4로 들어가는 수가 상식이다.

흑5는 절대이며 7까지가 기본형이다. 5로 a는 백b로 끊겨서 파멸을 부른다.

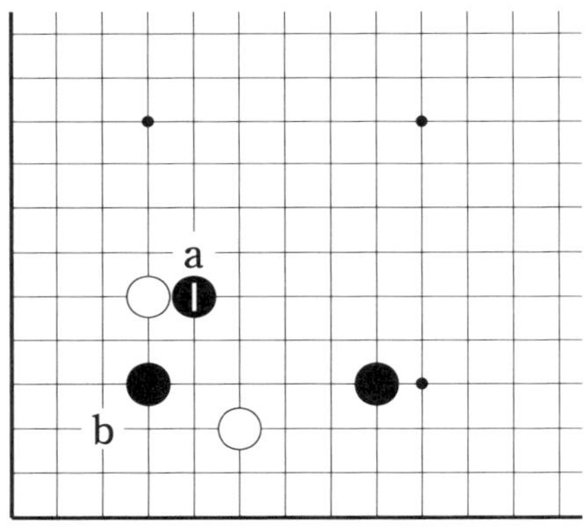

3도

4-3도(공격하는 느낌)

양걸침한 돌의 위쪽에 흑1로 붙이는 수가 제일감이다. 처음에 걸쳐왔던 백돌을 공격하는 느낌을 유지하고 있다.

다음 백의 선택은 a의 젖힘과 b의 3三침입 두 가지다.

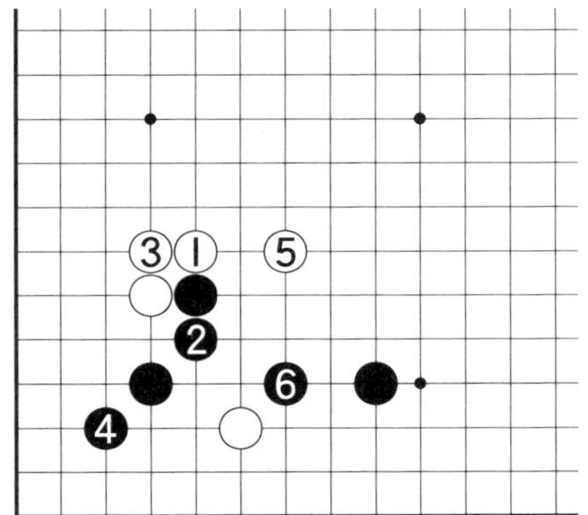

4도

4-4도(흑이 유리하다)

백1에 젖히면 흑2로 끄는 한수다. 거기서 백3에 이으면 흑4로 3三을 지키는 것이 냉정한 호수다.

백은 5에 뛰는 정도일 것이다. 6으로 백 한점을 제압해서 흑이 유리하다.

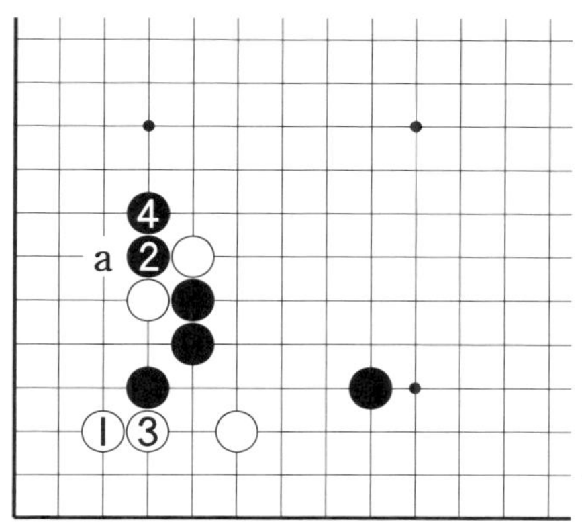

5도

4-5도(정형의 하나)

그러므로 백은 이을 것이 아니라 1로 3三에 들어가야 한다.

흑2의 끊음은 나의 길을 가는 두터운 수이며 백3, 흑4(a도 있음)로 실리와 세력의 갈림이 된다. 정형의 하나다.

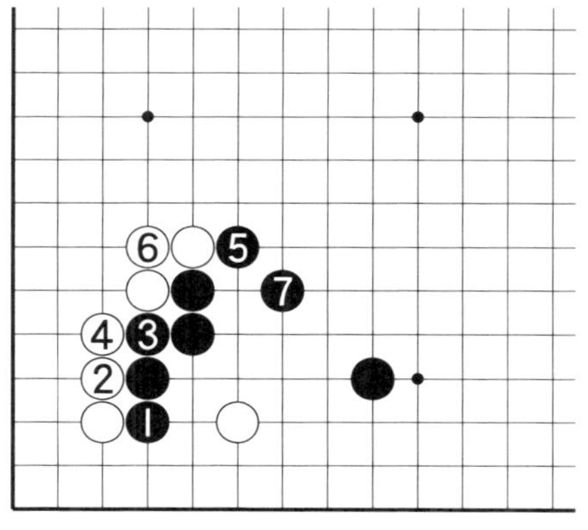

6도

4-6도(그런대로 둘 만하다)

흑1로 꿱의 3三침입에 즉각 대응하는 수도 있다. 백2에 흑3, 백4를 문답하고 흑5에서 7로 자세를 정비한다.

백의 실리가 크지만 흑도 두터우므로 그런대로 둘 만하다.

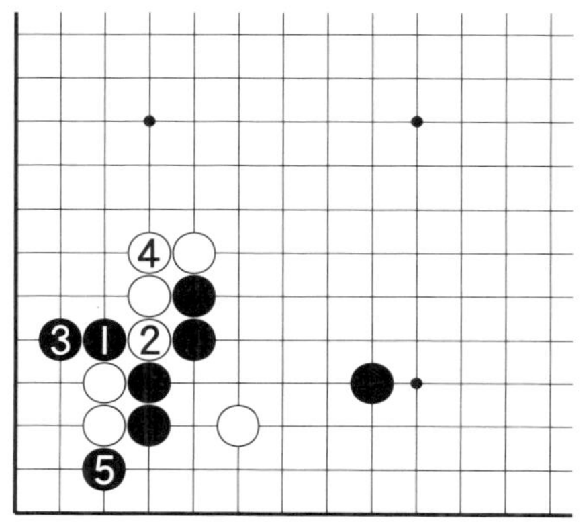

7도

4-7도(흑, 한건 올리려고)

그런데 앞 그림 3으로는 이 그림 흑1에 젖히고 3에 내려서는 수가 있다.

백의 단점을 찔러 한건 올리려는 속셈이다. 백4에 흑5로 젖혀서 '꿩 먹고 알 먹자'를 외친다.

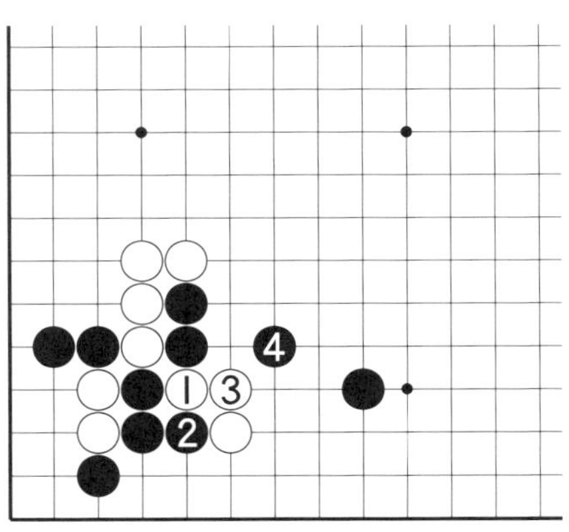

8도

4-8도(백의 타개책은?)

계속해서 백1의 끊음은 당연하다. 언뜻 흑이 곤란해 보였는데 그렇지가 않았다.

　흑은 2로 임시조처하고 4에 뛰어서 이쪽 석점마저 위협해 왔다. 자, 백의 타개책은?

4-9도(백, 타개의 시발점)

백1로 내려서서 흑2와 문답하고 백3에 붙이는 것이 타개의 시발점이다. 3은 '쌍립의 곳이 급소'라는 격언에 부합되는 맥점이기도 하다. 흑4에 백5로 젖힌다. 흑6 다음….

9도

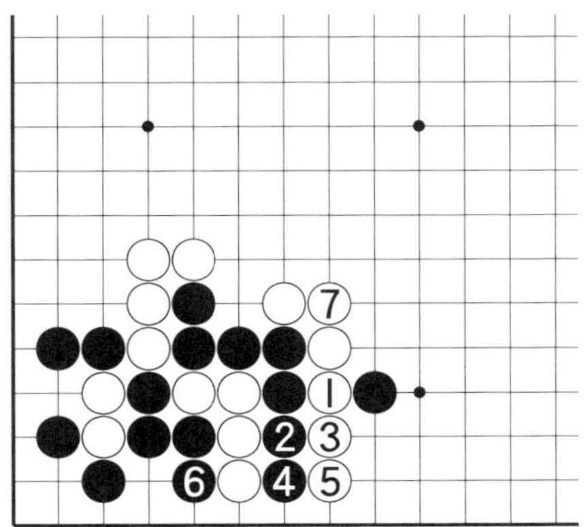

10도

4-10도(백, 어마어마한 세력)

백1, 3, 5로 계속 밀고 내려간다. 흑은 백이 하자는 대로 할 수밖에 없다. 7에 이르러 끝이 나는데, 백은 어마어마한 세력을 쌓았다.

　흑은 얕은꾀를 부리다가 망한 셈이다.

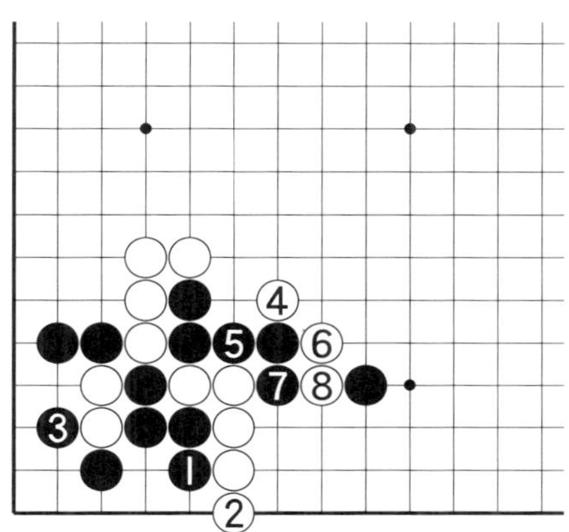

11도

9도 2로 이 그림 흑1로 버텨 와도 백2로 1선에 내려서는 맥점이 주효해 앞서와 대동소이한 결과가 나온다.

백8 다음의 수순은 굳이 밝히지 않아도 될 것 같다.

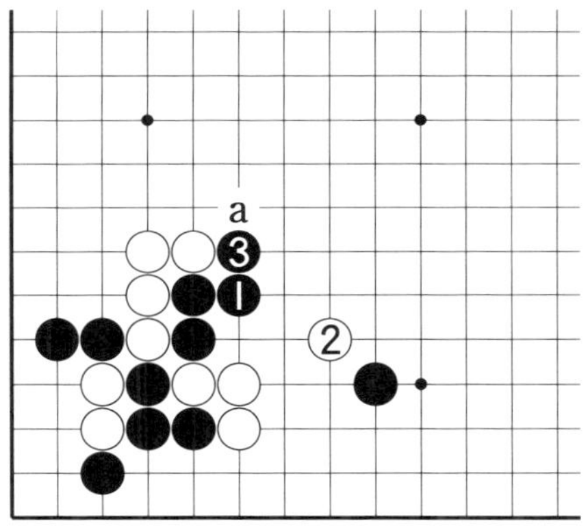

12도

따라서 8도 4로는 이 그림처럼 흑1의 빈삼각으로 나가지 않으면 안 된다.

그렇다면 백은 2로 어깨를 짚어서 진출한다. 흑3 다음 백a가 예상되며 이 싸움은 서로 어렵다.

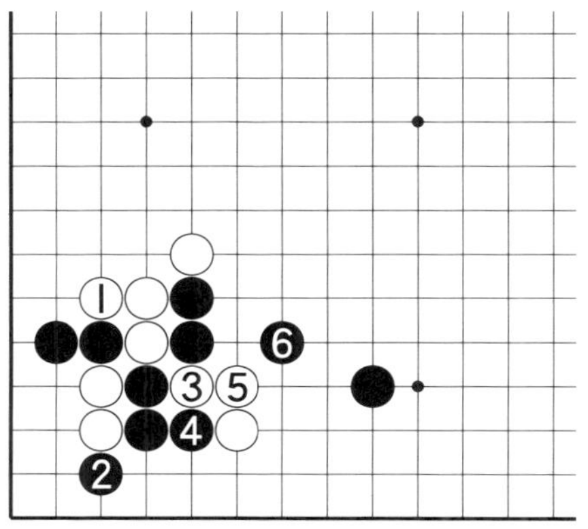

13도

7도 4로는 이 그림처럼 백1로 흑 두점의 공배를 메워 가는 수도 있다. 흑2 때 백3의 끊음은 앞서와 같다. 흑도 4로 단수하고 6에 씌우게 되는데, 여기서부터 달라진다.

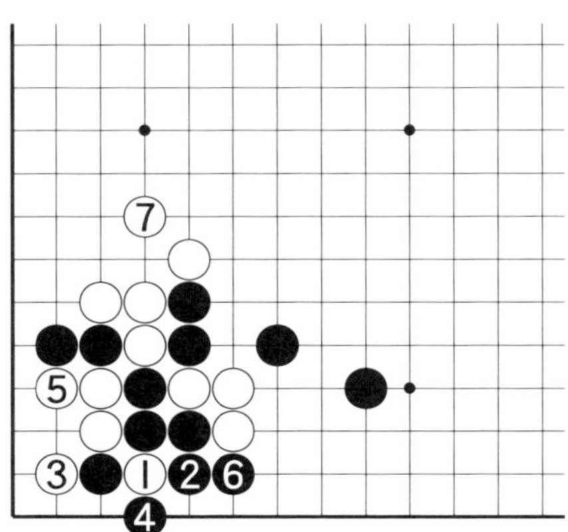

14도

4-14도(호각의 갈림)

이번에는 백1과 3을 선수활용한다. 그리고 5로 이쪽 흑 두점을 잡는다. 7까지 일단락이며 백은 오른쪽 석점을 버림돌로 썼다. 호각의 갈림이라고 봐도 좋겠다.

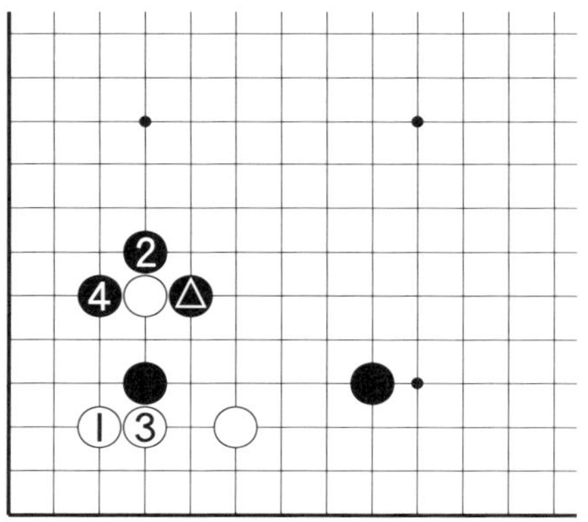

15도

4-15도(흑, 두터운 모습)

흑▲의 붙임에 백이 바로 1로 3三에 들어오는 수를 알아보겠다.

흑2는 백의 의도를 거스르는 수다. 백3으로 건너가면 흑4로 백 한점을 잡아서 두터운 모습이다.

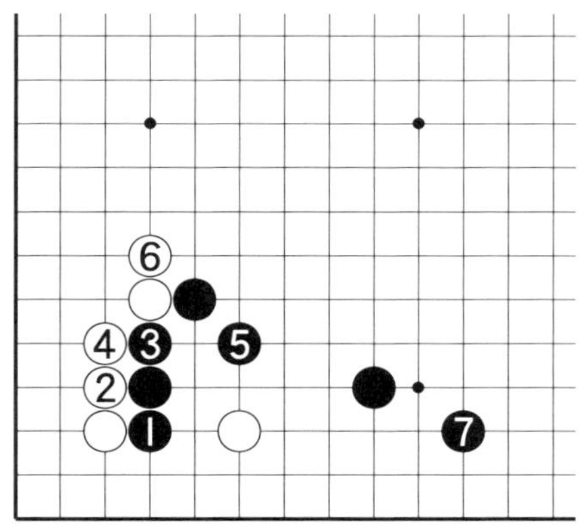

16도

4-16도(정형의 하나)

앞 그림 백1 때, 막는다면 흑1쪽이 올바른 방향이다. 백2, 4로 건너면 가만히 흑5로 호구치는 것이 좋다.

백은 6으로 느는 정도일 것이다. 그러면 흑7에 지켜서 일단락이며 정형의 하나다.

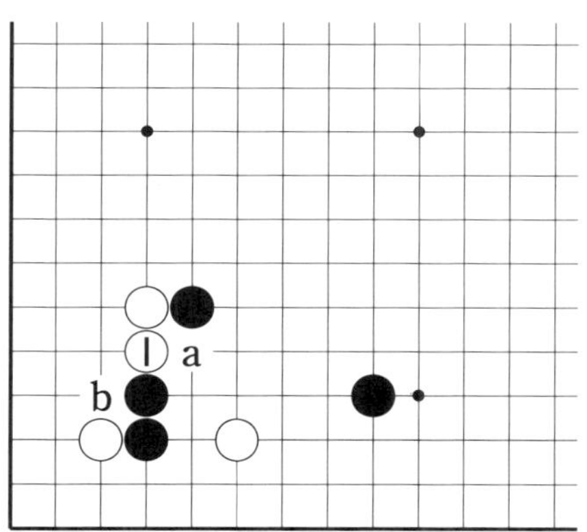

17도

4-17도(연습문제/ 흑 차례)

앞 그림 흑1의 상황에서 백이 1로 치받아 왔다. 자연스럽게 건너가지 않고 이렇게 온 것은 흑을 흔들려는 목적임이 분명하다.

흑의 올바른 응수는 a와 b, 둘 중 어느 것일까?

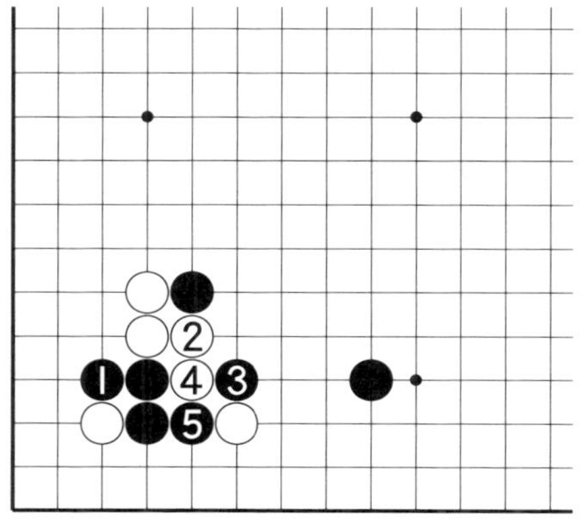

18도

4-18도(흑, 책략에 빠지다)

흑1은 백의 책략에 빠지는 수다. 백2로 건너면 단점이 노출되어 흑3으로 잇지 않을 수 없다.

4까지 되면 흑의 형태에 빈삼각도 생기고 모양도 우그러들었다.

4-19도(흑, 건너붙임이 통렬)

단호하게 흑1로 차단할 곳이다. 백2에는 흑3의 건너붙임이 통렬하다. 백4에는 흑5로 끊어 백은 타개책이 막막하다.

백은 이득을 보려다가 오히려 낭패를 봤다.

19도

3
소목
날일자걸침
—
협공과 응수

소목 날일자걸침 ☞ 두칸높은협공

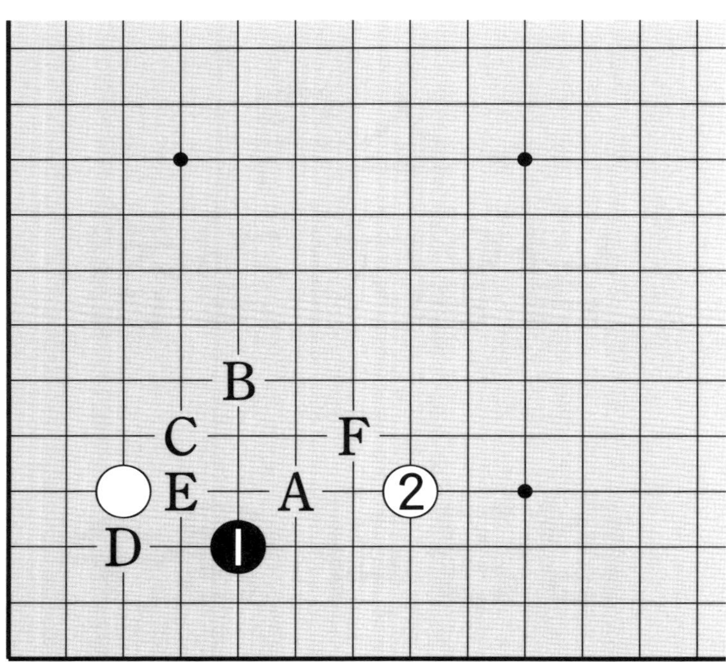

흑1의 날일자걸침에 백2의 두칸높은협공은 소목에서 협공의 대표주자라고 봐도 지나치지 않는다. 한때는 걸쳤다 하면 무조건(?) 이렇게 협공했었다. 그런 뜻에서 현대바둑의 발전에 이바지한 공로가 자못 크다. 흑의 대응도 다양하다. 고전적인 A의 마늘모를 비롯해 최고의 인기를 누렸던 B의 두칸뜀에 C, D, E 그리고 변화무쌍한 F의 밭전자 등이 있다. 또한 그 후의 변화는 행마와 맥점, 수읽기의 보고(寶庫)다.

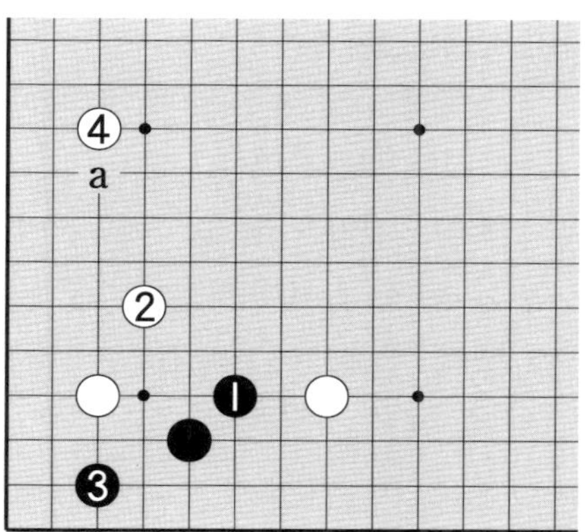

1도

1-1도(고전적인 마늘모)

흑1의 마늘모는 기타니(木谷 實)의 창안으로 알려진 고전적인 행마로 변화도 적고 견실하다.

　백2던 흑3, 백4로 일단락되며 기본정석이다. 4는 a로 좁히는 수도 있다.

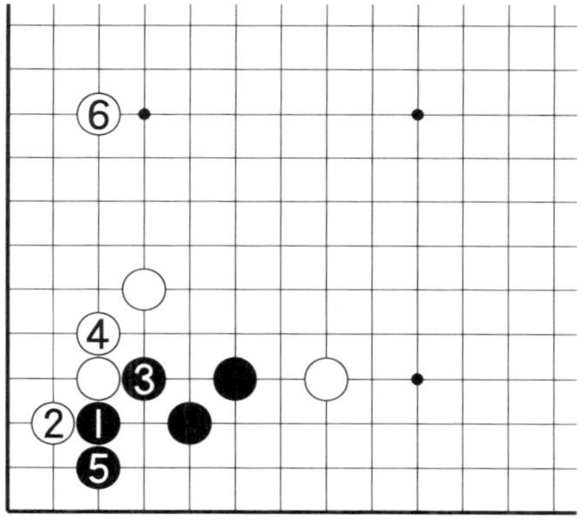

2도

1-2도(서로 견고하다)

앞 그림 3으로 이 그림처럼 흑1에 붙여서 형태를 다지는 수도 있다.

　백2에 흑3, 5로 갖춰서 아주 견고한 도습이지만 백도 6에 벌려서 튼실한 모습이다. 이것도 정석이다.

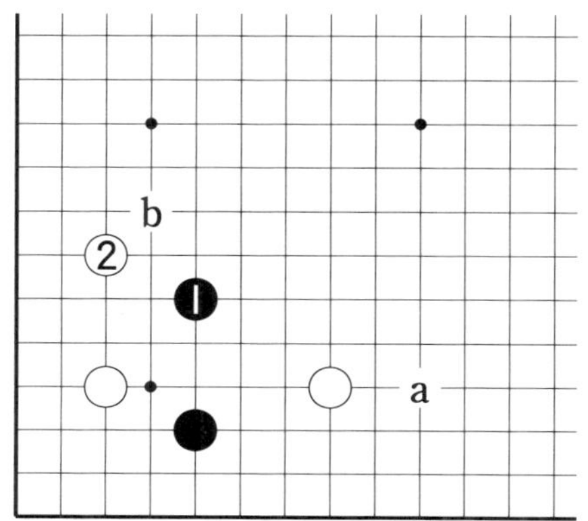

3도

1-3도(경쾌한 행마)

흑1의 두칸뜀은 경쾌한 행마로, 백도 2의 두칸벌림이 상식이며 정석이다.

　더 두건 흑a 아니면 흑b인데, 그럴 경우 바둑판 4분의 1이 꽉 찰 위험(?)이 있어 재미가 적다.

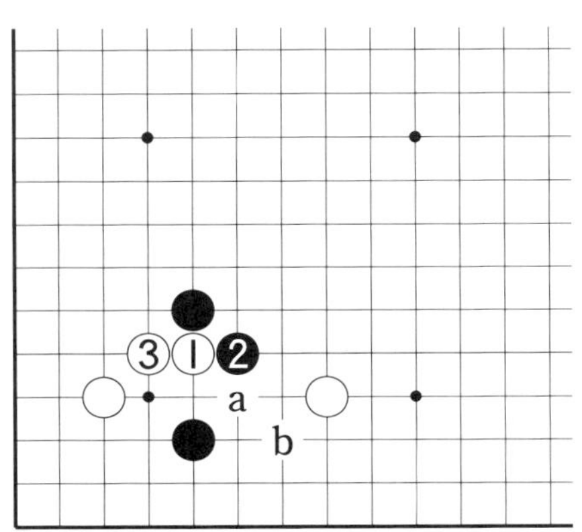

4도

1-4도(허점을 찔러)

두칸뜀의 허점을 찔러 백1로 붙이는 수도 흔히 쓰였다.

흑2의 젖힘은 당연한 한수이며, 백은 3으로 끌어서 흑의 응수를 기다린다. 흑에게는 a와 b, 두 가지 길이 있다.

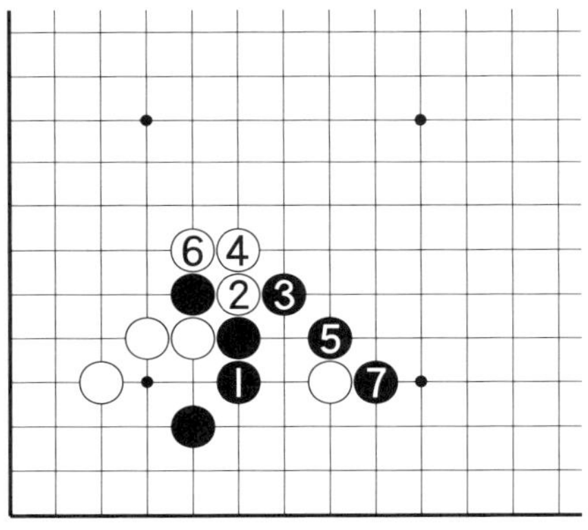

5도

1-5도(기본정석)

흑1이면 백2로 끊게 된다. 흑3에 단수하고 5로 호구치는 것은 예정된 행동이며 백6, 흑7로 서로 자기 진영을 단속하는 것이 보통이다.

기본정석 중에서도 기본에 해당한다.

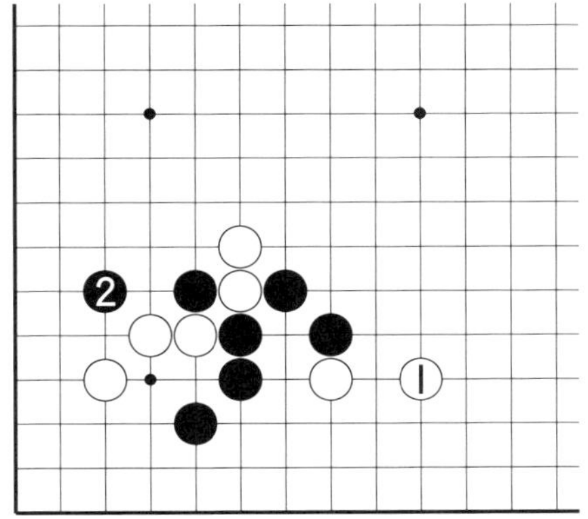

6도

1-6도(비키듯이 뛴다)

앞 그림 6으로는 이 그림처럼 백1에 뛰어 평탄한 길을 거부할 수도 있다. 그러면 흑도 가만히 있을 수 없을 것이다.

이럴 때는 흑2로 슬쩍 비키듯이 뛰는 것이 멋진 맥점이다.

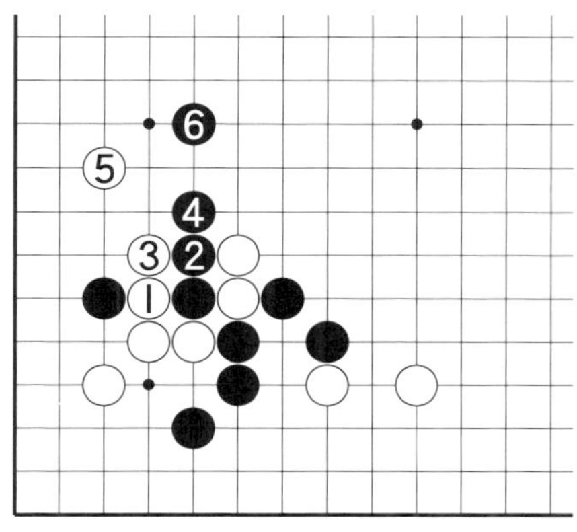

7도

1-7도(백 실리 vs 흑 세력)

계속해서 백1쪽에서 단수하고 3에 또 단수하는 것은 정수다.

백은 5까지 적지 않은 실리와 함께 안정을 얻었고, 흑은 6까지 세력을 쌓아서 만족한다. 이것도 정형이다.

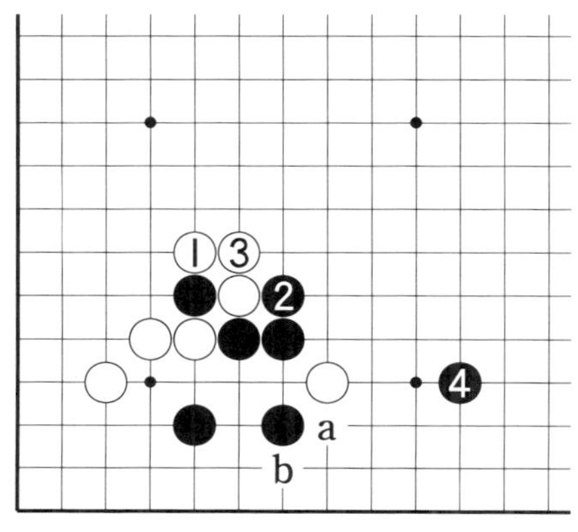

8도

1-8도(이번에도 끊는다)

4도 다음 흑1로 뛰는 수도 흔히 두어지며, 이번에도 백은 2로 끊는다.

그러고 보면 백은 흑이 이곳을 잇지 않은 한 끊게 되는 셈이다. 흑3 다음 백은 a와 b, 두 가지 선택이 있다.

9도

1-9도(소홀히 하면)

백1로 잡으면 흑은 2로 하나 단수해 놓고 4쯤에 벌려두게 된다.

이 수를 소홀이 하면 백a로 막는 것이 우협적인 수가 된다. 만약 백이 또 둔다면 b의 젖힘이 준엄하다.

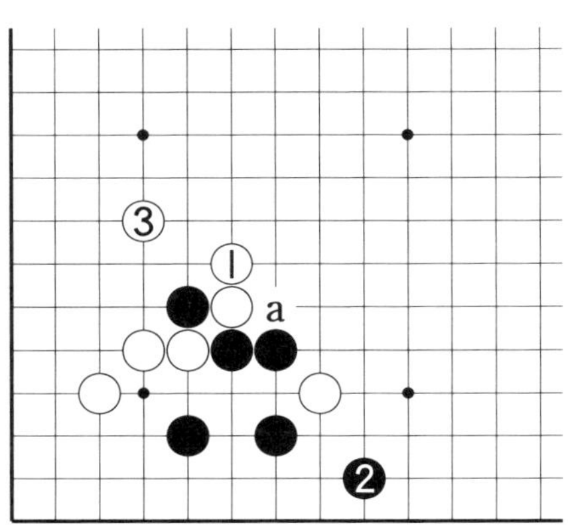

10도

1-10도(앞 그림과의 차)

8도 다음 백1로 뻗으면 이번에는 흑이 2로 2선에 날일자하는 것이 올바르다. 백3까지 이것도 정형의 하나다.

앞 그림과는 a의 곳에 흑돌이 있고 없음의 차인데 진행이 이렇게 달라진다.

2. 날일자씌움

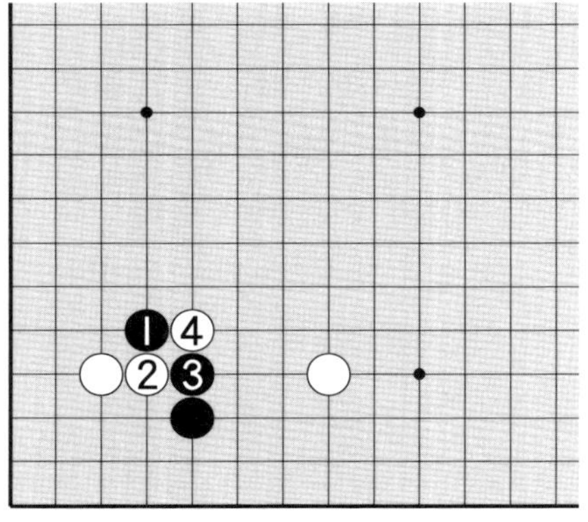

1도

2-1도(고풍스런 수법)

백의 두칸높은협공에 대해 흑1의 날일자로 씌워 가는 것은 약간 고풍스런 수법이다.

백은 기세상 2로 나가고 흑3에 막을 때 백4로 끊는다. 흑의 다음 수는 정해져 있다.

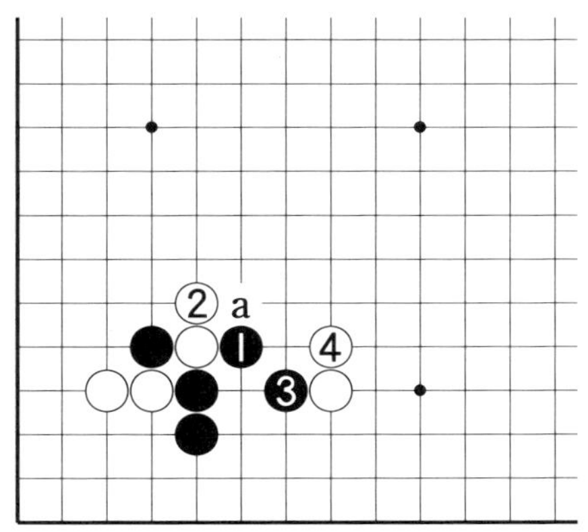

2도

2-2도(속수 또 속수)

초중급자가 흔히 범하는 잘못이 흑1로 단수하는 수다. 속수나 다름없다. 속수는 속수를 부른다고 흑3 역시 속수다.

백4로 서면 이번에는 백a로 봉쇄하는 수가 보인다.

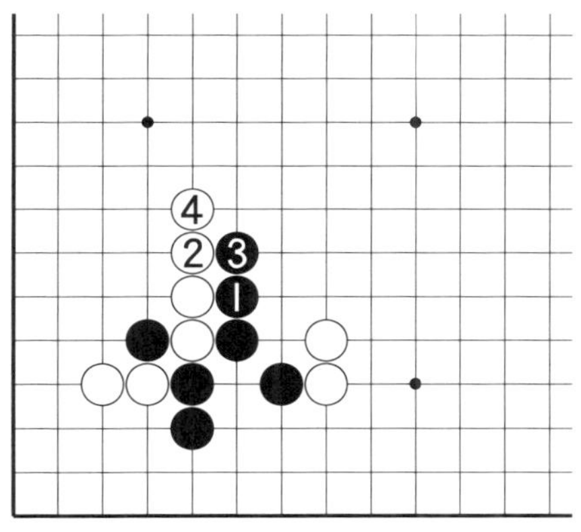

3도

2-3도(흑, 공배만 두다)

하는 수 없이 흑은 1, 3으로 계속 밀어가게 된다.

그러나 이것은 흑이 거의 공배나 다름없는 곳을 두고 있는 반면, 백은 5선을 늘고 있으니 수지가 맞지 않는다.

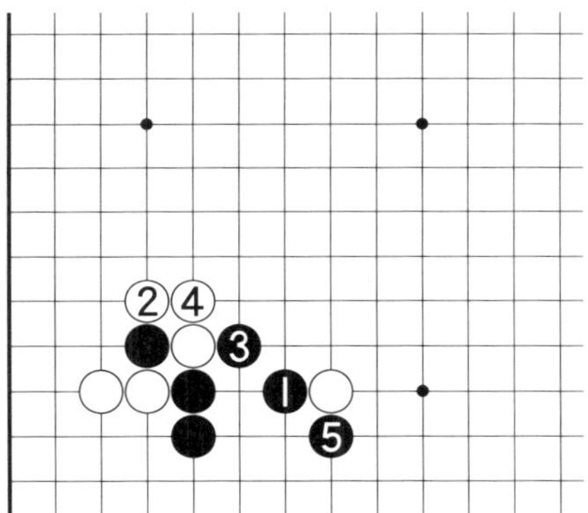

4도

2-4도(붙이는 맥점)

1도의 이런 형태에서는 흑1로 뛰듯이 붙이는 것이 맥점이다. 백2로 흑 한점을 잡는다면 그제야 흑3으로 단수하는 것이 타이밍이다. 흑5까지는 정석의 진행이었다.

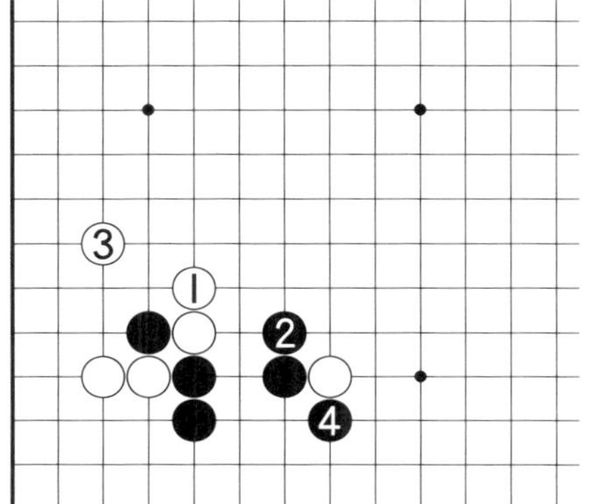

5도

2-5도(흑2가 포인트)

앞 그림 2로 이 그림처럼 백1에 뻗는다면 흑2로 서는 것이 포인트다.

백3으로 보강할 때 흑도 4에 젖혀서 정석을 완료한다. 이 수가 없으면 백4가 준엄하다.

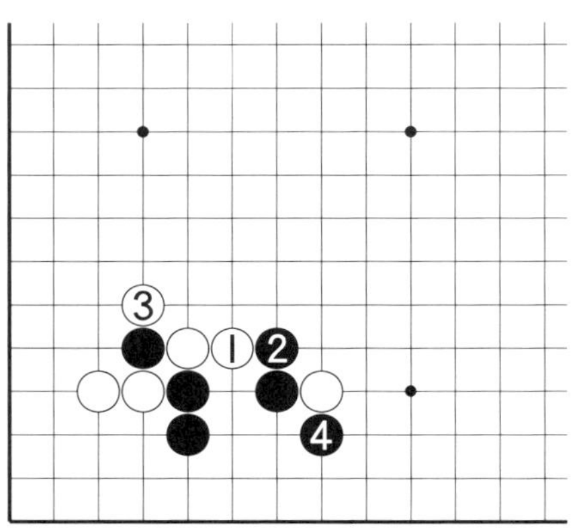

6도

2-6도(옛날 하고도 옛날)

4도 흑1에 백이 1로 하나 나와 흑 2와 교환하고 나서 백3으로 잡는 수도 있다. 역시 흑은 4로 젖힌다.

아주 오래전에 두어졌던 옛날 하고도 옛날의 정석이다. 참고로 소개했다.

7도

2-7도(돌파의 맥점)

그런데 백1로 서는 수가 있다. 흑은 2쪽에서 단수하는 것이 돌파의 맥점이다.

백3 다음 흑이 어디를 둘지는 말할 필요도 없을 것이다. 2로 3의 곳에 둔 것이 2도였다.

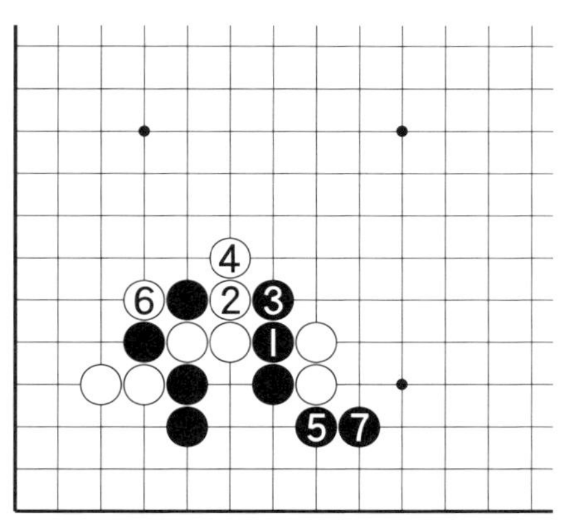

8도

2-8도(호각의 갈림)

흑1, 3으로 뚫고나간다. 그리고 흑 5에 젖히면 백은 6으로 손을 돌려야 하는데, 거기서 흑7이 중요한 수 (두지 않으면 백7이 성가심)다. 호각의 갈림이라는 평가다.

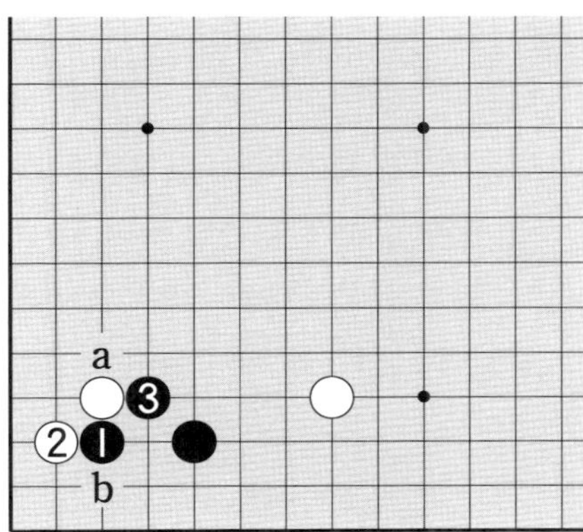

1도

3-1도(변화가 적다)

처음으로 돌아가서, 흑1로 붙이는 것은 변화가 아주 적다.

백2, 흑3 때 백은 a로 곱게 늘 것이냐, 아니면 b로 단수해서 반발할 것이냐 하는 선택이 있을 뿐이다

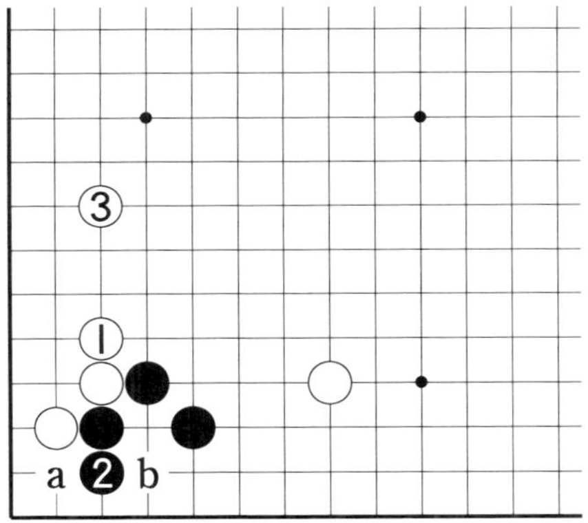

2도

3-2도(간명한 정형)

백1로 늘면 간명한 코스다. 흑은 2로 늘고 백도 3으로 벌려서 일단락 된다.

단, 배석관계나 상황에 따라 2는 손뺄 수도 있으며 a에 젖혀 백2, 흑 b로 패를 할 수도 있다.

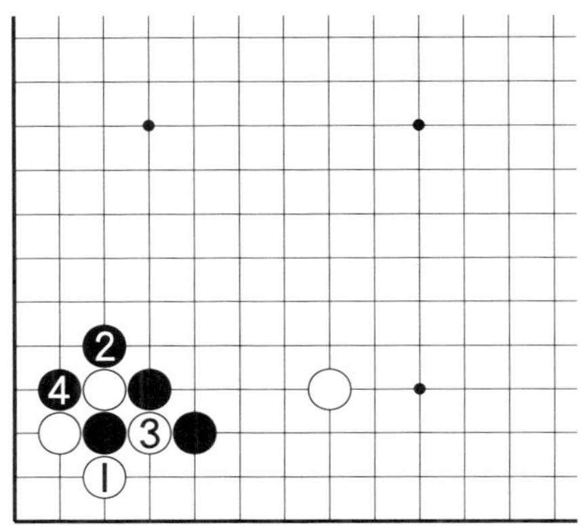

3도

3-3도(백, 뒤집기 시도)

1도 다음 백1로 반격해 뒤집기를 시도하는 것이 재미있다. 흑은 풍차 돌아가듯이 2에서 4로 계속 단수하는 것이 요령이다.

초반의 경우 팻감이 없는 만큼, 패를 하는 것은 무모하다.

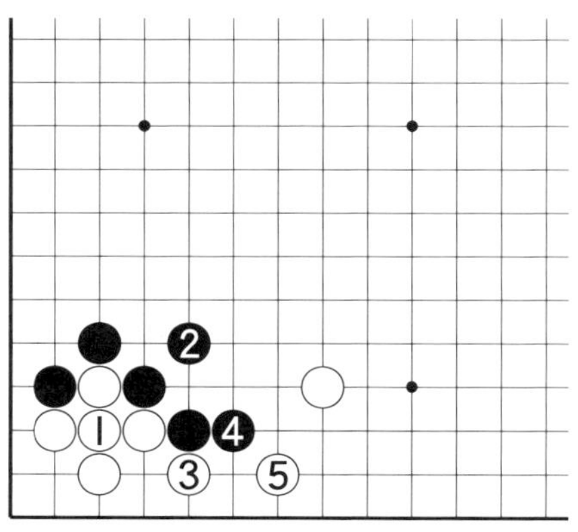

4도

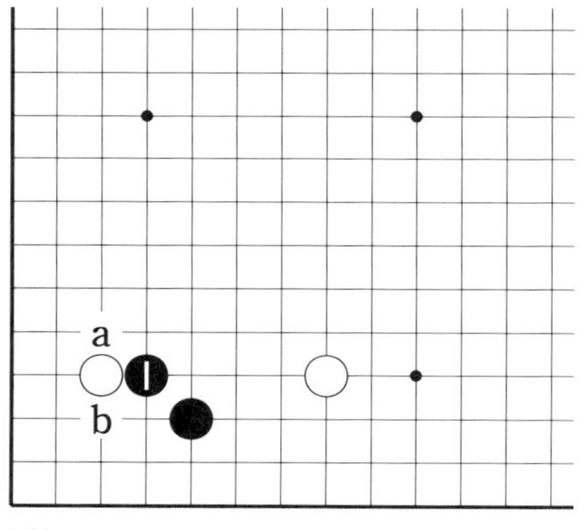

5도

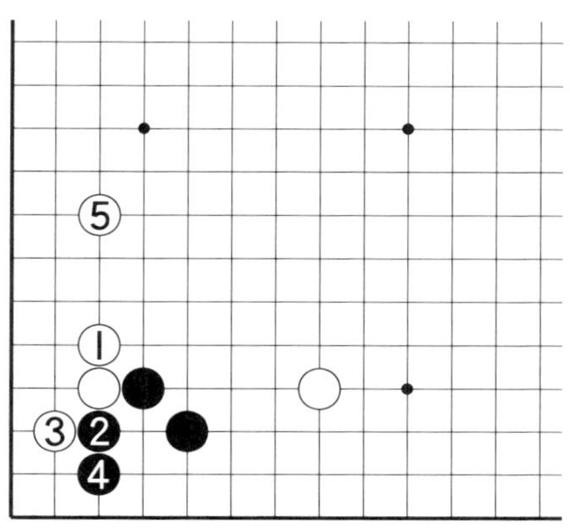

6도

3-4도(백, 유리한 갈림)

따라서 백은 1로 이을 수밖에 없다. 그러면 흑은 2로 양호구를 쳐서 틀을 갖추게 되는데, 여기서 백에게 재미있는 수가 있다. 3, 5의 건넘이 그것으로 백이 유리한 갈림이다.

3-5도(마늘모붙임)

흑1의 마늘모붙임은 앞서 나온 백의 뒤집기를 꺼린 수법이다.

보기에는 간단해 보여도 뜻밖에도 제법 복잡한 변화를 내포하고 있다. 다음 백에게는 a와 b의 선택이 있다.

3-6도(2도와 마찬가지)

백1로 늘면 흑2로 젖히고 4에 늘어서 3도와 같은 백의 반격은 당하지 않는다.

5까지는 수순만 다를 뿐 2도와 마찬가지 결과가 되었다. 이것이 흑의 주문이었다.

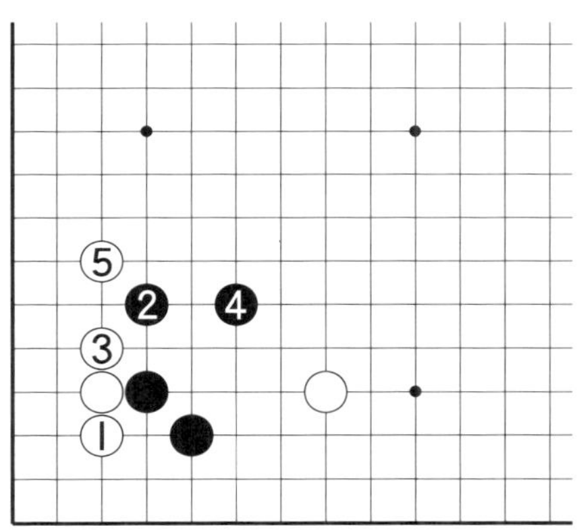

7도

3-7도(객, 반발이 유력)

백은 정석이라고는 해도 흑의 의도대로 두어주고 싶지는 않다.

5도 다음 1로 반발하는 수가 유력하다.

흑2던 백3으로 나가고 5에 뛰어서 유리한 결과를 얻을 수 있다.

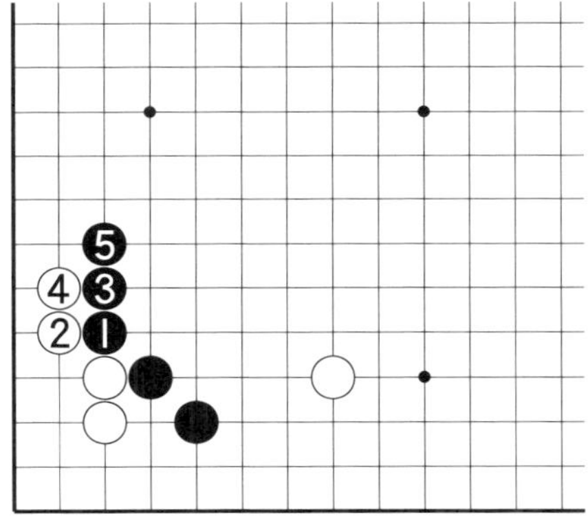

8도

3-8도(백, 겁먹은 태도)

앞 그림 2로는 삼수갑산에 갈망정 흑1로 젖히고 싶어진다.

백2는 앞서 기세 좋게 반발했던 그 태도하고는 딴판으로 겁먹은 태도다. 5까지 백이 좋을 리가 없다.

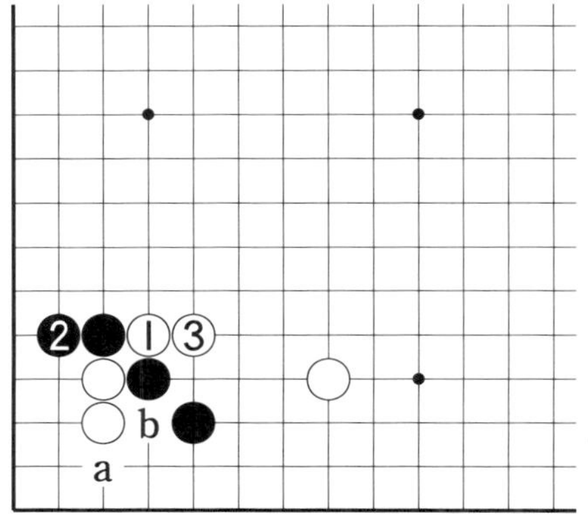

9도

3-9도(끊는 한수)

앞 그림 흑1의 상황에서 백은 1로 끊는 한수다. 흑2로 내려선 것은 정수이자 최강수이며, 백도 3에 뻗어서 흑의 태도를 기다린다.

다음 흑의 선택은 a 아니면 b, 둘 중 하나로 좁혀진다.

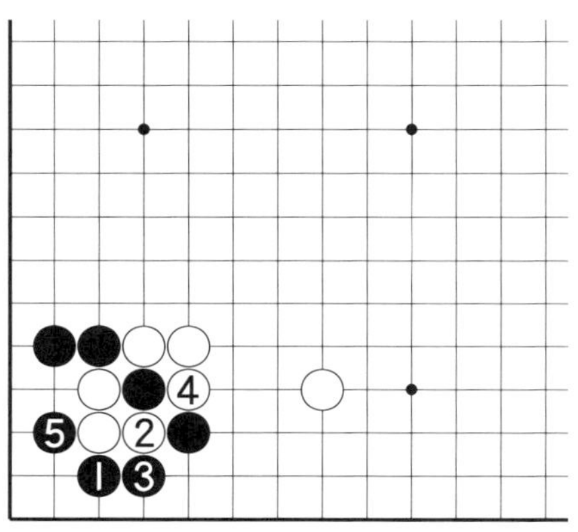

10도

3-10도(맥점이지만)

흑1의 붙임은 맥점이지만 약간 엷어지는 것이 흠이다. 백2에 흑3으로 받고 백4에 따낼 때 흑5로 건너겠다는 뜻이었다.

흑은 2선에 돌이 너무 많이 놓여 있다.

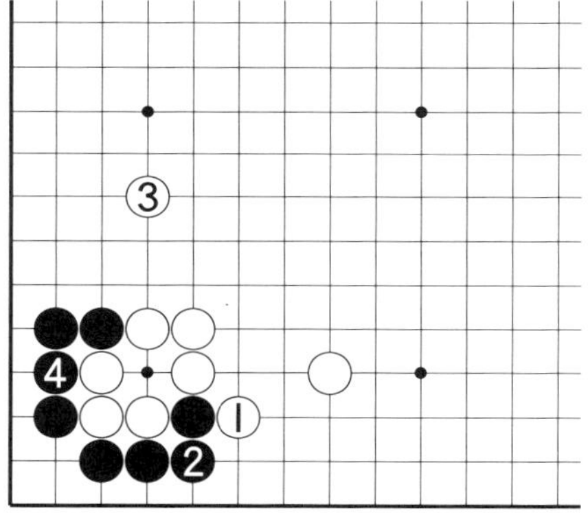

11도

3-11도(호각이지만)

계속해서 백은 1로 한방 몰아 두고 3으로 뛰어서 중앙을 중시하게 된다. 흑4까지 일단락이다.

일단 호각의 갈림이라는 평가이지만, 이 진행은 실전에서 거의 나오지 않는다.

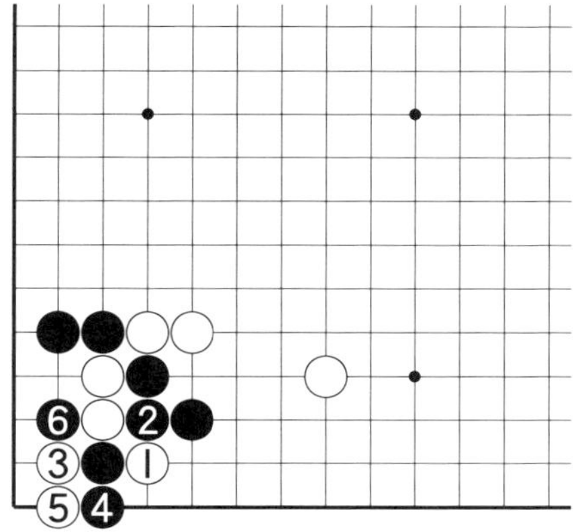

12도

3-12도(백, 경솔한 행동)

10도 2로 이 그림 백1에 젖히는 것은 경솔한 행동이다. 흑2로 끊기는 순간 잘못 되었음을 깨닫게 된다.

백3에는 키워서 잡혀주는 흑4가 호수이며 6까지 백 아웃이다.

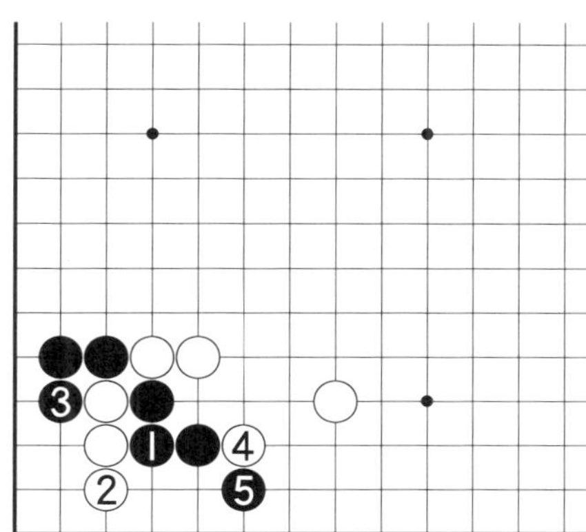

13도

3-13도(원줄기의 변화)

10도의 붙임이 가지라면 이 그림 흑1은 원줄기에 해당한다.

이후의 변화를 빈틈없이 익혀 놓기를 권한다. 백2의 내려섬은 절대이며 흑3도 중요한 수다. 백4, 흑5 다음…:

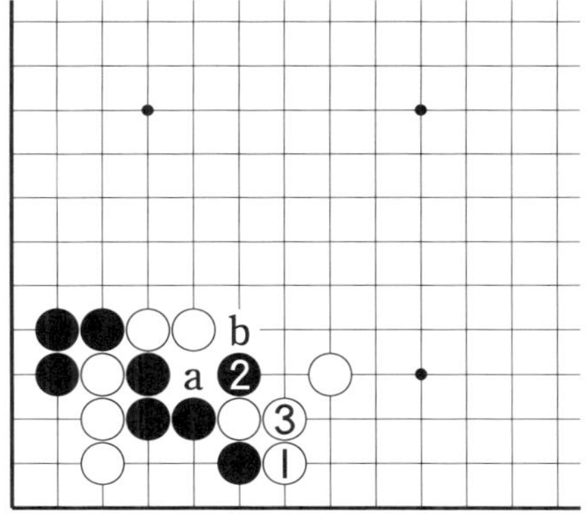

14도

3-14도(이단젖힘)

백1의 이단젖힘이 강력하다. 단, 이 수는 축관계가 있다. 흑2로 단수하고 백3에 이은 것은 필연이다.

여기서 흑a면 백b에 막혀 한눈에 봐도 흑이 잡혀 버리므로…:

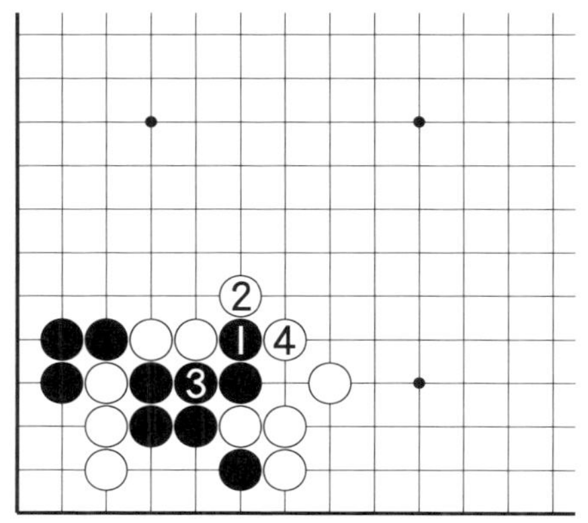

15도

3-15도(중대한 기로)

흑은 1로 하나 나가 두어야 한다. 백2의 젖힘은 필사의 한수이며, 흑은 3에 손을 돌려 잇는다.

여기서가 중대한 기로인데, 백4는 축이 불리하다면 두어서는 안 되는 수다.

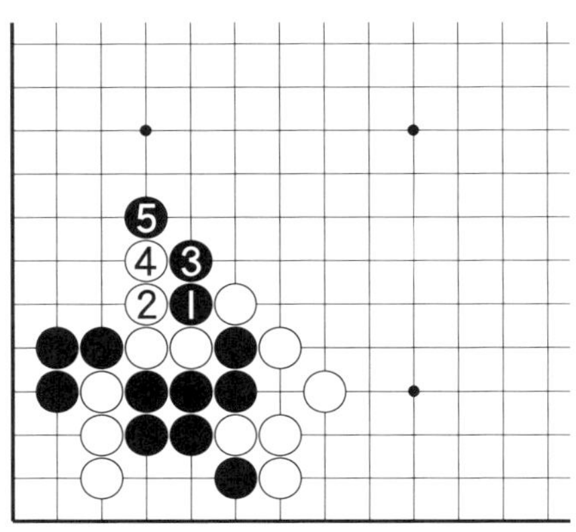

16도

3-16도(젖힘이 맥점)

거꾸로 얘기하면 축이 흑에게 불리하다면 흑도 이런 식으로 두어서는 안 된다는 것이다.

그것은 그렇고 흑1의 끊음도 필사의 한수다. 백2, 4에 흑5의 젖힘이 맥점이다.

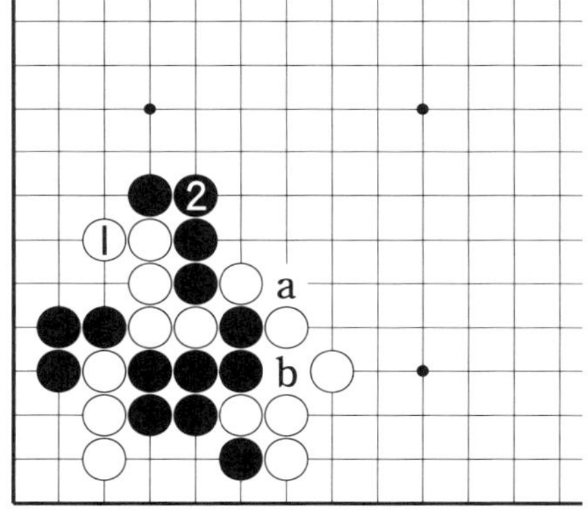

17도

3-17도(축이 되느냐)

앞 그림에 이어, 백1의 꼬부림은 절대수다. 그러면 흑2로 잇는다.

다음 a의 축이 관건인데, 이 축이 백에게 유리하다면 b에 메워서 흑이 전멸한다. 축이 흑에게 유리하다면….

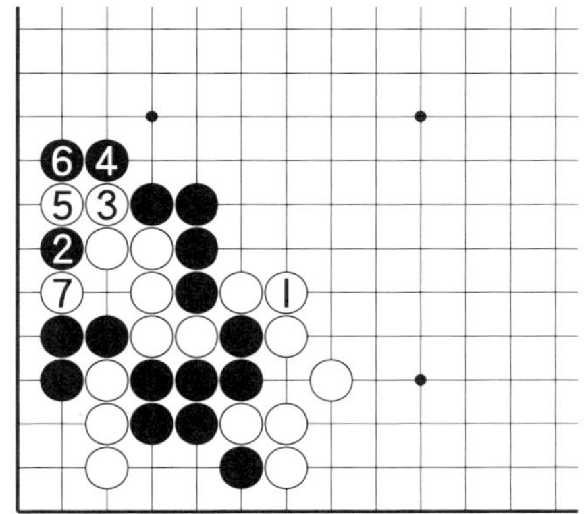

18도

3-18도(코붙임의 맥점)

백은 1로 이어야 한다. 숙제는 남아 있다. 흑은 왼쪽 백 다섯점을 2수로 몰아가야 한다. 흑이 3수니까.

흑2의 코붙임이 기사회생의 맥점이며 4, 6 또한 필사의 추격이다.

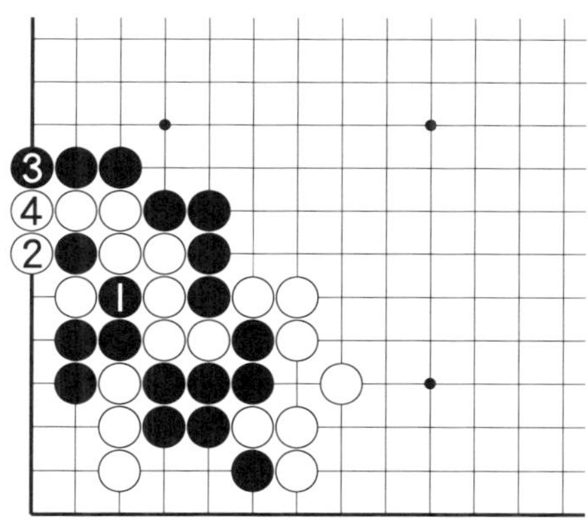

19도

3-19도(백은 계속 2수)

종착역이 다가오고 있다. 계속해서 흑1로 단수하고 3에 내려선다. 백4의 이음도 절대다.

앞 그림부터 이 백의 수수가 2수에서 더 이상 늘어나지 않았음에 주목하기 바란다.

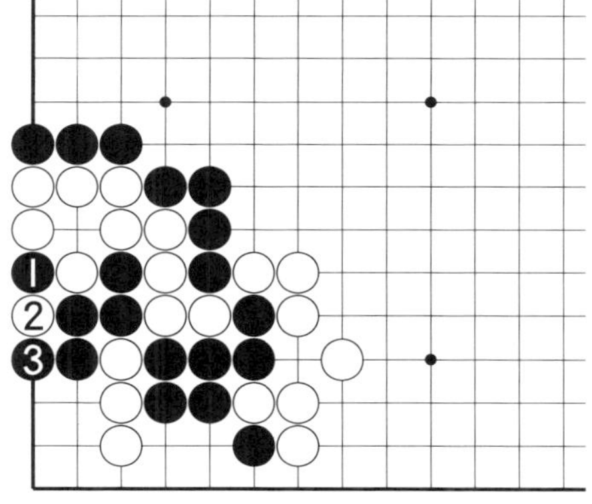

20도

3-20도(만패불청의 패)

이쯤 되면 결과를 모르는 사람은 거의 없을 것 같다. 이제는 어렵지 않은 수상전 문제가 되었다.

흑1, 3의 패가 결론이다. 그것도 만패불청의 패다. 백이 망했다.

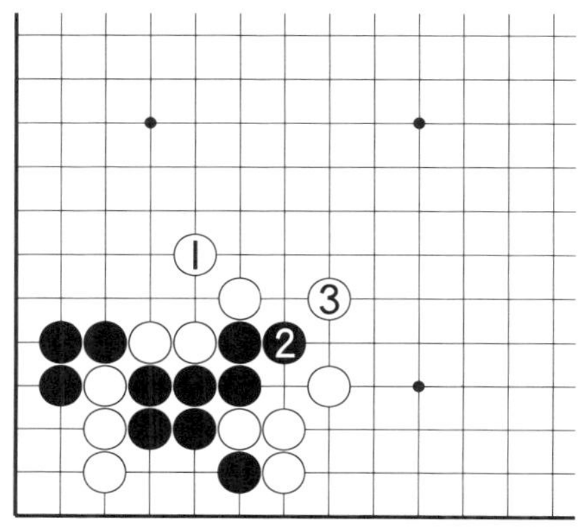

21도

3-21도(호각의 갈림)

백은 축이 불리할 경우, 15도 흑3 때 1로 후퇴하고 흑2에 백3으로 봉쇄하는 정도다. 이것으로 백도 나쁘지 않다.

단, 흑도 선수라는 이점이 있어 호각의 갈림으로 봐도 좋겠다.

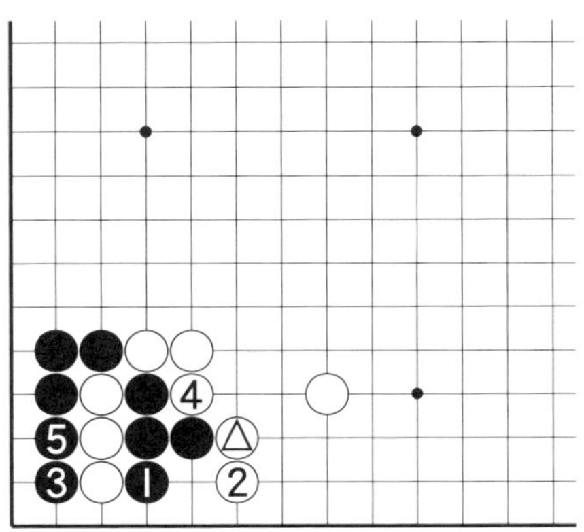

22도

3-22도(호각의 갈림)

백이 △로 붙였을 때 흑1로 백 석 점을 서둘러 잡는 것은 생각이 짧다. 그러나 백도 2로 내려서는 것은 미흡하다.

　5까지 서로 미스를 범했지만 거의 호각의 갈림이 되었다.

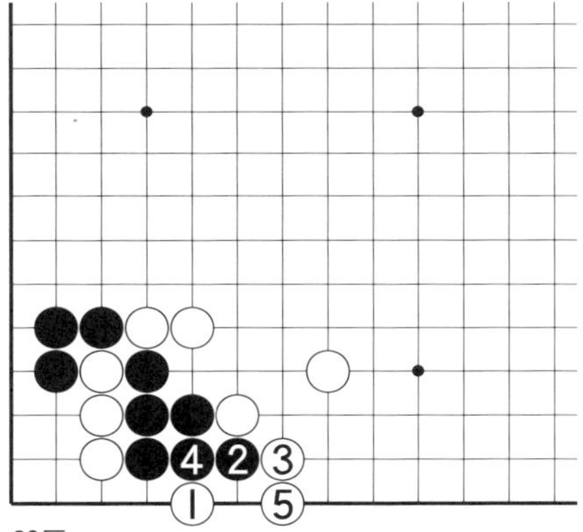

23도

3-23도(맥점 퍼레이드)

앞 그림 2로는 이 그림에서 보듯 백1로 1선에 치중하는 맥점이 있었다.

　맥점 중에서도 묘수라 할 만하다. 흑2에 백3의 이단젖힘도 맥점이며, 흑4에 백5의 내려섬도 맥점이다.

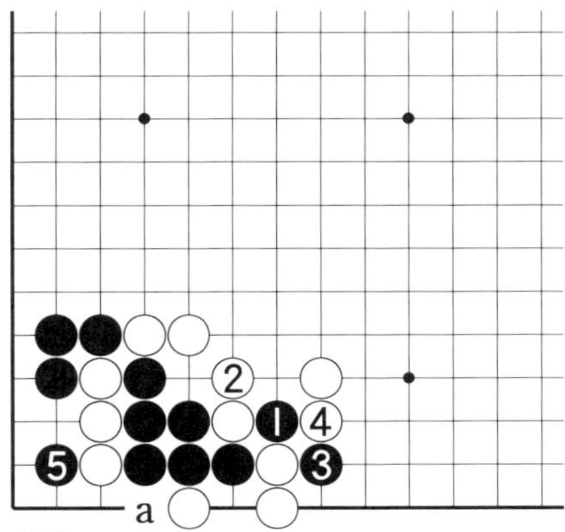

24도

3-24도(백, 대성공)

계속해서 흑은 1로 끊고 3으로 희생타를 써야 되는 점이 아프다.

　4까지 흑의 악수교환이 없으면 백a에 건너는 수가 성립해 거꾸로 흑이 잡힘을 확인하기 바란다. 백의 대성공이다.

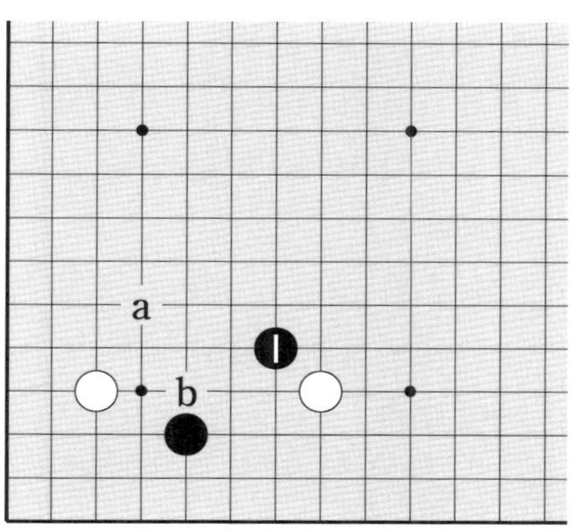

1도

4-1도(마지막 관문)

처음으로 돌아가 백의 두칸높은협 공에 대한 흑1의 밭전자는 책략도 있고 변화도 무쌍한 수법이다.

이 형(型)의 마지막 관문으로 백 a의 날일자와 백b의 붙임이 주된 응수다.

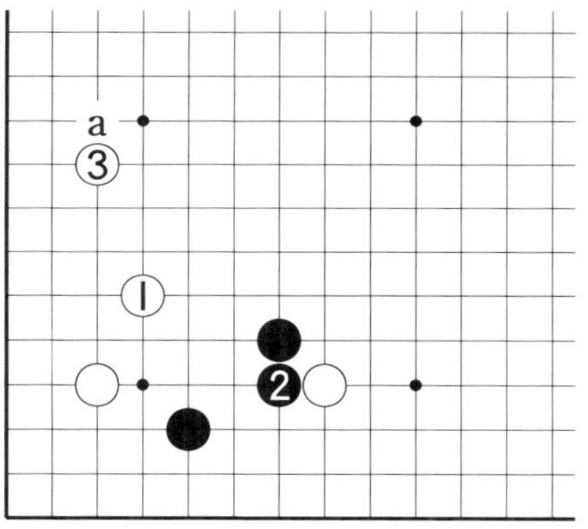

2도

4-2도(간단한 정석)

백1의 날일자는 어려운 길을 피하 는 간명한 선택이다.

흑도 2에 지키면 온건하며 백3으 로 벌려서 간단하게 정석이 완료된 다. 3은 a로 한발 더 가는 수도 괜 찮다. 2로는….

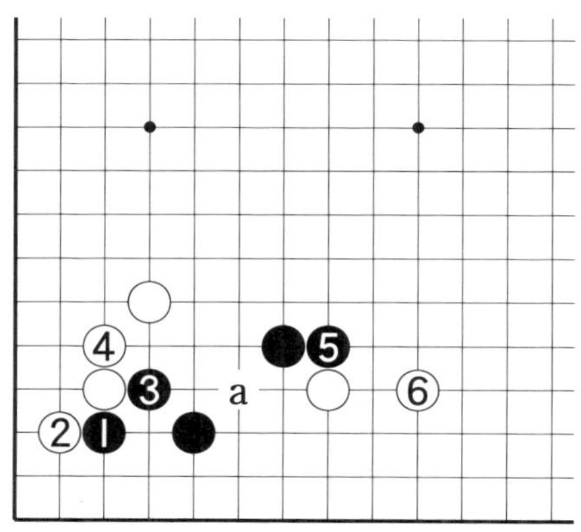

3도

4-3도(정형의 하나)

흑1로 붙이는 수도 있다. 백2에 흑 3으로 호구치고 5에 누르게 된다. 1, 3은 백a를 방비하자는 뜻이다.

그러나 백은 6까지 응수해 불만 이 없다. 정형의 하나다.

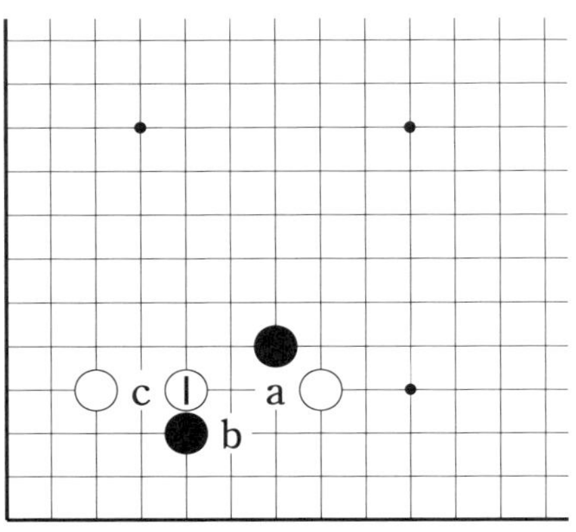

4도

4-4도(세 가지 선택)

흑의 밭전자 이후의 변화 가운데 가장 하이라이트는 백1의 붙임부터 시작된다.

흑에게는 a와 b, 그리고 가장 복잡한 c의 끼움, 이렇게 세 가지 선택이 있다.

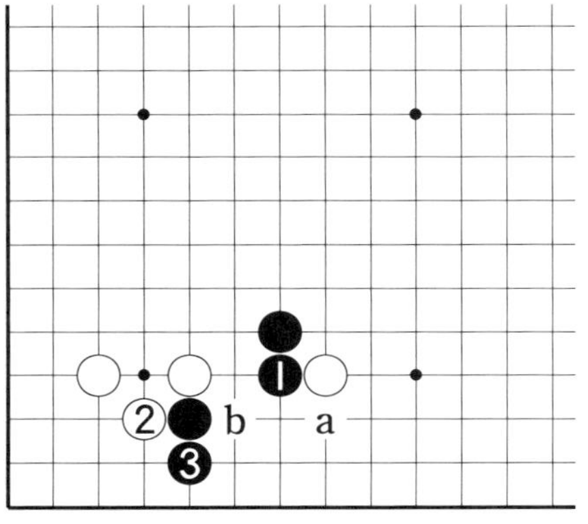

5도

4-5도(백, 기분 좋은 수)

흑1은 예전에 곧잘 두어졌던 수법이지만 근래에는 보기가 힘들어졌다. 그렇지만 참고로….

백2로 호구친 것은 기분 좋은 수다. 3으로 a면 백b로 한점이 잡혀 귀가 크다.

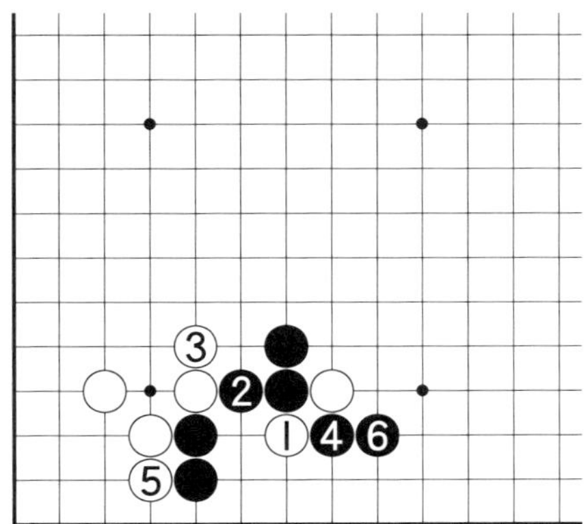

6도

4-6도(정석)

계속해서 백1의 젖힘이 좋은 맥점이다. 흑2를 유도해 백3으로 좋은 자세를 갖출 수 있다.

흑4의 끊음에 자연스럽게 백5로 귀를 막고 흑도 6에 늘어 일단락이며 여기까지가 정석이다.

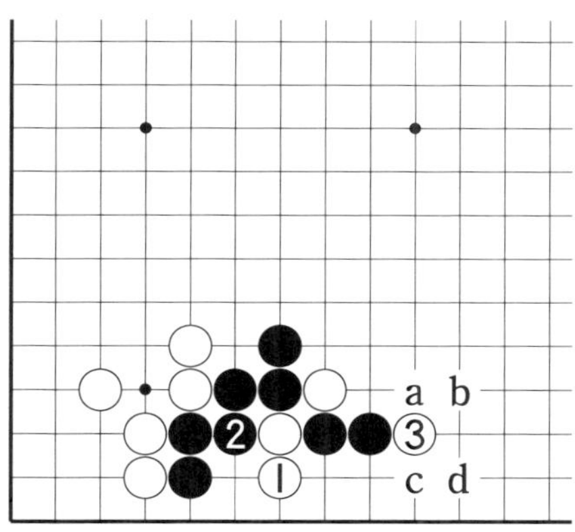

7도

4-7도(정석 이후/ 백 차례)

정석 이후 백은 기회가 오면, 1로 내려서서 흑의 응수를 묻는 것이 재미있다.

흑2로 이으면 백3의 붙임이 준비된 맥점이다. 다음 흑a면 백b, 또 a 대신 c면 백d가 요령이다.

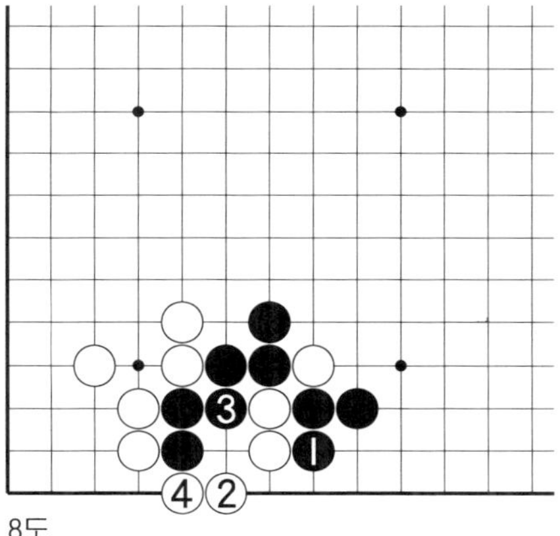

8도

4-8도(끝내기의 맥점)

앞 그림을 피하고 싶다면 2로는 이 그림 흑1에 막을지도 모른다. 그러면 백2의 마늘모가 끝내기의 맥점이다.

흑은 차단할 수가 없으므로 3에 잇고 백4로 넘겨주어야 한다.

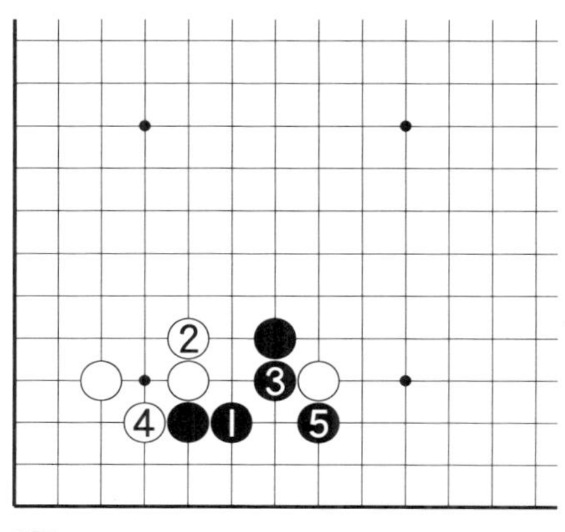

9도

4-9도(간명한 결과)

백의 붙임에 대해 흑1로 끄는 변화다. 백2는 묘한 수 같지만 간명한 결과를 원하고 있다.

흑3이면 백4로 호구쳐서 충분하다. 흑5까지 일단락이며 정형이라고 볼 수 있다.

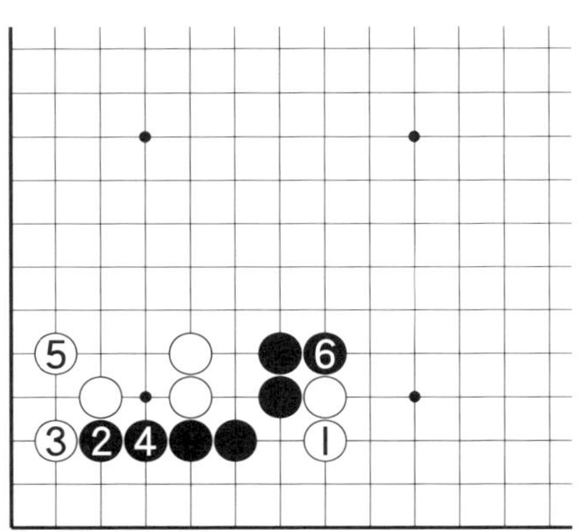

10도

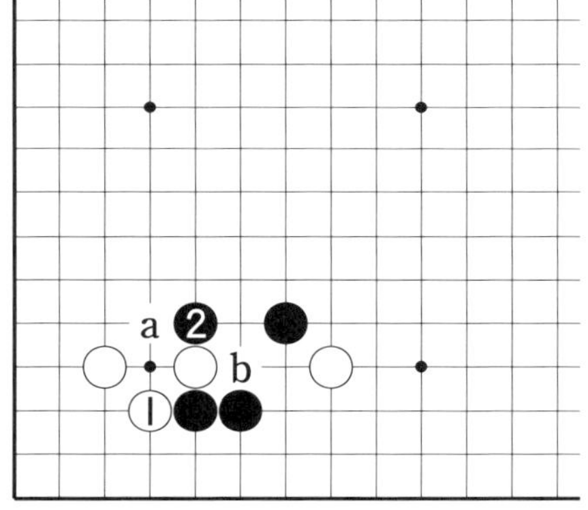

11도

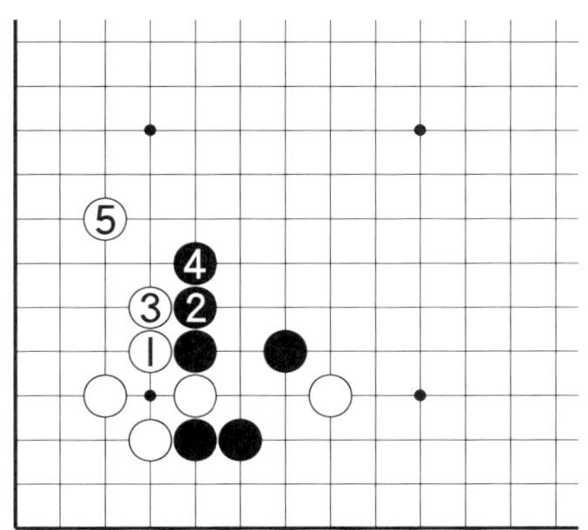

12도

4-10도(흑, 다소 유리)

앞 그림 4로 이 그림 백1에 내려서
는 것은 욕심이다. 흑2의 붙임이 호
수다.

백3에 흑4로 빳빳하게 잇는 것도
호수이며, 6의 꼬부림에 손을 돌려
다소 유리한 갈림이다.

4-11도(2의 곳이 급소)

9도 2로는 이 그림 백1로 먼저 호
구치는 것도 생각할 수 있다. 그러
면 흑은 2의 곳 급소에 붙이는 것
이 좋다.

다음 백은 a와 b 가운데 어떤 수
를 선택해야 할까?

4-12도(호각의 갈림)

약간 굴복인 듯한 느낌이지만 백1
로 받는 것이 정수다. 흑2에는 백3
으로 밀고 5에 달려서 그런대로 실
리가 튼실하다.

흑도 세력을 쌓아서 불만은 없을
것이다. 호각의 갈림이다.

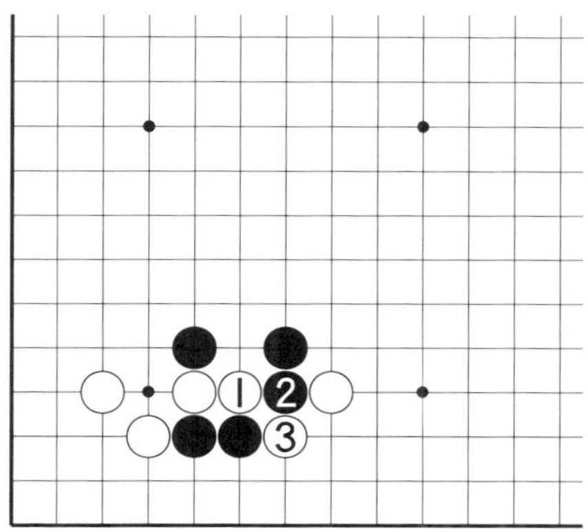

13도

4-13도(백, 소탐대실)

11도 다음 백1로 나가서 흑2 때 백3으로 끊는 것은 어떨까?

결론을 먼저 밝히면 이 코스는 백으로서 바람직하지 못하다. 특수한 상황이라면 또 모를까, 소탐대실의 의미가 있다. 계속해서….

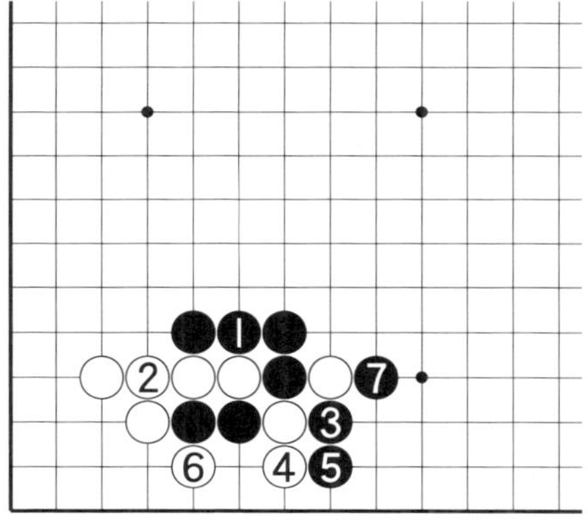

14도

4-14도(흑, 두터운 모습)

백은 각오한 바였겠지만 흑1의 한 방이 아프다. 흑은 3, 5를 선수하고 7의 축으로 백 한점을 잡아서 두터운 모습이다.

만약 이 축이 백에게 유리하다면 백은 이 코스가 유력하다.

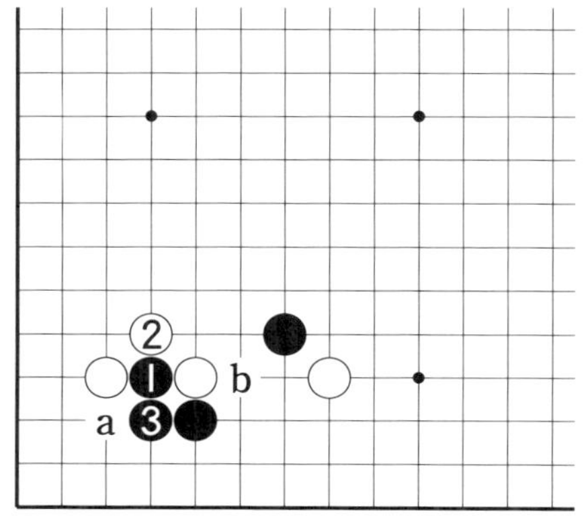

15도

4-15도(복잡한 변화)

백의 붙임에 흑1의 끼움이 가장 복잡한 변화를 부른다.

백2쪽에서 단수한 것은 당연하다(2로 3쪽에서 단수하는 것은 흑2, 백a, 흑b로 축). 3 다음 백의 선택은 a 아니면 b다.

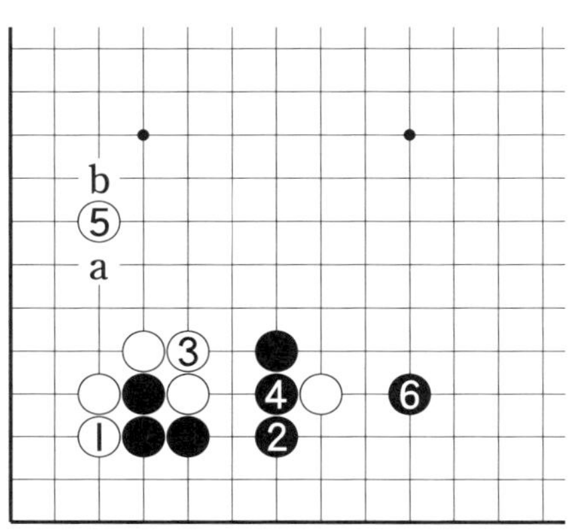

16도

4-16도(정석)

백1로 막으면 비교적 간명한 코스로 간다. 흑2로 뛰는 것이 배워둘 만한 행마이자 맥점이다.

　백3, 흑4는 정수이며 백5, 흑6으로 일단락되는 것이 정석이다. 5는 a나 b도 있다.

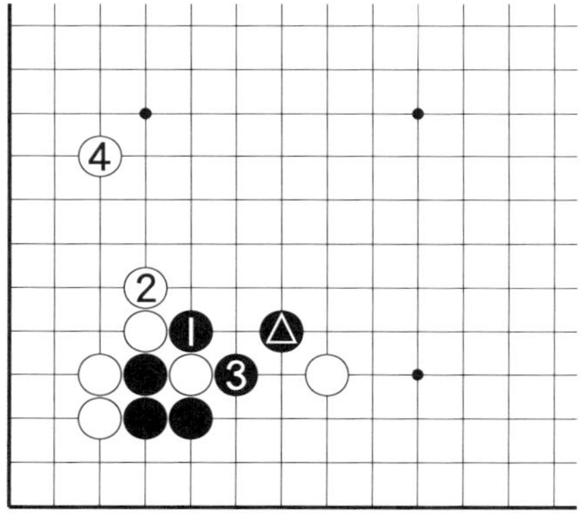

17도

4-17도(끊음은 속수)

앞 그림 2로 이 그림처럼 흑1로 끊는 것은 속수다. 백은 기분 좋게 2로 늘고 4에 벌린다.

　흑은 두터운 모습이지만 ▲가 급하지 않은 곳에 놓여 있음이 불만이다.

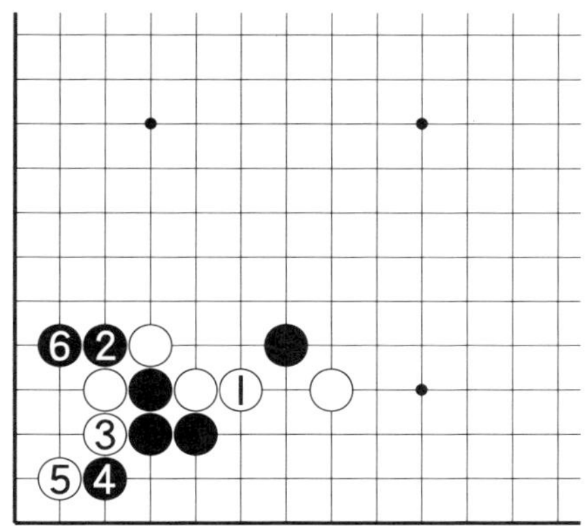

18도

4-18도(사석전법의 시발점)

15도 다음, 이번에는 백1쪽을 느는 수다. 이 변화만 알면 발전자의 관문을 통과한 셈이다.

　흑2의 끊음은 필연이며, 백3에 흑4로 젖혀 놓고 6에 내려선 수가 대형 사석전법의 시발점이다.

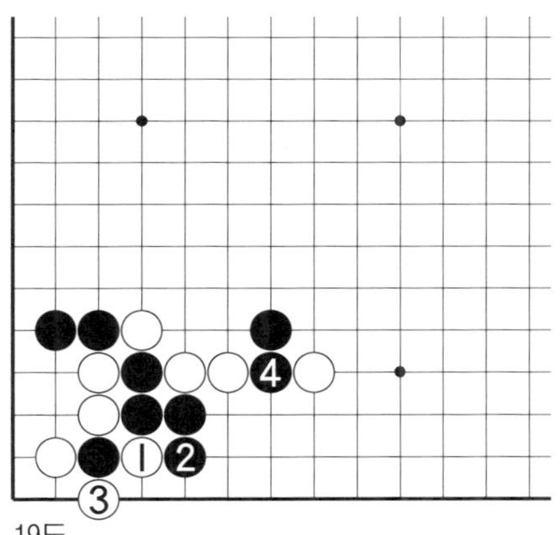

19도

4-19도(돌파 시도)

앞 그림에 이어, 백은 1로 잡을 수
밖에 없다. 그러면 자연스럽게 흑2
로 단수하고 백3에 따내기를 기다
려 흑4로 찔러 간다.

흑은 사석을 활용해 돌파를 시도
하고 있다.

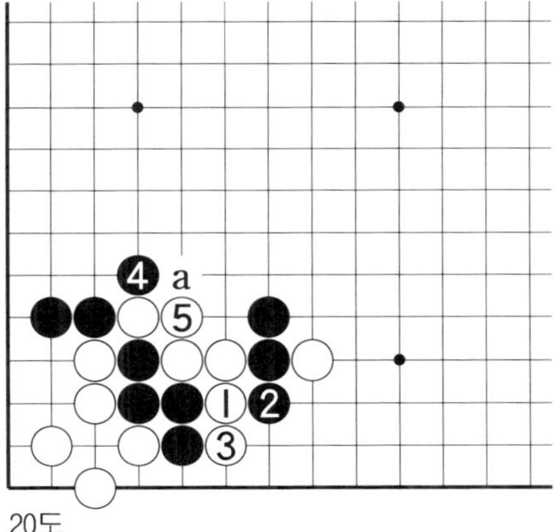

20도

4-20도(정석)

백1은 절대수이며 거기서 흑은 2
를 선수한다. 백3에 흑4로 단수해
서 백5까지, 일단 정석은 여기까지
로 호각의 갈림이다.

흑은 기회를 봐서 a의 곳을 막는
것이 호점이다.

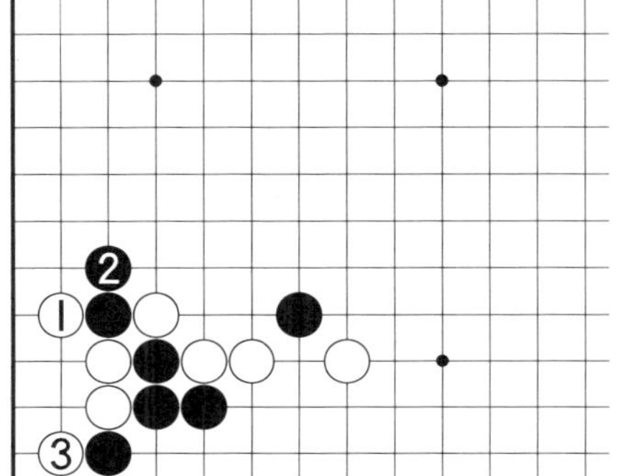

21도

4-21도(축관계)

18도 5로는 이 그림 백1쪽에서 단
수하고 3으로 막는 강력한 수법이
있다.

이 변화는 축관계가 있다. 반드
시 축이 백에게 유리해야만 성립한
다고 기억해 두기 바란다.

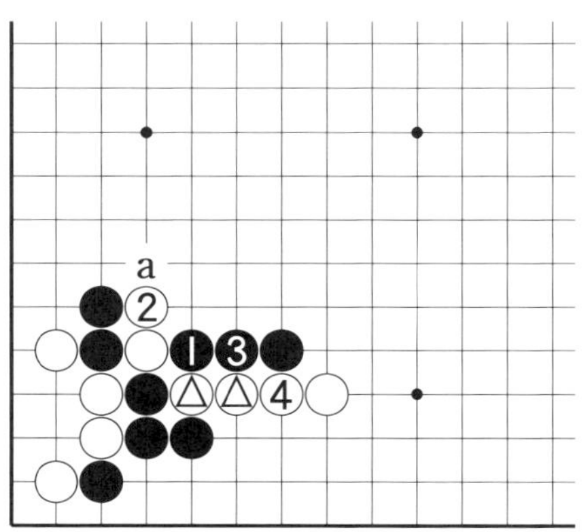

22도

4-22도(이음이 호수)

계속해서 흑1로 끊고 백2에 흑3으로 꽉 잇는다. a의 축(백이 유리하다고 설정했으니 실은 안심!)과 △ 두점을 잡는 수를 맞보고 있다.

　그러나 백4의 이음이 호수여서 흑이 안 된다.

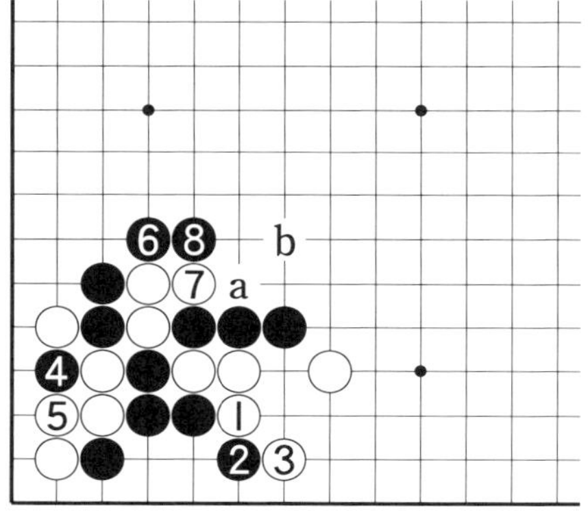

23도

4-23도(장문이 성립)

앞 그림 4로는 이 그림 백1에 막아도 괜찮을 것 같지만 그것은 착각이다. 흑은 2, 4를 선수활용하고 6, 8로 단수한다.

　축은 안 되지만, 다음 백a에 흑b의 장문이 성립한다. 백의 궤멸 아닌가?

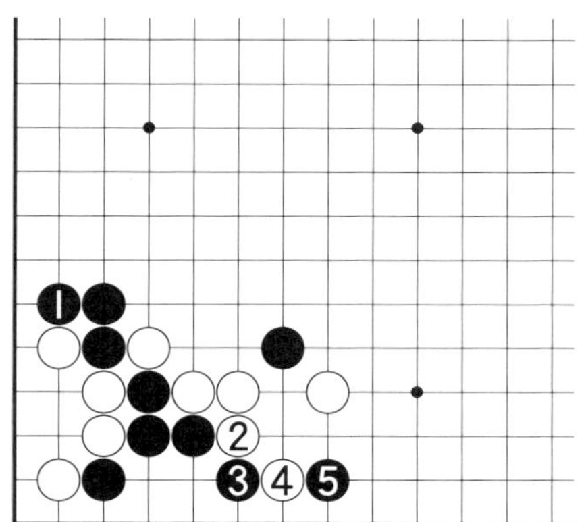

24도

4-24도(막는 한수와 맥점)

22도에서 보듯이 흑은 축이 불리할 경우 보통수단으로는 안 된다. 흑1로 막는 한수다.

　백은 당연히 2로 막을 것이다. 거기서 흑3에 젖혀 놓고 5에 껴붙이는 것이 맥점이다.

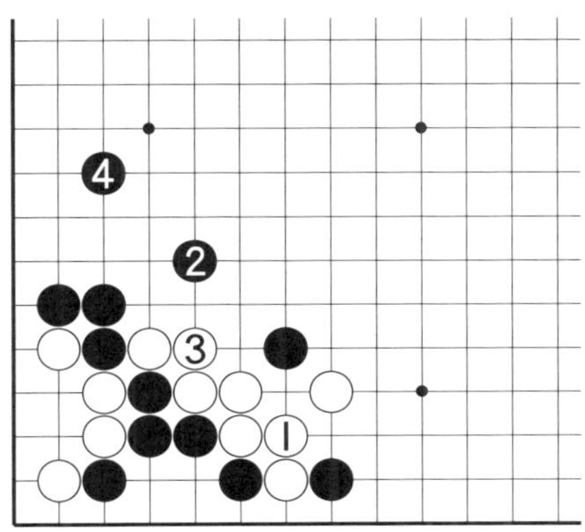

25도

4-25도(호각의 갈림)

앞 그림에 이어, 백은 1로 이을 수밖에 없다(그 이유는 다음 그림으로 설명된다). 흑2의 날일자를 선수하고 4에 벌려서 일단락이다.

이것으로 호각의 갈림이라는 평가다.

4-26도(이후의 뒷맛)

정석 이후 잡혀 있는 흑 몇점에는 뒷맛이 남아 있다.

우선 흑1로 이어서 백의 응수를 살핀다. 백2면 흑3에서 5로 돌려쳐서 수가 난다. 요컨대 백a에 흑b의 패다.

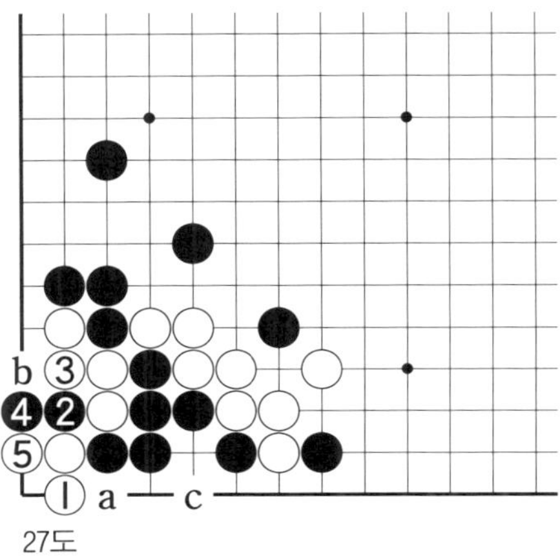

26도

4-27도(흑, 사는 수가 생기다)

앞 그림 2로 이 그림처럼 패를 피해 백1로 내려서면 이번에는 흑2로 끊는 수가 있다.

백3에 흑4로 내려서서 백5를 강요한다. 이러면 흑a, 백b, 흑c로 사는 수가 생긴다.

27도

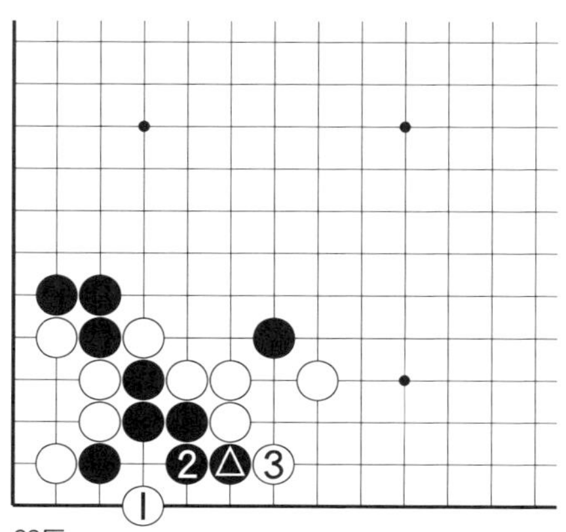

28도

4-28도(치중이 묘수)

거슬러 올라가 흑이 ❷로 젖혔을 때 백에게 묘수가 있다.

그것이 바로 백1의 치중이다. 흑2를 기다려 백3으로 막으면 상황이 달라진다. 즉, 앞서와 같은 흑이 사는 맛은 없다.

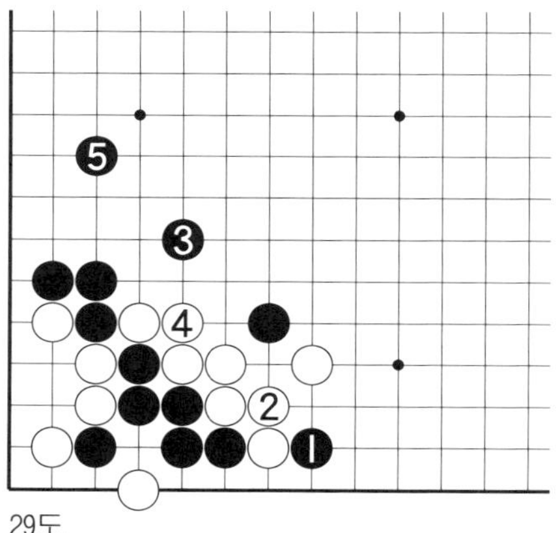

29도

4-29도(역시 호각)

그렇다고 모든 뒷맛이 사라진 것은 아니다.

어쨌거나 흑은 앞서 배운 대로 1의 껴붙임을 선수활용한다. 그리고 흑3도 활용하고 5에 벌린다. 이것 역시 호각의 갈림이다.

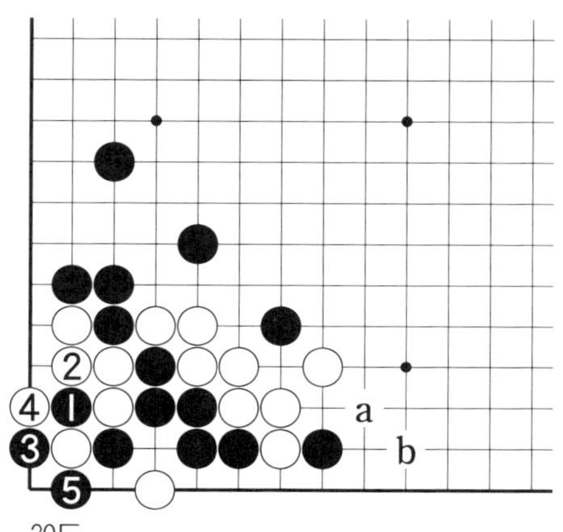

30도

4-30도(여러 가지 활용)

이후 흑은 1 이하 5로 조그맣게 살자는 패가 있다. 또 오른쪽에서도 활용할 수 있는 점이 자랑이다.

상황에 따라 a나 b가 흑이 살아가는 수를 보고 있어 선수가 됨에 주목하기 바란다.

소목 날일자걸침 ☞ 한칸협공 외

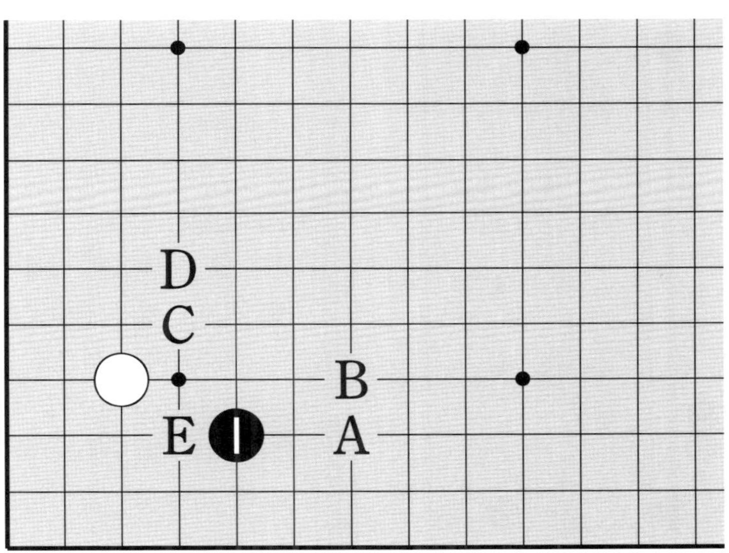

흑1의 날일자걸침에 백A의 한칸협공이나 백B의 한칸높은협공은 흑이 손을 빼기 힘들게 하는 급박한 협공으로 많은 사랑을 받아 왔다. 최근에는 그리 자주 쓰이지는 않지만 훌륭한 수법임에는 틀림없다.

여기서는 그 두 가지 협공과 점잖은 응수인 C의 마늘모, D의 날일자, 그리고 귀의 실리와 안정을 추구하는 장점을 가진 E에 이르기까지 다채로운 수법을 살펴보기로 하겠다. 물론 그에 따르는 흑의 대응도 여러 가지다. 그리고 그 흑백간의 응접 속에는 배워둘 만한 기발한 행마, 맥점 등이 그득하다.

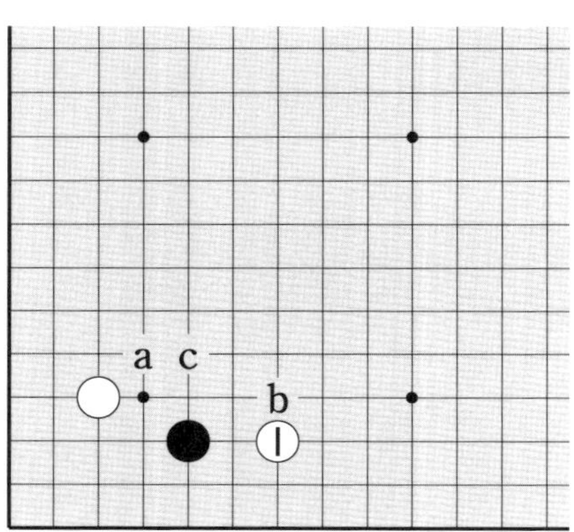

1도

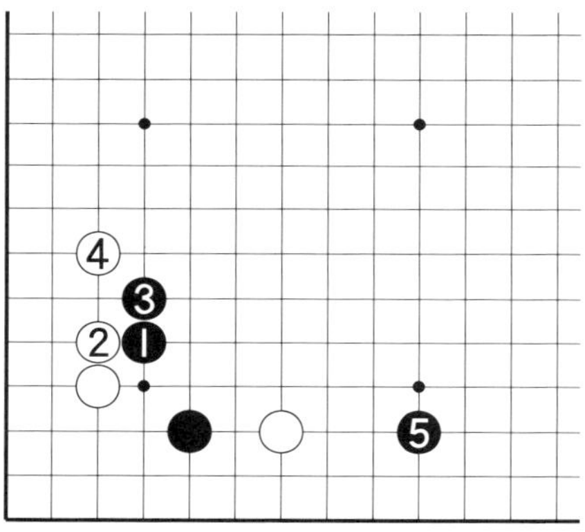

2도

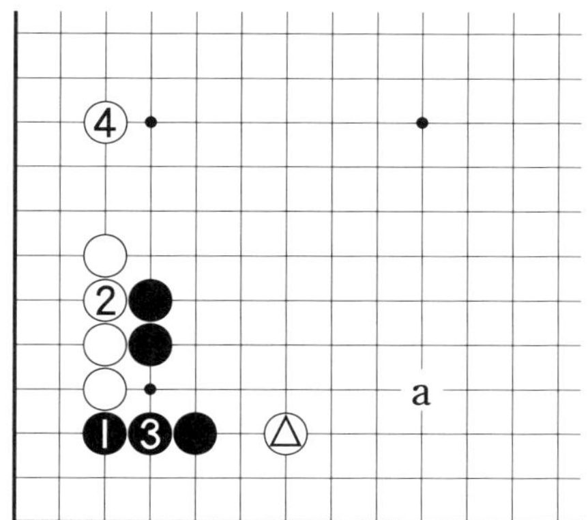

3도

1. 한칸협공

1-1도(한칸협공)

첫 번째는 뭐니뭐니해도 백1의 한칸협공이다. 예전이나 지금이나 변함없이 즐겨 사용되는 적극적인 수법이다.

흑은 a의 날일자씌움, b의 붙임, c의 한칸뜀 등의 선택이 있다.

1-2도(날일자씌움)

흑1의 날일자씌움은 귀의 백을 압박해 세력을 쌓아서 협공해 온 백돌을 공격하려는 의도를 품고 있다. 백2, 4에 흑5의 역습이 그것이다. 싸움은 더 진행되겠지만 일단 호각의 갈림이다.

1-3도(흑, 실리)

앞 그림 5로는 이 그림 흑1로 3三의 곳을 붙여 실리로 돌아설 수도 있다.

백은 2로 이으면 온건하며 흑3, 백4 다음 흑은 a쯤에 두어 △를 공격하는 바둑이 예상된다.

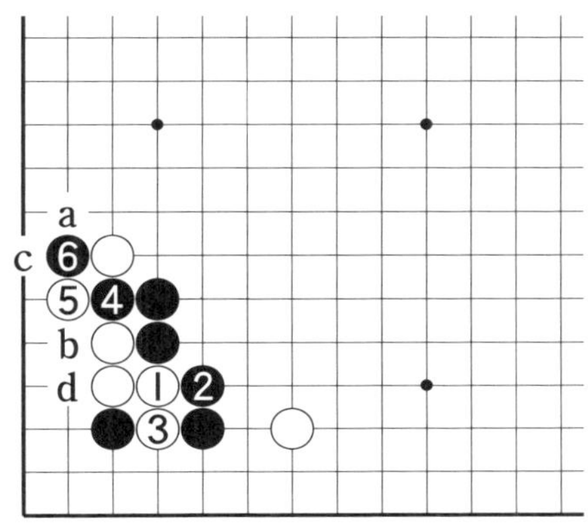

4도

1-4도(백의 반격)

백은 잇지 않고 1, 3으로 반격할지
도 모른다.

　그러면 흑은 4로 하나 나간 다음
6쪽을 끊는 맥점을 구사한다. 백은
a로 잡을 수는 없으므로(그랬다가
는 흑b, 백c, 흑d로 귀가 전멸함)….

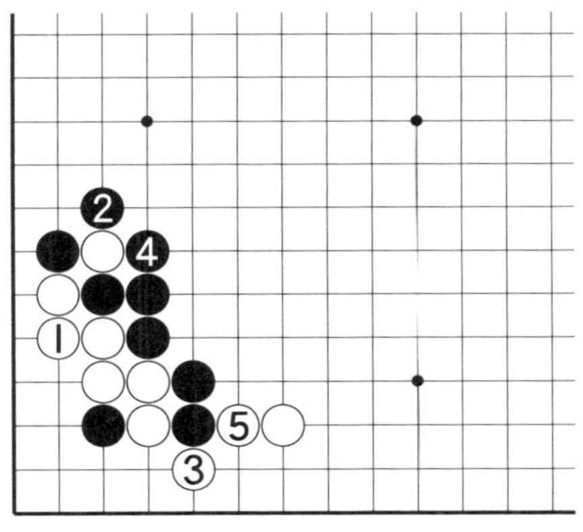

5도

1-5도(정석)

백1의 이음은 절대다. 흑은 2의 축
으로 백 한점을 몬다. 백3의 젖힘
에는 흑4로 빵따내고 백도 5로 건
너서 일단락된다.

　실리와 세력의 이 갈림은 호각이
며 정석이기도 하다.

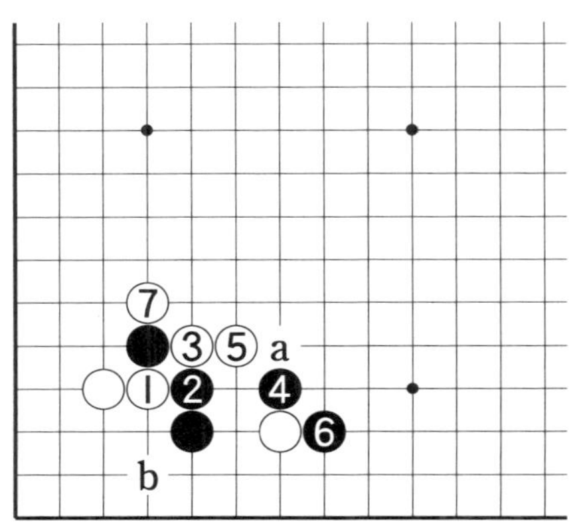

6도

1-6도(흑, 불리)

2도 흑1게 백1, 3의 나가끊음은 기
세가 충간한 수법이다. 다음 흑4의
붙임이 행마처럼 보이지만 백5, 7
로 잡혀 흑이 불리하다.

　백은 경우에 따라 a 또는 b를 선
수할 수 있는 점이 자랑이다.

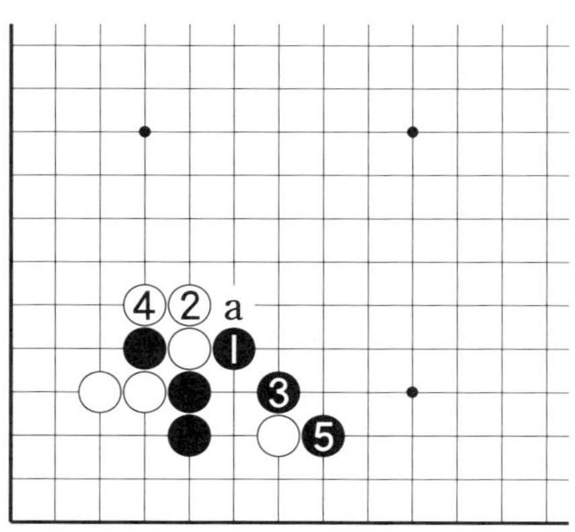

7도

1-7도(기본정석)

앞 그림 4로는 이 그림처럼 흑1로 단수하고 3에 호구치는 것이 올바른 수순이다.

백4로 흑 한점을 잡아둔 것은 정수이며, 흑5도 정수로 기본정석의 하나이다. 다음 a의 곳이 요소다.

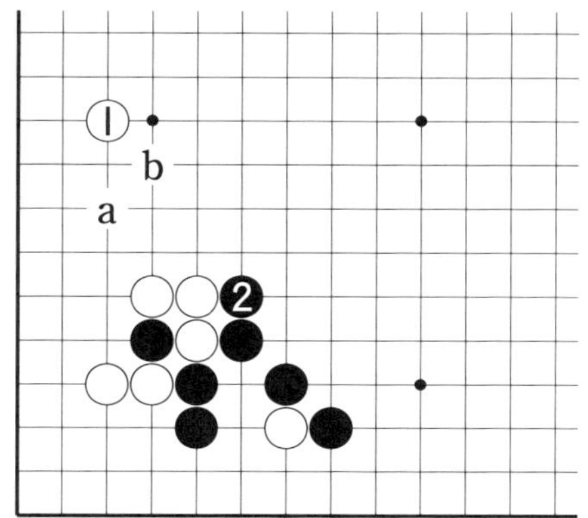

8도

1-8도(정석 이후/ 백 차례)

앞 그림에 이어, 백이 이곳을 더 두고 싶다면 1로 밀어야 한다.

흑2(안 두면 백a, 흑b, 백c가 아픔)에는 백3, 5를 선수하고 나서 7로 벌려 진영을 확장하는 것이 빈틈없는 수순이다.

9도

1-9도(쟁탈의 요소)

마음이 앞서 그냥 백1로 벌리는 것은 잘못이다. 흑2로 밀어 올리는 것이 매우 두텁다.

흑진이 삽시간에 튼실해진 반면 엷어진 백은 흑a나 b의 성가신 수를 방비하지 않으면 안 된다.

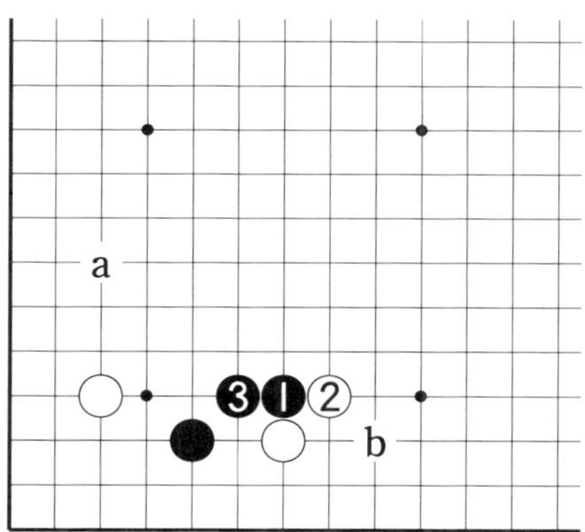

10도

1-10도(붙임에는 젖힘)

백의 한칸협공에 대해 흑1로 붙이면 백2의 젖힘은 이 한수의 곳이다. 흑은 3에 끄는 것이 거의 상식적인 수법이다. 이다음 백에게는 a와 b, 두 가지 선택이 있다.

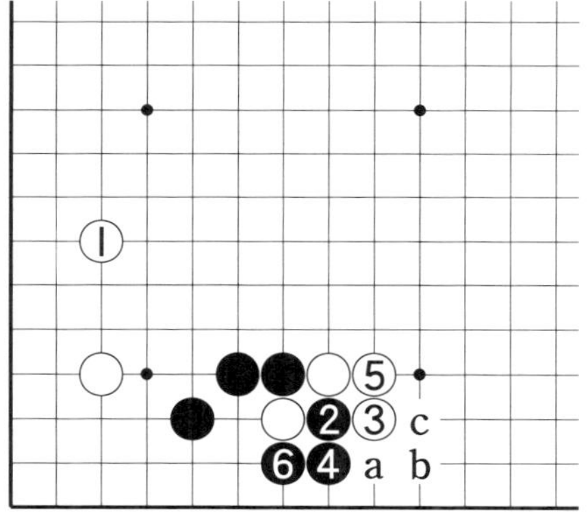

11도

1-11도(간명한 두칸벌림)

백1의 두칸벌림이 간명하다. 흑2의 끊음에 백은 3, 5로 선수하고 흑6까지가 정석이다. 축이 유리할 경우 흑은 6을 두기 전에 a에 나가 백b, 흑c로 끊어둔다. 백도 주의해야 한다.

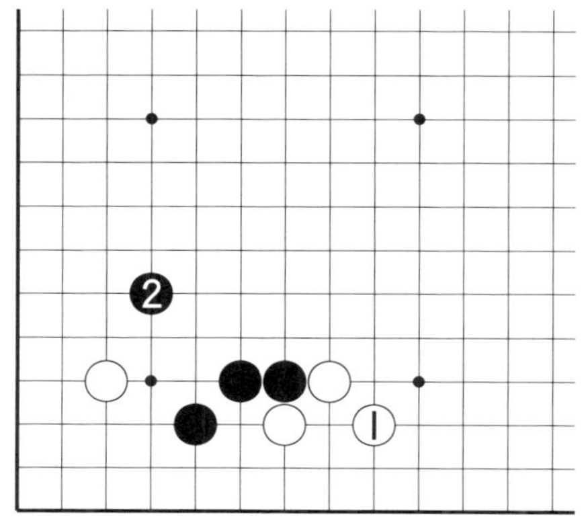

12도

1-12도(백, 호구를 치면)

10도 다음 백1로 호구를 치면 흑은 귀에 대해 여러 가지 수단을 강구하게 된다. 그 중 하나가 흑2의 씌움이다.

이에 대한 응수법을 모른다면 백은 11도처럼 두는 수밖에 없다.

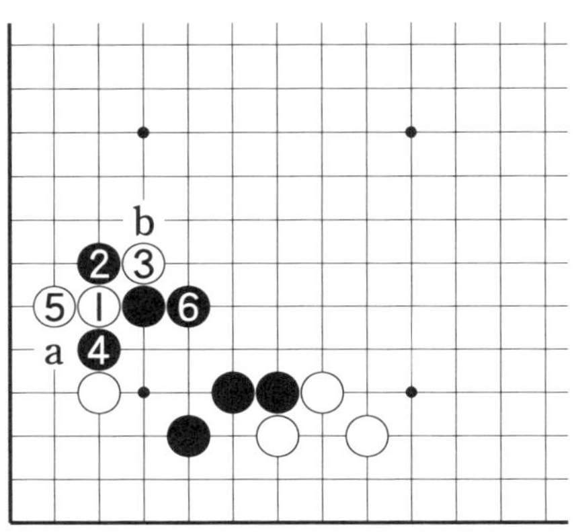

13도

1-13도(정형)

계속해서 백1로 붙이고 흑2의 젖힘에 백3으로 끊는 것이 상용수법이다.

흑4, 6으로 뻗은 것은 정수다. 다음 백a면 흑b의 축으로 백 한점을 몰아서 일단락되며 정형의 하나다.

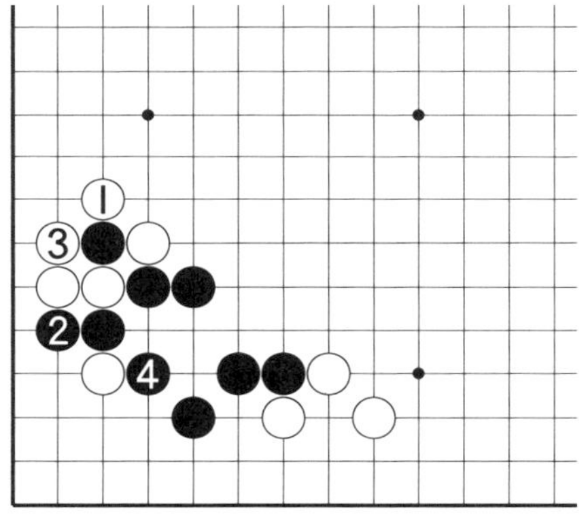

14도

1-14도(호각의 갈림)

백1로 바깥쪽 흑 한점을 잡으면 흑2에서 4로 귀를 확보해서 실리가 꽤 크다.

하지만 백도 양쪽을 두었으므로 전혀 불만이 없는 결과라고 할 수 있겠다. 호각의 갈림이다.

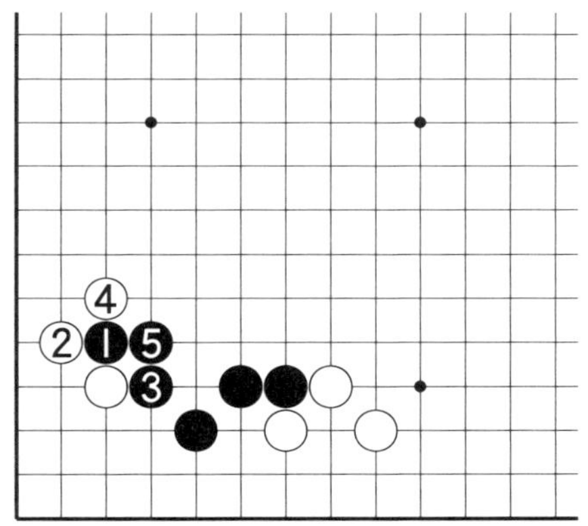

15도

1-15도(흑, 유력한 붙임)

애초 12도 백1에 흑1로 붙여서 백을 급박하게 몰아붙이는 것도 유력한 수법이다. 백2의 젖힘에는 흑3으로 같이 위쪽을 막아 버리는 것이 요령이다. 백4로 단수하고 흑5로 이은 다음….

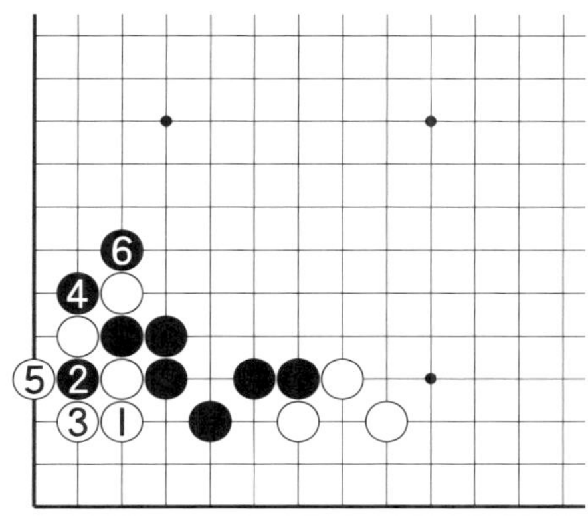

16도

1-16도(정석이지만)

백1로 느는 정도일 것이다. 그러면 흑은 2쪽을 끊는다. 백3은 끊어온 쪽을 잡으라는 격언을 따른 수이며 6까지 일단락된다.

정석이라고는 하지만 흑이 다소 두터운 느낌이다.

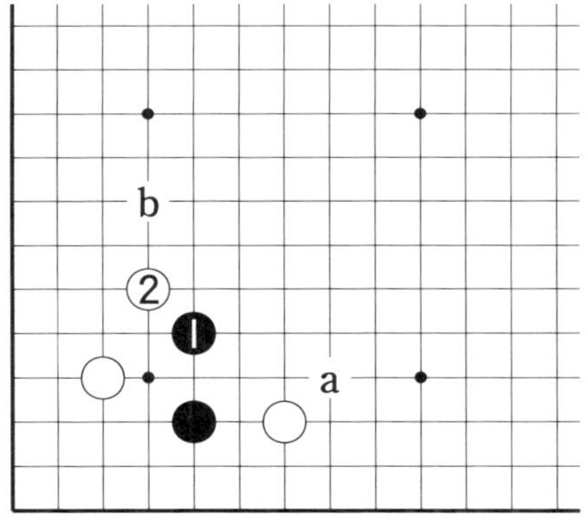

17도

1-17도(흑의 한칸뜀)

백의 한칸협공에 대해 가장 널리 쓰였던 것이 흑1의 한칸뜀일 것이다. 백2의 날일자도 한 세트의 수법이라고 볼 수 있다.

다음 흑은 a 아니면 b가 유력한 선택이다.

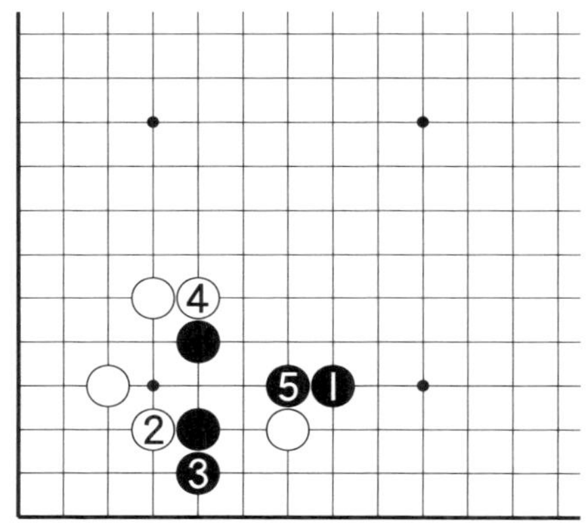

18도

1-18도(기본정석)

흑1로 어깨를 짚어 협공했던 백 한 점을 압박하는 것은 축관계가 있다. 백2로 마늘모 붙이고 4에 밀어 올리는 것은 간명한 수법으로 흑5 까지 일단락이며 기본정석이다.

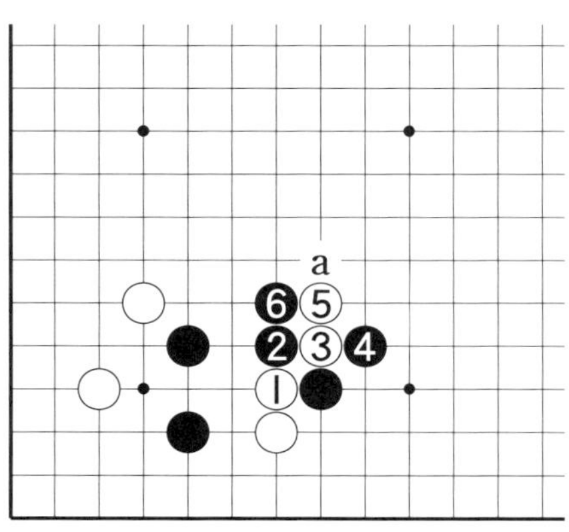

19도

1-19도(축관계)

축관계란 백이 1, 3을 나와끊었을 때 등장한다. 흑4로 단수하고 백5에 흑6으로 따라붙은 다음 a의 축이 안 된다면 흑은 큰일이다.

이 축이 된다면 백도 다르게 두어야 한다.

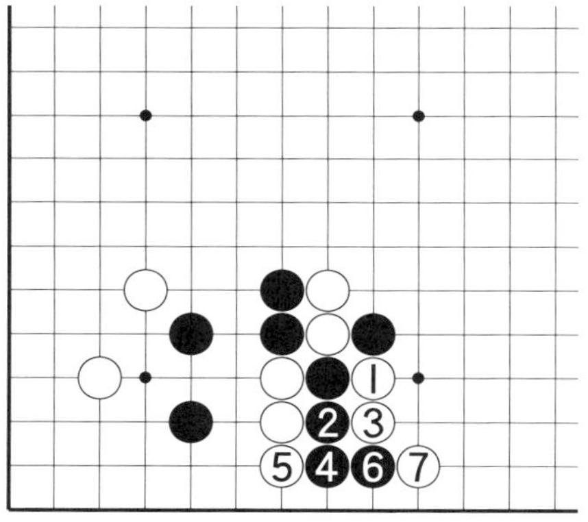

20도

1-20도(잡아 버린다)

축이 백에게 유리하다면 백1로 끊고 3에서 5로 막아서 흑 석점을 잡아 버리는 수가 성립한다.

흑6으로 나와도 씩씩하게 백7로 받아서 그만이다. 흑은 더 이상 둘 수가 없다.

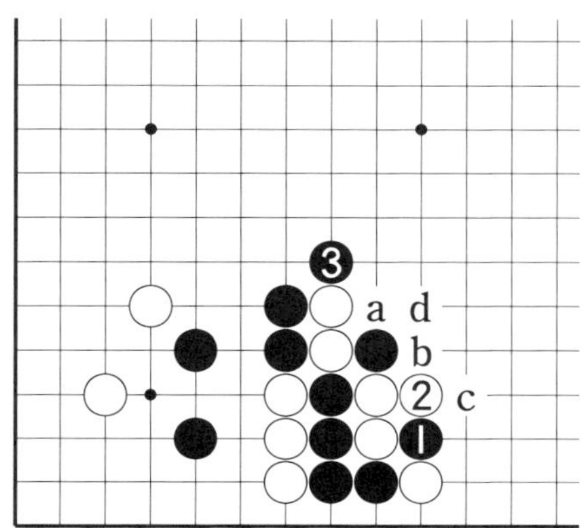

21도

1-21도(축이 흑 유리면)

앞 그림의 상황에서 흑에게 축이 유리하다면 이 위기를 벗어날 수 있다.

흑은 1로 끊고 백2를 기다려 흑3으로 단수하는 것이 수순이다. 다음 백a면 흑b, 백c, 흑d로 축이다.

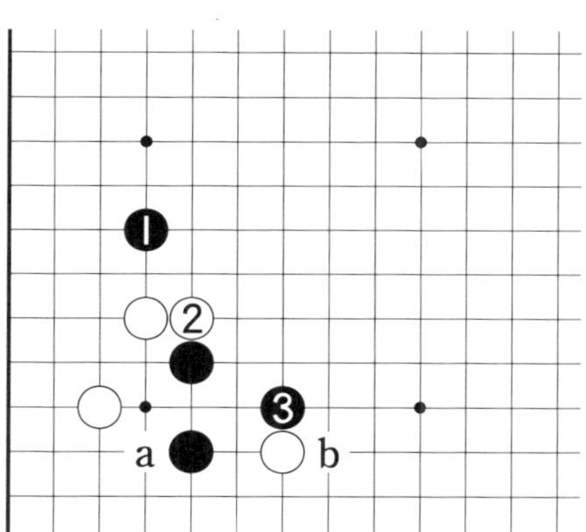

22도

1-22도(자연스럽다)

17도 다음, 이번에는 흑1로 백의 변쪽 진출을 막는 변화를 본다.

백2로 머리를 내민 것은 봉쇄를 피한 자연스런 수이며 흑3의 붙임도 자연스럽다. 다음 백에게는 a와 b의 선택이 있다.

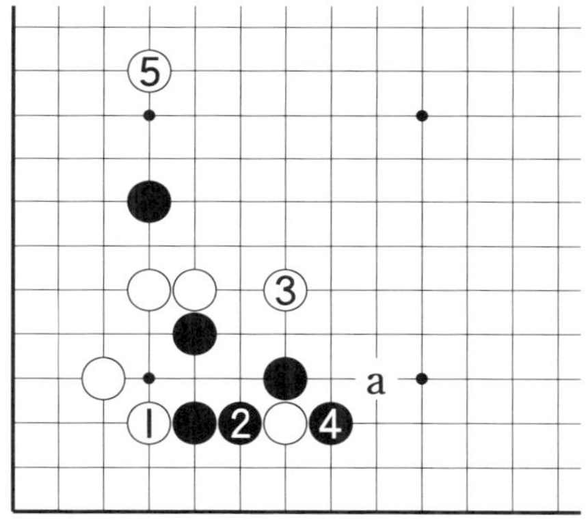

23도

1-23도(간명하게 처리)

백1의 마늘모붙임은 간명하게 처리하려는 의도다.

흑2면 백3을 선수하고 5로 흑 한 점을 협공하게 된다. 4로 흑 한점을 잡은 것은 두터운 수인데, 달리 a에 뛰는 것도 유력하다.

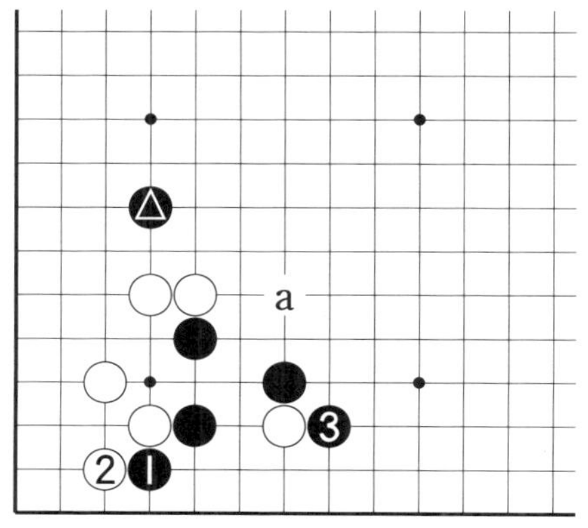

24도

1-24도(흑, 재미있는 수)

앞 그림 2로는 이 그림처럼 흑1로 하나 젖혀서 백2와 문답하고 흑3으로 백 한점을 제압하는 수도 재미있다. a의 곳에 백돌이 없는 만큼 앞 그림보다는 흑△의 운신이 자유롭다.

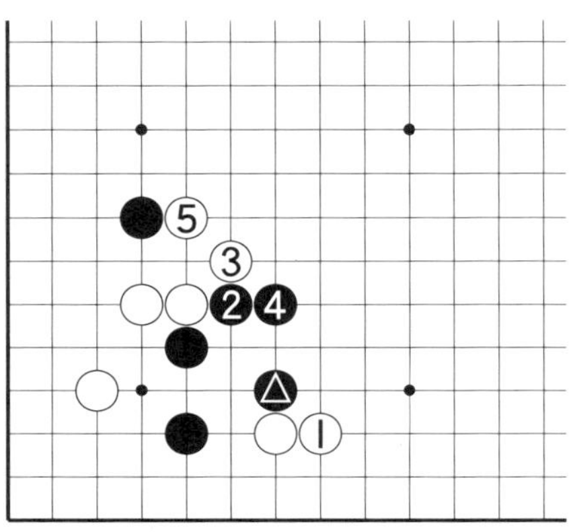

25도

1-25도(군더더기 없다)

흑이 ▲로 붙인 시점으로 다시 가 보겠다.

여기서 백1로 가만히 늘면 흑은 2에 젖히고 4에 늘어 둔다. 백5에 호구치는 수에 이르기까지 정말 군더더기 하나 없는 수순 아닌가?

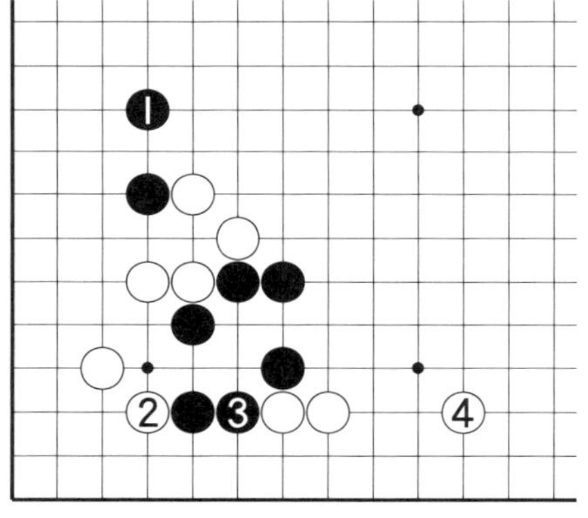

26도

1-26도(정석 완료)

계속해서 흑1로 뛰는 것이 경묘한 행마다. 백도 2에 마늘모 붙이고 흑3을 기다려 백4로 두칸을 벌려서 정석이 완료된다.

이후 서로 알아두어야 할 주의사항이 몇 가지 있다.

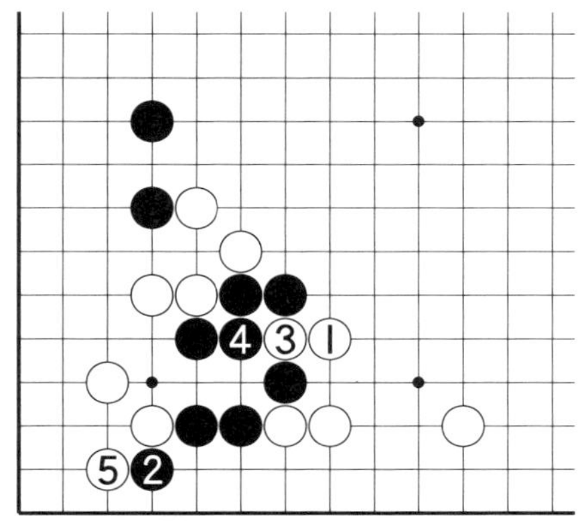

27도

1-27도(흑, 빈털터리)

우선 백에게 둘 기회가 오면 1로 들여다봐 흑 전체를 위협하는 것이 매서운 수법이다.

흑2의 젖힘을 외면하고 백3에 찌른 것도 빈틈없는 수순이다. 5까지 흑은 빈털터리가 되었다.

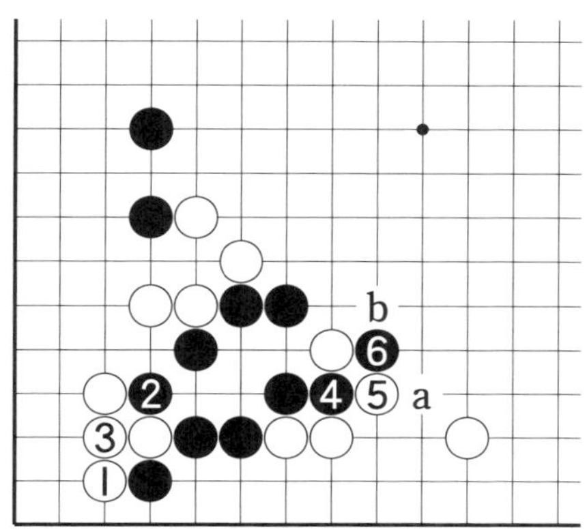

28도

1-28도(백, 덥석 받으면)

앞 그림 3으로 이 그림처럼 덥석 백1에 받으면 흑2가 선수가 되어 4에서 6으로 끊는 수가 성립한다.

백a, 흑b로 될 테니 애초에 들여다본 백 한점이 잡혀서는 무엇을 했는지 알 수 없다.

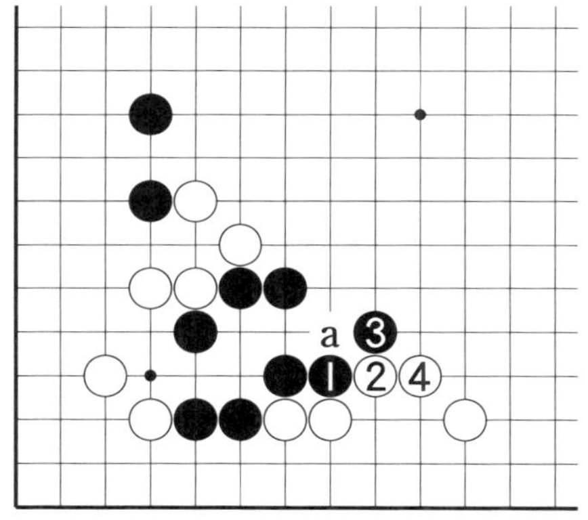

29도

1-29도(방지했지만)

백a로 들여다보는 수를 방지할 수는 있다. 흑1로 밀면 된다. 백2면 흑3마저 선수한다.

그러나 백a로 끊는 맛도 남았고 백이 견고해진 마이너스가 있어 잘했다고 볼 수 없다.

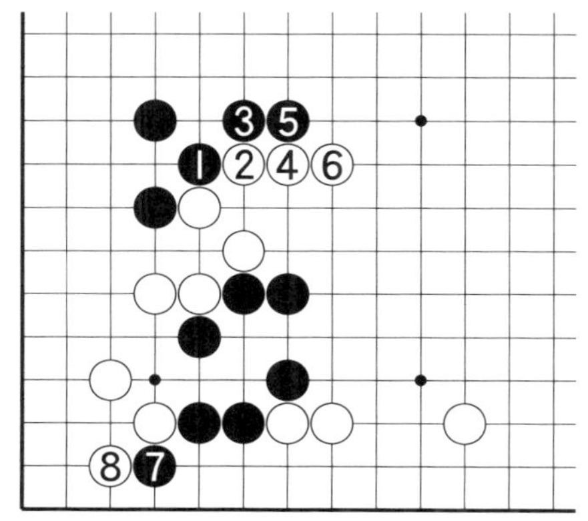

30도

1-30도(매력적인 선수)

26도 다음 위쪽을 흑이 둔다면 1로 호구쳐 올리는 것이 급소다.

봉쇄를 피해 백2로 응수할 때 흑3, 5로 계속 밀어붙여서 두터움을 얻는다. 아래쪽 흑만 잡히지 않으면 매력적인 선수다.

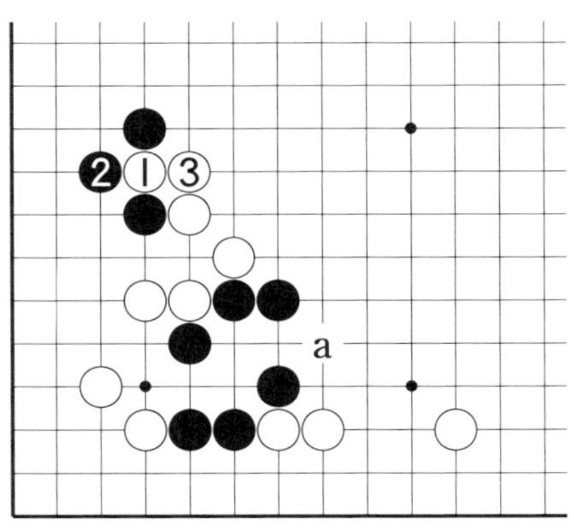

31도

1-31도(백, 두터운 수법)

백이 둘 기회가 온다면 1, 3으로 끼워잇는 것이 두터운 수법이다.

이렇게 힘을 비축하면 중앙에서의 발언권도 세어지며 아래쪽 흑에게도 위협적이다. 이제는 백a도 더욱 강력해진다.

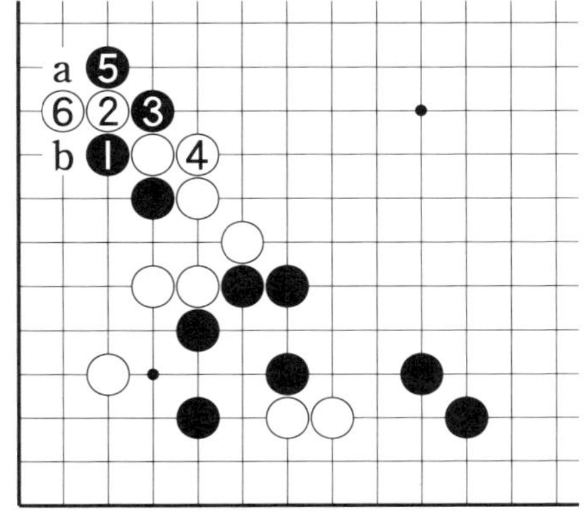

32도

1-32도(정석)

흑은 a 대신 1로 아래쪽 백 두점을 공격하는 수도 유력하다.

그러면 백은 2에 젖혀서 흑 한점을 제압하게 되며, 흑도 3으로 손을 돌려 단속한다. 알기 쉬운 정석의 하나다.

33도

1-33도(정석 이후/ 흑 차례)

앞 그림 이후 흑은 1로 하나 젖혀서 백의 응수를 타진하는 것이 재미있다.

백2면 흑3에서 5로 단수하고 상황을 봐서 a를 선수활용할 수도 있고 b로 막는 수가 성립한다면 최고일 것이다.

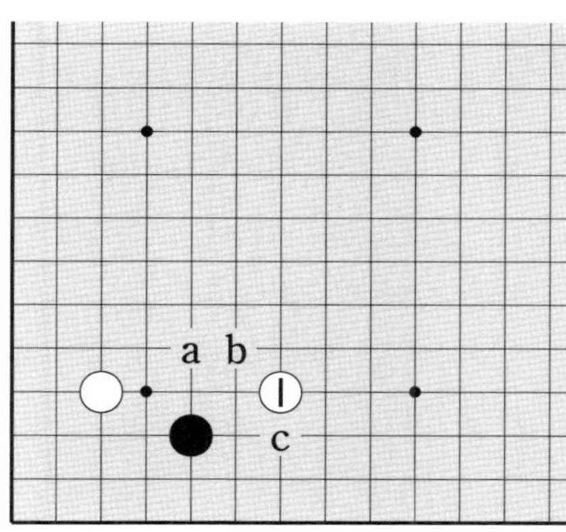

1도

2. 한칸높은협공

2-1도(한칸높은협공)

흑의 날일자걸침에 백1의 한칸높은 협공이다.

이 수도 한칸협공과 비슷한 의미를 가진 적극적인 수법이다. 흑은 a, b, c, 세 가지 정도의 대응을 생각할 수 있다.

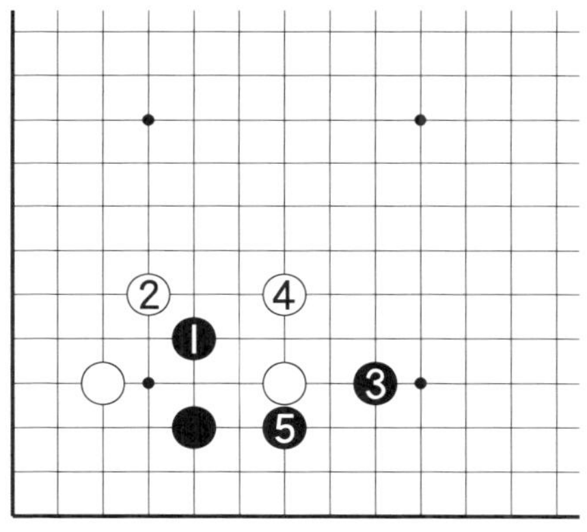

2도

2-2도(간명한 한칸뜀)

가장 간명한 수를 꼽자면 흑1의 한 칸뜀일 것이다. 백은 2에 날일자하는 수가 상식이며, 흑3으로 배후에서 공격하는 수도 많이 쓰인다.

백4에 뜀 때 일단 흑5로 넘어간다. 이다음….

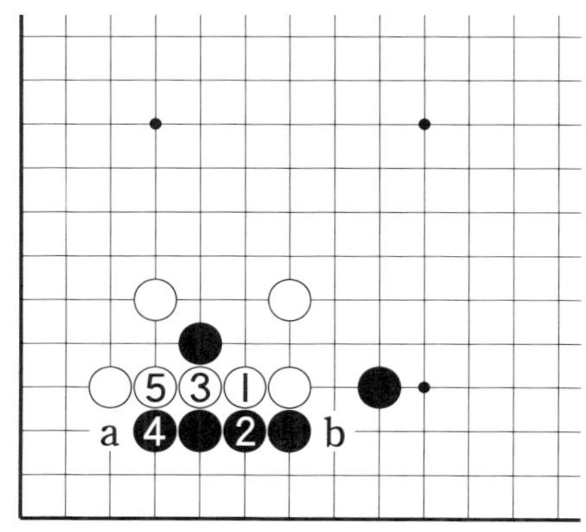

3도

2-3도(백, 두텁다)

백1에 흑2는 절대이며 백3으로 뚫리는 것이 아프다. 흑4는 온건한 수법이며, 백은 4에 빳빳하게 잇는 것이 두텁다.

다음 백a가 b에 젖혀나가는 수를 봐서 크다. 백이 다소 유리하다.

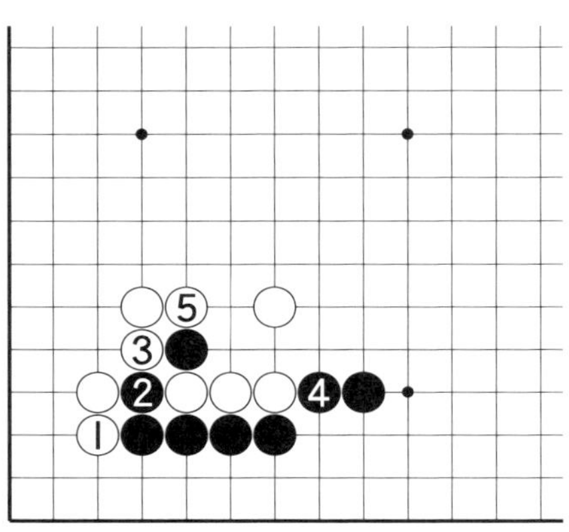

4도

2-4도(예전의 정석)

예전에는 앞 그림 5로 실리를 중시해 이 그림 백1에 막고는 했다. 그러면 흑2로 하나 찔러 두고 4에 꽉 받는 것이 선수가 된다.

서로가 둘 만한 갈림으로 정석이기도 하다.

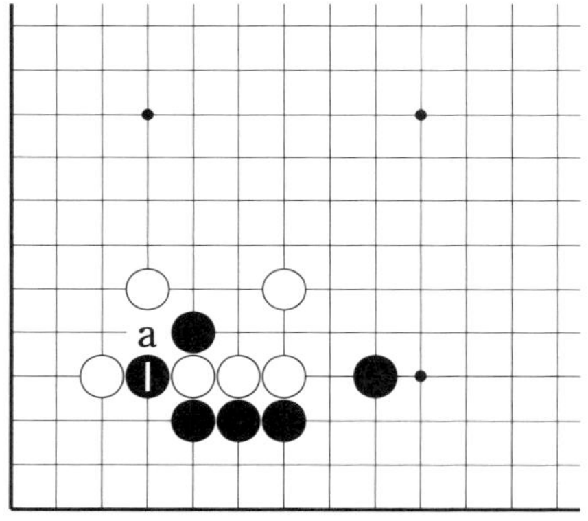

5도

2-5도(끼움의 희망사항)

그렇다면 흑은 이 시점에서 1로 끼우고 싶어진다.

3도의 결과가 백이 두텁기에, 흑이 괜찮은 **4도**의 진행을 희망하는 것이다. 그러나 백은 고분고분 a쪽에서 받아주지 않을 것이다.

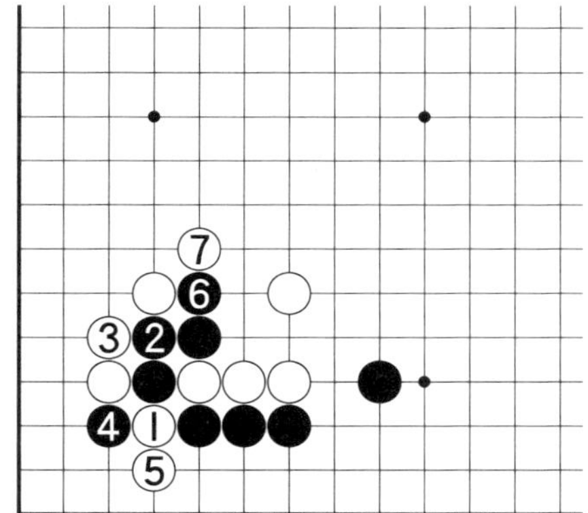

6도

2-6도(이단젖힘)

당연히 백은 1쪽에서 단수한다. 흑2에 백3으로 꽉 막아 버리는 것이 준비된 수단이며, 흑6으로 머리를 내밀 때 백7의 이단젖힘이 강력하다. '맥점이란 이런 것이다'를 실감하게 된다.

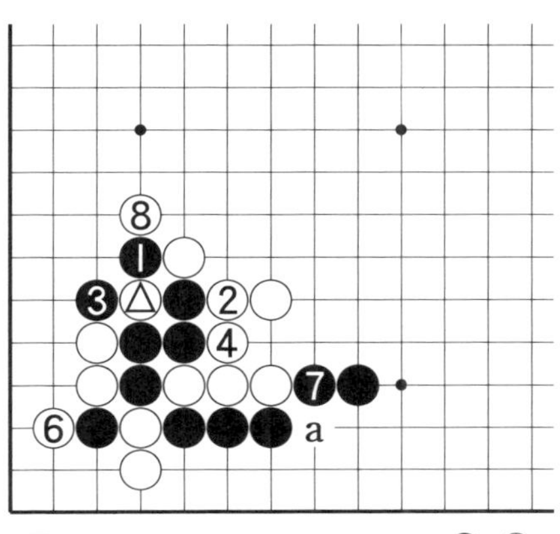

7도

2-7도(하자는 대로)

계속해서 흑1에 백2, 4로 기분 좋게 돌려치고 6에 손을 돌린다. 흑7은 a를 방비해 절대적이며, 거기서 또다시 백8의 통렬한 이단젖힘이다. 흑은 백이 하자는 대로 둘 수밖에 없다.

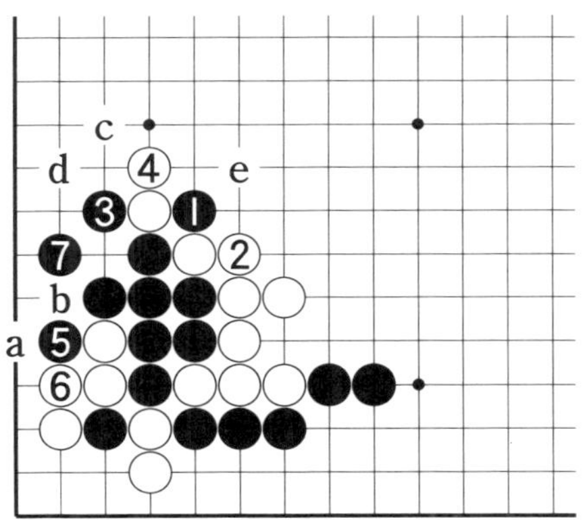

8도

2-8도(흑, 괴로운 진행)

흑은 두기는 싫지만 1, 3으로 단수 단수하고 또 5에 단수하고 7로 정비해서 살지 않으면 안 된다. 참으로 괴토운 진행이었다.

　다음 백a, 흑b, 백c, 흑d, 백e가 예상된다.

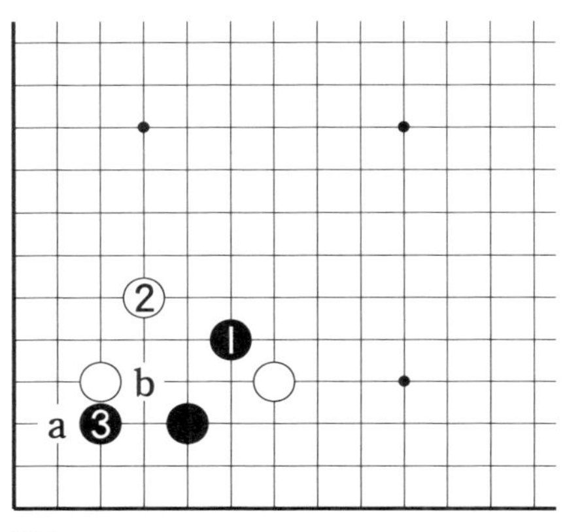

9도

2-9도(날일자 진출)

백의 한칸높은협공에 흑1의 날일자로 진출하면 백도 2의 날일자로 대응하는 것이 흔히 쓰이는 수법이다. 그러면 흑3에 붙여 가게 되며, 이다음 백에게는 a와 b의 선택이 있다.

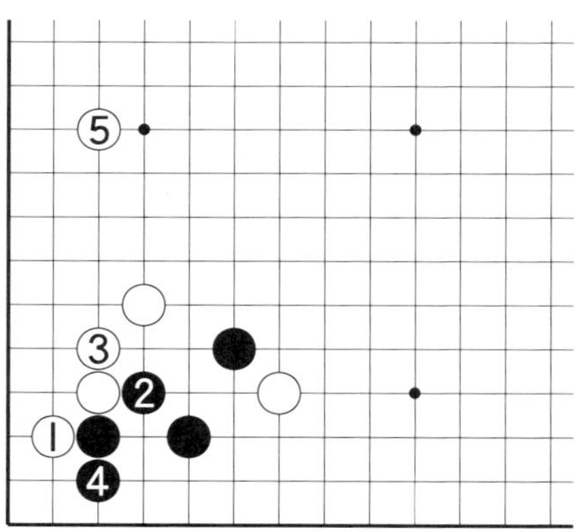

10도

2-10도(정석)

백1로 받으면 간단한 코스로 들어 간다.

흑2에 백3에 끄는 것은 정수이 며, 흑4로 내려서 안정하고 백도 5에 벌려서 만족한다. 호각의 갈림 이며 정석이기도 하다.

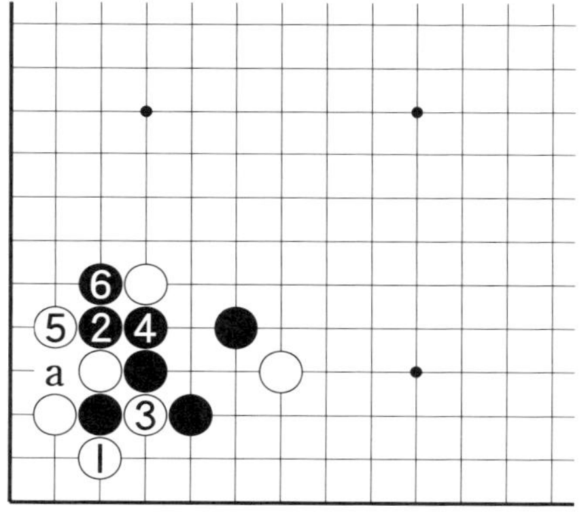

11도

2-11도(뒤집기)

앞 그림 3으로 이 그림 백1의 뒤집 기를 시도하는 것은 바람직하지 않 다. 흑은 2로 반격하고 4에 잇는다. 백5에는 흑6으로 나가 기분 좋지 않은가?

4는 경우에 따라 a에 몰 수도 있 을 것이다.

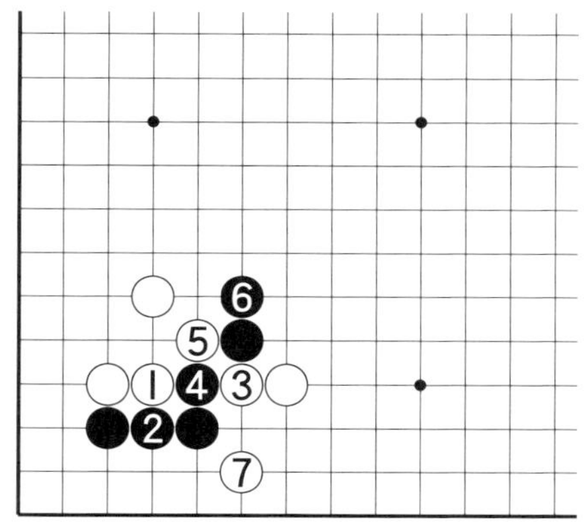

12도

2-12도(필연적인 수순)

9도 다음 백1로 들어가면 흑2는 절 대다. 그 다음 기세 좋게 백3쪽에 서 나가고 흑4에 백5로 끊는다.

흑6에 뻗는 것은 이 한수이며, 백 7 역시 빠뜨릴 수 없는 선수행사다.

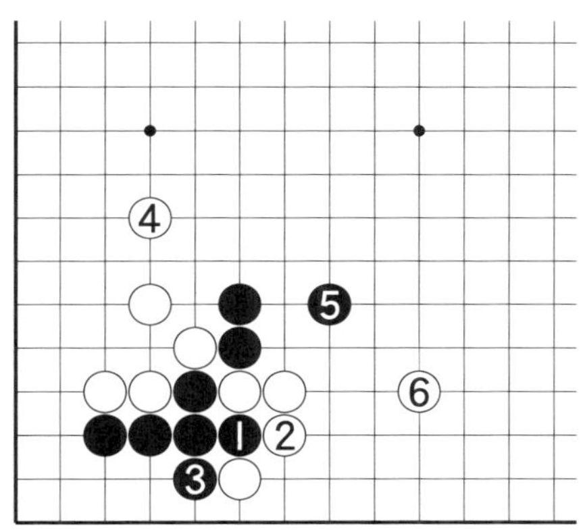

13도

2-13도(정석)

계속허서 속수 같지만 흑1로 하나 나간 다음 3에 받아두는 것이 올바르다.

　백4로 뛰고 흑도 5로 이쪽으로 뛰어서 자세를 잡는다. 백6의 벌림까지가 정석의 진행이다.

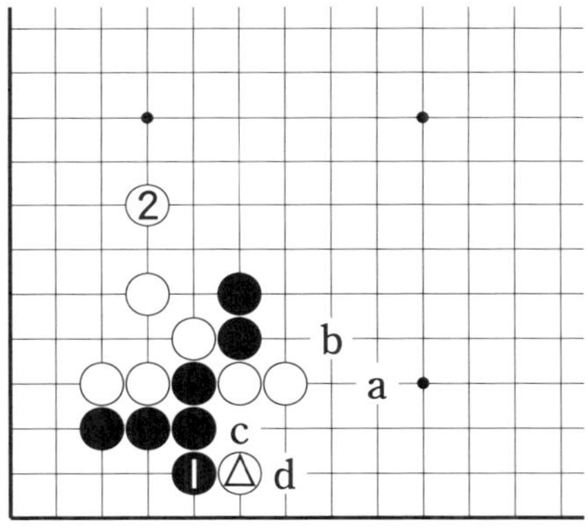

14도

2-14도(상식적이지만)

백△에 본래 흑1로 그냥 막는 것이 상식적이다.

　그러나 이 경우는 백2 다음 a나 b에 백돌이 놓이게 되면 그 자체로 △가 살아난다. 즉, 흑c에 백d로 늦추는 수가 생기는 것이다.

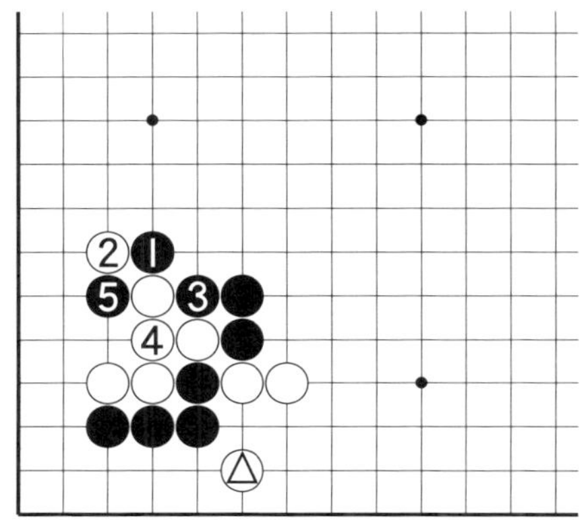

15도

2-15도(흑, 무서운 수법)

그런데 이 상황, 그러니까 백이 △에 온 순간 흑1로 붙이는 무서운 수법이 있다. 이 변화 속에는 축관계가 내포되어 있다.

　그건 그렇고 백2는 실수로 흑3, 5에 응수가 곤란하다.

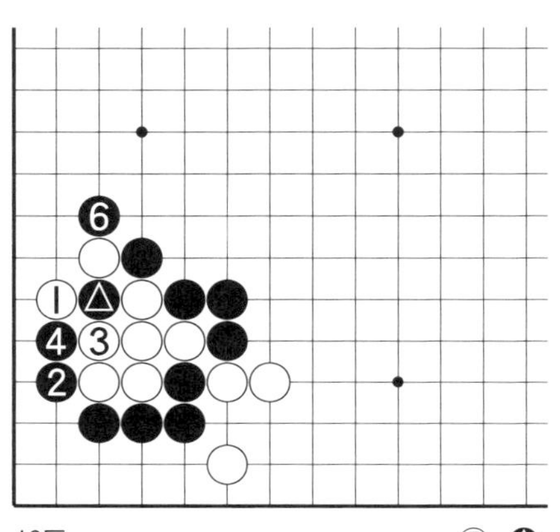

16도　　　　　　　⑤‥△

2-16도(포도송이)

계속해서 백1에 잡으면 흑2, 4로 몰아붙여서 백을 포도송이처럼 만든다. 흑6의 젖힘도 강력한 수로 백은 더 이상 두고 싶은 마음이 안들 정도의 상황이 되었다.

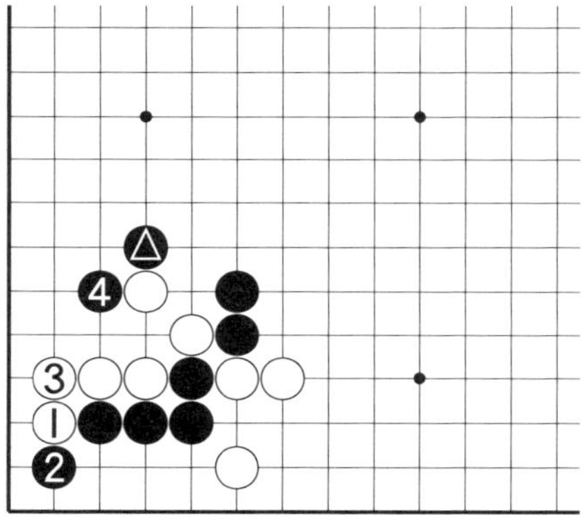

17도

2-17도(최강 vs 최강)

흑이 △로 붙였을 때 백1, 3으로 젖혀잇는 것이 최강의 저항이다. 그러면 흑도 4에 젖혀서 최강으로 나간다.

　드디어 축관계의 정체가 모습을 드러내기 일보 직전이다.

18도

2-18도(최선이자 최강)

백1의 끊음에 흑2로 단수하고 흑4로 이쪽에서 단수하고 6의 마늘모로 백의 수수를 최대한 줄여가는 것이 최선이자 최강의 수순이다.

　이로써 백은 3수다. 자, 이 싸움이 어떻게 될까?

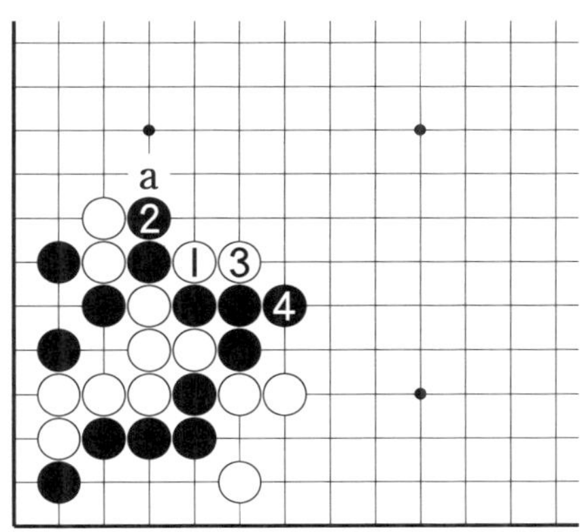

19도

2-19도(백, 망하다)

앞 그림에 이어, 백1쪽에서 단수하고 흑2 때 백3으로 밀어 놓으면 다음 백a의 축이 출현한다.

이 측이 안 된다면 백이 망했다. 축이 불리하다면 흑이 이렇게 두었을 리가 없을 것이다.

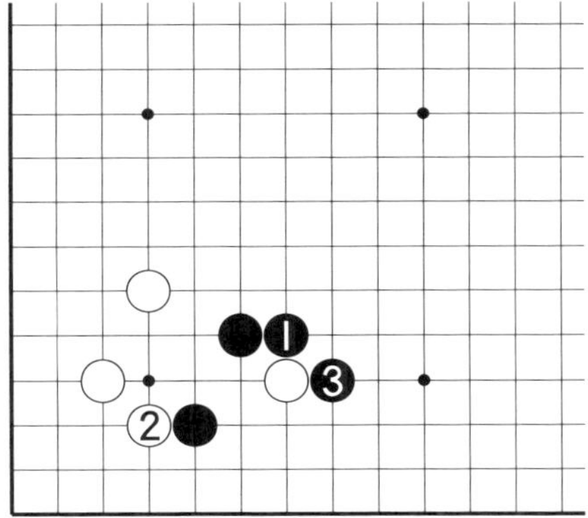

20도

2-20도(호각의 갈림)

9도 백2 때 흑1로 눌러 가는 변화다. 이러면 백은 2로 마늘모 붙여서 귀를 확보하는 것이 간명한 수법이다.

흑도 3으로 젖혀서 백 한점을 제압해 호각의 갈림으로 볼 수 있다.

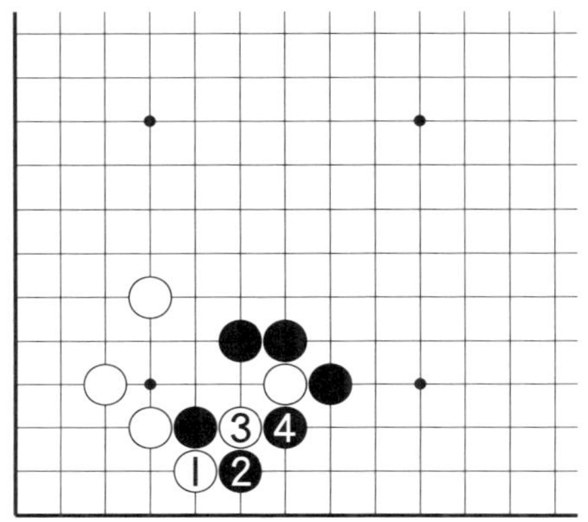

21도

2-21도(정석 이후의 팁)

앞 그림 이후, 백이 1로 젖혀 왔을 때의 응수법도 알아두어야 한다.

흑2로 되젖히는 것이 이럴 때의 상용수법이다. 백3에는 흑4가 안성맞춤일 것이다. 2로 3에 느는 것은 투박하다.

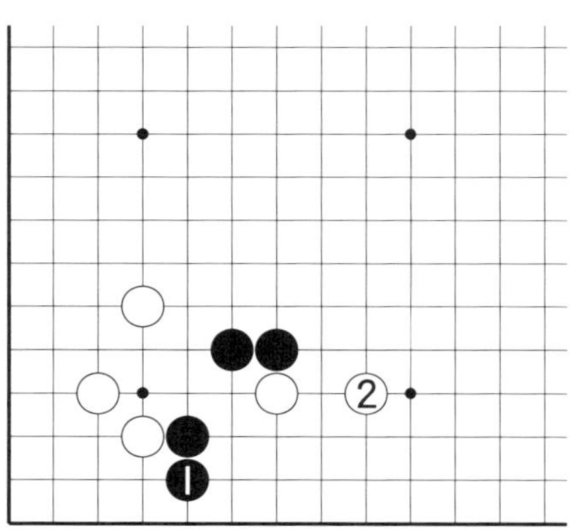

22도

2-22도(흑, 무거운 행마)

20도 1로 이 그림처럼 흑1에 내려
서는 것은 무거운 행마다. 백은 잽
을 하나 던진 것에 만족하고 2로
가볍게 뛴다.

　백은 벌처럼 쏘더니 나비처럼 날
았다. 흑이 한방 맞았다.

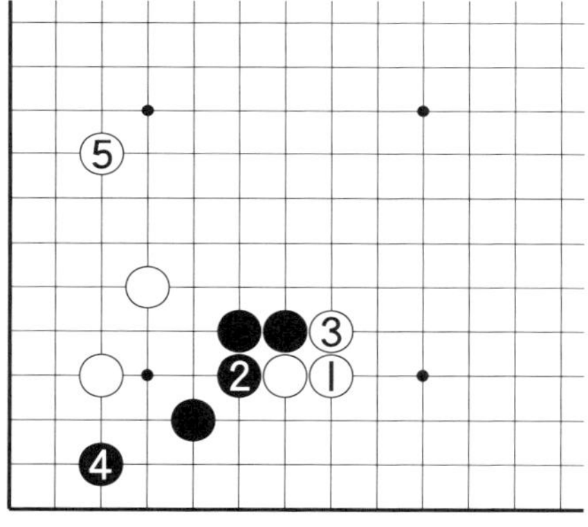

23도

2-23도(정형의 하나)

20도 흑1의 상황에서 백1로 끄는
수도 있다. 나가끊는 수를 보고 있
으므로 흑은 2로 지켜야 한다.

　다음 백3으로 꼬부리고 흑4, 백5
로 일단락된다. 정형의 하나라고 알
아두기 바란다.

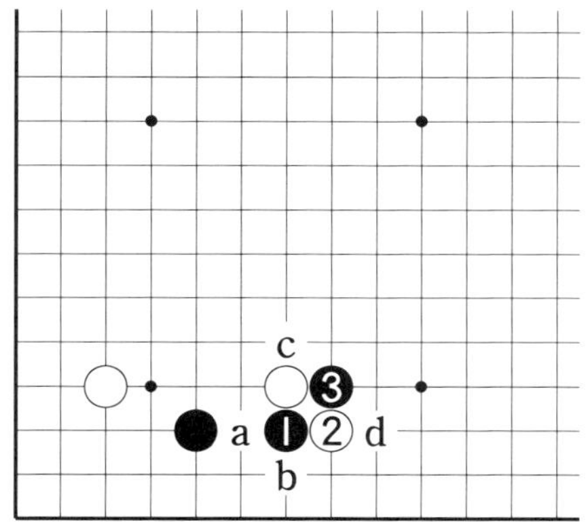

24도

2-24도(맞끊는 변화)

백의 한칸협공에 흑1로 아래쪽을
붙이고 백2에 흑3으로 맞끊는 변
화를 살펴보겠다. 복잡해질 것 같
은 느낌이다.

　백에게는 a, 흑b, 백c로 두는 방
법과 그냥 d에 느는 수가 있다.

160

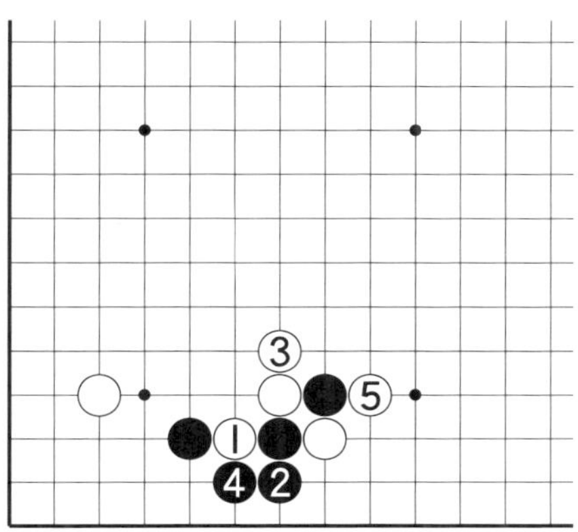

25도

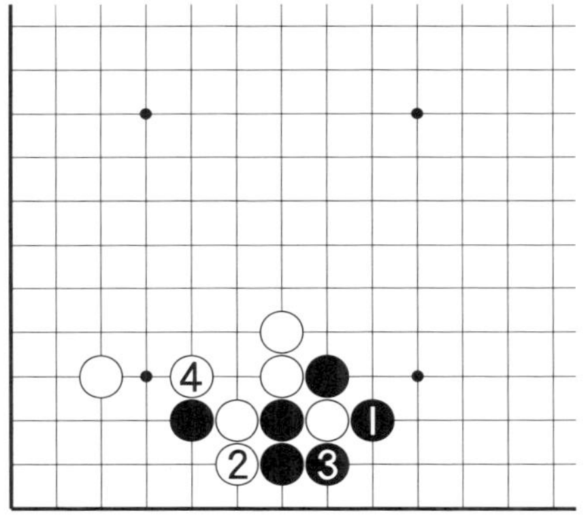

26도

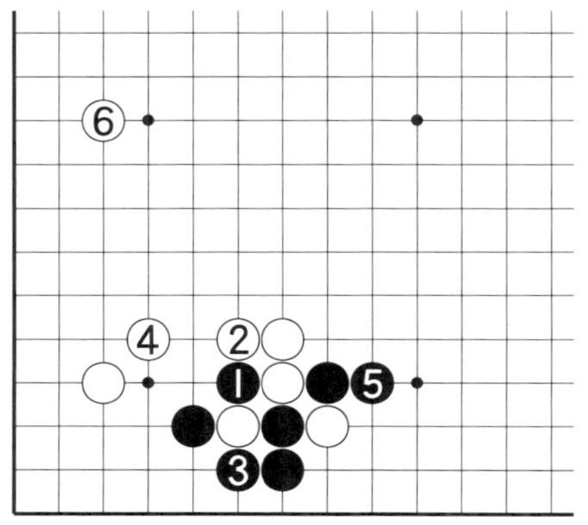

27도

2-25도(축의 조건)

우선 백1로 단수하고 흑2 때 백3으로 뻗으면 이 코스는 어렵지 않다. 흑4는 상식이지만 백5의 축으로 몰려서 좋지 않다.

물론 백에게 이 축이 유리하다는 조건이 따른다.

2-26도(백, 귀가 크다)

그렇다고 앞 그림 4로 이 그림 흑1로 모는 것은 얘기가 안 된다. 백2가 선수여서 4로 귀가 크게 들어가므로 흑이 불리한 갈림이다.

그렇다면 흑이 어떻게 두어야 하는지 답이 나왔을 것이다.

2-27도(정석)

25도 백3에 흑1로 위쪽에서 두는 것은 상식과는 좀 위배되지만 이 경우는 적절한 수법이다.

그 이유는 백2, 4를 두게끔 하는 데 있다. 흑은 선수를 잡아 5에 손을 돌릴 수 있기 때문이다.

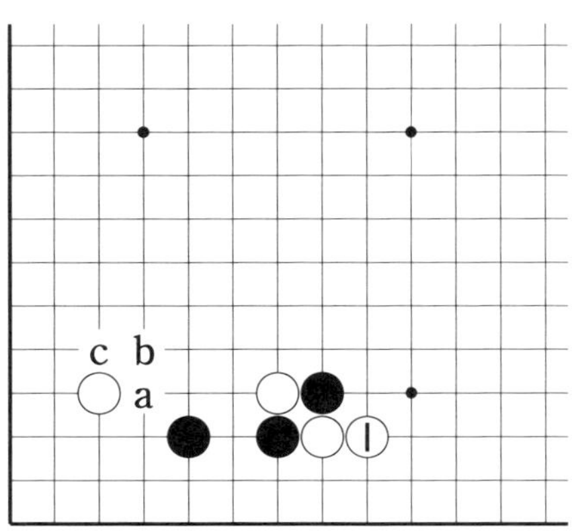

28도

2-28도(세 가지 대응)

흑의 맞끊음에 백1로 늘면 축관계가 없는 코스로 간다. 그렇다고 간명한 변화는 결코 아니다.

　다음 흑은 a의 마늘모붙임, b의 날일자씌움, c의 붙임, 이 세 가지의 대응이 있다.

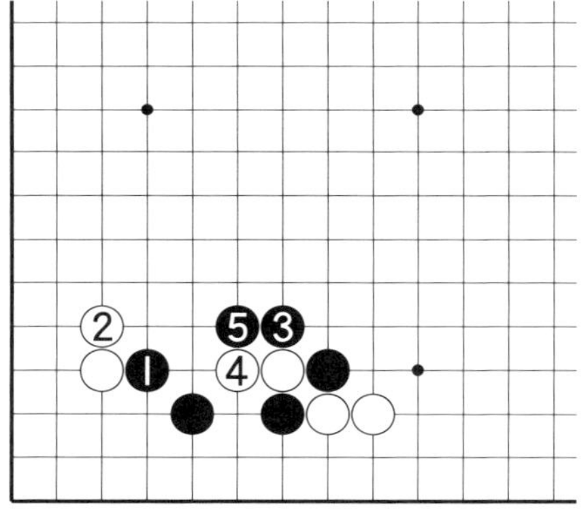

29도

2-29도(마늘모붙임)

흑1의 마늘모붙임은 귀의 백 한점과 오른쪽 백 한점을 공략하는 수를 맞보고 있다.

　백2로 귀를 받으면 예정했던 대로 흑3에서 5로 이쪽에서 발동을 건다. 이다음….

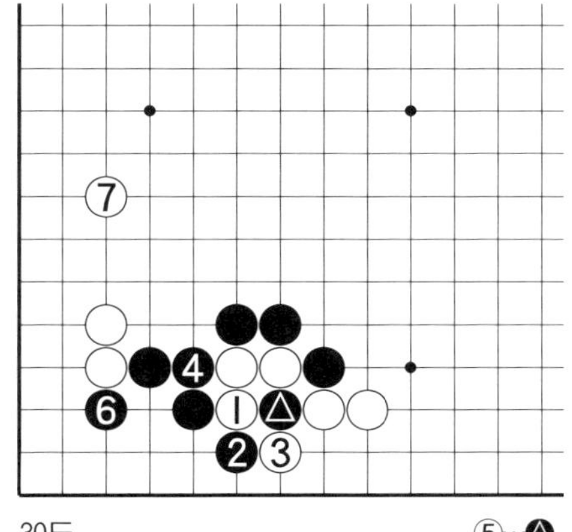

30도　　　　　　　⑤‥△

2-30도(정형 1)

백은 1로 나갈 수밖에 없다. 흑은 2에서 4로 기분 좋게 돌려친다. 그리고 나서 6으로 젖히는 수가 제격이다.

　백7로 벌려서 일단락이며 정형이라고 봐도 좋겠다.

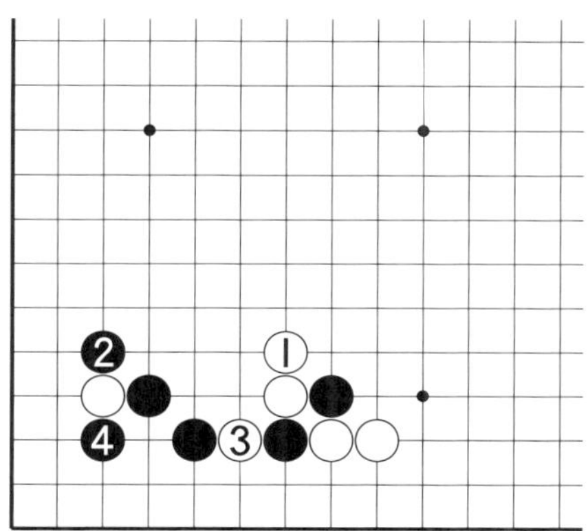

31도

2-31도(정형 2)

29도 흑1에 백1로 이쪽을 돌보는 수도 유력하다. 흑2에는 싹싹하게 귀를 버리고 3으로 단속한다.

흑도 4에 보강해서 귀를 확실하게 잡아 두는 갈림이 된다. 정석이나 다름없는 진행이다.

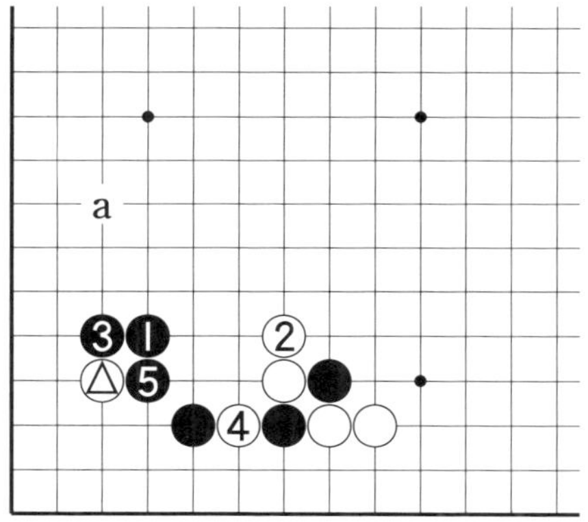

32도

2-32도(귀의 맛)

28도 다음 흑1의 날일자씌움은 고풍(古風)스런 수법이다.

백2, 4에 흑3, 5로 자기 길을 간 상황은 앞 그림에 비해 맛이 나쁘다. a의 곳에 백돌이 오면 △가 부활하는 수가 생긴다.

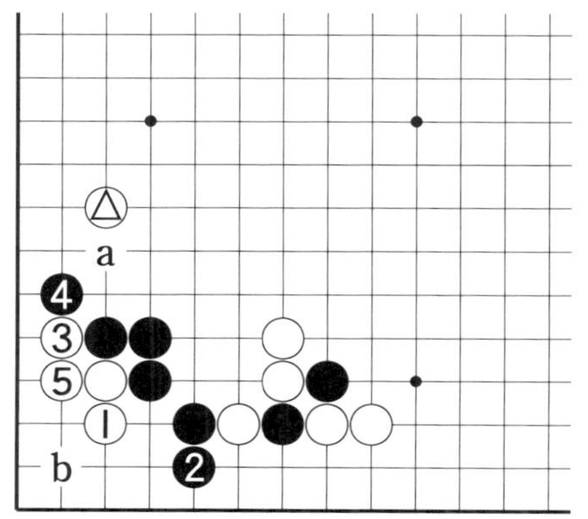

33도

2-33도(귀의 삶)

백△가 있으면 백1로 살자는 수가 성립한다. 흑2의 차단에 백3, 5로 젖혀잇는다.

다음 흑a로 지킬 때 백b로 삶을 얻음을 확인하기 바란다.

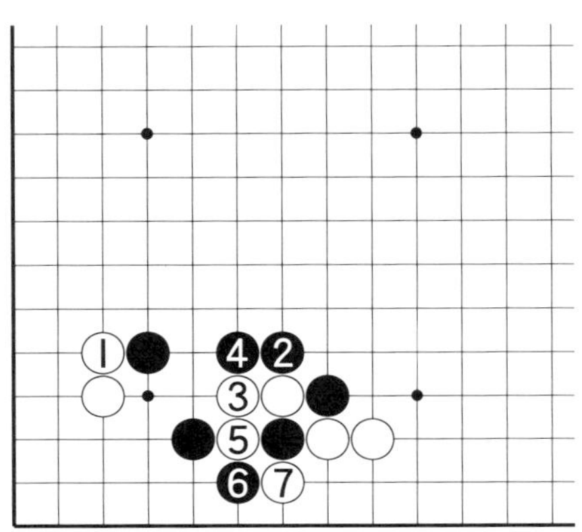

34도

2-34도(흑의 기대)

32도 흑1에 백1로 받는 것이야말로 흑이 기대하고 있었던 응수다. 흑은 앞서와 같은 요령으로 2에서 4, 그리고 6까지 돌려친다.

2부터는 외길의 수순으로 백도 어쩔 수가 없다. 이다음…

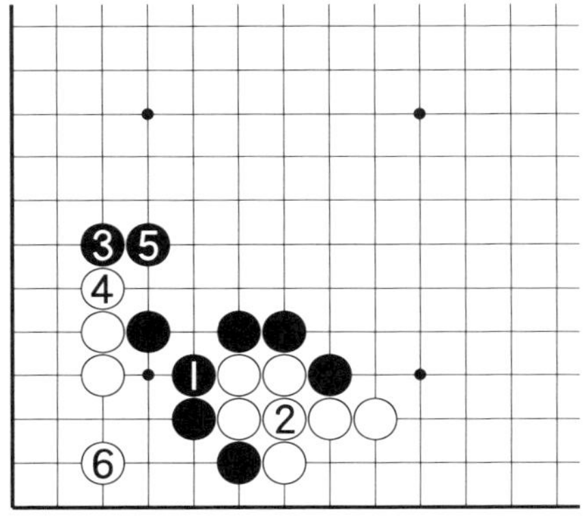

35도

2-35도(흑, 성공)

흑1로 몰아 놓고 흑3으로 한칸을 늦추어 귀의 백을 압박하는 것이 공격의 급소다.

백은 구차하지만 4로 치받아 놓고 6에 뛰어서 살아야 한다. 흑의 성공적인 결과다.

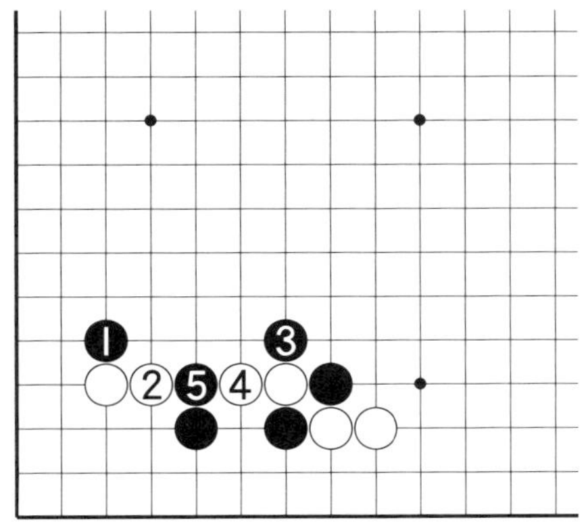

36도

2-36도(약간 무리)

28도 다음 마지막은 흑1의 붙임인데, 결론을 먼저 밝히자면 이 수는 약간 무리하다는 판정이다.

단, 이에 대해 백2로 나오는 것은 좋지 않다. 흑에게 3에서 5로 뚫고나오는 리듬을 준다.

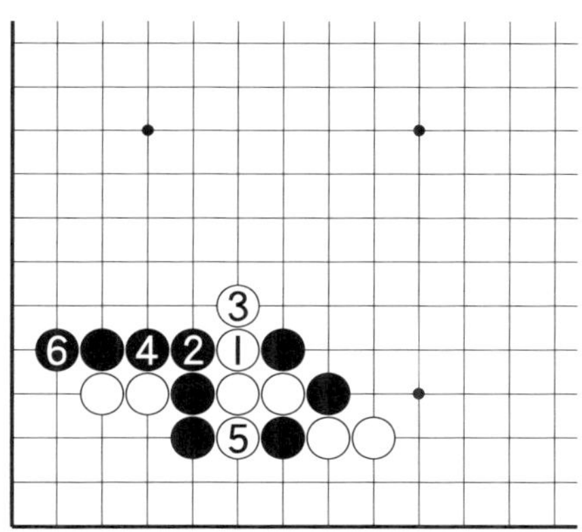

37도

2-37도(흑, 유리)

계속허서 백1로 나오고 흑2, 4에 백 3으로 머리를 내밀고 5까지 두터 움을 쌓고 흑은 6으로 하나 더 손 질을 해서 귀를 확실하게 차지하는 진행이 된다.

흑이 유리한 갈림이다.

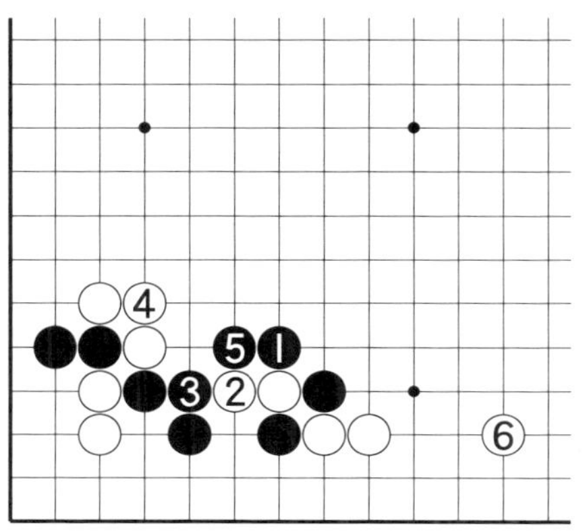

38도

2-38도(최강이자 최선)

36도 흑1에 백1로 젖히는 수가 최 강이자 최선의 대응이다. 흑2는 예 정된 끊음이지만 백은 아랑곳없이 3에 단수하고 5로 느는 것이 좋은 수다.

이 수순 대문에 흑의 붙임이 무 리였던 것이다.

39도

2-39도(백, 유리)

앞 그림에 이어 흑1, 3에 백4로 잇 는 것이 호수다. 이 한수로 귀쪽이 해결되었으므로 흑5에 백6으로 손 을 돌릴 수 있는 것이 자랑이다.

백이 유리한 갈림임은 말할 것도 없다.

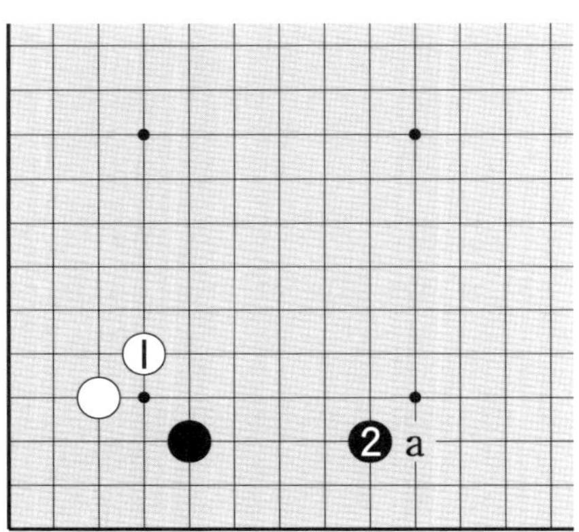

1도

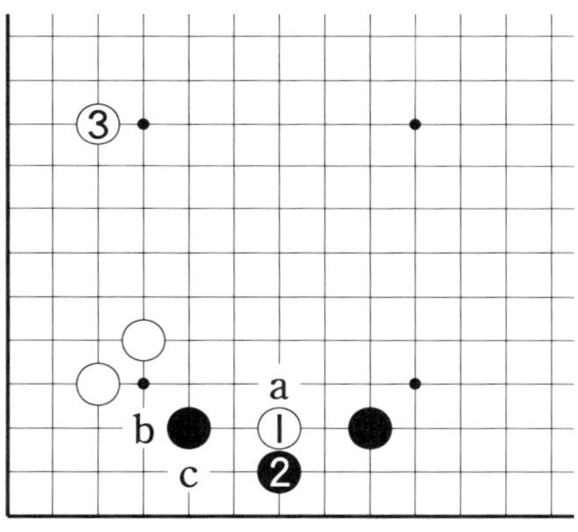

2도

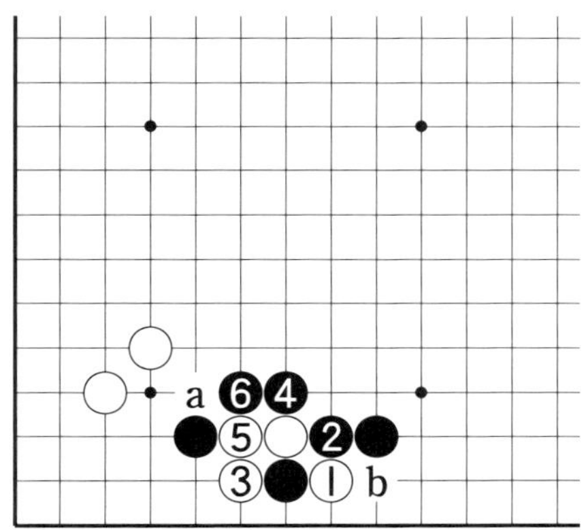

3도

3. 마늘모응수

3-1도(불멸의 호수)

흑의 날일자걸침에 백1의 마늘모는 불멸의 호수라는 이름을 갖고 있기도 하다.

그러나 견고한 대신 발이 느리다는 흠이 있다. 흑2는 a도 있으며, 또 손을 빼는 경우도 흔하다.

3-2도(정형)

앞 그림 이후, 백은 1로 뛰어들어 응수를 살피는 것이 상용수법이다.

흑2면 백3으로 벌리는 것이 수순이다. 이어 흑a로 백 한점을 확실히 잡아두면 백은 b, 흑c를 선수한다.

3-3도(시기를 봐야)

뛰어든 백 한점을 움직이는 것은 시기를 봐야 한다.

백1, 3으로 즉각 행동을 개시하는 것은 바람직하지 않다. 왜냐하면 6까지 된 다음 백a든 b든 좋은 결과를 가져오지 못한다.

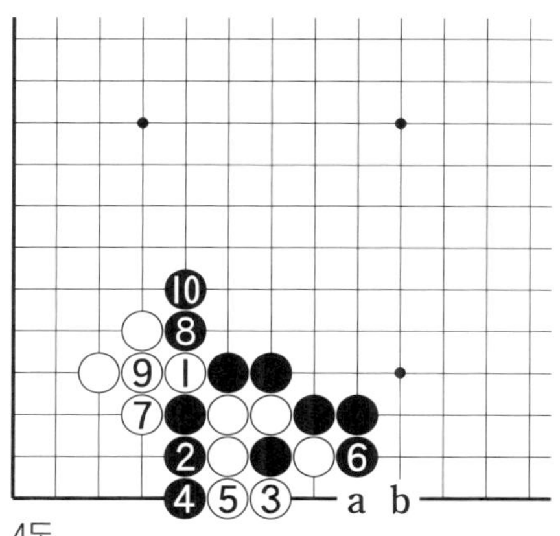

4도

3-4도(흑, 두텁다)

백1에는 흑2, 4가 좋은 수법이며 백5에 흑6도 예정된 행동이다.

백7에 흑8의 단수가 기분 좋으며, 10까지 두터움을 얻어서 만족스럽다. 다음 a, b가 선수인 점도 흑의 자랑이다.

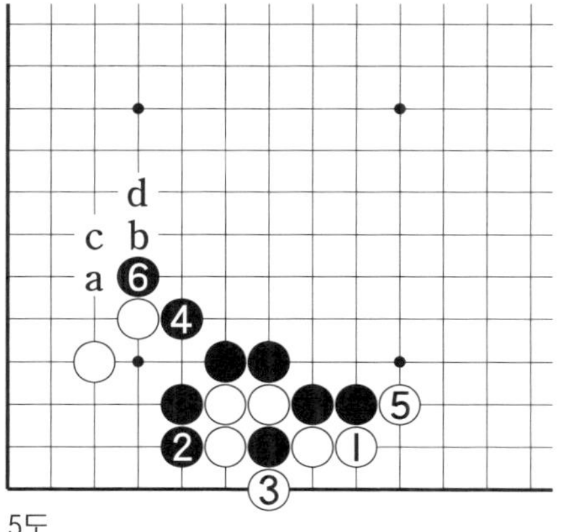

5도

3-5도(흑, 유리)

3도 다음 백1쪽으로 나가는 것도 신통치 않다. 흑2로 몰고 4에 호구치는 것이 정확한 대응이며, 백5에는 흑6의 젖힘이 통렬하다.

다음 백a에 흑b, 백c, 흑d로 늘어서 흑이 유리하다.

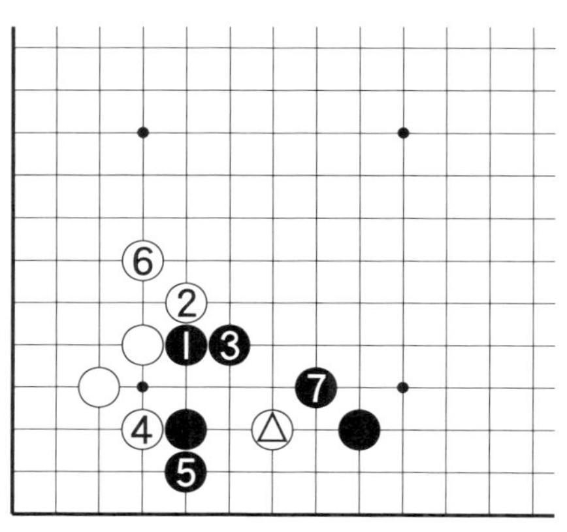

6도

3-6도(기본정석)

백△ 때 흑은 1로 붙이는 수도 유력하다. 백2에 자연스럽게 흑3으로 늘고 백4에는 흑5로 내려선다.

백6, 흑7로 지켜서 피차 불만이 없다. 기본정석의 하나였다.

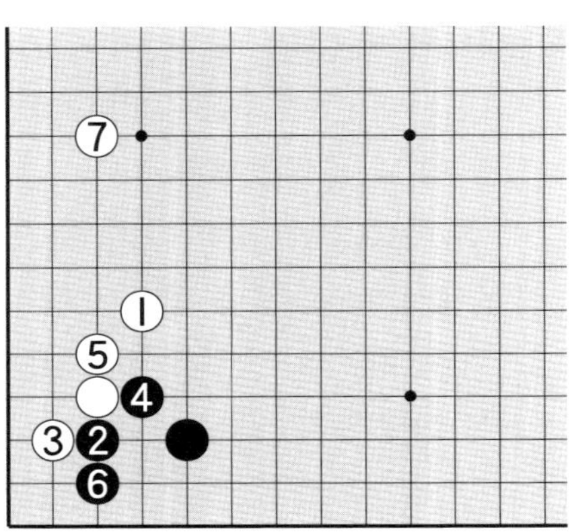

1도

4. 날일자응수

4-1도(기본정석)

백1의 날일자는 마늘모와 비슷한 의미이지만 변쪽으로의 발전 속도가 빠르다. 흑2 이하 6까지 안정한 것은 견실한 수법이다.

백7로 벌려서 일단락되며 기본정석이다. 4로는…:

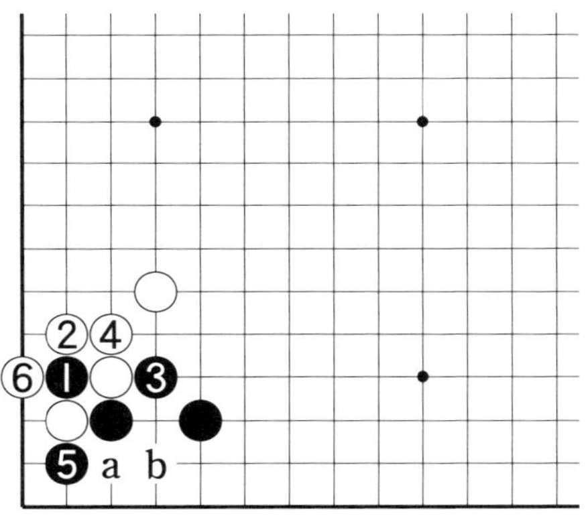

2도

4-2도(흑, 임기응변)

흑1의 맞끊음이 임기응변의 수법으로 선수를 뽑으려는 의도다. 백2에 흑3, 5를 선수활용하고 다른 큰 곳이나 급한 곳에 손을 돌린다.

다음 백a에는 흑b의 패로 버틸 생각이다.

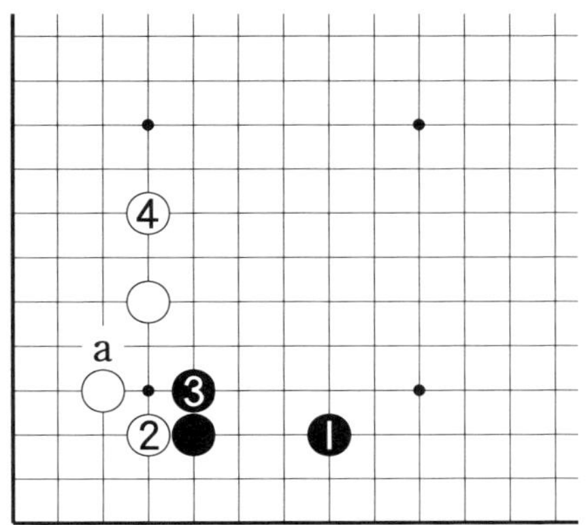

3도

4-3도(흑, 약간 미흡)

백의 날일자응수에 대해 흑1로 두 칸을 벌리는 것은 안전한 수다.

그러나 백2, 흑3으로 되고 보면 약간 미흡하다. 백4는 흑a의 건너붙임을 방비한 것이며 백이 활발한 진행이다.

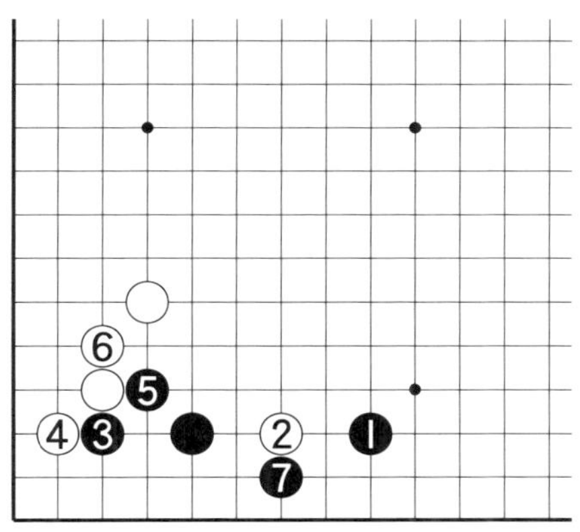

4도

4-4도(세칸벌림)

백의 가늘모 때와 마찬가지로 여기서도 흑1의 세칸벌림은 유력하다.

백2의 뛰어들기에는 흑3, 5를 선수활용해 응원군을 만들어 놓고 7에 붙여서 안전을 도모하는 것이 요령이다.

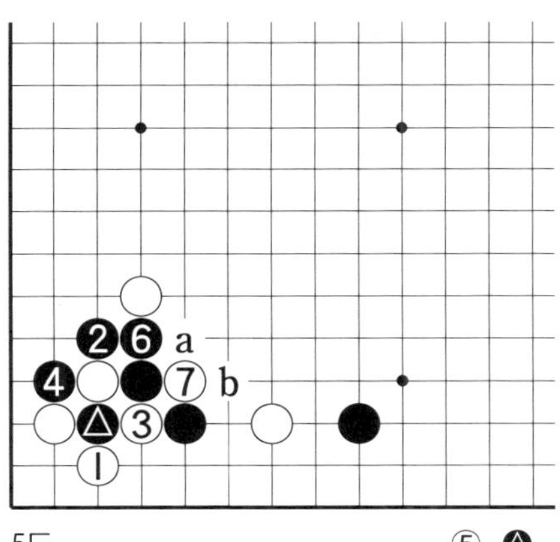

5도

4-5도(백, 무서운 수)

앞 그림 6으로는 이 그림처럼 백1로 반발하는 것이 무서운 수다. 흑도 2, 4로 갈 수밖에 없다.

그나저나 흑6에 백7로 끊었을 때가 문제다. 흑a, 백b는 얘기가 안 되므로…:

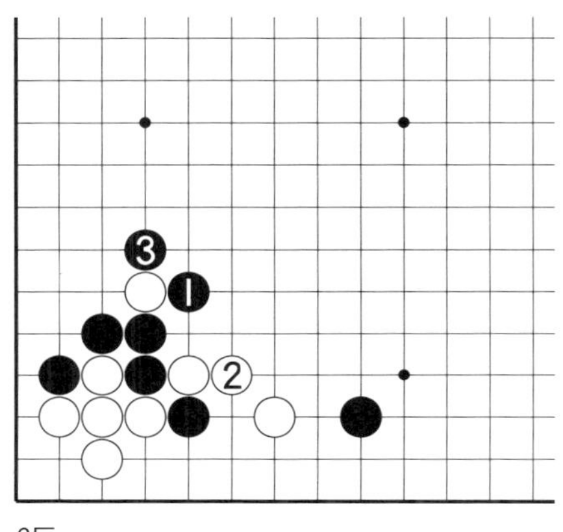

6도

4-6도(호각의 갈림)

가만히 흑1로 젖히는 것이 좋다. 백2면 흑3으로 백 한점을 제압해서 이것은 호각의 갈림이다.

그런데 이 변화에는 축관계가 숨어 있다. 백이 꼭 2로 받아준다는 보장이 없다.

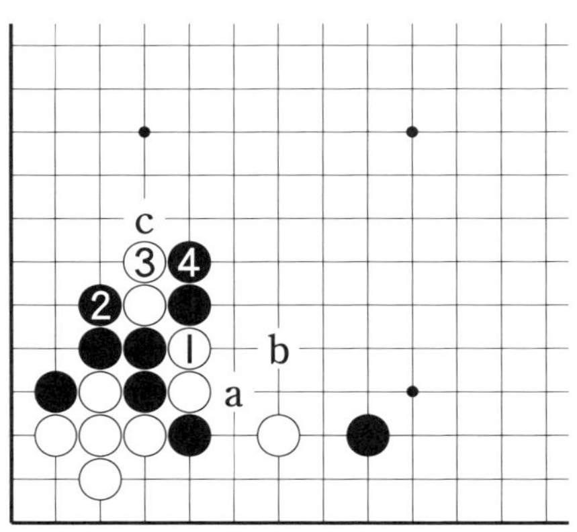

7도

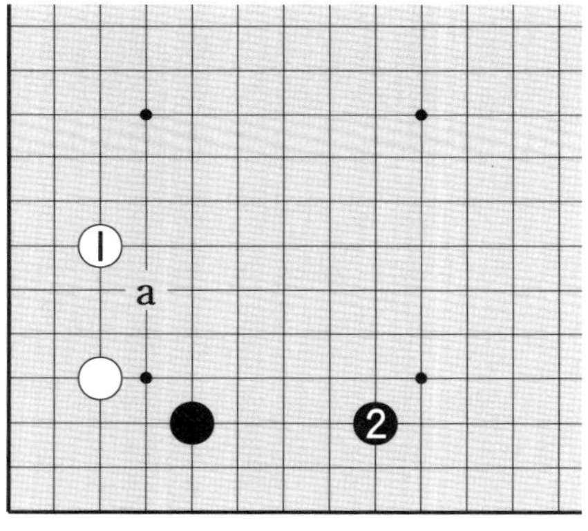

1도

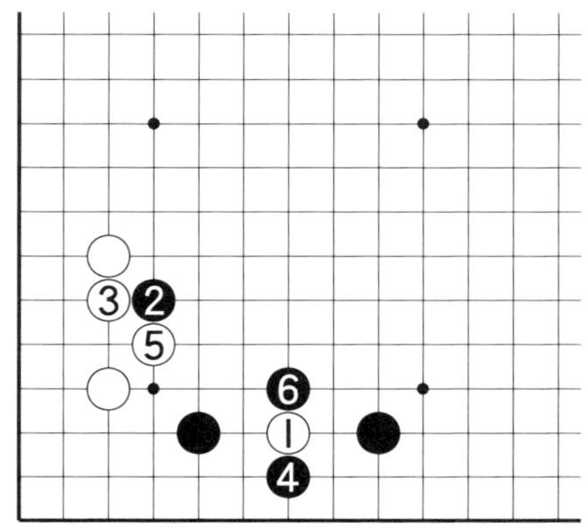

2도

4-7도(축관계)

앞 그림 흑1에 백1로 끊는 수가 있다. 흑2, 4가 축을 맞보는 맥점이지만 다음 a의 축이 안 된다면 파멸이다.

축이 흑에게 유리하다면 백b, 흑c로 될 곳인데, 축이 안 된다면 백1로 끊을 리가 없다.

5. 두칸벌림

5-1도(두칸벌림)

흑의 날일자걸침에 대한 백1의 두칸벌림은 소극적이지만 견실한 수법이다.

이번에도 흑은 2로 세칸을 벌리는 것이 보통인데, 즉각 a로 짚어가는 수도 간혹 쓰인다.

5-2도(정석)

백1로 뛰어들면 흑은 2로 짚어 백3과 문답하는 것이 긴요한 수순이다. 그리고 나서 비로소 흑4로 붙인다.

백5, 흑6으로 서로 단속해서 호각의 갈림이며 정석이기도 하다.

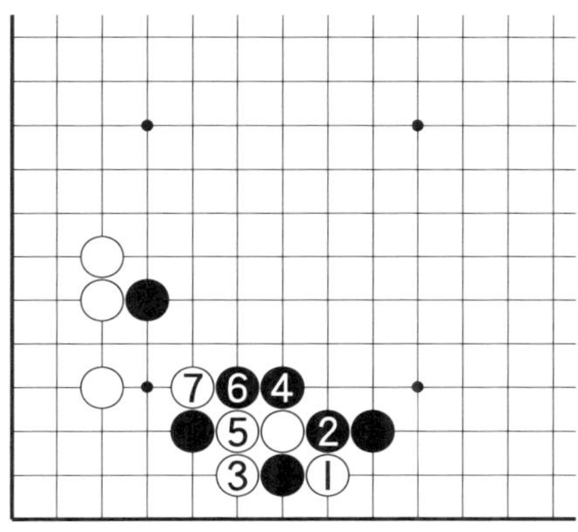

3도

5-3도(백, 즉각 움직이면)

앞 그림 5로 이 그림 백1, 3으로 즉 각 움직이는 것은 좋지 않다. 흑은 2, 4, 6으로 틀어막아 버린다.

여러 차례 나온 진행이다. 이제 와서 백7의 끊음은 내친걸음이다.

5-4도(백, 폭삭 망하다)

계속해서 흑1, 3에 백4의 끊음은 필 사의 한수이지만 흑5가 선수이고 7 도 선수여서 9의 장문이 멋지게 성 립한다. 백은 폭삭 망했다.

흑▲와 백△의 문답이 주효하고 있다.

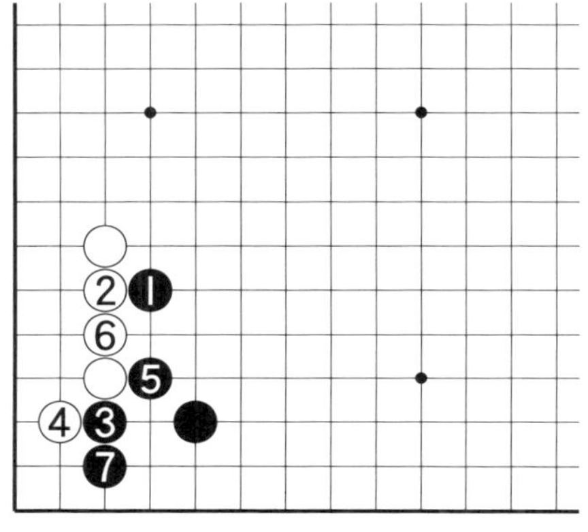

4도

5-5도(기본정석)

백이 두칸을 벌리자마자 흑1로 짚 어가는 수도 있다. 백2에 이번에는 흑3으로 귀를 붙여서 5로 솟구치 고 7로 내려서서 안정한다.

호각의 갈림이며 역시 기본정석 의 하나다.

5도

4
소목
한칸걸침
─
응수와 협공

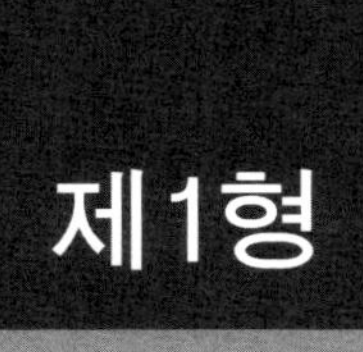

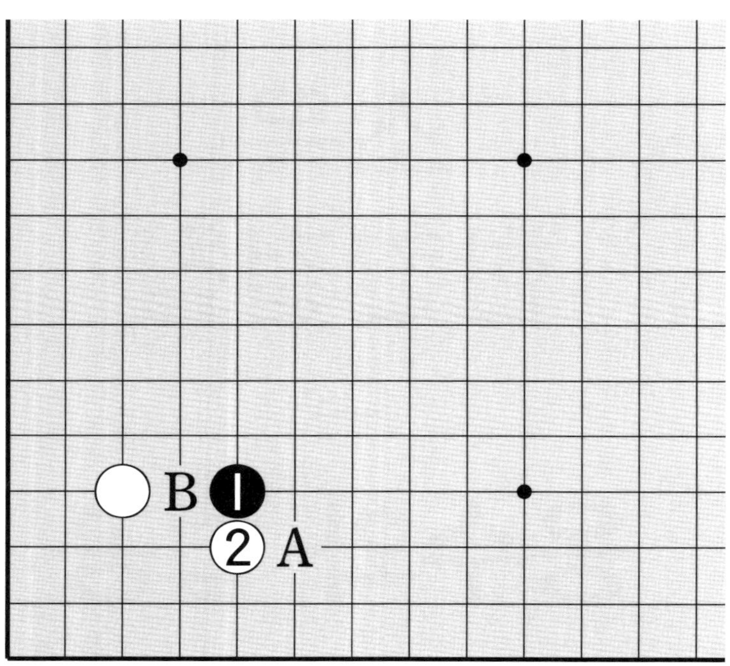

흑1의 한칸걸침에 대한 백의 대응 가운데서도 2로 아래쪽을 붙이는 수는 프로뿐 아니라 아마추어 여러분도 즐겨 쓰는 수법이라고 할 수 있겠다. 그 진행의 수순이 아주 간단해서 몇 수 안 되는 정석도 여럿 있다. 그다지 어렵지 않은 변화에서부터 어마무시한(?) 밀어붙이기나 큰 밀어붙이기에 이르기까지 다양한 모습으로 우리 앞에 등장한다. 다음 흑의 선택은 A의 젖힘과 B의 치받음, 두 가지로 좁혀진다.

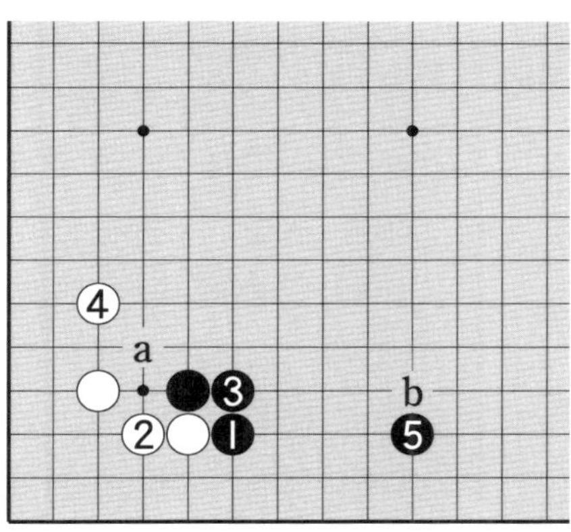

1도

1. 아래쪽 붙임에 젖힘

1-1도(기본정석 1)

흑1이면 백2로 끄는 것이 상식이다. 흑3에 이으면 백4로 한칸을 뛰고 흑5에 벌려서 일단락이며 기본정석이기도 하다.

4는 a도 있으며, 5는 배석에 따라 b로 높게 둘 수도 있다.

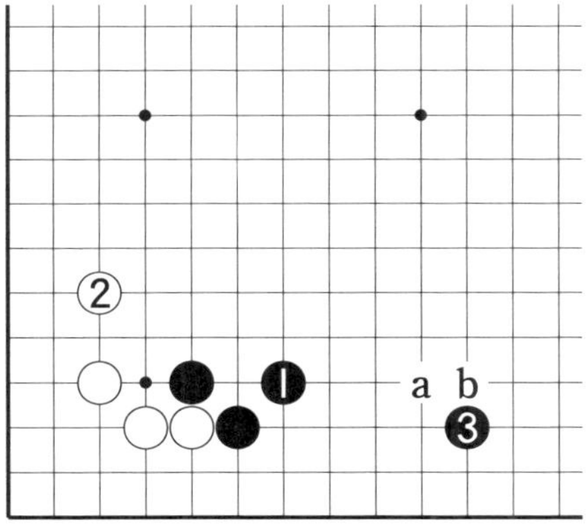

2도

1-2도(기본정석 2)

앞 그림 3으로는 이 그림 흑1로 호구치는 수도 있다. 그러면 흑은 3으로 한발 더 벌릴 수가 있다.

3은 오른쪽과의 배석관계로 a의 두칸이나 한줄 높은 b에 둘 수도 있다.

1-3도(침입을 방어))

1도를 옮겨온 그림이다. 오른쪽 화점에 백돌이 있고 백△로 바짝 다가서 있는 이런 배석에서는 흑1로 뛰어서 지켜 두는 것이 정수다.

이로써 백의 침입을 방어하고 있다.

3도

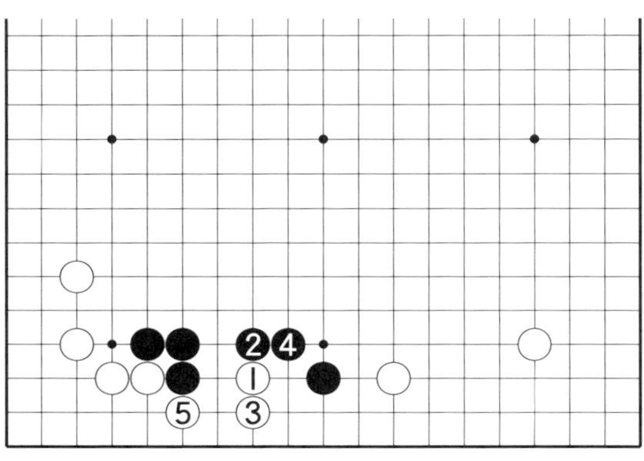

4도

1-4도(건넘을 맞보다)

앞 그림 1을 두지 않으면 이 그림 백1의 침입이 준엄하다.

흑은 2로 붙이는 정도인데 백3으로 슬쩍 내려서는 것이 양쪽 건넘을 맞보는 호수다. 5까지 건너서 백의 성공이다.

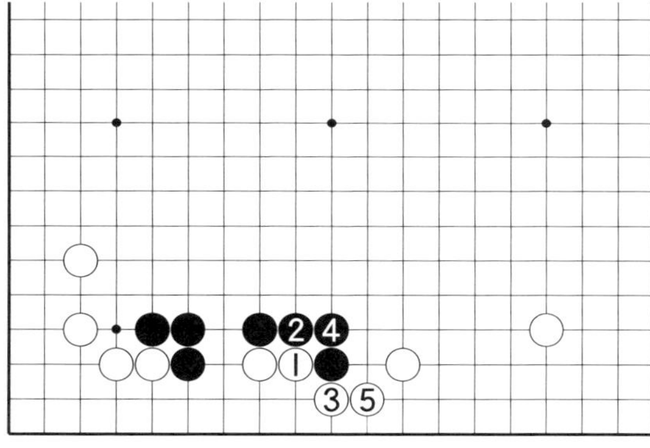

5도

1-5도(배석에 따라)

흑이 붙였을 때 백1로 치받아 건너가는 수도 있다. 흑 2에 백3으로 젖히고 5에 늘어서 건너는 것이다.

백은 배석이나 여러 상황을 봐서 앞 그림이냐 이 그림이냐를 결정하면 된다.

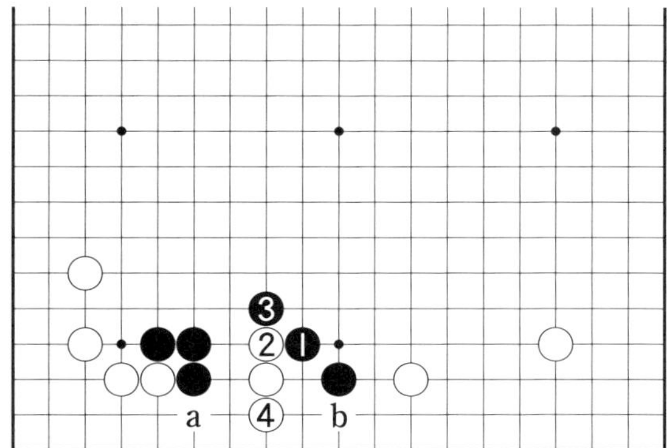

6도

1-6도(맞보기)

백의 침입에 흑1로 마늘모 하는 수도 백의 건넘을 저지하지 못한다. 백2로 하나 나가 흑3과 문답해 두고 백4로 내려서는 것이 배워둘 만한 맥점이다. 다음 a와 b가 맞보기다.

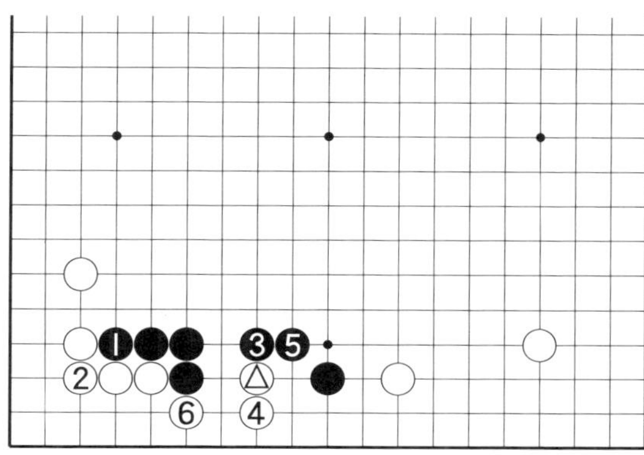

7도

1-7도(응수를 살핀다)

백△ 때 흑1로 응수를 살피는 수도 있다.

지금이라면 백은 2로 이을 수밖에 없으니 흑3 이하 4도와 같은 진행이 된다. 백이 건너고 난 후 흑1을 두면 백2로 이어주지 않을 것이다.

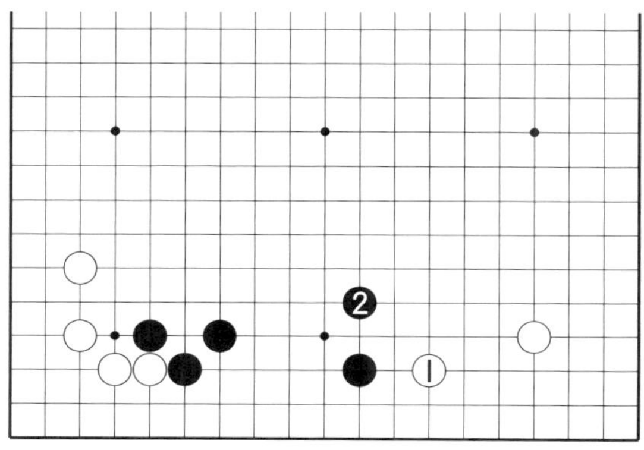

8도

1-8도(포인트)

만약 백1로 호구쳐 버틴다면(실제 이렇게 둘 리는 없음) 흑2에 끊는다.

백3, 5로 받을 때 흑6이 선수가 되는 것이 포인트다. 8까지 흑은 침입한 백 한점을 포획했다.

9도

1-9도(마찬가지)

이 정석의 경우도 백이 1로 다가서면 흑2로 뛰어 두는 것이 필요하다.

후수이지만 두터우며 백의 침입을 방어하고 있고 한수의 가치가 있음은 3도와 마찬가지다.

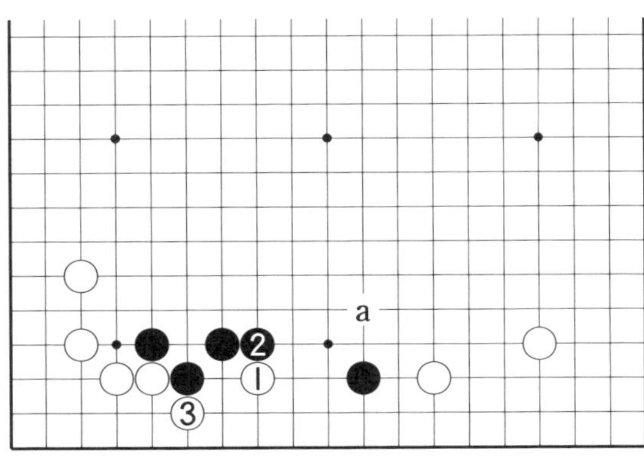

10도

1-10도(침입의 급소)

흑이 a의 곳에 뛰어 지키지 않으면 백1로 뛰어드는 수가 성립한다.

이곳이 이른바 침입의 급소다. 흑2면 백은 가볍게 3으로 건너서 만족한다. 이것은 좀 싱거운 결말이다.

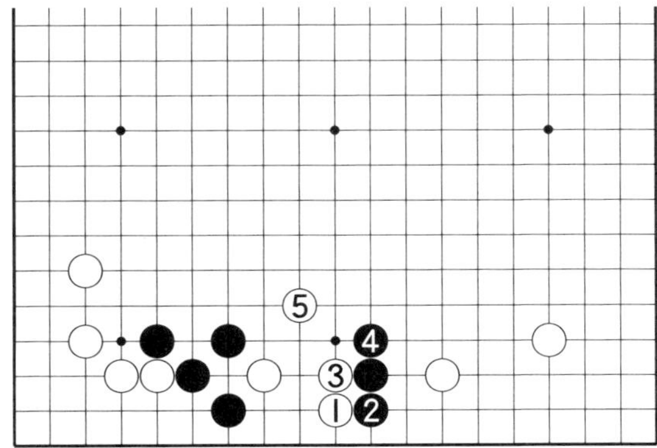

11도

1-11도(올바른 응수)

백△에 대한 흑의 올바른 응수는 1의 마늘모다. 건넘을 저지하면서 위아래로 백을 싸안는 듯한 자세를 취하며 전투태세에 들어간다.

다음 백에게는 a, b, c의 세 가지 수법이 있다.

1-12도(흑, 고전)

백1의 아래쪽 날일자달림부터 검토해 보겠다. 흑2로 덥석 막는 것은 생각 없는 행동이다. 백은 3에 밀어 놓고 5로 뛰쳐나간다.

양분된 흑의 고전이라는 것은 명백하다.

12도

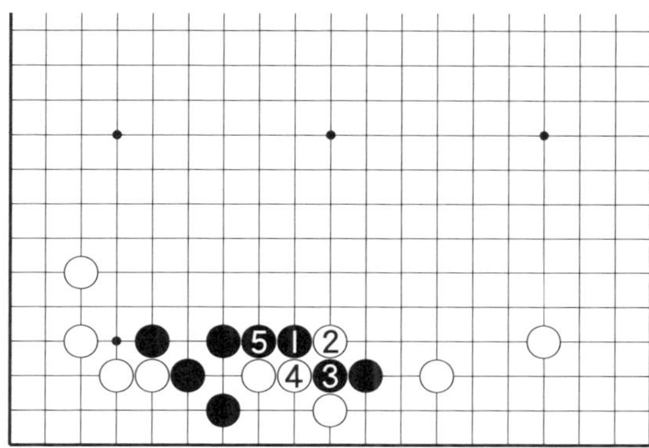

13도

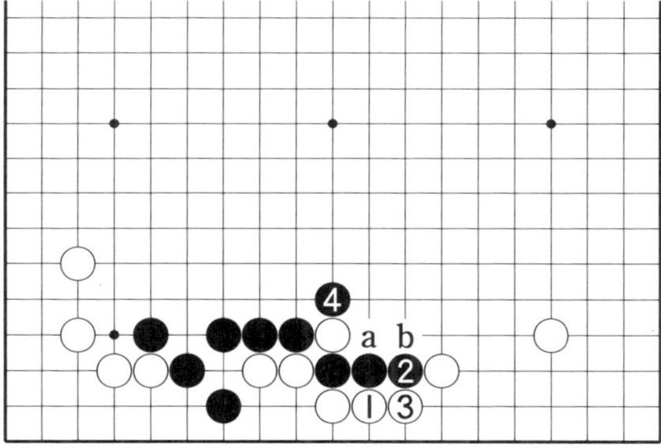

14도

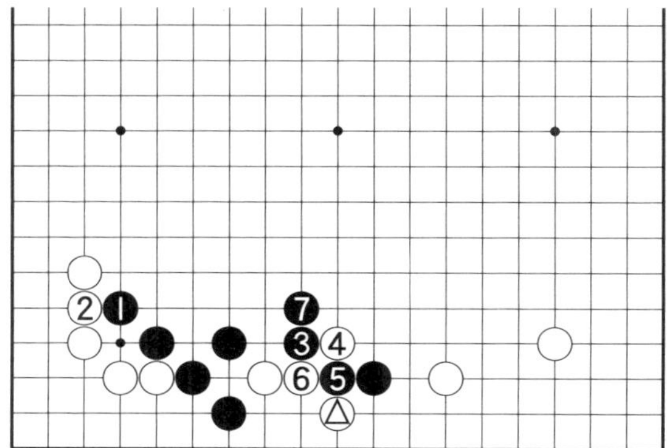

15도

1-13도(맥점, 맥점!)

앞 그림 백1에 흑1의 날일 자로 씌우는 것이 배워둘 만한 수법으로 맥점이기도 하다.

백2의 건너붙임도 맥점이 며, 그러면 흑3, 백4는 필연 이다. 흑5로 잇는 것도 절 대의 한수다. 이다음….

1-14도(흑, 선택권)

백1은 절대이며 여기서 흑 은 2로 치받아 백3과 문답 하고 흑4로 몰면 백a, 흑b 이하 험난한 싸움이 예상된 다. 오른쪽 백이 견고할 경 우 2 대신 그냥 4에 몰아서 버리는 것이 현명하다.

1-15도(선수활용하면)

백△로 달린 순간, 흑1로 들 여다보는 수를 선수활용하 면 사정이 약간 달라진다.

그런 다음 흑3이면 이번 에는 백4, 6으로 앞서와 똑 같이 진행되었을 때 흑7로 서는 수가 성립한다.

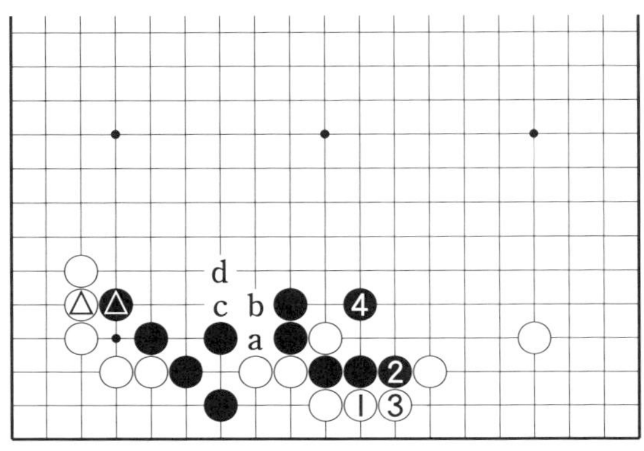

16도

1-16도(문답의 효과)

계속해서 백1, 3으로 건너 갈 때 흑2, 4의 장문이 안성맞춤이다. 왼쪽의 단점도 걱정 없다. 백a, 흑b, 백c에는 흑d로 몰아서 그만이다.

이것이 흑❶와 백△를 문답한 효과다.

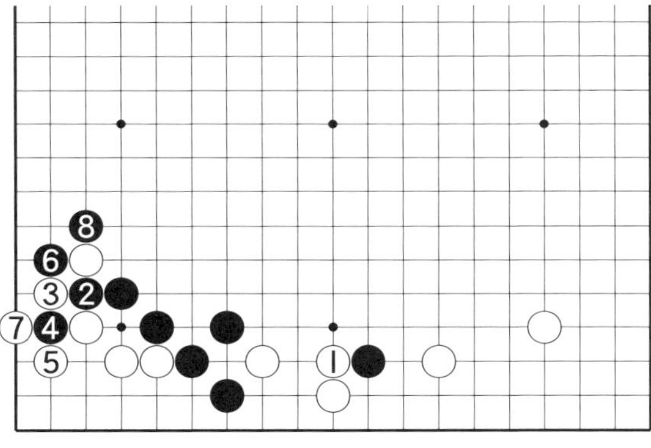

17도

1-17도(흑, 세력을 얻다)

백은 귀쪽을 받지 않고 1로 반발할지도 모른다.

그러면 흑은 2로 나가고 4에 끊는다. 당연하지만 끊어온 쪽을 잡은 백5는 정수이며 흑은 6, 8로 세력을 얻어서 대가를 구한다.

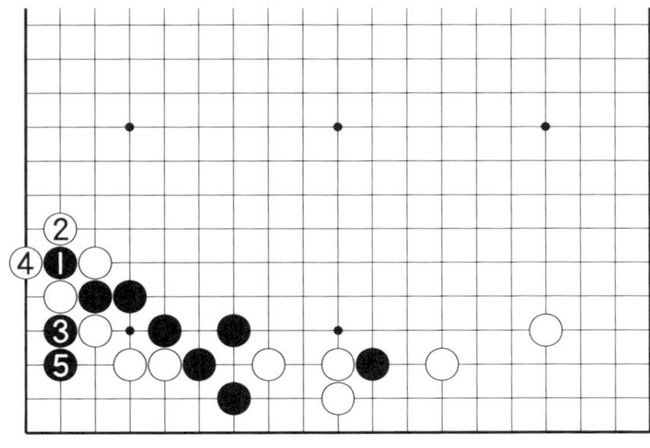

18도

1-18도(흑, 문제가 있다)

반대쪽을 흑1로 끊어서 귀를 차지하려는 것은 다소 문제가 있다. 역시 백은 끊어온 쪽을 백2로 잡게 된다.

흑3, 5로 적지 않은 실리를 얻은 것처럼 보이지만 그렇지가 않다.

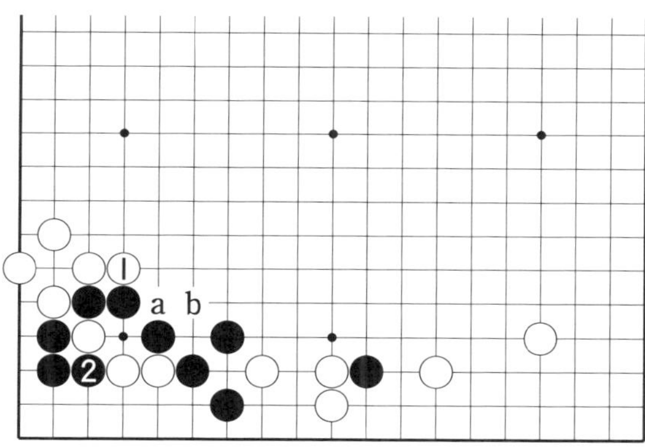

19도

1-19도(흑, 난처하다)

백이 바깥쪽을 1로 밀어올리기만 해도 흑은 응수하기가 난처하다.

　귀의 상황을 고려한 응수가 2인데, 다음 백a와 b가 모두 선수인 점이 아프다. 그러면 귀의 뒷맛을 살펴보겠다.

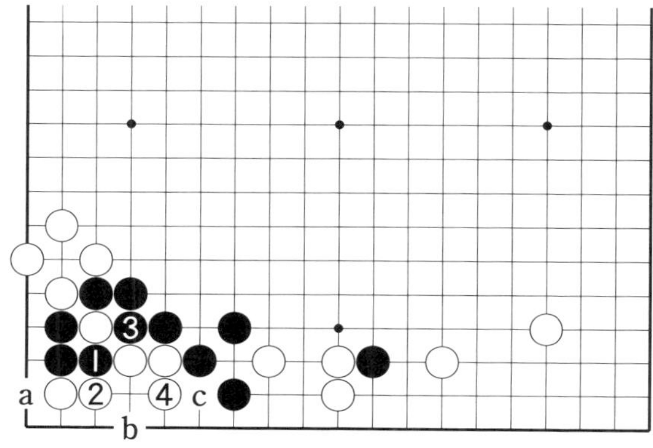

20도

1-20도(코붙임의 맥점)

18도 다음 백1로 흑 두점의 코에 붙이는 이른바 코붙임의 수단이 있다. 아주 유명한 맥점이다. 여기서 흑의 응수는 두 가지밖에 없다.

　하나는 a의 단수, 또 하나는 b의 젖힘이다.

1-21도(백, 귀에서 살다)

앞 그림에 이어, 흑1의 변화부터 보겠다. 백2는 당연하며 흑3에 백4의 꼬부림이 호수여서 쉽게 삶을 얻는다.

　a의 내려섬이 선수이며, 그렇다고 흑a면 백b로 삶(백c가 선수)이다.

21도

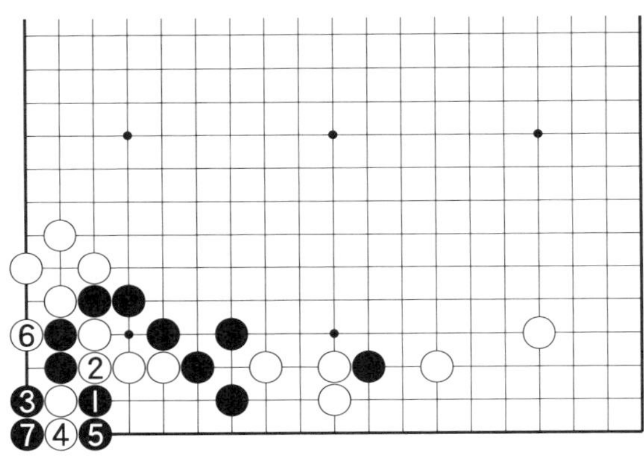

22도

1-22도(귀3수)

20도 백1에 흑1로 젖히면 백2로 끊는다. 흑3에는 백4가 있다. 두점으로 키워서 버리는 상용수법 아닌가?

그렇다! 바로 '귀3수'로 가는 진행이다. 흑5에 백6으로 단수하고 흑7로 따낸 다음….

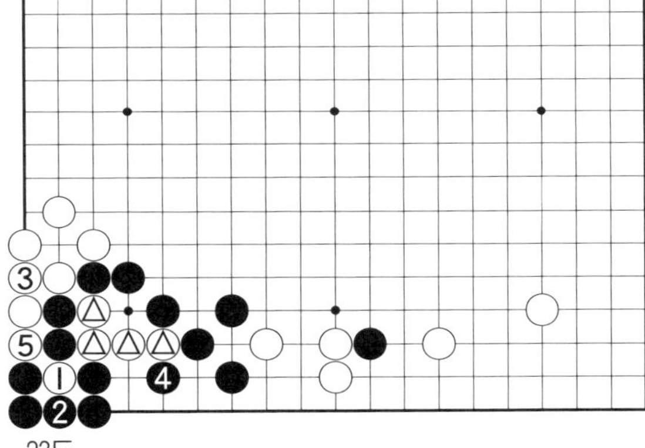

23도

1-23도(백, 생환)

백1로 먹여치는 것이 화룡점정의 한수다. 흑2로 따낼 때 백3으로 잠자코 잇는다.

이로써 흑은 응수할 방법이 없어졌다. 백은 5까지 △넉점을 살리는 데 성공했다.

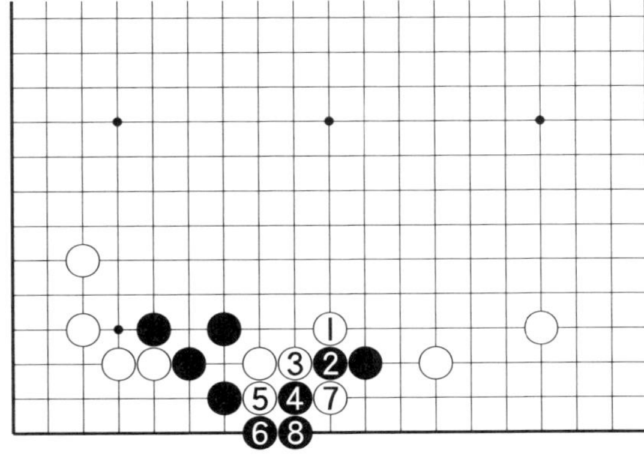

24도

1-24도(위쪽 날일자)

11도 다음 백1로 위쪽에 날일자하는 수는 그 변화가 별로 어렵지 않다.

흑2로 밀고 4에 건너는 수는 예정되어 있는 행동이다. 백은 5로 찔러 흑6에 백7로 하나 단수한다. 흑8로 이은 다음….

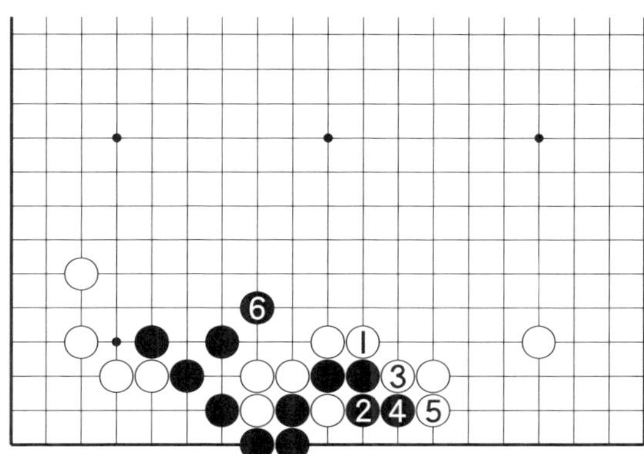

25도

1-25도(기본정석)

위쪽에서 백1로 눌러막는 수는 절대다. 흑2에 백3이 두터운 수법이다.

흑4는 지금 안 두면 백이 먼저 이곳을 두어 단수한다. 6의 마늘모는 급소이며 여기까지가 기본정석이다.

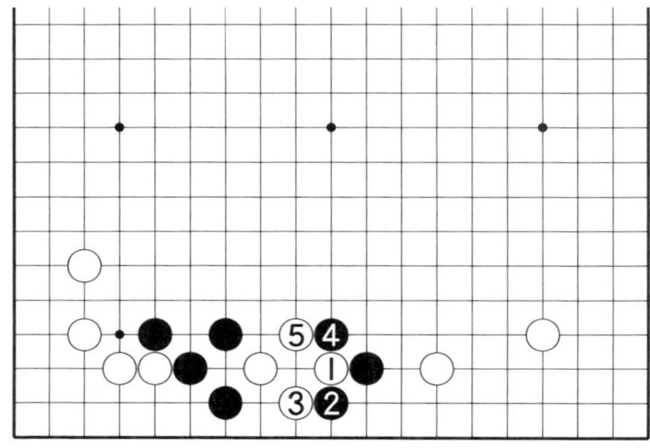

26도

1-26도(선후수의 차)

그런데 최근 백1로 마늘모 붙임하는 수가 종종 시도되고 있다. 흑2는 백a를 피한 수다. 1은 선수를 뽑겠다는 뜻으로 앞서의 기본정석은 백의 후수였다. 선후수의 차가 있다.

1-27도(승부수 성격)

11도 다음 백1의 붙임은 강수다. 흑2에는 백3, 흑4에는 백5의 패로 버틴다.

한판의 승패를 판가름하는 승부수 성격을 띨 때가 많다. 결국 어느 쪽의 팻감이 많으냐가 성패를 가른다.

27도

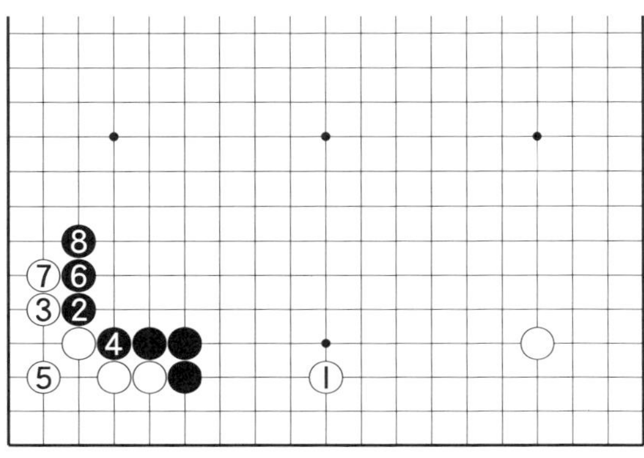

28도

1-28도(백, 낮은 자세)

1도 4로 귀쪽을 받지 않고 백1로 벌리는 수는 배석상 간혹 두어진다.

흑2의 붙임은 백이 손뺀 데 대한 당연한 추궁이며 4도 중요한 수다. 8까지 백을 낮은 자세로 굴복시켰다.

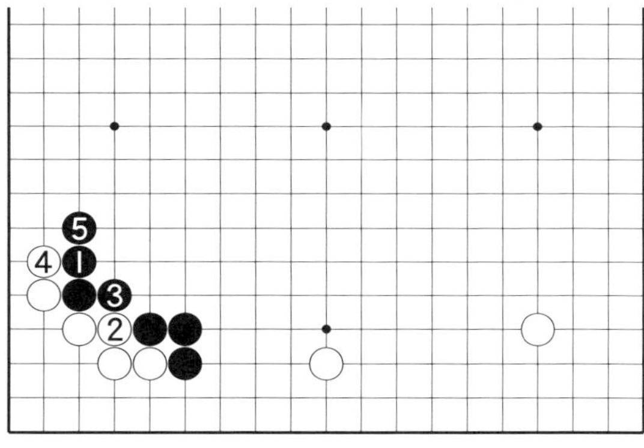

29도

1-29도(흑, 빈삼각)

앞 그림 4로 이 그림 흑1에 그냥 늘면, 백은 기회를 놓칠세라 얼른 2와 흑3을 교환한다. 그리고 백4로 기어나간다.

어떤 차이가 있나? 흑은 그 나쁘다는 빈삼각의 우형을 둔 셈이다.

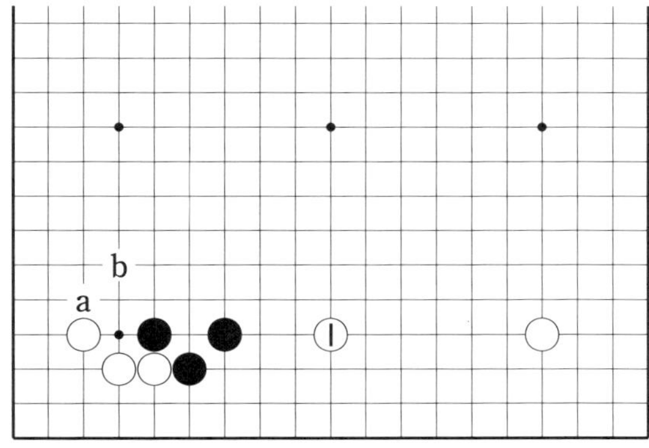

30도

1-30도(선택은 두 가지)

백의 붙여끌기에 대해 흑이 호구를 치자, 백은 오른쪽 화점을 배경 삼아 1로 육박했다.

의표를 찔린 흑이 선택할 수 있는 수는 a의 붙임과 b의 날일자, 두 가지가 있다.

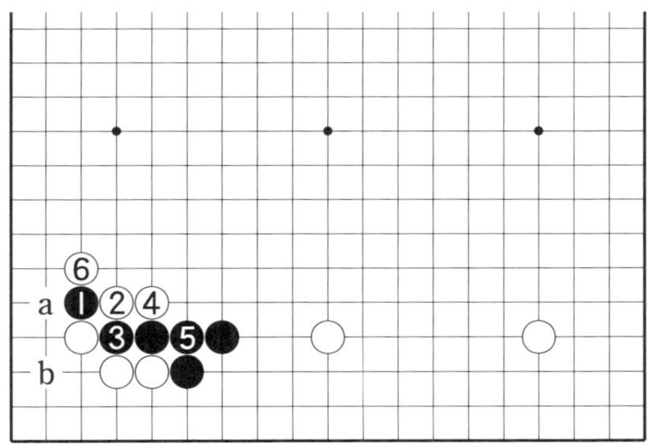

31도

1-31도(백, 좋지 않다)

흑1로 붙이는 변화인데, 백2로 젖혀나가는 것은 좋지 않다. 흑3의 끊음에 백은 4의 단수를 선수하고 6으로 몰 것이다.

그건 그렇고 2로 a는 흑3, 백b, 흑6으로 28도와 비슷한 결과다.

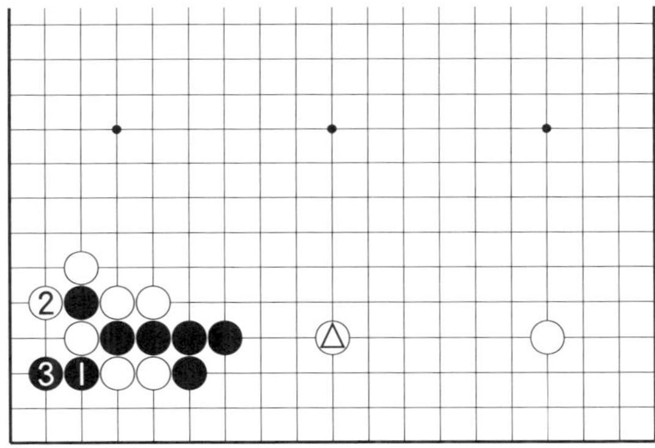

32도

1-32도(흑, 귀가 크다)

앞 그림에 이어, 흑은 1로 단수하고 백2에 흑3을 내려서서 귀를 확보하는 것이 좋다.

이렇게 귀가 크게 흑에게 들어가서는, 굳이 변화를 구했던 백△의 면목이 서지 않는다.

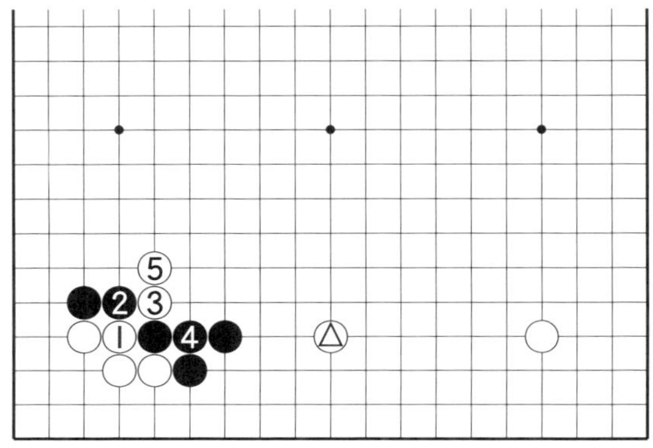

33도

1-33도(백, 강력한 수법)

31도 흑1에 백1, 3으로 나가끊는 것이 백△의 체면을 살리는 강력한 수법이다. 흑4는 어쩔 수 없으므로 백5에 뻗어서 양쪽 흑을 노려본다.

자, 이제는 분단된 흑이 타개에 나설 차례다.

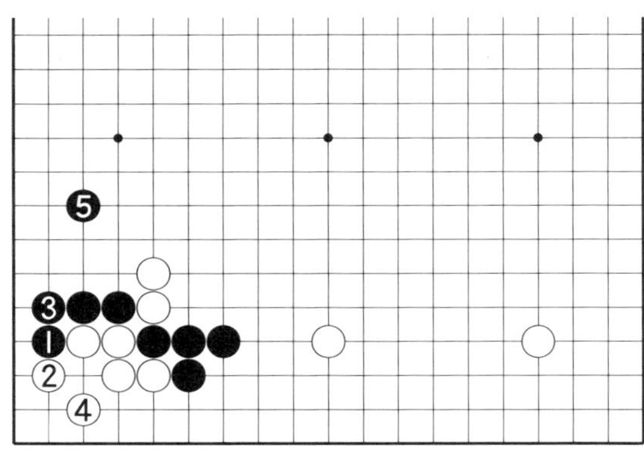

34도

1-34도(젖혀이음)

흑에게는 두 가지 방법이 있다. 그 하나는 1, 3으로 젖혀잇는 것이다.

물론 귀의 백에 대해 절대선수가 된다. 백4로 사는 수는 최선이며, 흑5 다음 백에게 선수가 넘어왔다.

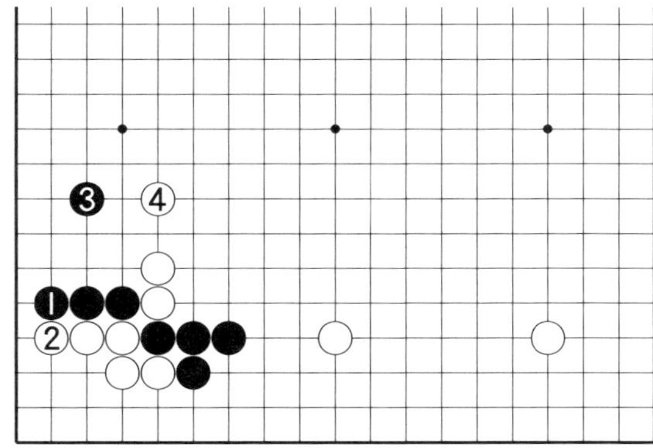

35도

1-35도(중앙전투)

하지만 백에게는 오른쪽 흑에 대한 뾰족한 공격수단이 없다. 백1로 뛰는 정도일 것이다.

그러면 흑은 2로 어깨를 짚어서 중앙으로 진출하게 되며 싸움이 계속된다.

36도

1-36도(내려섬)

젖혀잇지 않고 가만히 흑1로 내려서는 수도 유력하다. 백2를 기다려 흑3으로 두칸을 벌린다.

백4는 왼쪽 흑을 압박하면서 오른쪽 흑 넉점의 포위망을 염두에 두고 있는 수다.

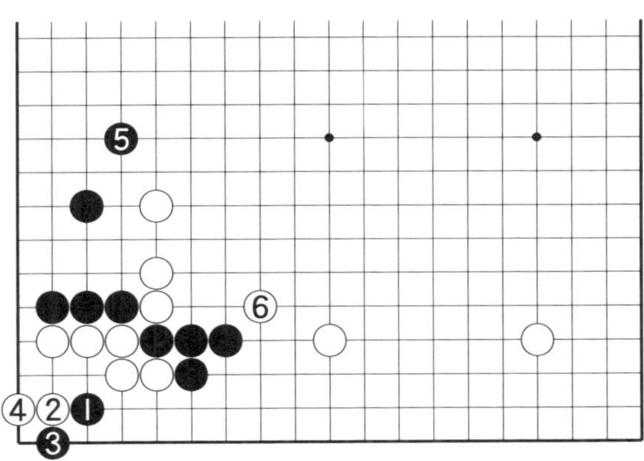

37도

1-37도(중요한 활용)

흑1은 귀의 활용을 본 것으로 상용수법이기도 하다.

백2의 붙임에 흑3으로 하나 젖혀서 백4까지 활용해 두는 것이 중요한 수순이다. 그리고 흑5로 응수한다. 백6, 올 것이 왔다.

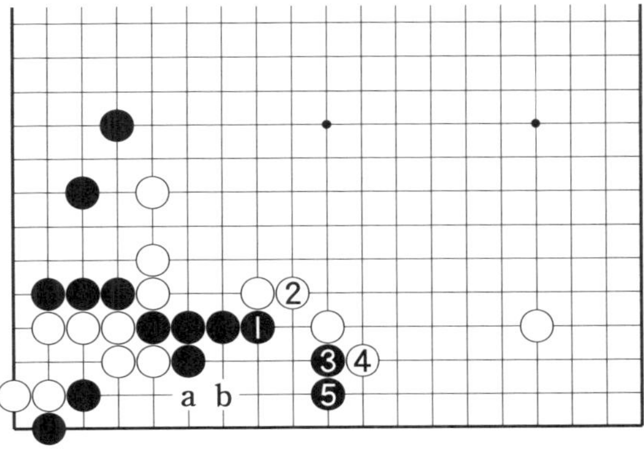

38도

1-38도(수습 완료)

포위당했다고 해서 당황할 필요는 없다. 우선 흑1로 민다. 백2로 늘 때 흑3으로 붙이고 5에 내려서면 수습 완료된 모습이다.

a나 b가 귀에 대해 선수여서 삶에 지장이 없다.

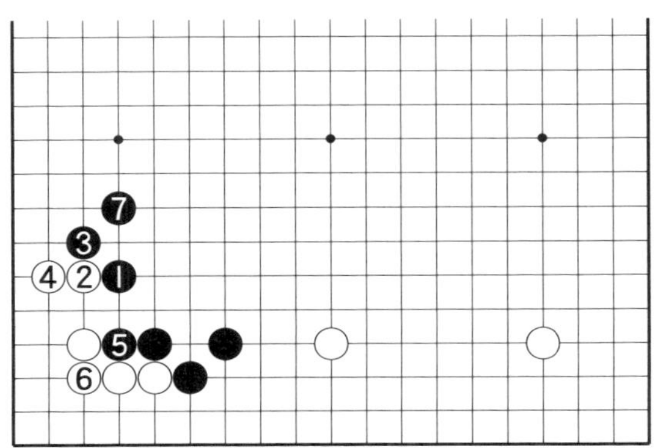

39도

1-39도(백, 뭘 했나?)

30도 다음 흑1의 날일자는 싸움을 기피한 온건한 수법이다.

백2의 붙임은 흑의 의중에 말려든 수로 흑3, 5의 선수가 빈틈없는 수순이며 7에 지켜서 흑이 멋지다. 백이 뭘 했는지 모르겠다.

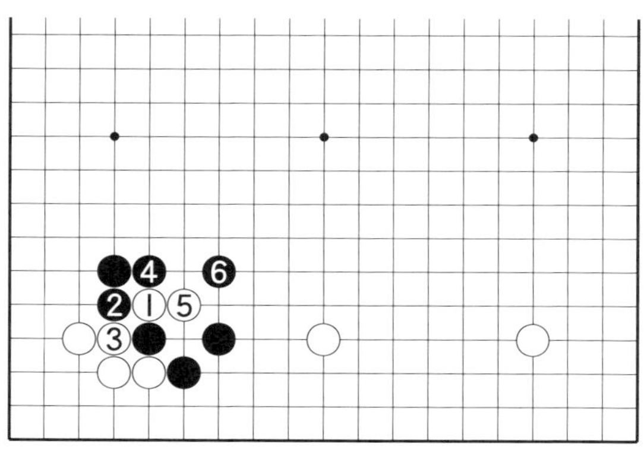

40도

1-40도(백, 괜한 짓)

백1로 건너붙이는 것도 생각보다 신통치 못하다. 흑2, 백3 때 흑이 이어줄 리가 없다. 4로 뒤쪽에서 단수하고 백5에 흑6으로 씌운다.

백은 괜한 짓을 해서 흑을 두텁게 해주었다.

1-41도(손뺌이 정답)

흑이 느긋했으니 백도 서두를 것 없이 손을 빼는 것이 정답이다.

백1로 뛴다든지, 혹은 다른 큰 곳을 두어도 좋다. 흑이 두어 봤자 2니까 백3, 5를 선수하고 또 큰 곳을 두어서 좋다.

41도

1-42도(흑, 가볍게)

처음으로 돌아가, 백이 붙여끈 장면이다.

여기서 주변의 배석관계상(가령 a 근방에 백돌이 있다든가 하는 상황) 가볍게 처리할 필요가 있을 경우에는 흑1 또는 b도 유력한 착상이다.

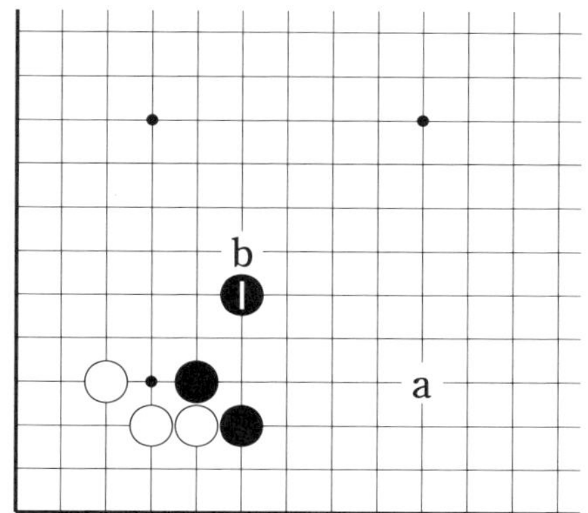

42도

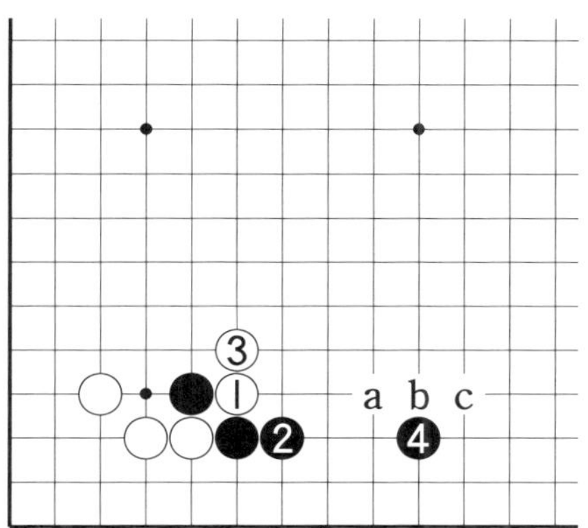

43도

이번에는 백의 붙여끌기에 흑이 손을 뺀 상황이다.

　이럴 때는 백1의 끊음이 거의 이 한수다. 흑2에는 백3의 뺌음이 상식이며, 다음 흑4(또는 a~c)로 벌려서 일단락된다. 정형이다.

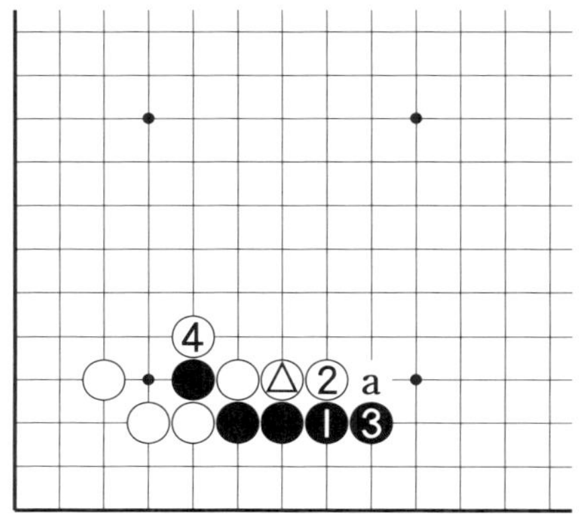

44도

1-44도(축관계)

그런데 축이 유리할 경우 백1로 미는 수가 있다.

　흑2의 젖힘은 기세상 이렇게 둘 곳인데, 백3에 끊어 축관계가 발생한다. 흑4, 6이 호수로 다음 a의 축과 b를 맞보고 있다.

1-45도(백, 성공)

축이 불리할 경우, 백△ 때 흑은 1로 그냥 늘 수밖에 없다. 백2에도 흑3으로 또 늘어야 한다. a에 젖혔다가는 백3에 끊겨 곤란하다. 4까지 백의 성공적인 결과다.

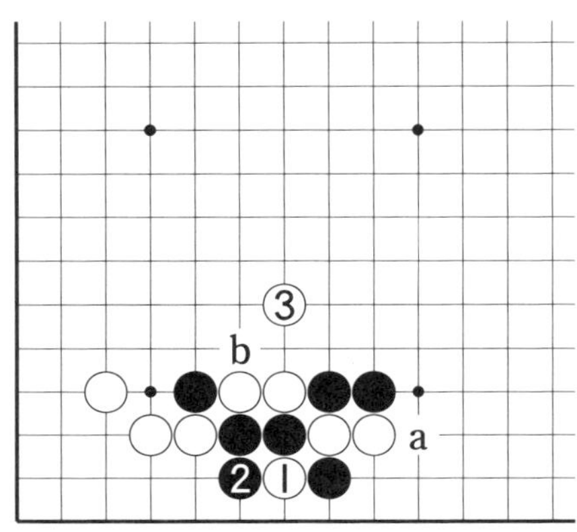

46도

1-46도(양쪽 축을 방어)

그런데 백은 축이 불리하더라도 44도를 강행할 수가 있다.

즉, 이 상황에서 백1로 끊어 흑2와 교환해 흑a로 잡히는 수를 없애고, 백3에 뛰어 흑b의 축도 방어할 수가 있기 때문이다.

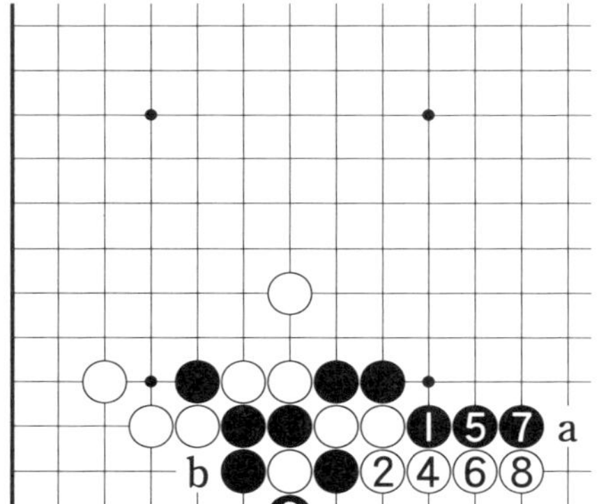

47도

1-47도(마구 기어나간다)

앞 그림에 이어, 흑은 1로 단수하고 3에 따낼 수밖에 없다.

그러면 백은 구차하지만 4, 6으로 기어나간다. 흑7에도 백8로 또 기어나간다. 다음 흑a는 백b로 수상전이 안 된다.

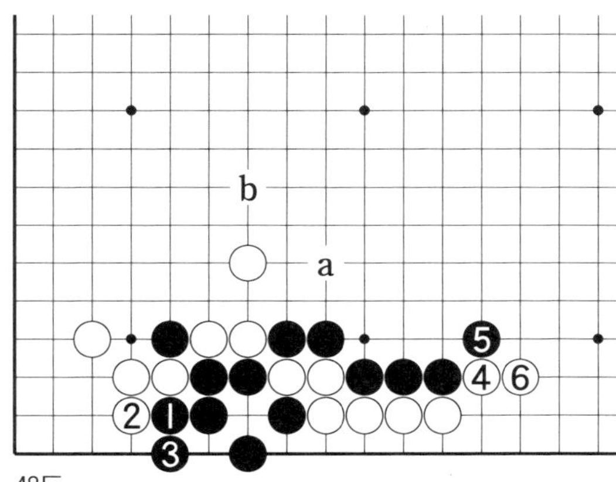

48도

1-48도(백, 싸울 수 있다)

따라서 흑은 1, 3으로 살지 않을 수 없다. 그러면 백은 4로 젖히고 6에 늘어 한숨을 돌릴 수 있다.

다음 흑a, 백b가 예상되는데, 이 정도면 백도 충분히 싸울 수 있다고 판단된다.

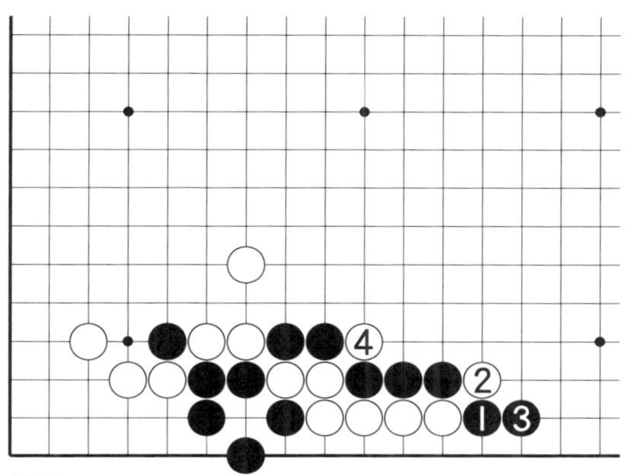

49도

1-49도(흑, 무모하다)

47도의 장면에서 흑을 살리지 않고 바로 흑1에 막는 것은 무모하다. 백2로 끊기면 단점이 너무 많아 수습이 불가능하다.

가령 흑3에 늘면 백4의 끊음이 통렬하지 않은가? 흑은 대책이 없다.

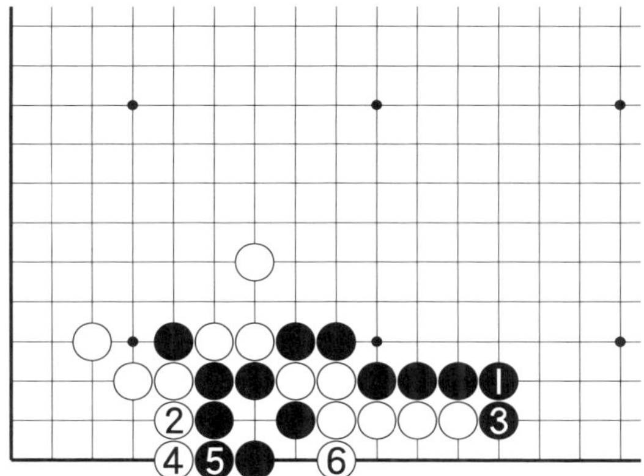

50도

1-50도(흑, 수부족)

또 흑이 살지 않고 이 그림처럼 1에 늘면 백2로 막혀서 수상전이 안 된다고 했다. 그 증명이다.

흑3에는 백4로 내려서는 수가 있고 흑5에는 백6으로 수부족이다.

2. 아래쪽 붙임에 치받기

1도

2-1도(밀어붙이기)

드디어 밀어붙이기의 등장이다. 흑1로 치받고 3에 젖히는 수법이 그 출발점이다.

책 한권으로도 모자랄 만큼 변화가 다양하고 난해하다. 다음 백은 a, b, c의 세 가지 선택이 있다.

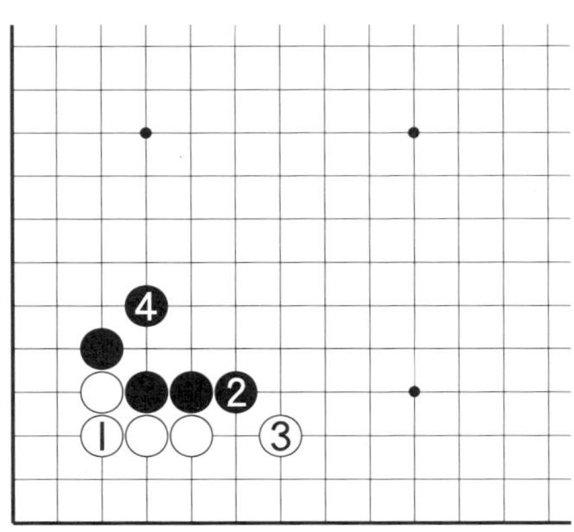

2도

2-2도(간단한 정석)

백1로 이으면 아주 간단하다. 흑은 두점머리를 피해 2로 느는 정도이므로 백3에 뛰어나가면 된다.

흑도 4에 호구쳐서 틀을 갖춰서 일단락이며 기본정석이기도 하다.

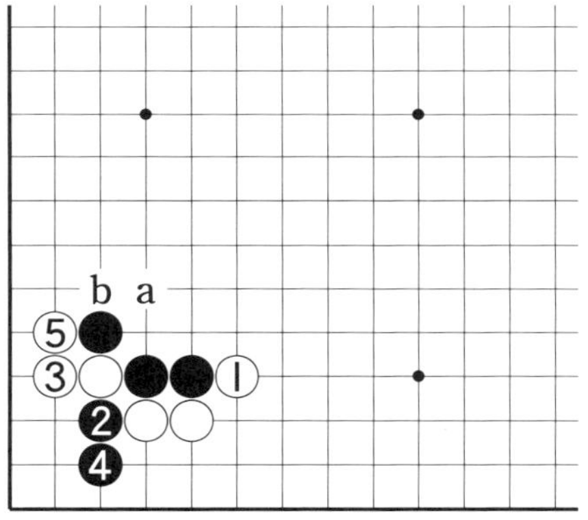

3도

2-3도(작은 밀어붙이기)

1도 다음 백1로 두점머리를 두드리고 싶을 것이다. 다음 흑2로 끊고 4에 내려서서 본격적인 '작은 밀어붙이기' 변화로 돌입한다.

백5의 꼬부림은 필연인데, 여기서 흑은 a와 b의 두 가지 선택이 있다.

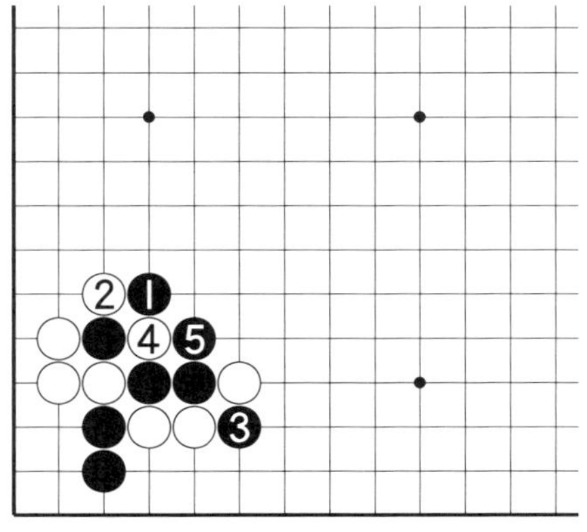

4도

2-4도(쉬운 코스)

흑1로 호구를 치는 변화가 그래도 좀 쉬운 코스다.

백2로 단수한 것은 필사의 한수이며, 그러면 흑3의 끊음은 예정된 행동이다. 백4로 따내고 흑5로 받은 다음….

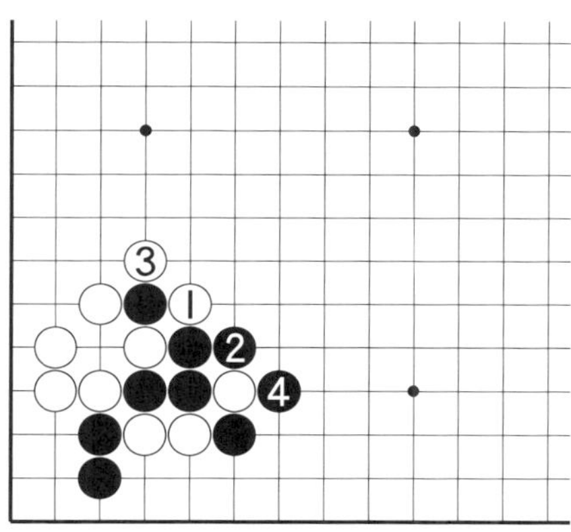

5도

2-5도(정석)

백은 1로 끊는다. 흑2는 어쩔 수 없으며 백3, 흑4로 서로가 빵빵 따내어서 이 정석이 완료된다.

호각의 갈림으로 볼 수 있으며, 상황에 따라 4를 손뺄 수도 있다.

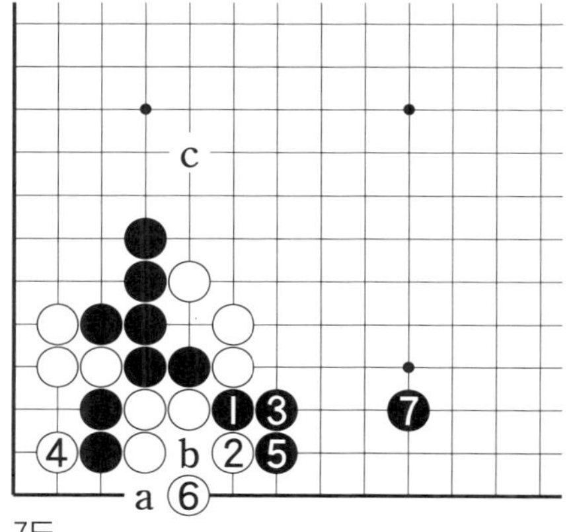

6도

2-6도(붙여 가는 수)

그런데 4도 2로는 이 그림 백1로 붙여 가는 수가 있다. 흑2가 절대일 때 백3을 마저 선수해 흑4로 잇게 하고 백5로 손을 돌린다.

이로써 백은 귀의 흑 두점을 잡을 수 있다.

2-7도(싸움 정석)

계속해서 흑1의 끊음에는 백2로 하나 몰아 놓고 4로 흑 두점을 잡는다. 흑5(흑a, 백b를 선수하고 둘 수도 있음)를 막고 7에 벌려서 일단락이다. 다음 백c에 씌워서 싸움이 시작된다.

7도

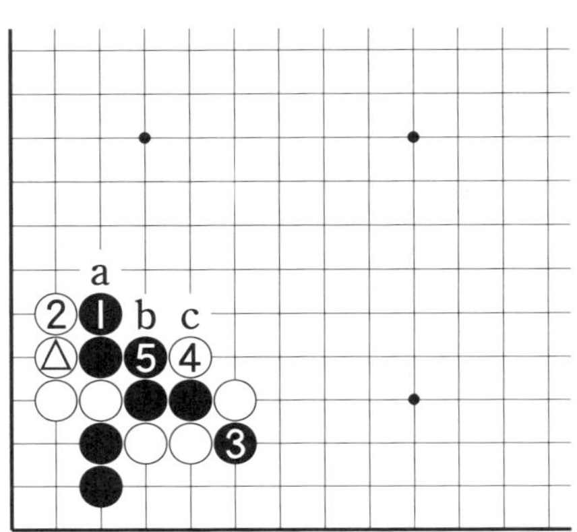

8도

2-8도(축관계)

백(△)에 대해 흑1로 느는 수는 축관계가 있다. 백2로 기어나왔을 때 흑3으로 끊는 수는 축이 유리하지 않으면 둘 수 없다.

백4, 흑5 다음 백a, 흑b, 백c로 모는 축을 가리킨다.

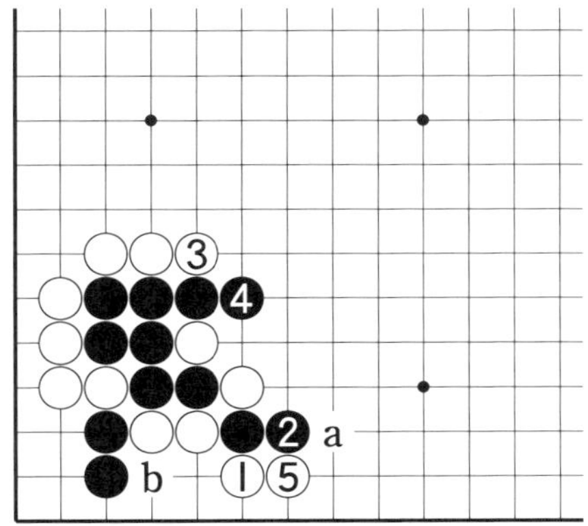

9도

2-9도(축이 불리해도)

흑은 축이 불리하면 큰일 나지만, 백은 설령 축이 불리하더라도 변신을 꾀할 수 있다.

요컨대 백1, 3, 5로 계속 단수해서 활용하는 수단이 있는 것이다. 이다음….

10도

2-10도(백, 재미있는 수)

백1로 아래쪽 한점을 2선에서 단수하는 것이 재미있는 수다. 흑2를 기다려 백3을 선수하고 다시 백5로 기어나간다.

다음 흑a는 백b로 귀의 흑 두점이 잡혀 버리므로….

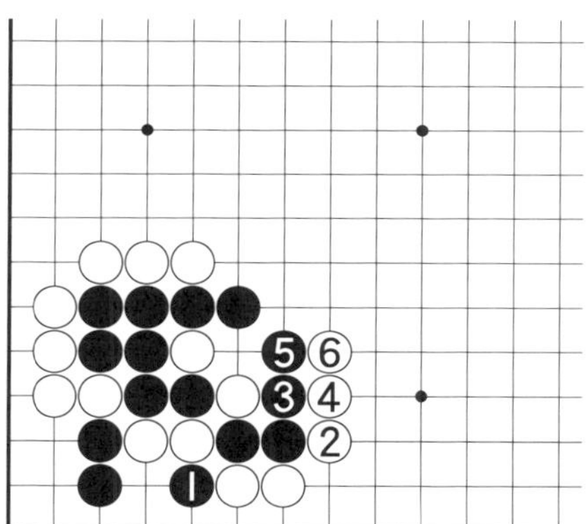

11도

2-11도(백, 나쁘지 않다)

흑1로 백 두점을 잡을 수밖에 없다. 그러면 백은 2 이하로 치고 올라가서 잡힌 돌을 최대한 활용한다. 백은 양쪽을 효과적으로 처리해 나쁘지 않은 결과를 얻어냈다.

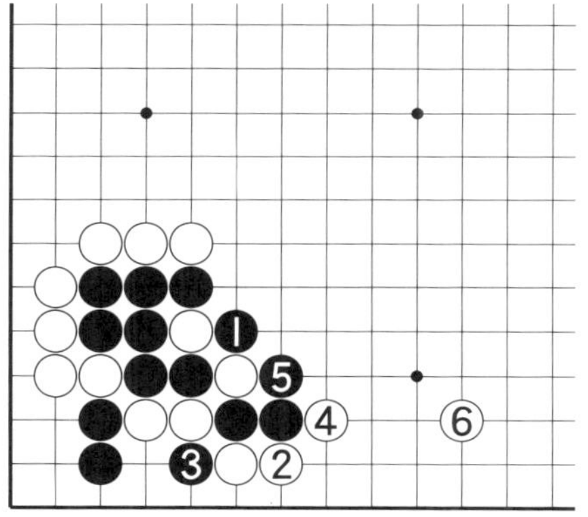

12도

2-12도(11도와 비교)

10도 흑4로는 이 그림처럼 흑1로 따내는 편이 낫다. 그러면 백은 2에서 4만 선수하는 정도이니까.

6까지 일단락인데, 11도와 비교해 보면 그 차가 확연하다.

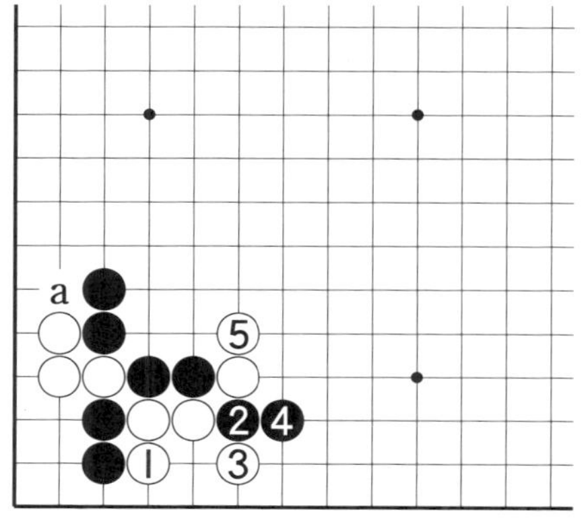

13도

2-13도(백, 또 다른 수단)

백은 축이 불리할 경우 또 다른 수단이 있다.

그것은 a로 기어나가지 않고 바로 백1로 꼬부려막는 수다. 흑2의 끊음은 필연이며, 백은 3에 몰고 5로 뻗는 것이 좋은 수순이다.

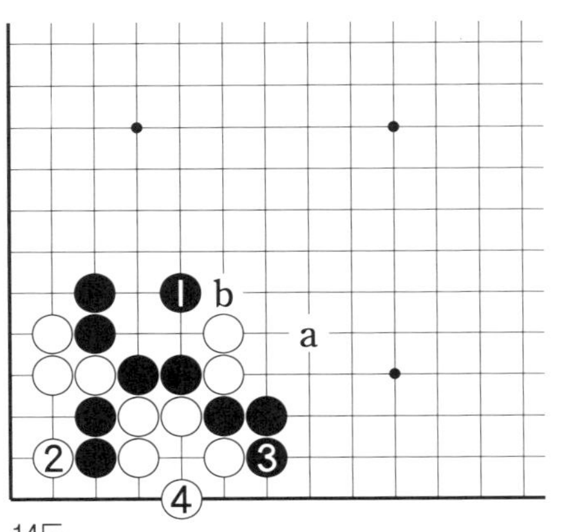

14도

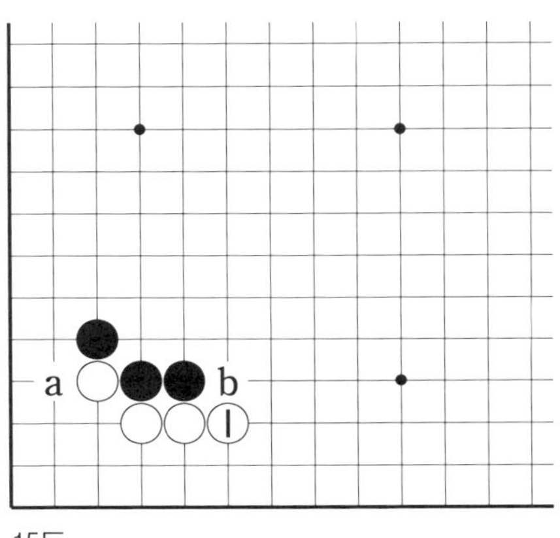

15도

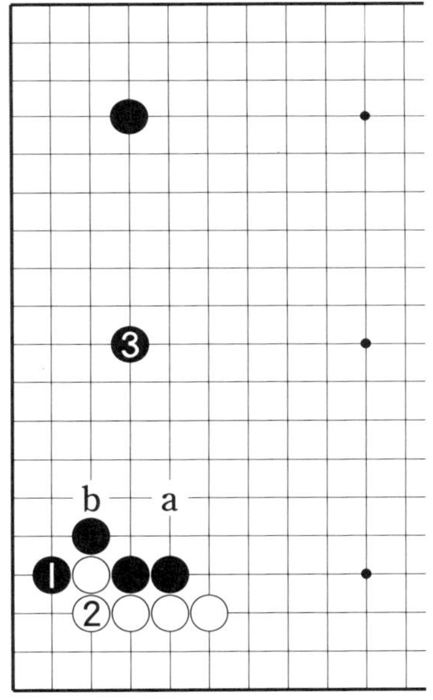

16도

2-14도(싸움)

앞 그림에 이어, 흑1의 한칸뜀은 행마의 틀이며, 백2에 흑3으로 막는 수는 필연이다. 다음 흑은 a로 날일자하거나 b에 밀어서 싸우게 된다. 또 3은 a, 백b를 선수하고 둘 수도 있을 것이다.

2-15도(온건? 천만에)

1도의 상황에서 백1로 점잖게 느는 수는 온건해 보이지만, 흑의 대응에 따라서는 아주 복잡한 큰 밀어붙이기의 변화로 갈 가능성이 크다. 흑a는 평탄한 길, 흑b는 지옥 같은 코스다.

2-16도(흑, 손빼는 착상)

좌상에 흑돌이 있는 이런 배석이라면 흑은 1로 하나 단수하고 손을 빼어 3으로 진영을 확장하는 착상도 유력하다. 다음 백은 a로 삭감하거나 b에 껴붙여 폭파하거나 둘 중 하나일 것이다.

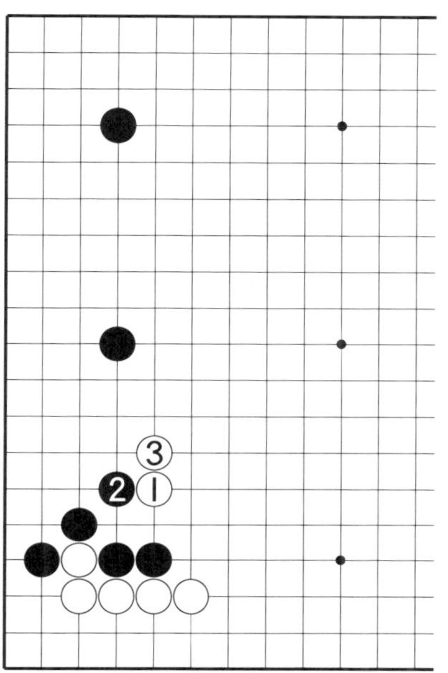

17도

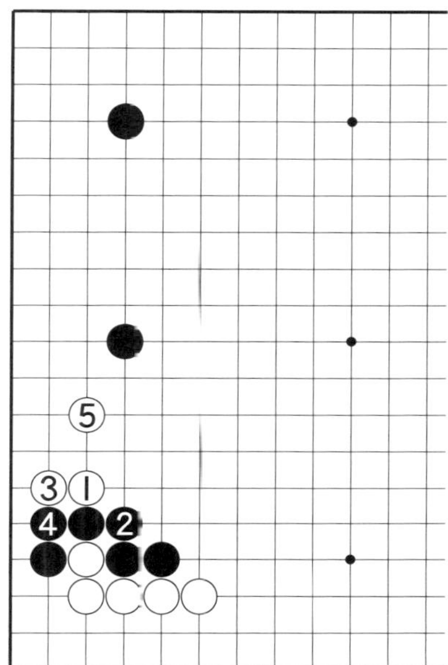

18도

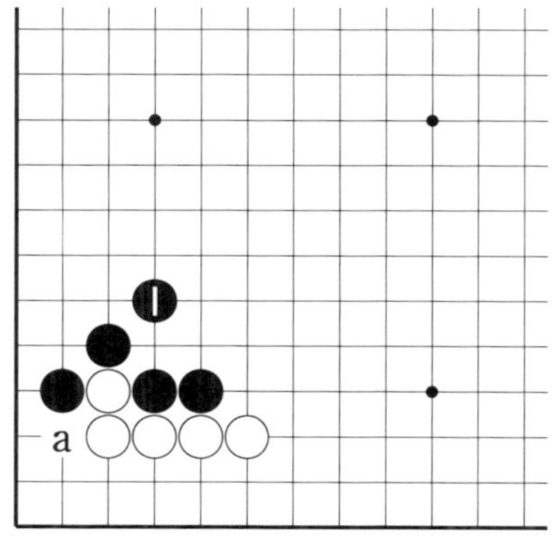

19도

2-17도(형태의 급소)

백1은 형터의 급소에 해당한다. 흑은 반발은커녕 2로 받는 정도다. 백3에 뭔가 받아야 하는데 아주 궁색하지 않은가? 흑이 오른쪽으로 나가는 수가 제약을 받고 있음에 주목하기 바란다.

2-18도(송두리째 파괴)

16도 다음 백1의 껴붙임은 흑진을 송두리째 파괴하자는 의도를 지닌 수다. 흑은 2로 위쪽을 잇는 정도일 것이다.

그러면 백3에 들여다보고 5에 뛰는 것이 틀이며 이제부터는 싸움이다.

2-19도(흑의 정수)

16도 백2 때 보통은 흑1로 호구치는 것이 정수이며 여기까지가 정형이기도 하다. 요즘 많이 두어지고 있는 진행이다. 다음 흑a로 기어드는 것이 실리로도 적지 않고 근거와도 관계된다는 점을 잊지 않도록 하자.

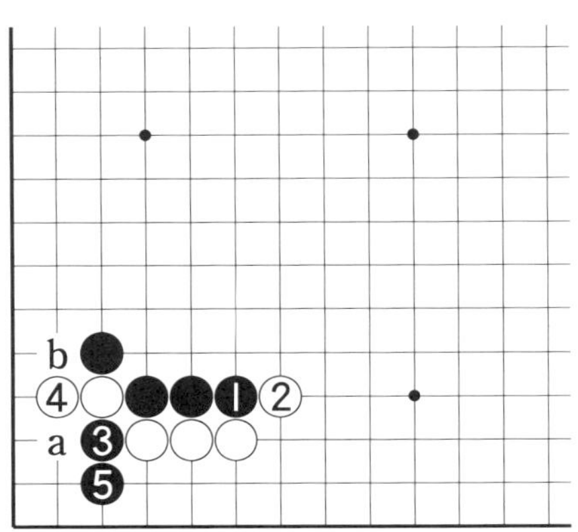

20도

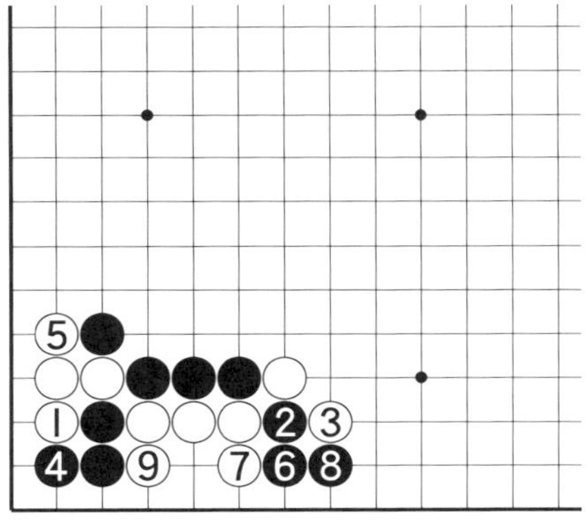

21도

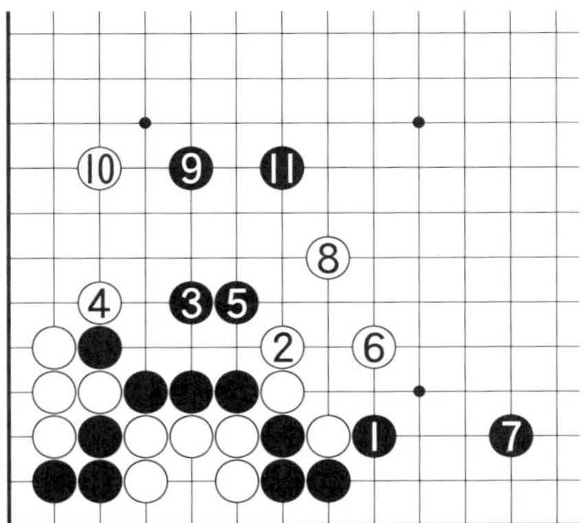

22도

2-20도(큰 밀어붙이기)

처음으로 돌아가서, 흑1로 따라붙고 백2로 젖히면 큰 밀어붙이기의 변화로 들어간다.

흑3으로 끊고 5에 내려서는 것이 출발점이다. 다음 백은 a와 b, 두 가지 선택이 있다.

2-21도(올바른 수순)

'큰 밀어붙이기' 가운데서 가장 쉬운 것 한 두 개만 소개하겠다.

자세히 파고들자면 책 한권도 모자란다. 백1로 안쪽으로 꼬부리면 흑2, 백3 때 흑4와 백5를 교환하고 흑6으로 나가는 것이 올바른 수순이다.

2-22도(대형정석)

계속해서 흑1 이하 11까지는 정석이지만, 이렇게 긴 수순을 꼭 두어야 하는 것일까?

바둑판 4분의 1도 넘어간 것 같다. 참고로 이런 것도 있다는 것을 알아두는 정도에 그치기를 바란다.

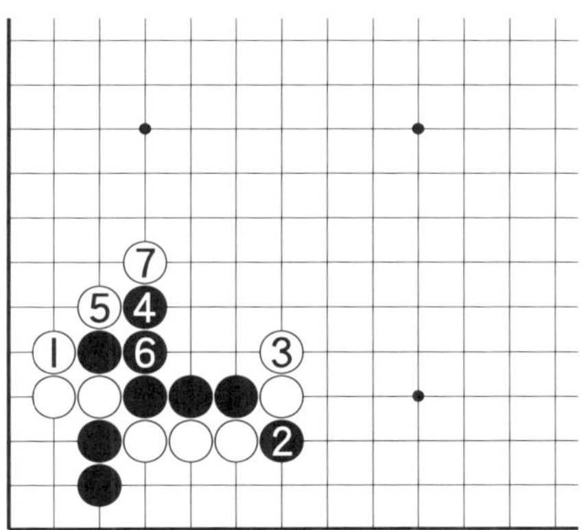

23도

2-23도(바깥쪽 꼬부림)

20도 다음 백1로 바깥쪽을 꼬부려도 역시 흑은 2로 끊는다. 백3에 뻗은 것은 이 한수이며 흑은 4에 호구치는 것이 보통이다.

그러면 백5로 단수하고 7에 젖혀서 흑을 죄어간다.

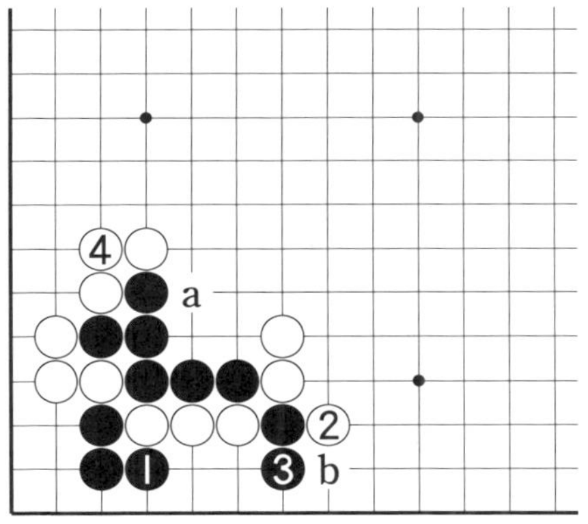

24도

2-24도(기본정석)

계속해서 흑1은 무난한 응수이며, 백은 2로 하나 단수해 두고 4에 잇는 것이 좋다.

여기까지가 기본정석이다. 다음 백은 a나 b를 선수할 수 있는 권리를 확보했다.

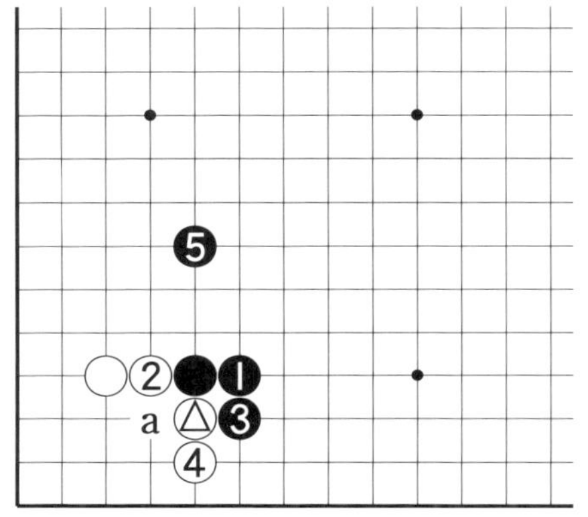

25도

2-25도(정석)

백△의 붙임에 흑1로 그냥 느는 수가 재미있다. 백2면 흑3을 선수하고 5에 뛰어서 정석이 완료된다.

2로 a면 흑은 손을 뺄 수도 있고, 또 3에 막아 1-1도로 돌아갈 수도 있다.

소목 한칸걸침 ☞ 위쪽 붙임

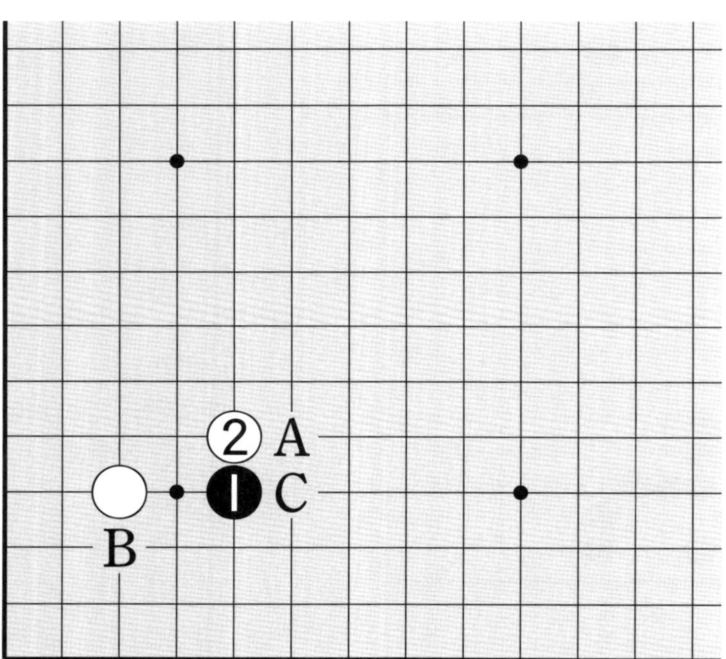

흑1의 한칸걸침에 대해 백2로 위쪽을 붙이는 수는 세력을 중시하는 착상으로 각광을 받아 왔다. 프로보다는 아마추어들이 좋아하는 수법이라고 할 수 있겠다. 아래쪽 붙임에 비해 변화가 그리 어렵지 않은 점도 아마추어의 구미에 맞는 것 같다.

다음 흑은 A의 젖힘과 B의 붙임, 두 가지가 주로 쓰이는 대응이다. C로 느는 수도 없지는 않지만 그것은 B로 붙이는 변화 속에 포함시켰다.

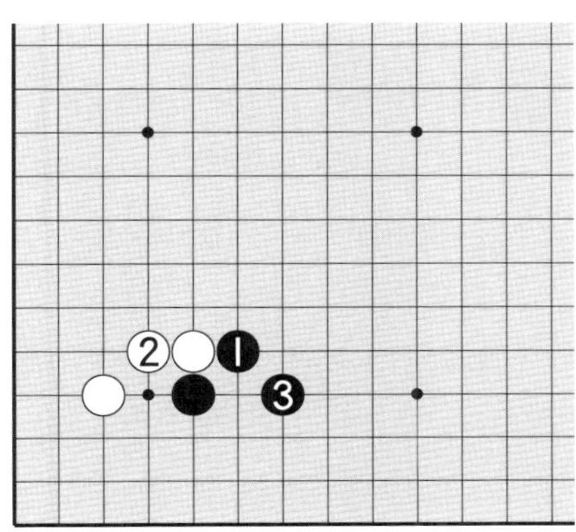

1도

1-1도(기본정석)

흑1로 젖히는 수부터 검토해 보겠다. 백2로 끌면 가장 간명한 기본 정석의 코스로 진행된다. 이어 흑3으로 호구치는 수가 무난하다.

이것으로 정석이 완료되었다고 봐도 좋으며….

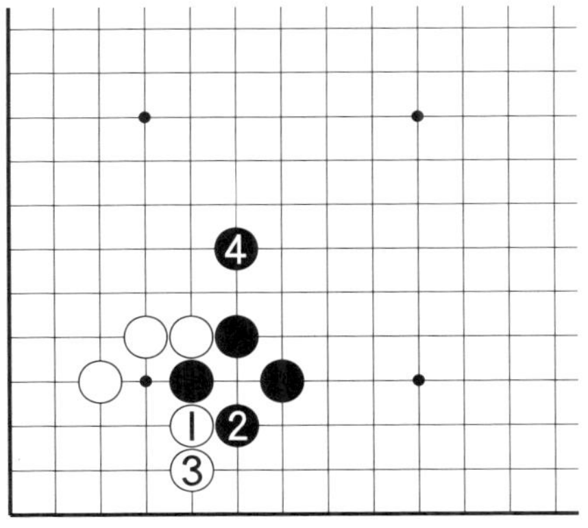

2도

1-2도(실리 vs 세력)

더 둔다면 백1로 붙이고 3에 내려서서 귀를 지키는 것이 좋다. 실리를 중시한 수법이다.

흑도 4로 뛰어 중앙을 중시하는 전략으로 나가게 된다. 실리와 세력의 갈림이다.

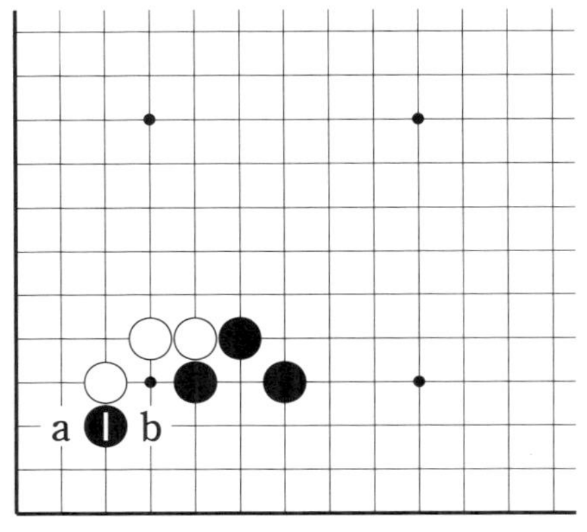

3도

1-3도(정석 이후/ 흑 차례)

1도 다음에 흑이 둘 기회가 온다면 흑1로 3三의 곳을 붙여 간다.

형태상의 급소로 백도 응수가 간단치만은 않다. a와 b, 두 가지 선택이 있는데, 어느 수가 최선일까?

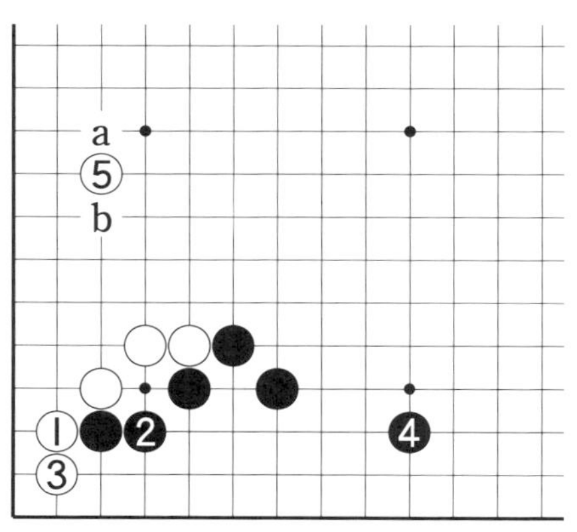

4도

1-4도(백, 다소 소극적)

백1은 간명한 수법이지만 다소 소극적인 태도다. 흑2로 끌 때 백3은 매우 중요한 수다. 실리와 근거의 요소일 것이다.

5로 좁힌 것은 a까지 벌릴 경우 흑b의 침입이 있기 때문이다.

1-5도(백, 강력한 수법)

3도 다음 백1로 안쪽에서 젖혀나가는 것이 강력한 수법이다.

다만 축이 유리하면 더욱 좋은 결과를 이끌어낼 수 있다. 흑2의 끊음에 백3을 선수하고 5쪽에서 흑 한점을 단수한다.

5도

1-6도(흑이 두텁지만)

계속해서 흑1, 3을 선수하고 5의 축으로 몰아서 일단락된다. 흑이 두텁지만 백은 축머리를 활용할 수 있어 나쁘지 않다.

그건 그렇고 이 축이 안 된다면 흑은 달리 두어야 한다.

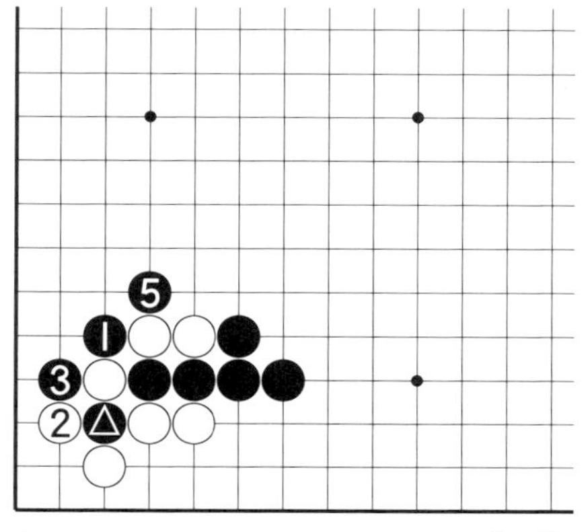

6도　　　　　　　　④‥▲

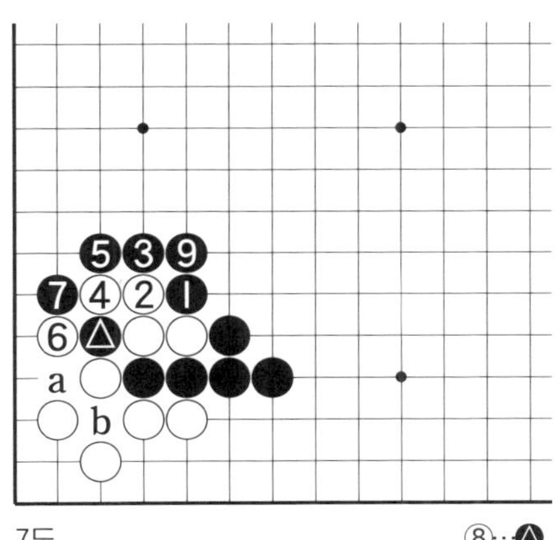

7도

1-7도(흑의 차선책)

즉, 흑은 △를 버릴 수밖에 없다. 흑a, 백b의 교환을 하지 않고(그 까닭은 다음 그림에서) 그냥 1 이하로 버리고 세력을 얻는 것이 올바르다.

두터우므로 그런 대로 흑도 둘 만하다.

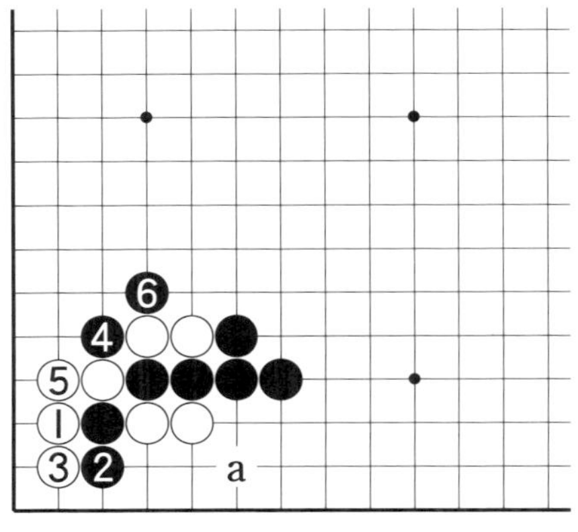

8도

1-8도(끝내기상 이득)

흑1로 뛰고 백이 손을 뺄 때 흑3에 두었다고 가정한다. 여기서 흑a에 두어서 백b로 받게 하고 흑c에 둘 사람이 있을까?

그냥 흑c에 두는 것이 이득이다. 7도의 수순이 옳았다.

9도

1-9도(백, 당하다)

5도 5로 이 그림 백1에 단수하는 것은 잘못이다.

흑2로 키워서 버리는 것이 호수여서, 4에서 6의 축으로 잡은 다음 흑a의 선수가 남았다. 6도와는 큰 차로, 백이 당했다.

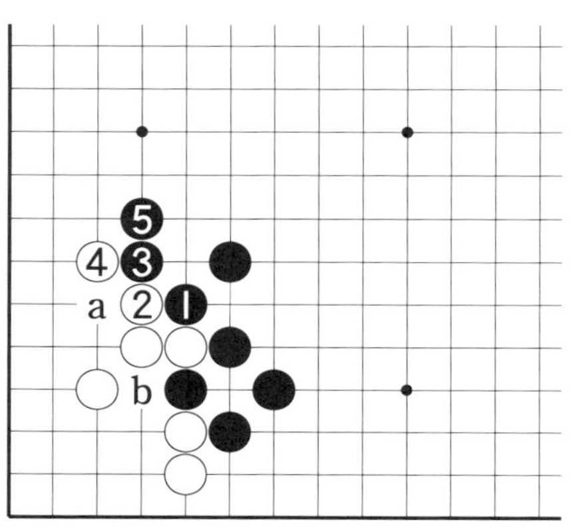

10도

1-10도(팁/ 흑 차례)

2도 이후 흑이 둘 기회가 온다면 1로 호구치는 것이 급소다. 백2에는 흑3에 젖히고 5로 늘어 둔다.

　다음 흑a의 끊음이 좋은 활용으로, b를 보고 있어 백도 얌전히 받아야 한다.

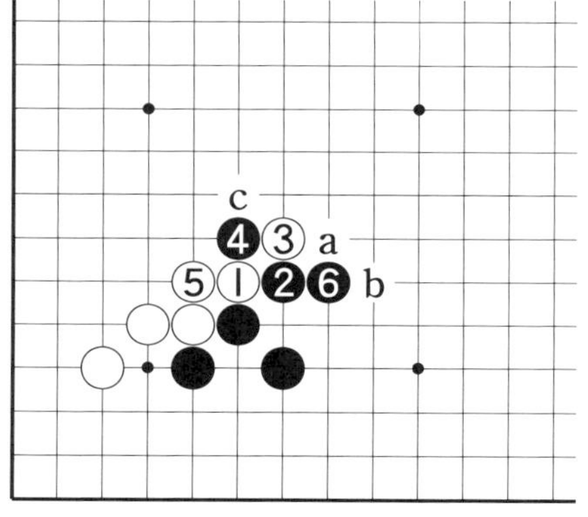

11도

1-11도(백, 세력 확장)

처음으로 되돌아가, 1도 다음 백1, 3으로 이단젖혀서 이쪽 세력을 확장하는 수법도 흔히 쓰인다.

　흑4, 6은 이렇게 둘 곳이며, 다음 백a 때 흑b는 백c로 잡혀 다소 소극적이다. 따라서….

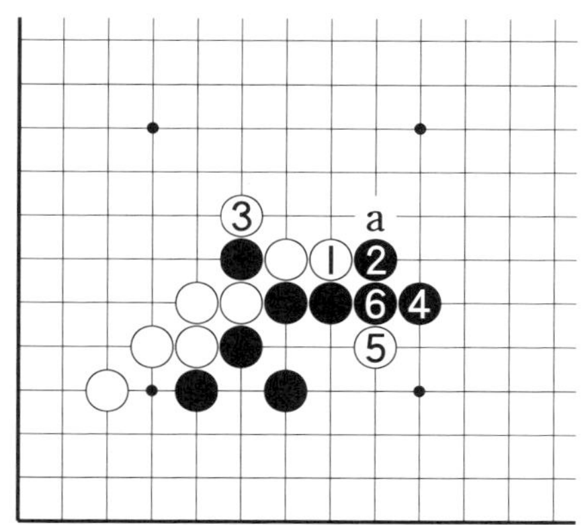

12도

1-12도(정형)

백1에는 흑2로 젖히는 한수다. 여기서 백3으로 그냥 흑 한점을 잡으면 흑4로 호구치는 것이 견고하다.

　백5는 손해 없는 활용이며 6까지 정형이다. 4는 a에 뻗는 수도 가능하다.

204

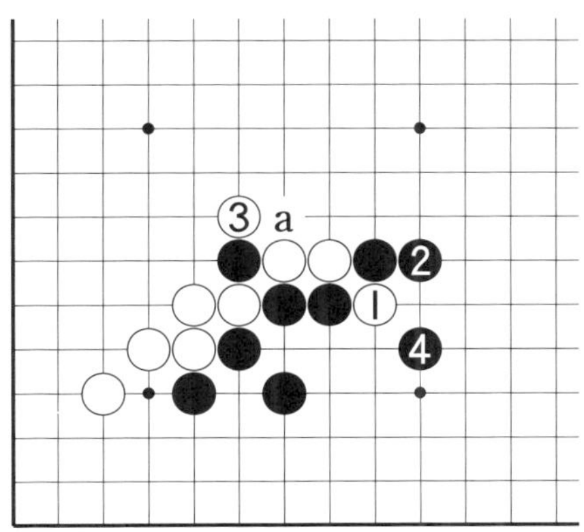

13도

1-13도(맞보는 수)

앞 그림 3으로는 이 그림 백1에 끊어 두는 수가 재미있다. 흑2는 a의 축과 4의 장문을 맞보는 수이지만 나쁜 맛을 남긴다.

그건 그렇고 흑은 축이 안 되면 애초에 곱게 늘어야 한다.

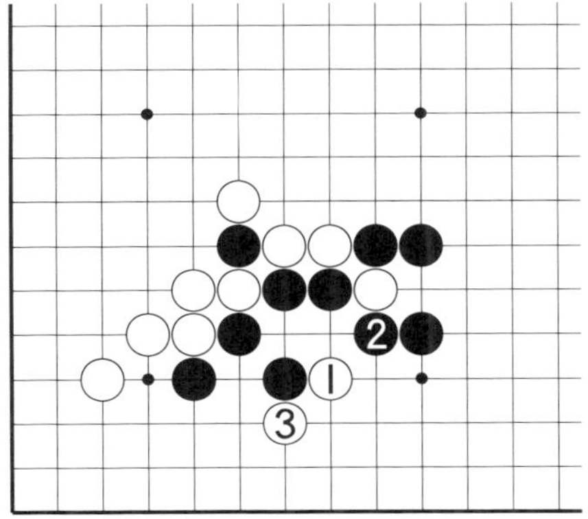

14도

1-14도(나쁜 맛)

나쁜 맛이란 흑의 형태의 결함을 노려 백1로 붙이는 수를 가리킨다. 흑2로 받을 때 백3의 젖힘이 아주 고약하다.

요컨대 흑은 자충 때문에 응수하기가 쉽지 않은 것이다.

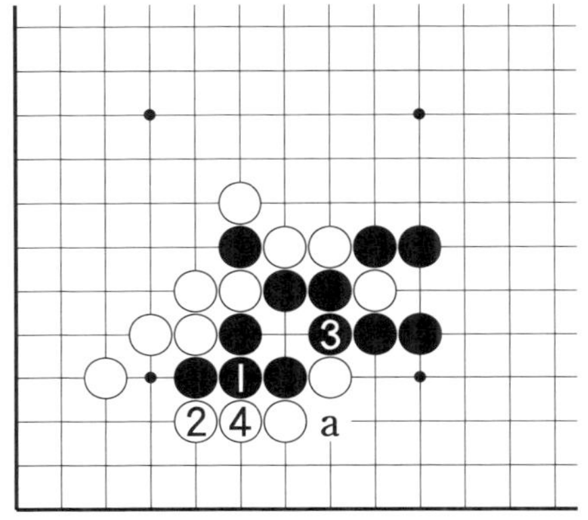

15도

1-15도(백2, 맥점)

계속해서 흑1로 이으면 백2로 붙이는 것이 자충을 끈질기게 추궁하는 맥점이다.

흑3에는 백4로 건너서 막대한 이득을 봤다. 3으로 a에 끊어도 백은 역시 4에 잇는다.

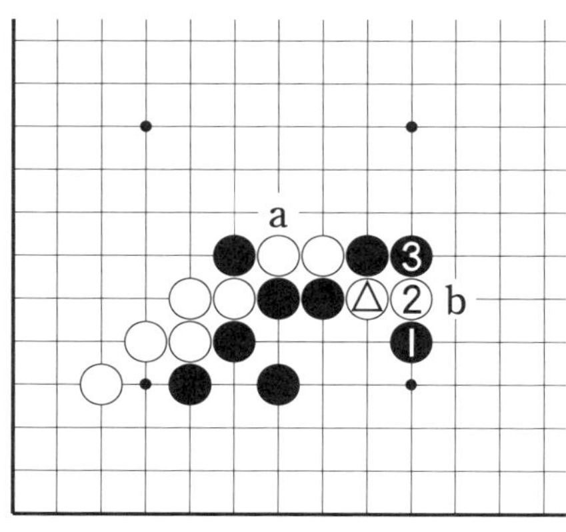

16도

1-16도(멋진 맥점)

백이 △로 끊었을 때 흑1로 슬쩍 비키듯이 씌우는 수가 멋진 맥점이다. 백2면 그때 비로소 흑3으로 따라붙는 것이 좋은 수순이다.

다음 a의 축과 b로 잡는 수를 맞보고 있다.

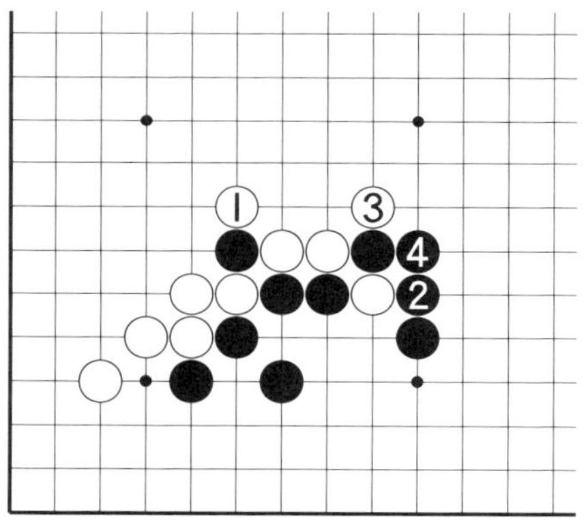

17도

1-17도(흑의 정수)

그러므로 앞 그림 흑1에 백은 가만히 1로 손을 돌릴 수밖에 없다. 흑은 2로 잡는 것이 정수다. 백3을 한 방 당하지만 기분 나쁠 게 없다.

앞서의 13도와는 달리 맛이 전혀 없다.

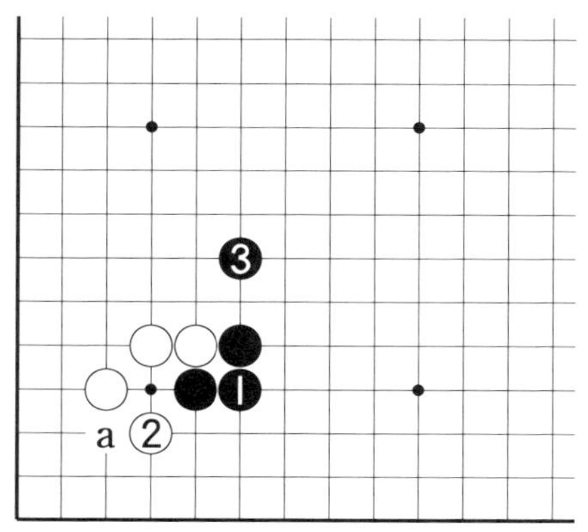

18도

1-18도(실리 vs 세력)

백이 위쪽을 붙이고 끊었을 때 흑1로 꽉 잇는 수도 유력하다. 그러면 백은 흑a로 붙이는 수를 방비해 2로 마늘모한다. 흑3으로 뛰어서 실리와 세력의 갈림인 정석이다.

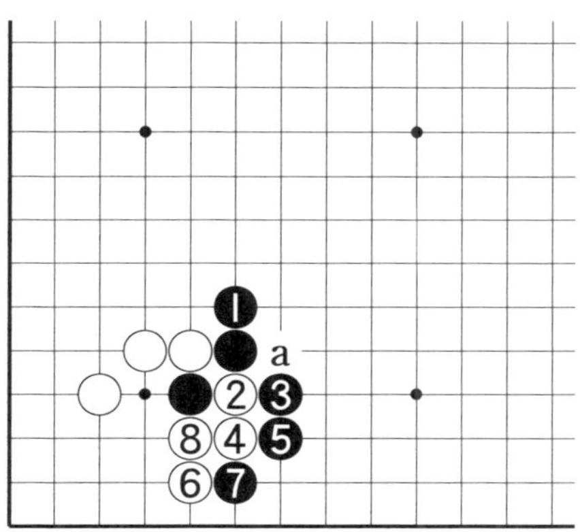

19도

1-19도(흑, 세력지향)

잇거나 호구치지 않고 흑1로 올라 서는 것은 세력지향적인 수법이다. 백2의 끊음은 필연이며 8까지가 정석이다.

단, 백a에 끊었을 때 흑이 축으로 잡을 수 있어야 한다는 조건이 붙는다.

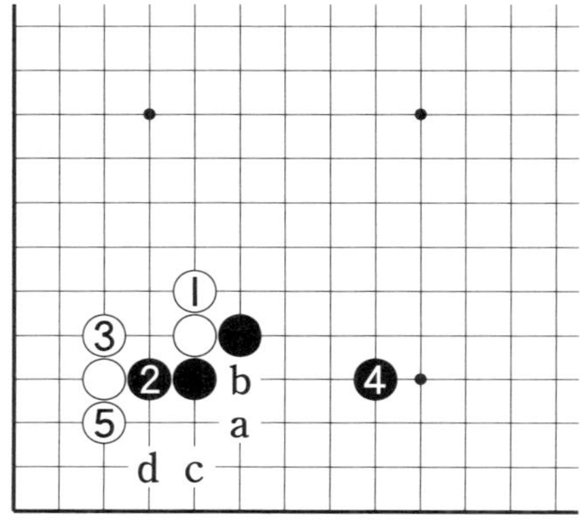

20도

1-20도(귀가 불완전)

앞 그림 6은 행마의 급소다. 이 그림처럼 백1에 내려서고 흑2를 두게 하면 선수를 뽑을 수는 있지만 귀가 불완전하다.

흑a(끝내기의 맥점!), 백b, 흑c의 수단이 있어 귀가 다친다.

1-21도(기본정석)

1도처럼 끌지 않고 백1에 뻗으면 흑은 2로 치받고 4에 벌리게 된다. 5까지는 기본정석으로 다음 백은 a, 흑b, 백c가 큰 수다.

흑이 둔다면 d에 뛰어서 지키는 것이 틀이다.

21도

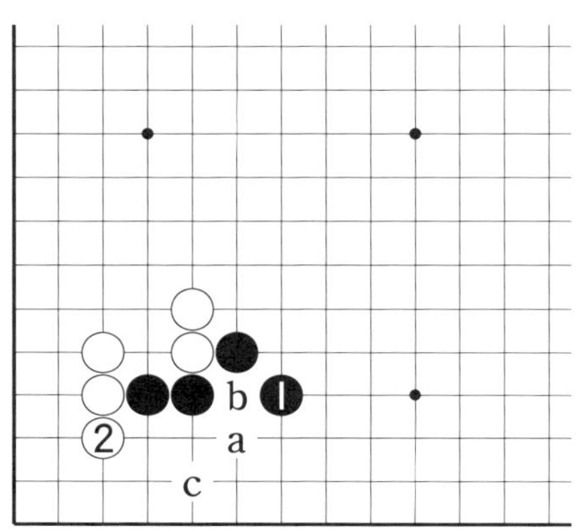

22도

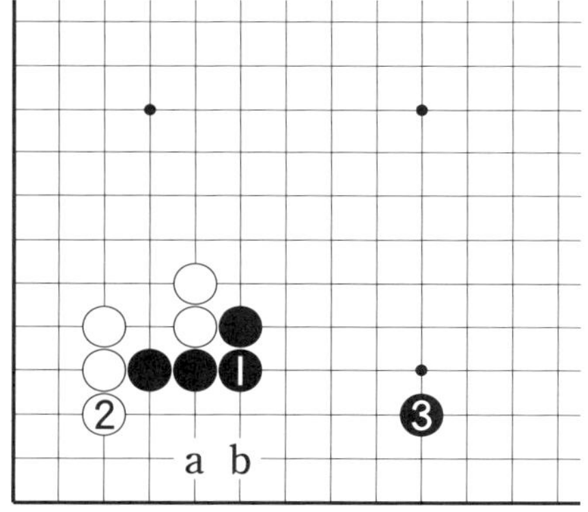

23도

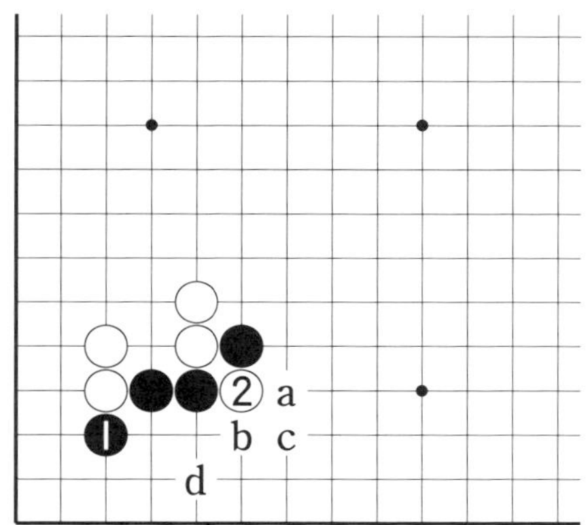

24도

1-22도(백, 다소 유리)

앞 그림 4로는 이 그림처럼 흑1로 호구치는 수도 있지만 이것 역시 백2가 다음 백a, 흑b, 백c를 보고 있어 흑이 실리에 헤픈 느낌이다.

　백이 다소 유리한 갈림이다. 따라서 1로는….

1-23도(호각의 갈림)

이 그림 흑1로 꽉 잇는 것이 좋다. 백2로 내려설 때 흑3에 벌리면 앞 그림과는 큰 차다.

　즉, 다음 백a에 흑b로 받아 백의 진출을 저지할 수 있으니까. 호각의 갈림이다.

1-24도(흑, 실리에 민감)

21도 백3의 상황에서 흑1로 젖히는 것은 실리에 민감하다. 이곳을 백에게 허용해서는 안 되겠다는 발상일 것이다. 백2의 끊음은 준엄한 반격이다.

　다음 흑a, 백b, 흑c는 백d가 있어 흑이 안 되므로….

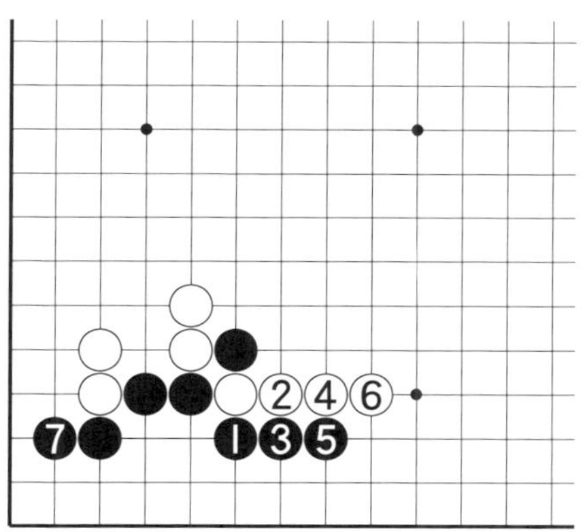

25도

1-25도(흑, 귀를 차지)

흑은 1쪽에서 단수하게 된다. 백2에는 흑3, 백4에는 흑5로 하나 더 기어 놓고 7로 쑤욱 빠져서 귀를 차지한다.

여기서 백에게 멋진 응수타진의 맥점이 있다. 그곳은?

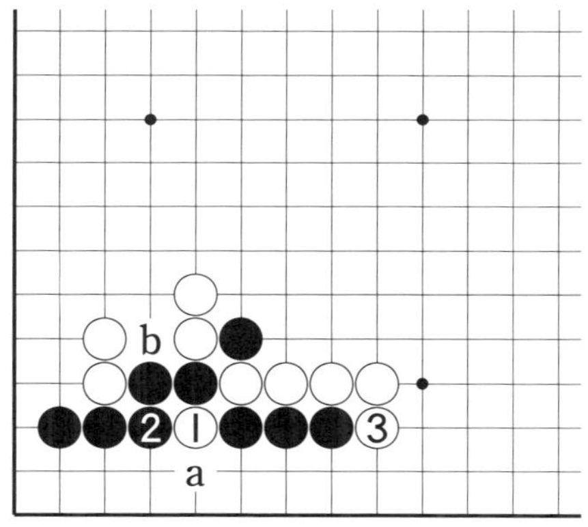

26도

1-26도(백, 두텁다)

백1로 하나 끊어서 흑의 응수를 묻는 것이 맥점이다. 지금이라면 흑은 2로 받을 수밖에 없다. a로 받으면 b의 곳 단점을 노릴 수가 없으니까. 정형이지만 백이 두텁다는 평가다.

2. 위쪽 붙임에 붙임

2. 위쪽 붙임에 붙임

2-1도(붙임에 붙임)

거슬러 올라가, 백의 위쪽 붙임에 흑도 1로 3三에 같이 붙이는 수법도 크게 유행한 시절이 있었다.

다음 백의 대응은 a로 끄는 수, b에 젖히는 수, c로 치받는 수 등이 있다.

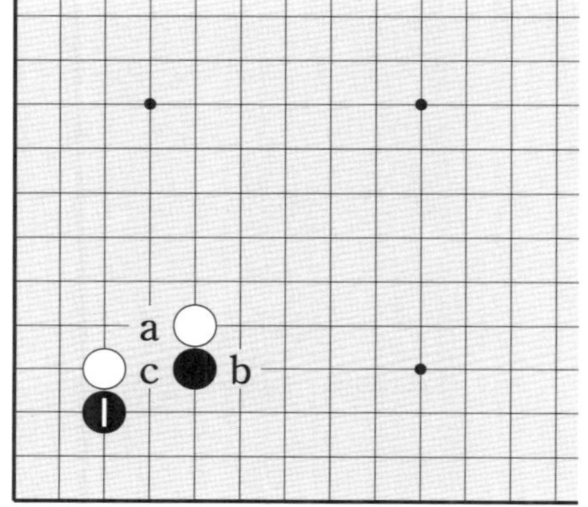

1도

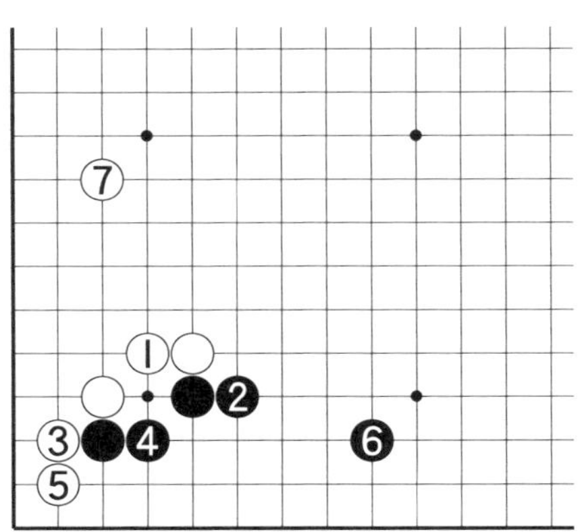

2도

2-2도(호각의 갈림)

백1로 끌면 어려운 변화는 없다. 흑도 2에 느는 것이 간명하다. 백3에 흑4로 끌고 6에 벌린다.

7까지가 기본정석인데 흑은 선수라는 점이 자랑이다. 호각의 갈림으로 봐도 좋을 것이다.

2-3도(흑, 특수한 발상)

앞 그림 2로 이 그림처럼 흑1로 2선을 젖히는 수가 있다. 실리에 짠 수법으로 백2에 흑3, 5로 귀를 차지한다.

주변의 배석관계에 따라 선택이 가능한 특수한 발상이다.

3도

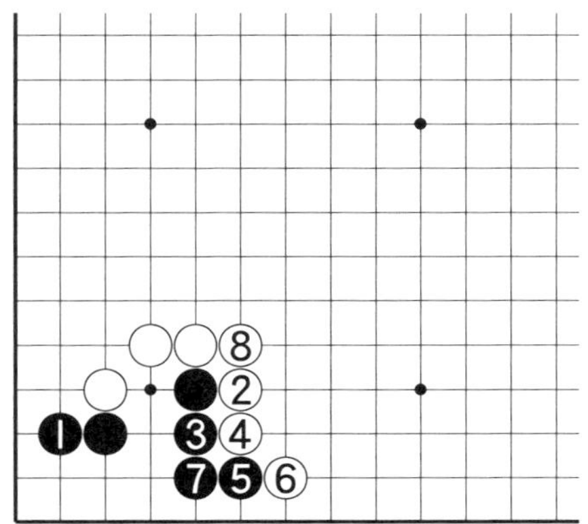

4도

2-4도(백, 유리)

1도 2로 흑1에 내려서는 것은 지나친 실리전법으로 그다지 좋지 않다. 백은 2로 젖히고 4로 막아 버린다.

8까지 일단락되고 보면 세력이 돋보이는 백이 유리한 갈림이다.

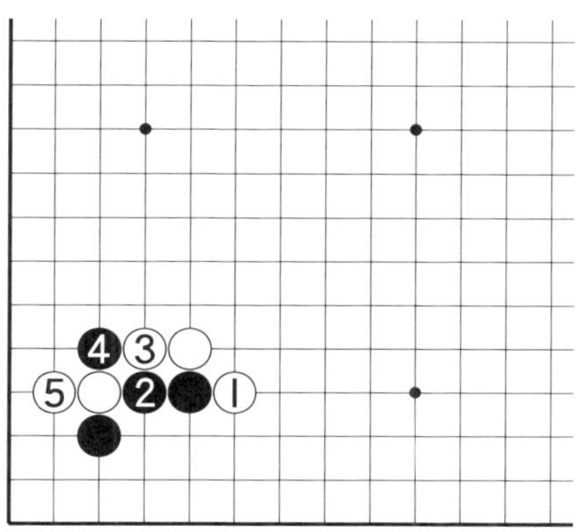

5도

2-5도(치받음이 상식)

1도 다음 백1로 젖히면 흑은 2로 치받는 것이 상식이다.

두점머리를 스스로 얻어맞는 모습이어서 두기 거북한 행마이지만, 후속수가 준비되어 있어 오랫동안 통용되어 왔다. 흑4, 백5 다음….

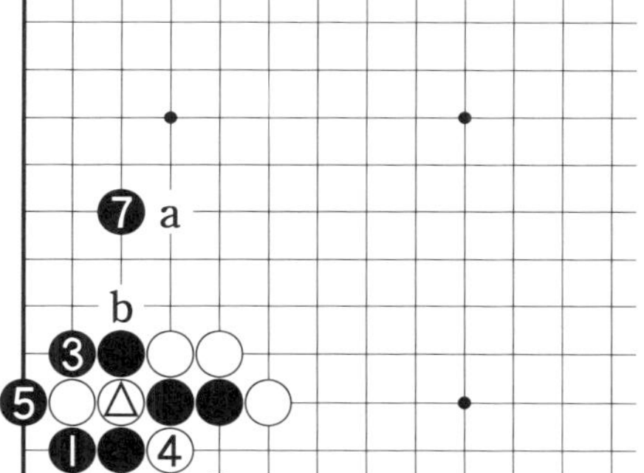

6도

⑥‥△

2-6도(기본정석)

흑1은 옳은 방향이며 백2의 날일자는 급소다.

흑3 때 백4에서 6으로 먹여치는 것이 중요하며, 흑7(또는 a)로 벌리기까지가 기본정석이다. 3으로 4에 잇는 것은 백b를 당해 나쁘다.

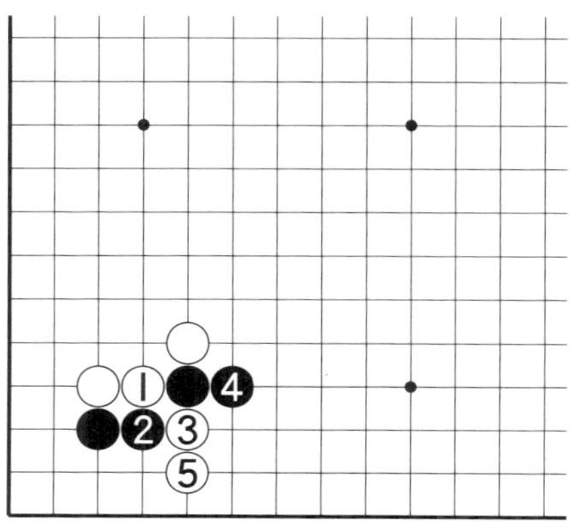

7도

2-7도(백, 무서운 수법)

백의 붙임 대 흑의 붙임 때 백1로 무식하게 치받고 3에 끊은 후 5로 내려서는 무서운 수법이 있다.

이 변화는 축관계가 있는데, 백은 축이 불리할 경우 좋은 결과를 얻기 힘들다.

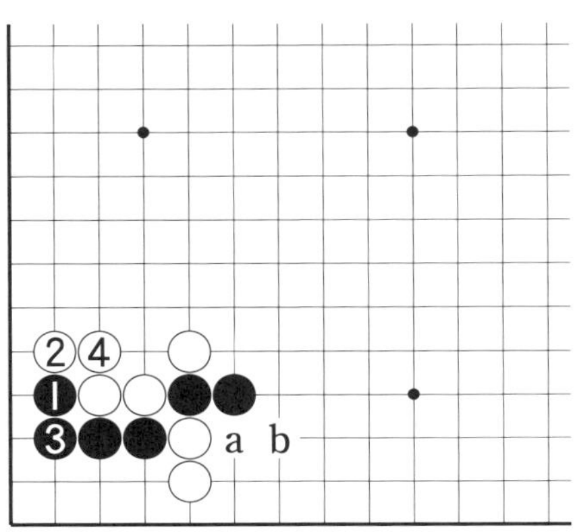

8도

2-8도(축관계에 따라)

계속해서 흑1, 3의 젖혀이음은 절대다. 백4로 이을 때 흑의 앞에는 a와 b, 두 가지 선택이 놓인다.

흑은 축이 유리하면 a로 두어서 백을 잡고, 불리하면 b로 귀를 버린다.

2-9도(백, 아웃)

흑1로 꼬부려 막는 것은 축이 유리할 때 쓰는 올바른 수법이다.

백2에는 늦추지 않고 바로 흑3에 막는다. 백4, 6에 흑7이면 백 석점은 아웃이다. 다음 백a나 b의 축이 안 되니까.

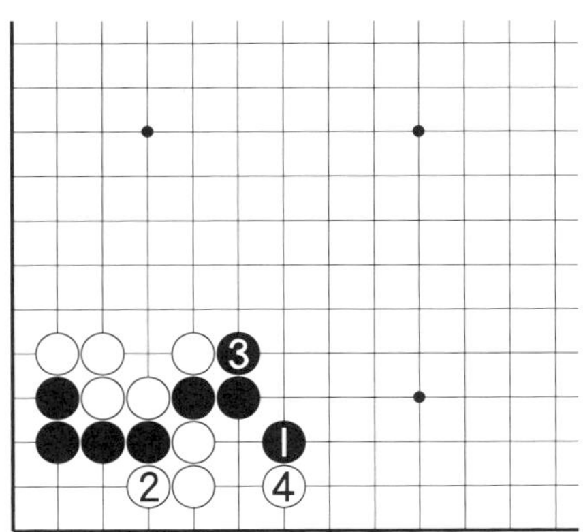

9도

2-10도(올바른 수순)

흑은 축이 불리할 경우 1에 마늘모해야 한다. 백2도 중요한 수다. 경솔하게 4에 먼저 붙이면 흑에게 2의 곳에 막혀 곤란하다.

흑3에 꼬부릴 때 백4의 붙임이 올바른 수순이다.

10도

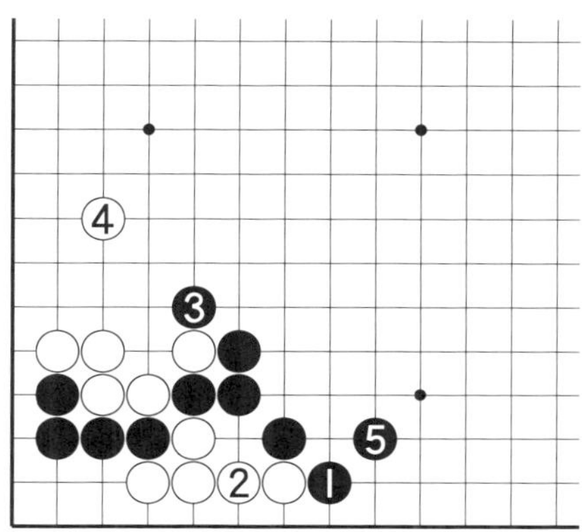

11도

2-11도(백, 유리한 갈림)

앞 그림에 이어, 흑1에 백2로 빳빳하게 이음으로써 귀의 흑과의 수상전은 이 자체로 백의 승리다.

5까지 흑도 두텁지만 백의 실리 쪽이 낫다는 것은 두말할 나위도 없다.

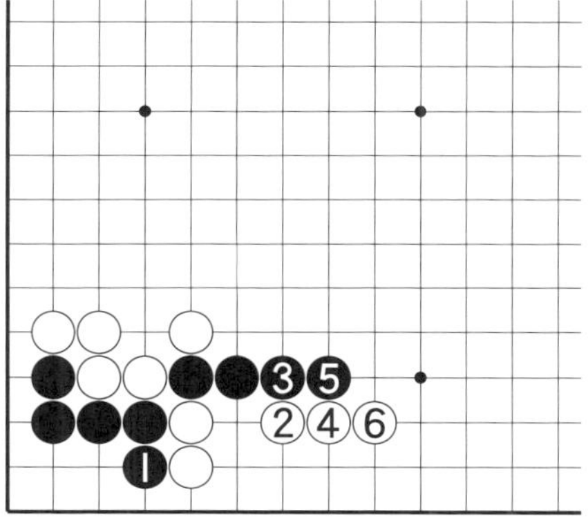

12도

2-12도(한수 더)

10도 1로 이 그림 흑1에 막아 귀를 살리려는 것은 좋지 않다.

백2는 당연하며 흑이 3, 5는 선수할 수 있지만, 결국은 귀로 손을 되돌려서 한수 더 두어야 하는 점이 아프다.

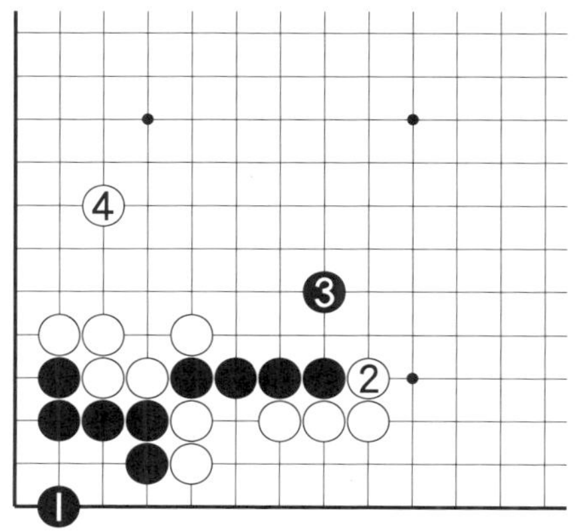

13도

2-13도(백, 유리한 싸움)

그렇다. 흑은 1이 필요하다. 이렇게 후수로 사는 점이 참 구차하다.

백2의 꼬부림이 두터운 수이며, 흑3을 기다려 백4로 싸울 채비를 갖춰서 백이 유리한 싸움임이 명백하다.

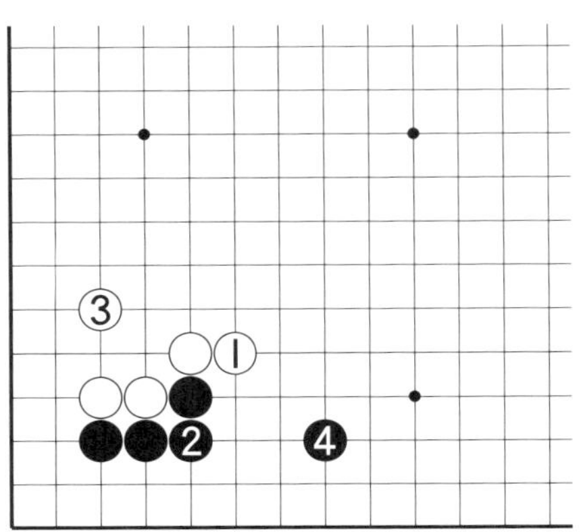

14도

2-14도(기본정석)

백은 축이 불리할 경우, 애초 7도 흑2에 1로 점잖게 뻗는 것이 상식이다.

흑2로 꽉 이을 때 백3으로 틀을 갖춘 것은 모범적인 행마법이며 흑4까지가 기본정석이다.

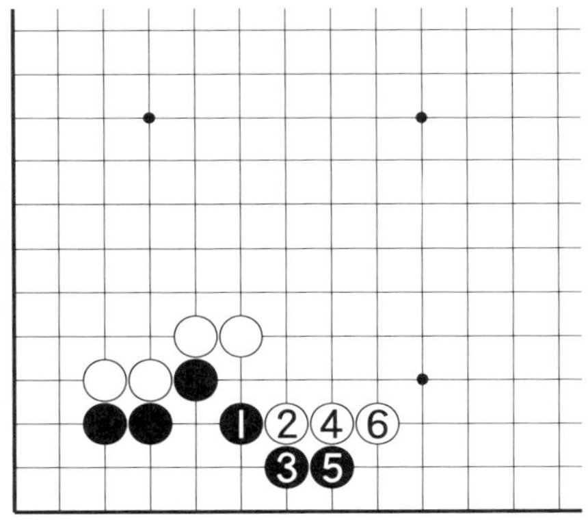

15도

2-15도(흑, 호구치면)

잇지 않고 흑1로 호구치는 수도 있다. 백은 여기서 두 가지 선택이 있는데, 그 중 하나가 2로 붙이는 수다. 흑3에는 백4, 흑5에는 백6으로 선선히 늘어 둔다. 계속해서….

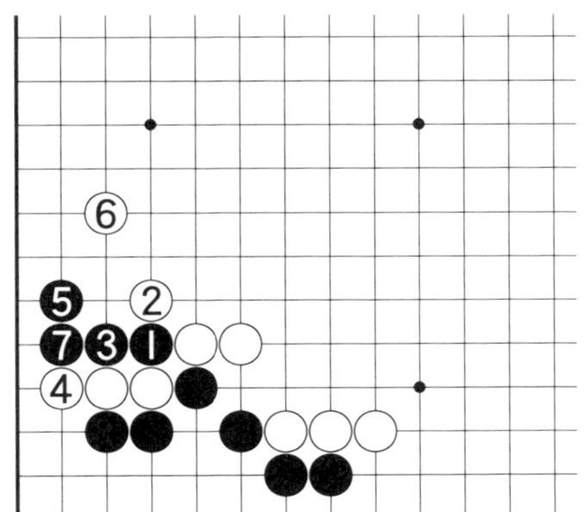

16도

2-16도(키워 버리다)

흑1의 끊음에 백2로 단수하고 4에 내려서서 키워 버리는 것이 좋은 수법이다. 흑5의 마늘모는 응수의 틀로 7까지 정석이다.

5로 7은 백5를 불러 완벽하게 싸발리므로 좋지 않다.

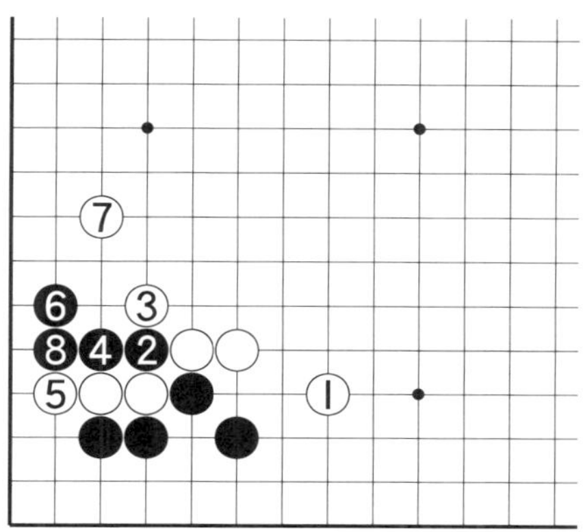

17도

2-17도(정석)

15도 흑1 때 느긋하게 백1의 날일자로 씌우는 것도 유력한 수법이다. 흑2의 끊음에 백3, 5는 바로 앞에 나온 수법 아닌가?

8까지 역시 정석의 하나다. 16도와는 우열을 가리기 어렵다.

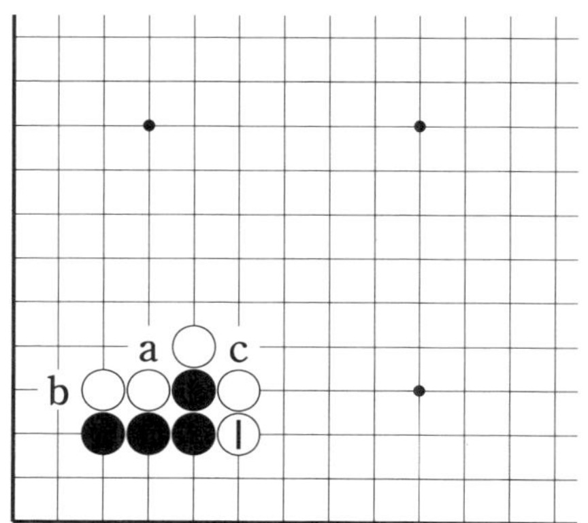

18도

2-18도(백, 다소 불만)

7도 흑2의 상황에서 백1로 단수하는 것은 간명한 코스를 지향하는 수법이다. 흑2에 백3으로 호구치면 어려운 변화는 없다.

다만 4까지의 갈림은 백이 다소 불만이라고 봐야 한다.

19도

2-19도(세 가지 선택)

그런데 앞 그림 3으로는 이 그림처럼 1이 막는 수가 강력하다. 무리한 것 같아도 의외로 재미있는 수법이다.

다음 흑은 a, c의 끊음과 b의 젖힘, 이렇게 세 가지 선택이 있다.

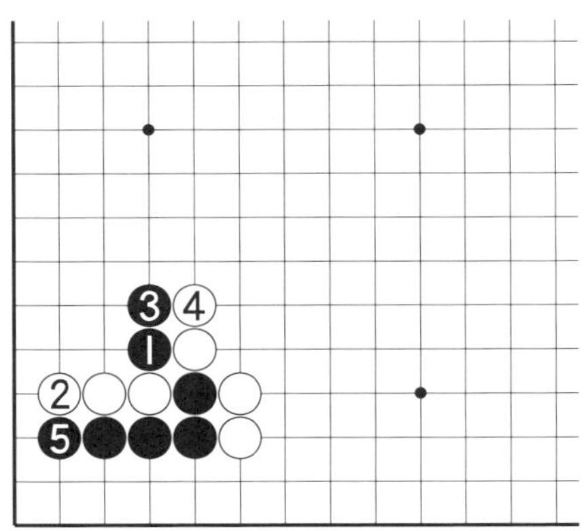

20도

2-20도(흑, 조금 느슨)

먼저 흑1쪽을 끊는 변화부터 검토해 보겠다. 백2는 여차하면 이 돌을 버리겠다는 속셈이다.

흑3에 백4는 우격다짐의 수인데, 겁을 먹고 흑5로 귀를 막는 수는 조금 느슨하다.

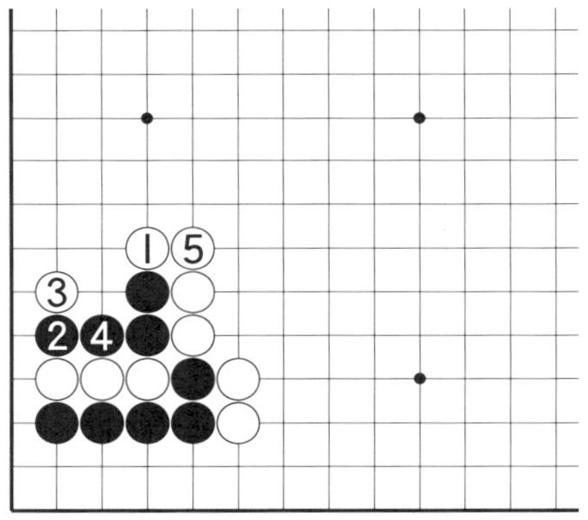

21도

2-21도(백, 다소 유리)

계속해서 백1의 두점머리가 통렬하다. 흑2에 백3을 하나 잽을 던져서 선수하고 5로 꼭 이어서 두터운 모습이다.

실리와 세력의 갈림이지만 백이 다소 유리하다고 판정된다.

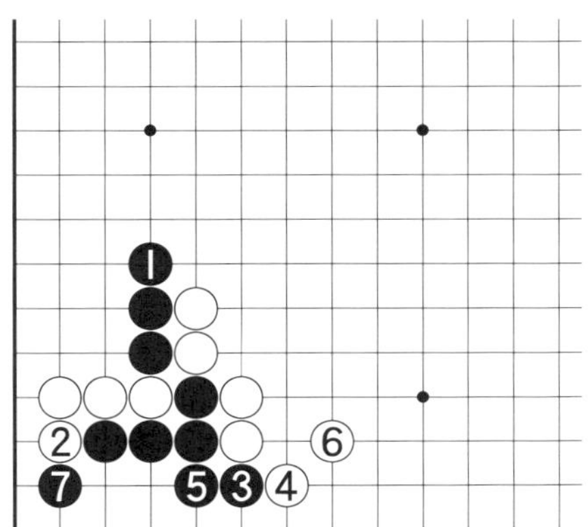

22도

2-22도(젖혀이음)

20도 5로는 이 그림 흑1에 늘어야 한다. 이곳을 얻어맞는 발상 자체가 이상했다.

백2에는 흑3, 5의 젖혀이음이 준비되어 있어 걱정이 없다. 백6을 기다려 흑7에 젖힌다.

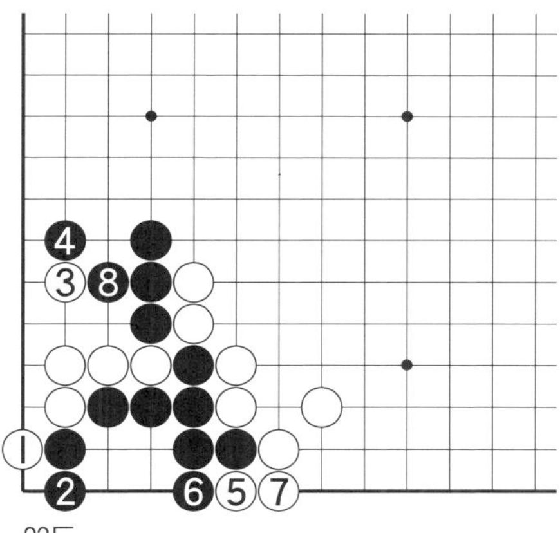

23도

2-23도(수상전)

앞 그림에 이어 백1, 흑2를 선수하고 백3으로 뛰어서 최대한 수수를 늘린다.

흑4에 백5, 7로 젖혀이어서 수상전인데, 한눈에 봐도 백이 좀 위험하다. 흑8 다음….

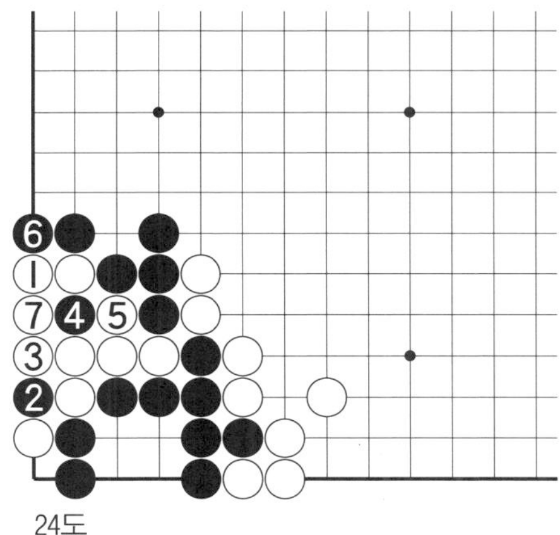

24도

2-24도(답이 나오다)

백1로 내려설 수밖에 없다. 달리 두면 '유가무가'로 잡힐 가능성이 크다. 흑2에 먹여치고 4에 끼운 다음 6을 선수해서 백의 수수를 착착 줄여간다.

이제는 답이 나왔을 것이다.

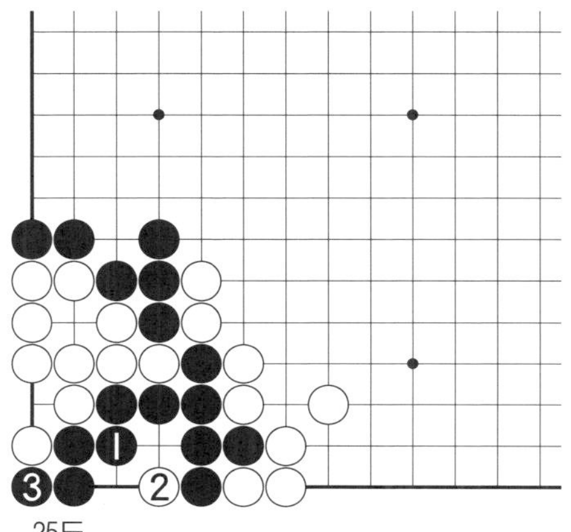

25도

2-25도(패는 흑승)

앞 그림에 이어, 일단 흑은 1로 잇고 백2로 파호할 때 흑3으로 둔다. 패가 되었다.

흑은 먼저 따내는 패이므로 백의 어떤 팻감도 받지 않고(만패불청하고) 빵빵 따내어서 좋다.

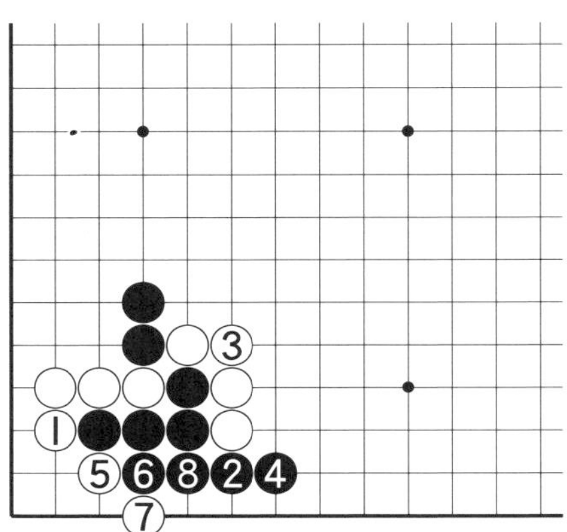

26도

2-26도(젖힘이 호수)

20도 4로는 이 그림 백1에 꼬부리는 수도 있지만 결과는 그리 신통치 못하다.

　침착한 흑2의 젖힘이 호수다. 백3에 이을 때 흑4로 나간다. 백5, 7은 기분 좋은 선수이지만….

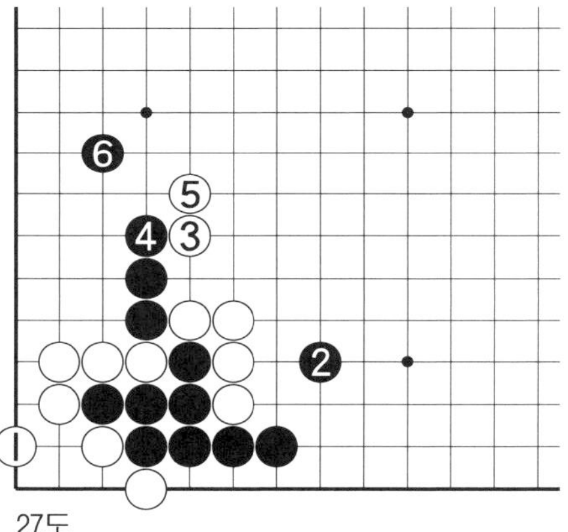

27도

2-27도(흑, 만족)

백은 1로 손을 돌려야 한다. 그러면 2의 날일자는 흑의 차지가 된다. 백3으로 씌워도 흑4로 하나 밀고 6으로 날일자해서 양쪽을 처리할 수 있다. 흑이 만족할 만한 갈림이다.

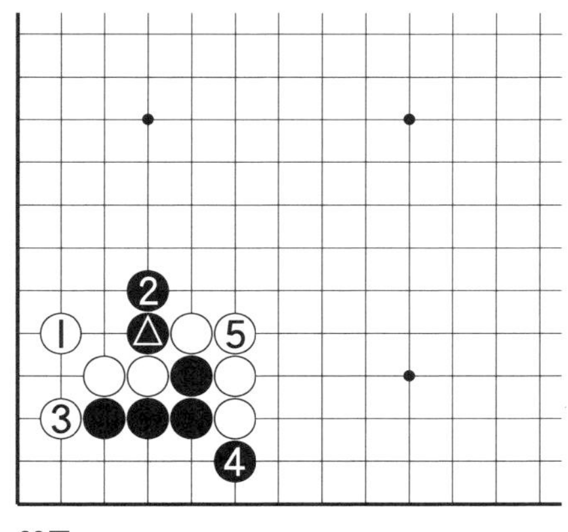

28도

2-28도(마늘모가 맥점)

흑이 ▲로 끊었을 때 백1의 마늘모가 추천할 만한 맥점이다.

　흑2에 백3으로 젖혀서, 앞서 내려서고 꼬부렸던 것보다 탄력이 풍부하다. 흑4의 젖힘에는 백5로 꽉 잇는다.

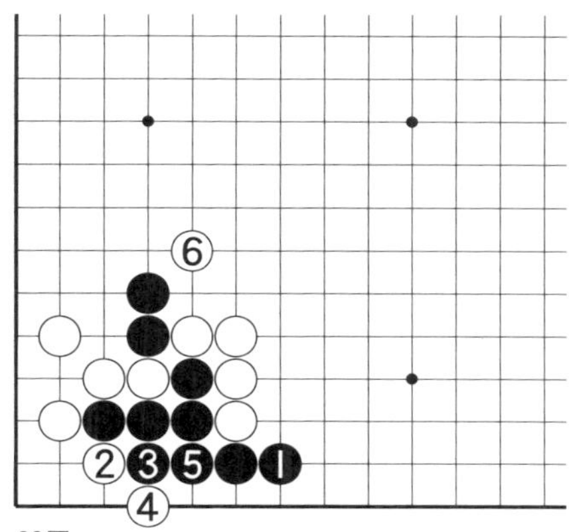

29도

2-29도(다른 점)

계속해서 흑1은 필연이며 백2, 4도 기분 좋은 선수인 점은 26도와 같다. 그러나 여기서부터 달라진다.

즉, 백에게는 귀를 보강하기 전에 6의 씌움을 선행할 수가 있는 것이다.

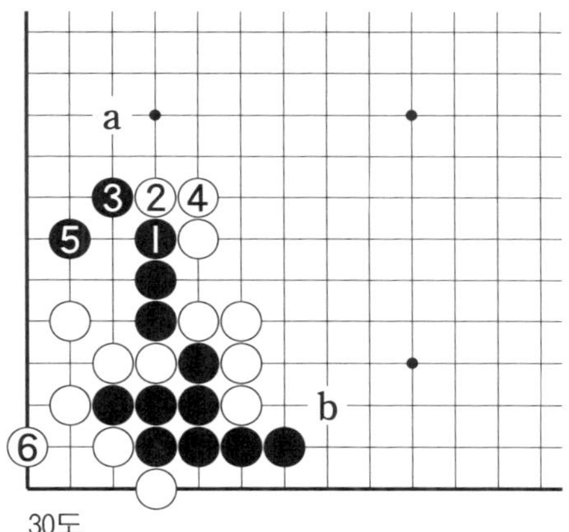

30도

2-30도(백, 우세)

흑은 1로 밀지 않을 수 없는데 백2의 석점머리가 준엄하다. 흑3의 젖힘에는 백4가 선수여서 6으로 지킬 시간이 생긴다.

다음 a의 공격과 b의 씌움을 맞봐 백의 우세는 명백하다.

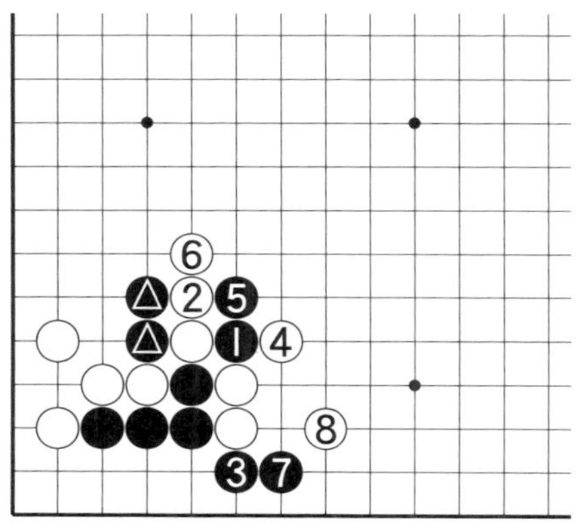

31도

2-31도(흑, 두점이 약화)

3의 곳을 젖히기 전에 흑1로 먼저 끊어 놓는 것은 좋지 않다. 백4, 6이 좋은 수순이다.

설령 백은 축이 안 되더라도 충분히 둘 수 있다. 흑▲ 두점이 약화된 점에 주목하기 바란다.

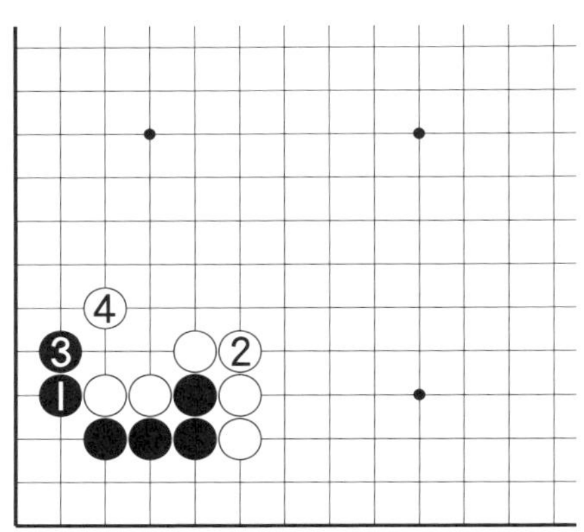

32도

2-32도(호각의 갈림)

19도 다음 흑1의 젖힘은 변화가 간단하다. 그 가운데서도 백2로 잇는 것이 가장 간명한 코스다.

흑3에는 백4로 뛰어 받는 것이 틀이며 서로 둘 만한 호각의 갈림이다. 2로 잇지 않고….

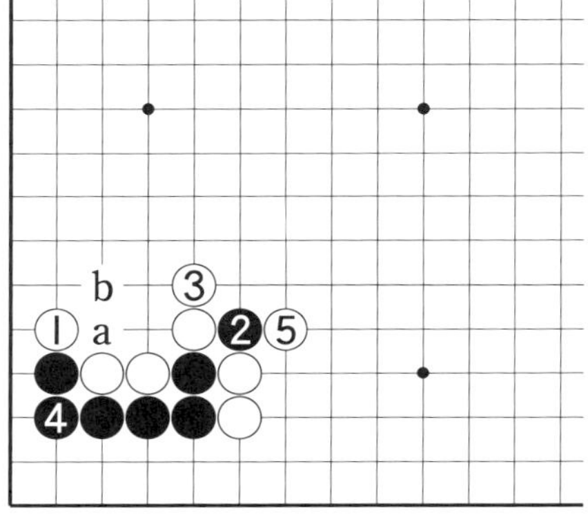

33도

2-33도(백, 온건)

백1에 받을 수도 있다. 흑2의 끊음에는 백3으로 뻗어야 한다.

거기서 흑은 4로 잇고 백도 5로 2의 한점을 축으로 잡아 두는 것이 온건하다. 흑a로 끊으면 백b로 버린다.

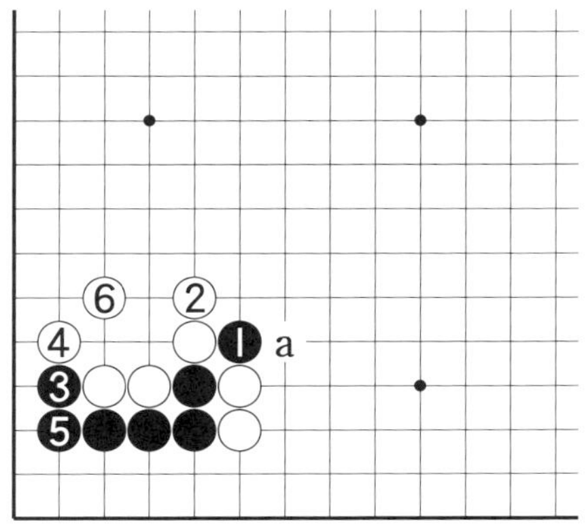

34도

2-34도(뿌리를 끊다)

19도 다음 마지막은 흑1로 뿌리 쪽을 끊는 변화다. 백2는 필연이며 흑3, 5의 젖혀이음에 백6으로 지키는 것도 경우에 따라 유력하다.

6으로 a에 몰면 앞 그림의 결과와 같아진다.

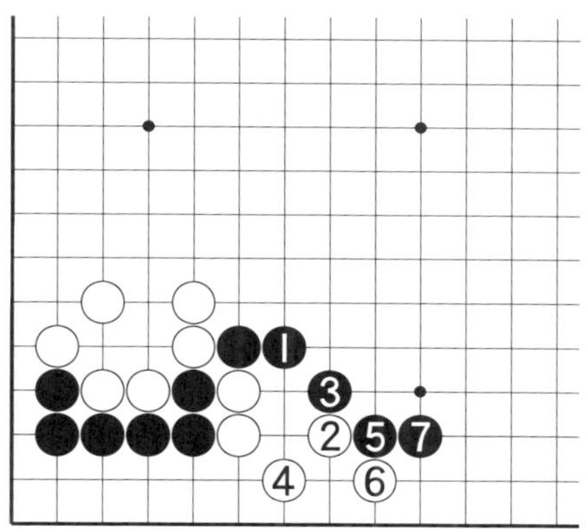

35도

2-35도(맥점에 맥점)

계속해서 흑1의 뻗음에 백2로 뛴 것은 상식이며 흑3의 마늘모붙임은 맥점이다.

백4의 응수 또한 행마의 틀이자 맥점이다. 흑5로 젖히고 7에 는 것도 중요한 수순이다.

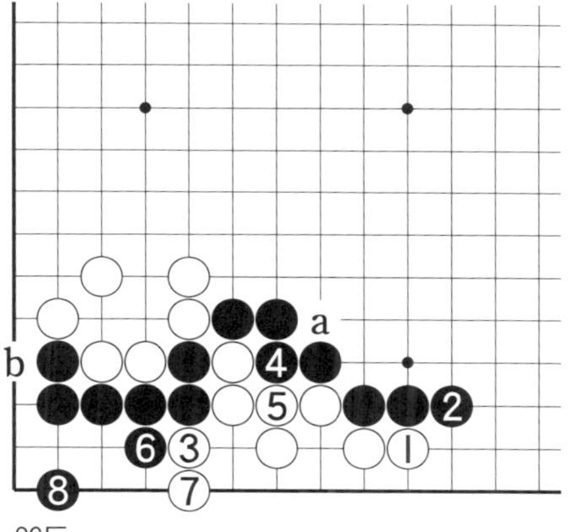

36도

2-36도(필수 문답)

앞 그림에 이어, 백은 1로 하나 기어 놓고 3에 젖히는 것이 최선이다. 흑4, 백5의 문답은 빠뜨려서는 안 된다.

무심코 그냥 흑6에 막으면 백4, 흑a, 백b로 귀가 횡사한다.

37도

2-37도(귀는 잡지만)

앞 그림 5로는 이 그림처럼 백1에 기어들면 귀의 백은 잡을 수 있다.

그러나 그것으로 좋다고는 말할 수 없다. 흑은 2, 4로 따내어서 백5를 강요하는 정도로 충분하다.

소목 한칸걸침 ☞ 여러 응수와 협공

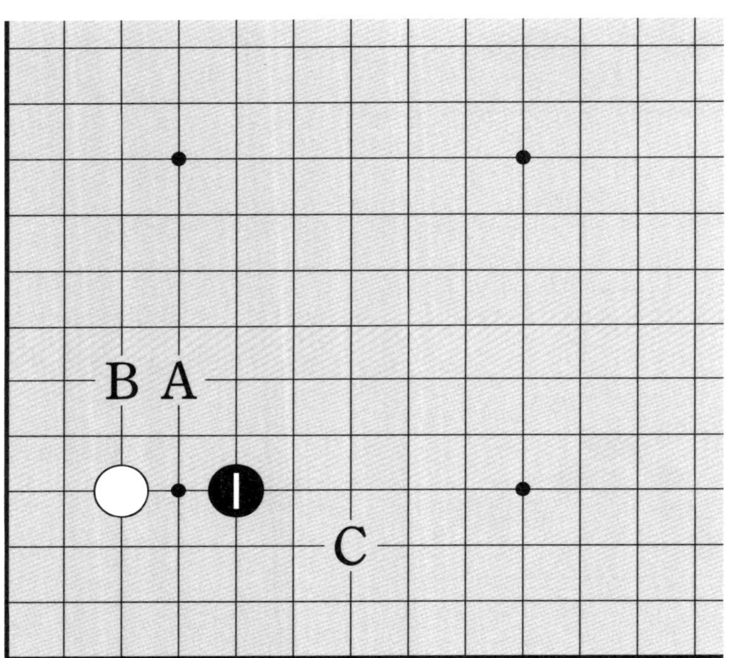

흑1의 한칸걸침에 대해 고분고분하게 받는 백의 응수는 간명함을 추구하는 경우가 대부분이다.

가장 상식적인 응수는 A의 날일자로, 견고함만 따지면 첫손가락을 꼽을 수 있을 것이다. B의 한칸뜀은 실리위주의 응수다. 자세가 낮은 관계로 중앙 쪽 발언권이 약한 것이 흠이다. 이외에 준엄한 C의 한칸낮은협공도 함께 소개한다.

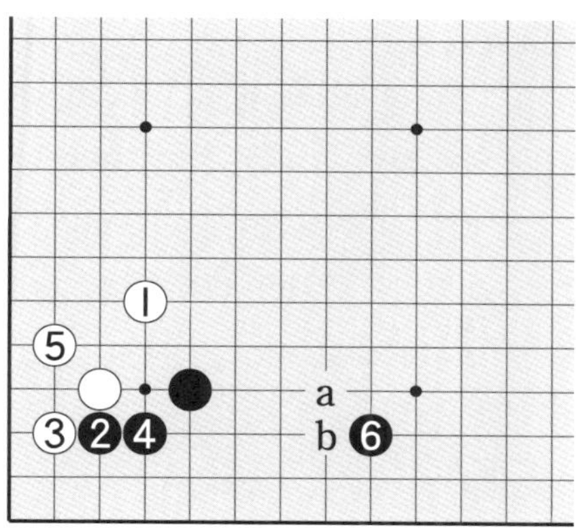

1도

1-1드(기본정석)

백1의 날일자에 흑2로 붙이고 백3에 흑4로 끄는 수법은 기본정석 가운데서도 쉬운 정석에 속한다.

백5로 호구치고 흑6에 벌려서 일단락이다. 6은 배석에 따라 a나 b도 가능하다.

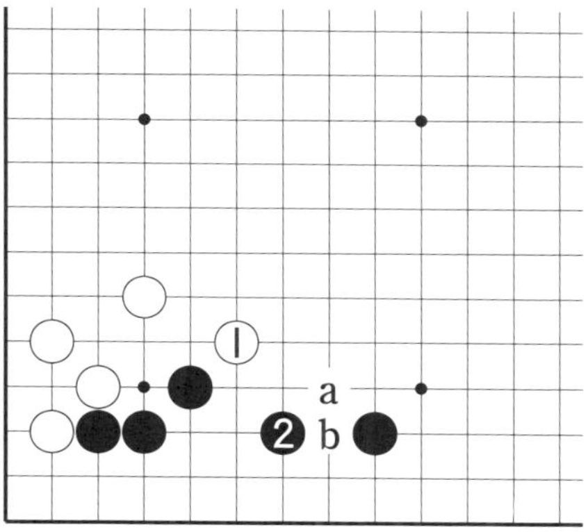

2도

1-2도(정석 이후/ 백 차례)

앞 그림 이후, 백에게 둘 기회가 온다면 1의 날일자로 씌워서 활용하는 수가 좋다.

왼쪽의 세력을 확장할 때 더욱 효과적이다. 또한 다음 백a, 흑b도 선수가 될 가능성이 크다.

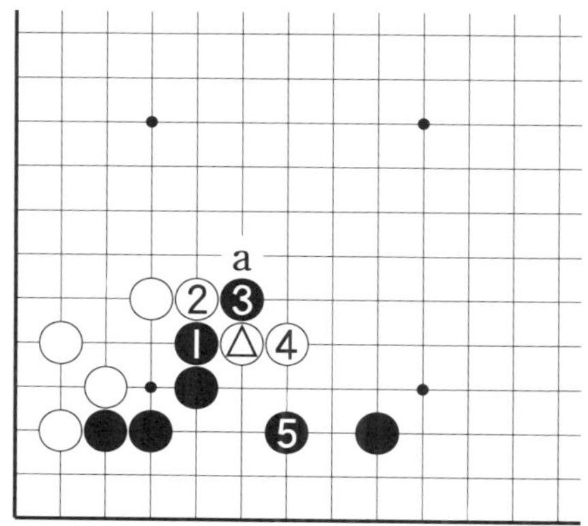

3도

1-3도(백4, 침착)

백△ 때 흑1, 3으로 나가끊는 수는 성립하지 않는다. 백4가 침착한 한수다.

이러면 결국 흑은 5로 지키지 않을 수 없을 것이다. 단, 백a의 축은 흑에게 유리한 것으로 가정한다.

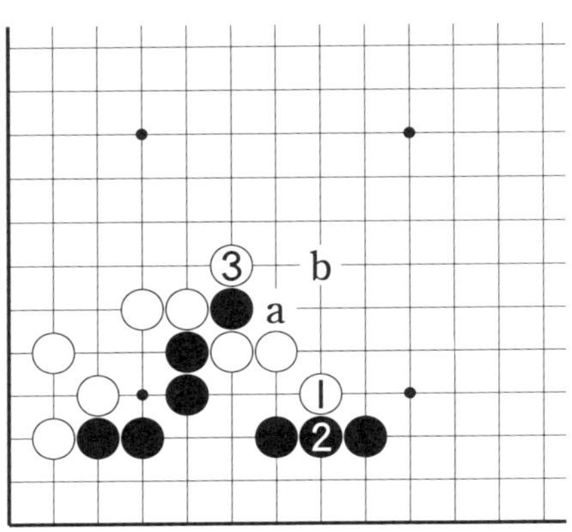

4도

1-4도(장문)

앞 그림에 이어, 백1이 선수가 됨에 주목하기 바란다. 흑2로 잇게 하고 백은 비로소 3으로 단수한다.

축은 안 되지만 다음 흑이 a에 달아나려 해도 백b의 장문이 안성맞춤이다.

2. 한칸응수

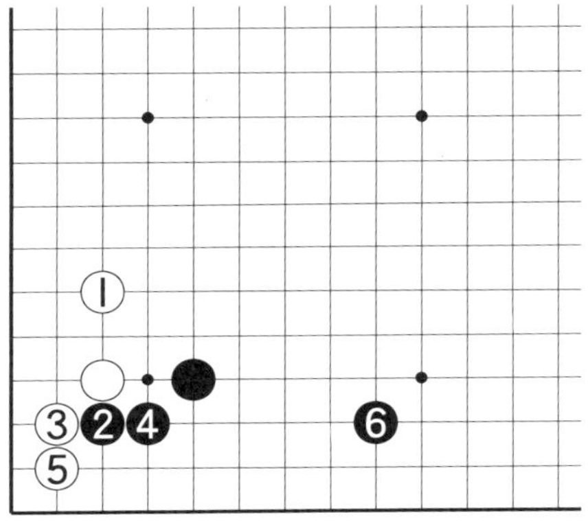

1도

2-1도(백, 실리지향)

백1의 한칸응수는 실리지향적인 수법이다. 흑2의 붙임에 백3으로 점잖게 받으면 흑4로 끌어서 간명한 코스로 간다.

백5는 보기보다는 아주 큰 수이며 흑6의 벌림까지가 정석이다.

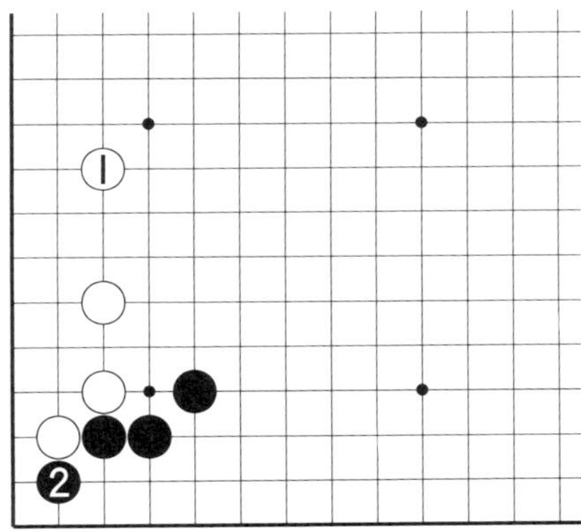

2도

2-2도(백, 달리 둘 수도)

앞 그림 5는 실리와 근거의 요소이지만 위쪽의 배석관계를 고려해서 달리 둘 수도 있다.

요컨대 이 그림처럼 백1로 두칸을 벌릴 수도 있다. 물론 흑2가 큰 수가 된다.

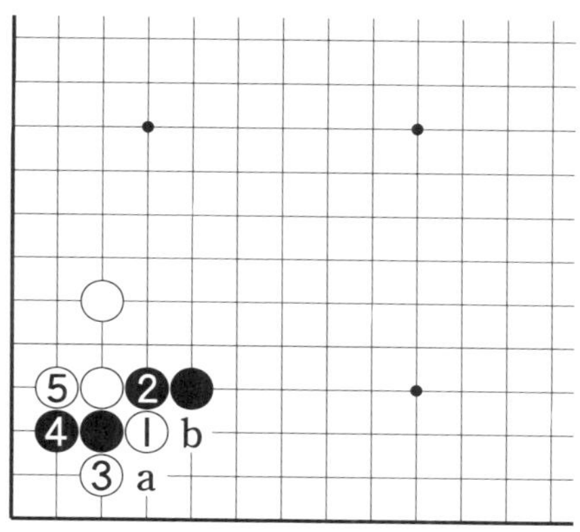

3도

2-3도(바깥쪽 젖힘)

흑이 붙였을 때 백1로 바깥쪽으로 젖혀 가는 수도 있다. 흑2에는 백3으로 단수하고 5에 막는다.

자, 흑은 여기서 a와 b, 둘 중에 어던 수를 선택하는 것이 올바를까?

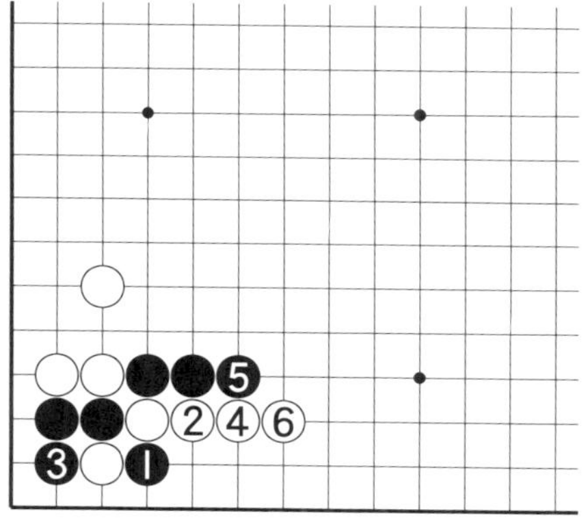

4도

2-4도(단수하기 십상)

흑1쪽에서 단수하기 십상인데, 결론을 먼저 말씀드리면 이것은 흑에게 좋은 결과가 나오기 어렵다.

백2에 흑3으로 살아 둔 것은 부득이하다. 백4에 흑5로 하나 밀고 백6 다음….

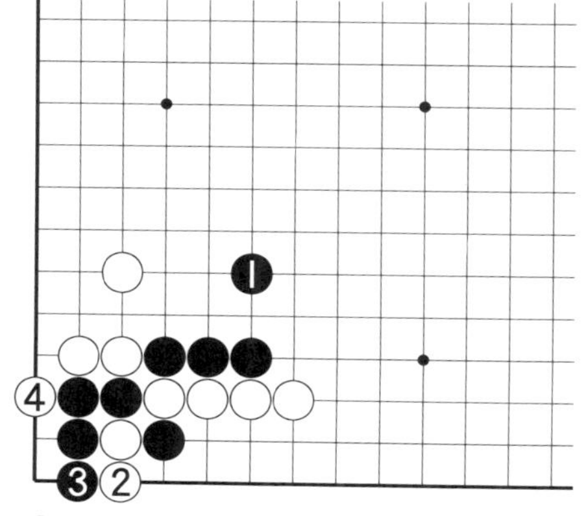

5도

2-5도(귀의 흑, 횡사)

흑1로 뛰는 것이 행마의 틀이지만, 흑은 귀가 불완전하다는 것을 잊고 있다.

백2가 흑의 자충에 착안한 사활의 급소다. 흑3에 백4로 젖혀서 귀의 흑을 잡았다. 그러므로….

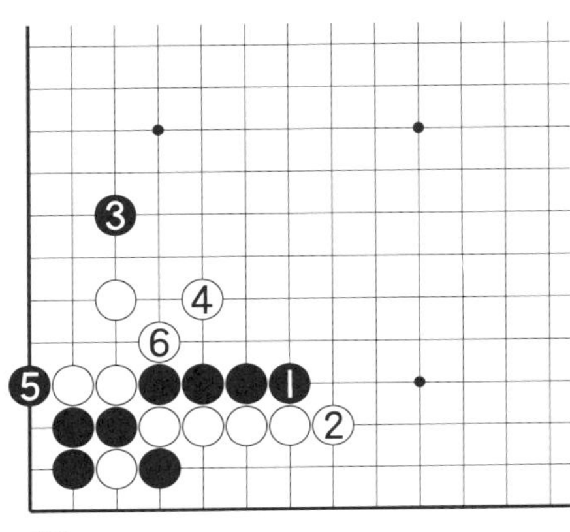

6도

2-6도(흑, 조금 괴롭다)

흑은 귀쪽의 안전을 염두에 두어야 한다. 흑1을 선수하고 3으로 역습한다. 백4에 흑5로 젖히면 귀는 이대로 살아 있다.

이제 어려운 싸움이 시작되는데 흑이 조금 괴롭다.

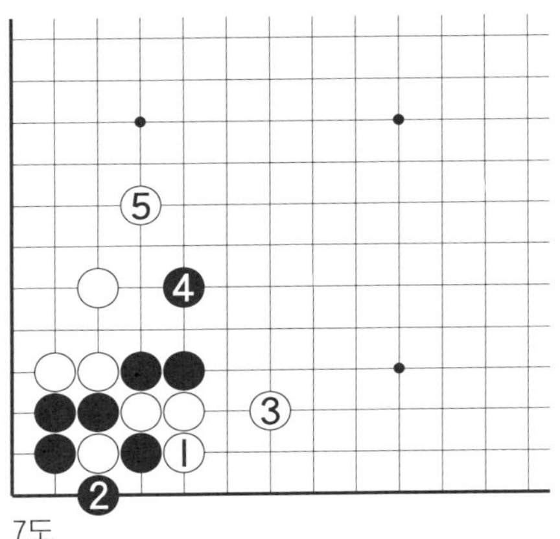

7도

2-7도(백, 재미있다)

4도 4로는 묘미는 좀 없지만 이 그림 백1로 단수해 버리고 3에 뛰는 것도 유력하다.

흑4에는 백5로 응수해서 충분히 싸울 수 있다. 백이 재미있는 진행이라는 평가다.

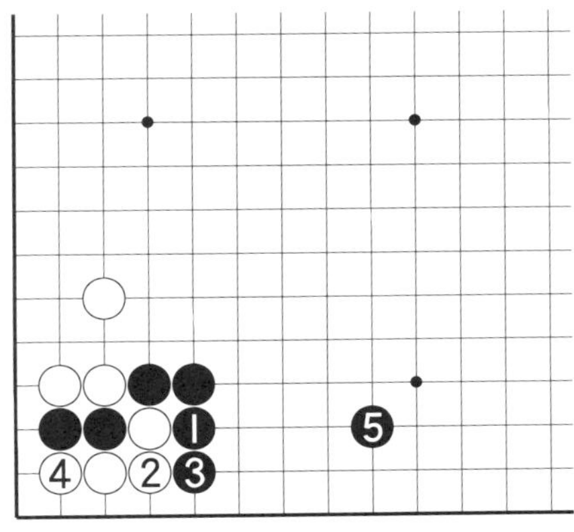

8도

2-8도(기본정석)

사실 흑은 끊는 착상이 틀렸던 것이다.

3도 다음 아낌없이 흑1로 단수하고 3에 막는 것이 올바른 대응이었다. 백4를 기다려 흑5로 벌려서 일단락이며 기본정석의 하나이기도 하다.

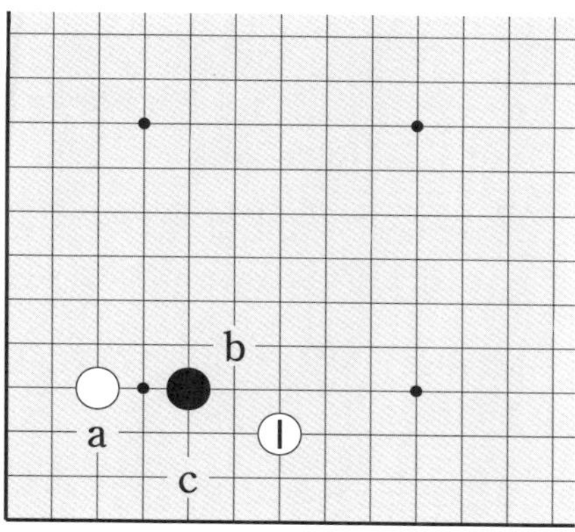

1도

3-1도(한칸낮은협공)

흑의 한칸걸침에 대해 백이 1로 한 칸낮은협공을 했을 때의 변화다. 이 협공도 20세기에 크게 유행했던 수법 중 하나다.

　흑의 즉각적인 대응은 a, b, c가 있고 손을 빼는 수도 있다.

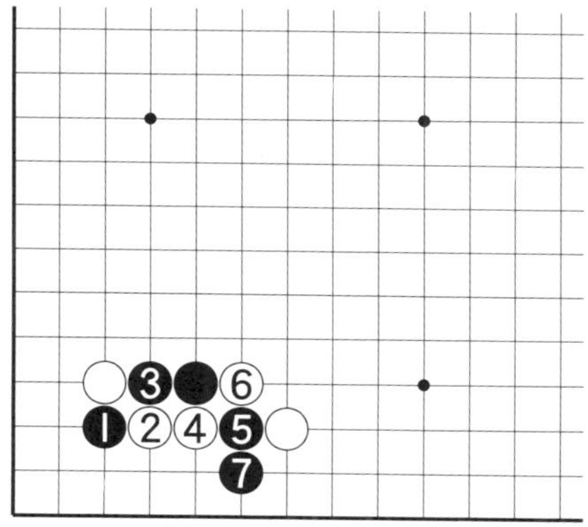

2도

3-2도(유명한 수법)

흑1의 붙임은 가장 많이 쓰였던 수다. 백2로 젖혀나가고 흑3에 백4로 기어나간 것도 유명한 수법이다. 흑5의 끼움은 맥점이며, 백은 6으로 위에서 단수하는 것이 보통이다.

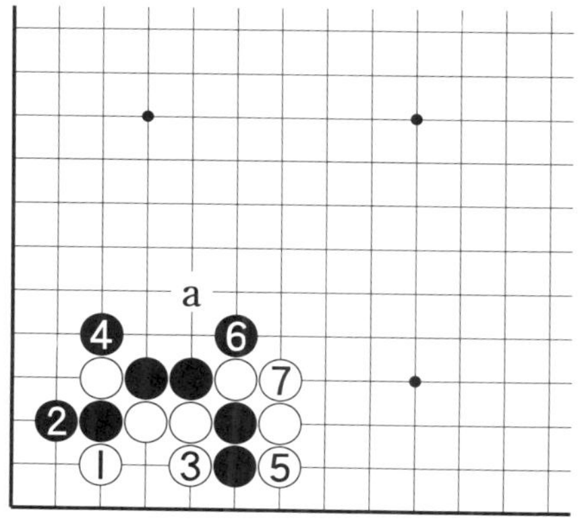

3도

3-3도(정석)

계속해서 백1로 단수하고 3에 막은 것은 절대수이며, 흑4로 가만히 백 한점을 잡은 것은 정수다.

　7까지가 정석이며 흑의 선수다. 흑이 또 둔다면 a로 호구치는 것이 호점이다.

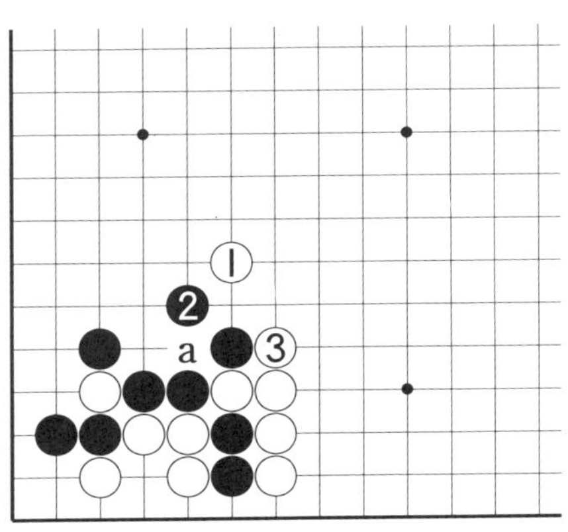

4도

3-4도(정석 이후/ 백 차례)

앞 그림 이후. 백에게 둘 기회가 온다면 1의 곳이 급소다.

흑은 a의 단점이 있는 만큼 중앙으로 진출하기가 쉽지 않다. 흑2 정도이므로 백3에 막아서 두터운 모습이다.

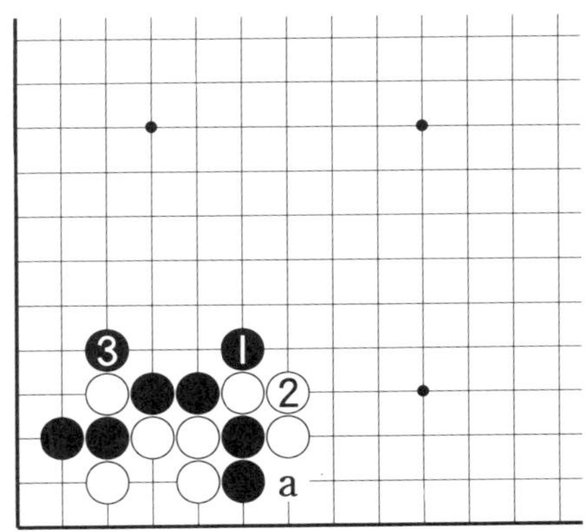

5도

3-5도(백, 이적행위)

그런데 아마추어들 중에는 백1쪽을 끊곤 하는 이가 적지 않은데 흑2, 4를 불러 이적행위가 되는 경우가 많다.

백5에는 흑6의 젖힘이 호수여서 백은 a의 단점을 노릴 틈이 없다.

3-6도(한 수의 차이)

그림의 수순도 흔히 범하는 실수 가운데 하나다. 3도 4로 이 그림처럼 흑1로 단수를 하고 3에 잡는 것이 그것이다.

백a가 필요 없어진 만큼 3도와는 한 수의 차가 난다.

6도

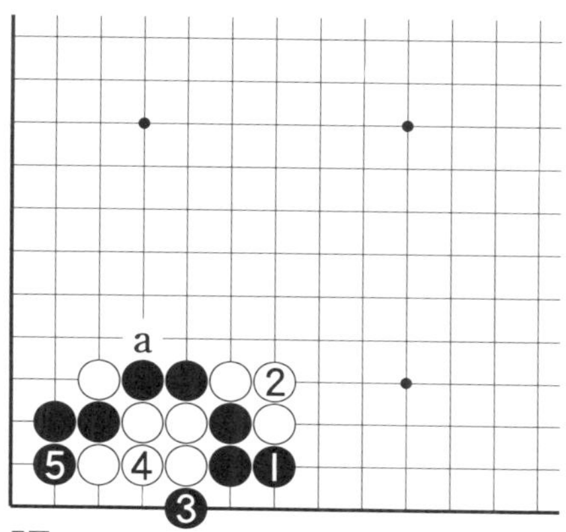

7도

3-7도(축관계)

이 정석의 변화에도 어김없이 축관계가 있다.

　3도 백3 때 흑은 축이 유리할 경우 1로 두점을 살리는 수가 성립한다. 백2는 무리수로 흑3, 5에 낭패를 본다. 백a의 축이 안 되니까.

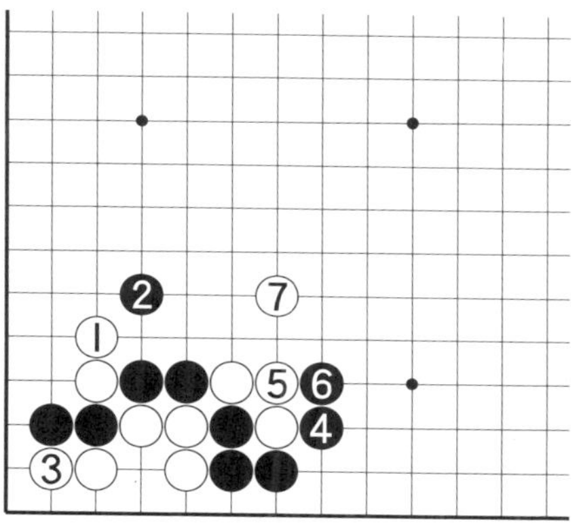

8도

3-8도(백, 잇는다면)

따라서 백은 앞 그림 백2로 1쪽을 뻗지 않으면 안 된다.

　흑2의 한칸뜀은 이것이 행마법이며, 백5는 다른 선택도 있지만 이렇게 잇는다면 7까지는 서로가 피할 수 없는 진행이다.

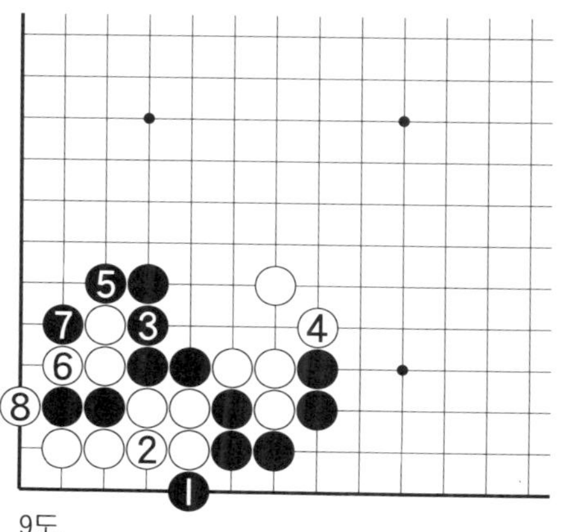

9도

3-9도(백4, 급소)

앞 그림에 이어 흑1, 백2를 선수활용하고 흑3에 꽉 잇는다.

　백4로 호구친 수는 놓칠 수 없는 급소이며, 흑도 5에 꼬부려 막고 7을 선수한다. 백8로 따내기를 기다려….

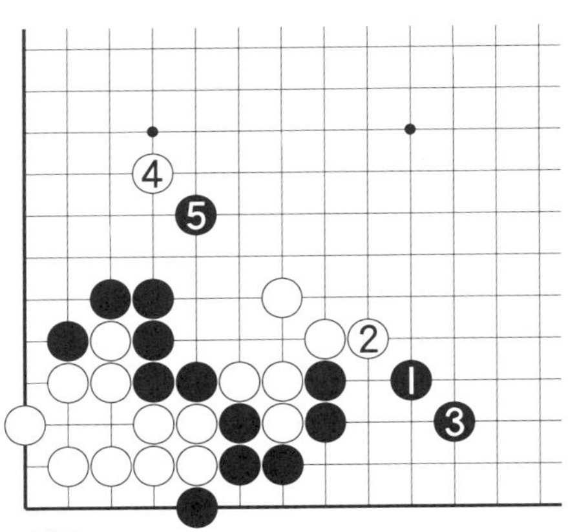

10도

3-10도(전투 시작)

흑1로 손을 돌릴 수 있다. 백2에는 흑3으로 받아 두는 것이 행마다.

　백4로 공격을 당한 것은 어쩔 수 없다. 흑5로 어깨를 짚어서 이제부터 전투가 시작된다.

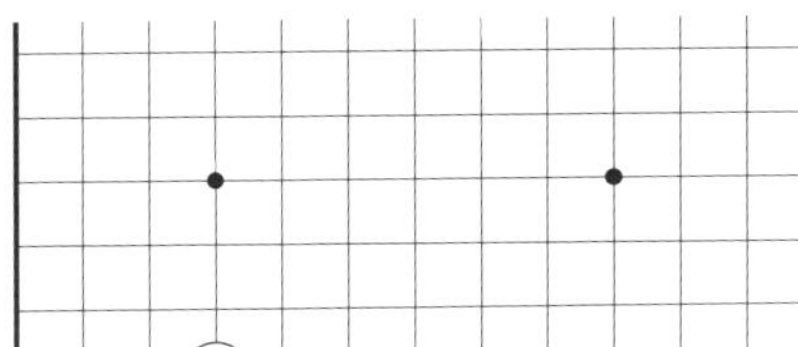
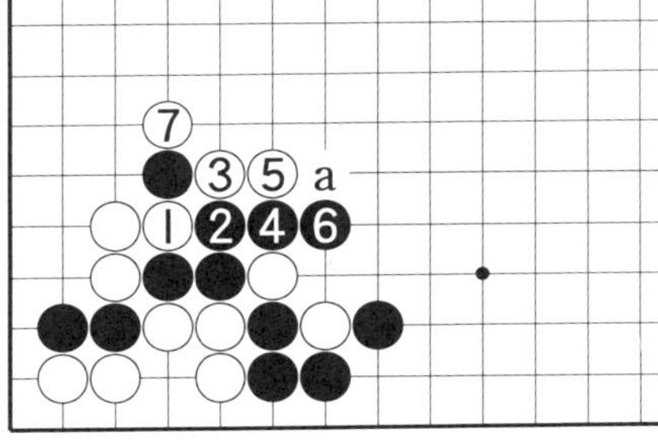

11도

3-11도(백, 실리지향)

8도 흑4의 상황에서 백1 이하 3, 5로 백 두점을 버리는 수도 있다. 7까지는 실리지향적인 수법이다.

　그러나 흑도 두터우므로 불만은 없을 것이다. 다음 a의 곳이 흑백 누가 두든 호점이다.

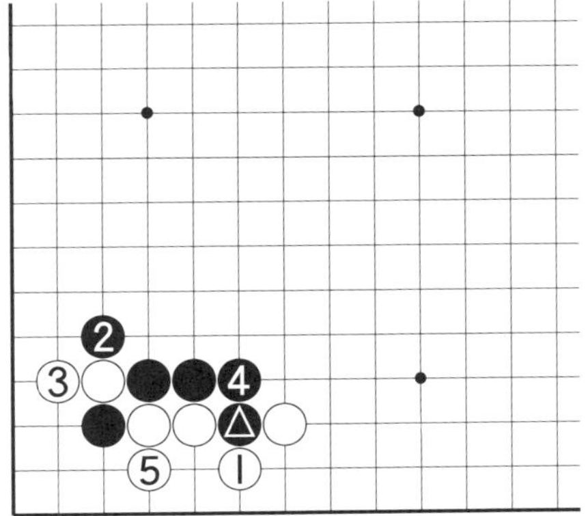

12도

3-12도(수순을 바꿔도)

흑▲의 끼움에 백1쪽 단수도 간혹 쓰인다.

　예전에는 반드시 흑2로 몰고 나서 4에 이어야 한다고 가르친 적도 있었지만 수순을 바꿔도 문제가 없다. 5의 꼬부림은 정수다.

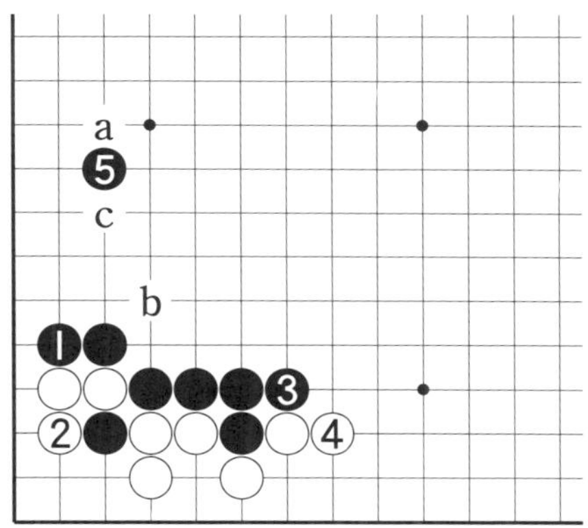

13도

3-13도(정석)

계속해서 흑1을 선수하고 3으로 밀어 놓고 5에 벌리는 것까지가 정석이다.

조금 좁아 보이지만 a로 더 벌릴 경우, 백이 b로 들여다보는 수를 보며 c로 침입하는 수가 성가시다.

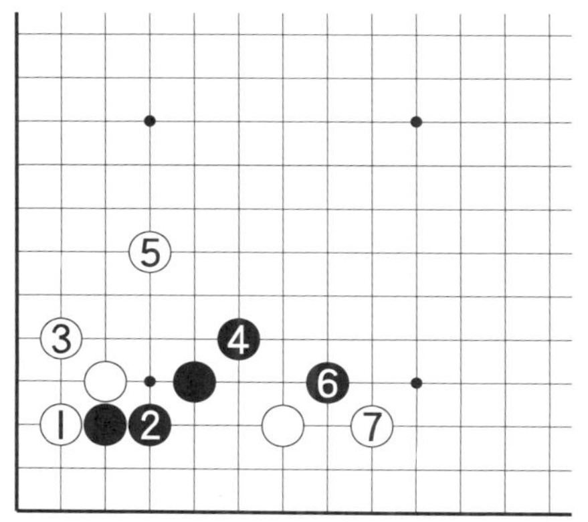

14도

3-14도(흑, 두텁다)

12도 2로 이 그림 흑1에 이어도 상관없다. 백2의 반발에는 흑3 이하 7로 백 한점을 따내어서 두텁다. 따라서 백도 2로는 a에 꼬부리고 흑은 2로 단수해서 12도로 환원된다.

15도

3-15도(바깥쪽 젖힘)

흑의 붙임에 백1로 바깥쪽에서 젖히는 변화다. 흑2로 끌고 백3으로 호구치기까지는 필연이며 흑4의 마늘모가 중요한 행마다.

백5로 응수한다면 흑6으로 씌워 간다. 백7 다음….

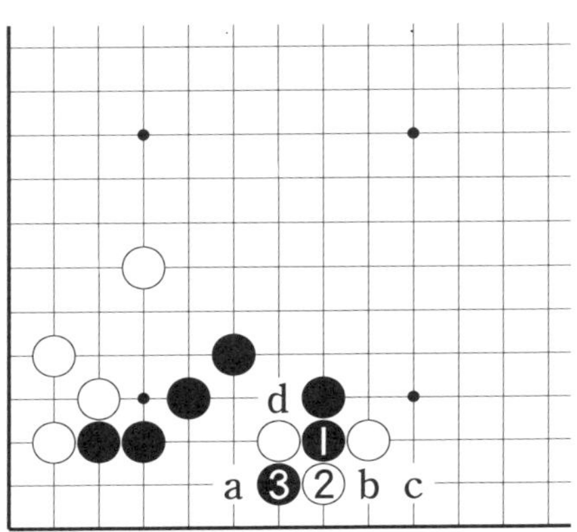

16도

3-16도(흑, 강렬한 수법)

흑1, 3으로 나가끊는 것이 강렬한 수법이며, 다음 백a는 흑b로 난해하므로 백은 손을 뺀다.

　나중에 흑b로 끊든지, 백이 b나 c를 활용하든지 둘 중 하나다. 3으로 d면 온건하다.

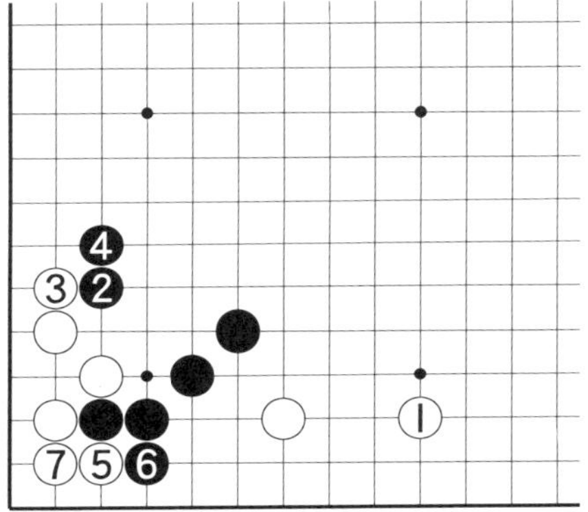

17도

3-17도(호각의 갈림)

15도 5로 이 그림 백1로 두칸을 벌린다면 흑은 2로 귀쪽 백을 공략하게 된다. 이곳이 급소다.

　백3은 온건한 수로 7까지 귀를 살아 두고, 흑은 세력을 얻어서 호각의 갈림이다.

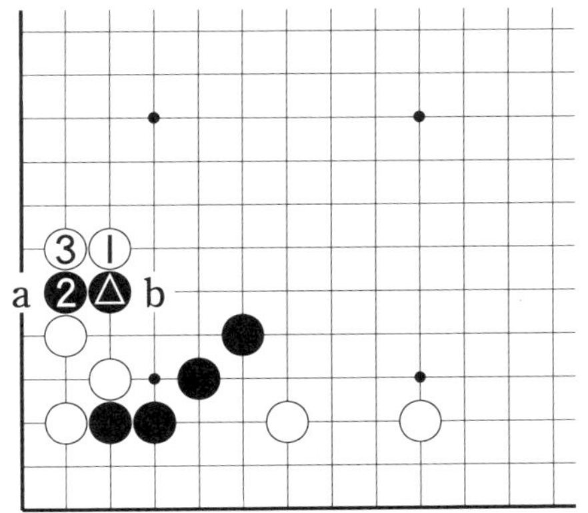

18도

3-18도(맞보기?)

흑▲에 대해 백1의 붙임이 기발한 맥점이지만, 결국은 패가 되므로 팻감이 관건이다.

　흑2에 백3은 이 한수다. 얼른 봐서는 a와 b가 맞보기여서 백이 멋지게 해결한 것 같지만…

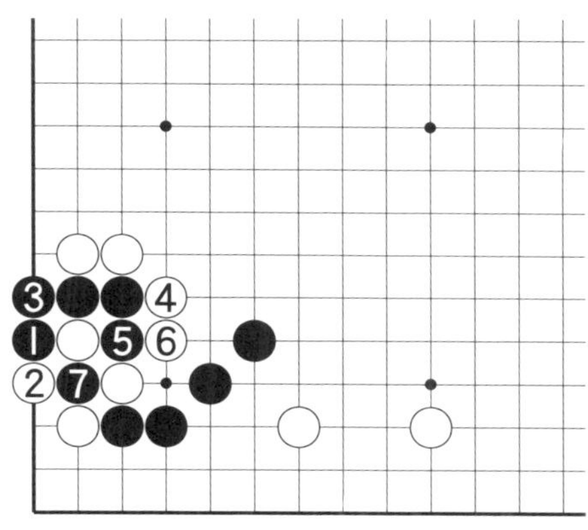

19도

3-19도(흑 차례의 패)

흑1로 1선을 젖히는 것이 호수여
서 뜻대로 안 된다. 백2, 흑3을 선
수하고 백4에 젖힐 수밖에 없다.

결과는 흑이 먼저 따내는 패다.
팻감이 없다면 백은 17도를 따라
야 한다.

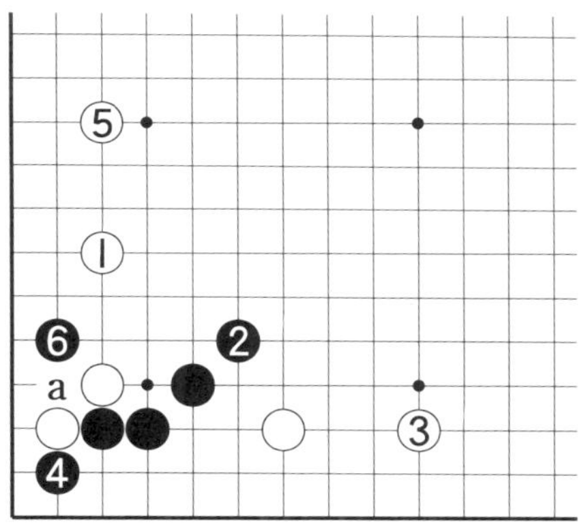

20도

3-20도(백, 발빠른 수법)

흑이 붙여끌었을 때 백1의 두칸벌
림은 발빠른 수로, 배석에 따른 발
상이다.

흑2, 4에 백3, 5로 초지일관 발빠
르게 간다. 흑6의 치중은 급소다. 5
로 a에 잇는 것은 무겁다.

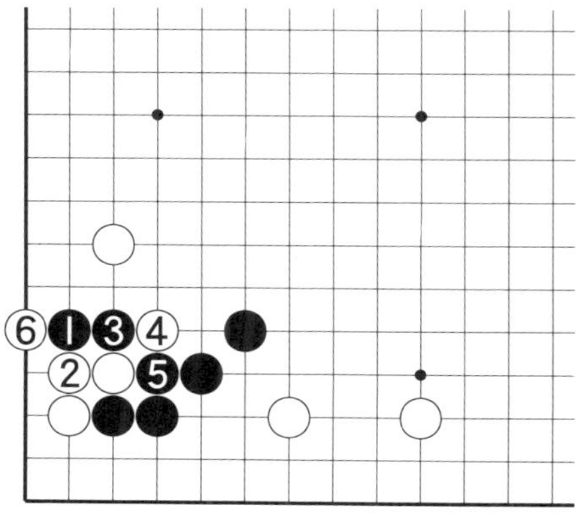

21도

3-21도(흑, 먼저 치중하면)

앞 그림 4로 이 그림 흑1로 먼저
치중하면 백2로 잇는다.

흑3에는 백4, 흑5를 문답하고 백
6으로 1선을 젖힌다. 구차한 듯해
도 넘어가면 흑도 별로 한 것이 없
지 않느냐는 뜻이다.

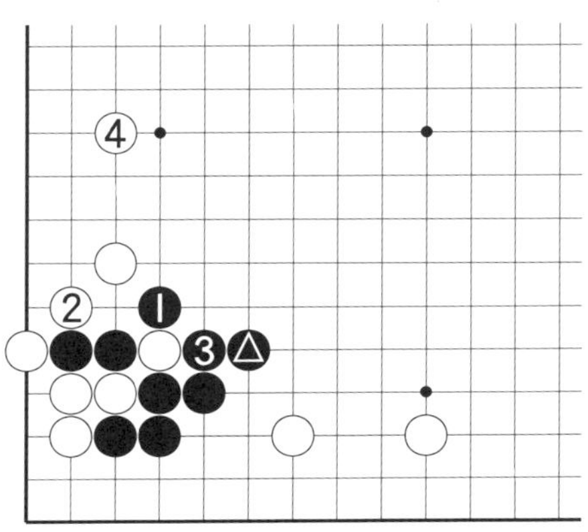

22도

3-22도(흑, 불만)

계속해서 흑1에 백2로 단수해서 건 넌다. 그리고 4에 두칸을 벌리면 백 은 양쪽을 효과적으로 둔 셈이다.

　빵따냈지만 흑은 마늘모했던 ▲ 가 놀고 있어 여간 불만스러운 것 이 아니다.

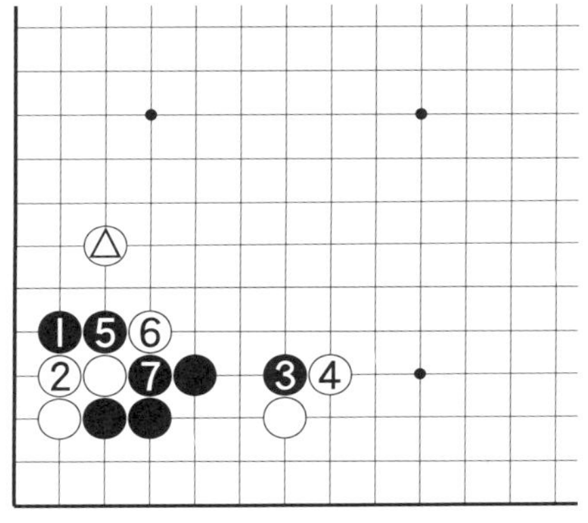

23도

3-23도(즉각 치중한다)

백이 △로 벌렸을 때 흑은 즉각 1 로 들여다보는 것이 좋은 타이밍. 백2의 이음을 강요하고 흑3으로 붙 인다. 백4의 젖힘을 기다려 흑5, 7 로 끊어 두는 것이 치밀한 버림돌 작전이다.

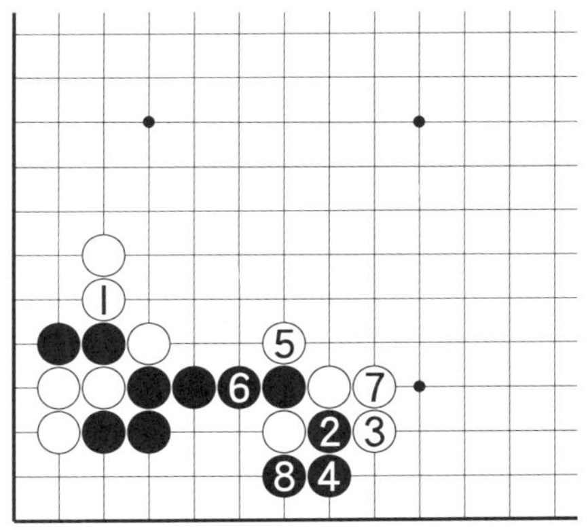

24도

3-24도(올바른 수순)

계속해서 백1로 응수할 때 흑2로 끊는 것은 예정된 행동이다.

　이러면 백은 흑의 사전공작을 염 두에 두고 대응해야 한다. 백3쪽을 먼저 몰고 5로 또 모는 것이 올바 른 수순이며 흑8까지가 정형이다.

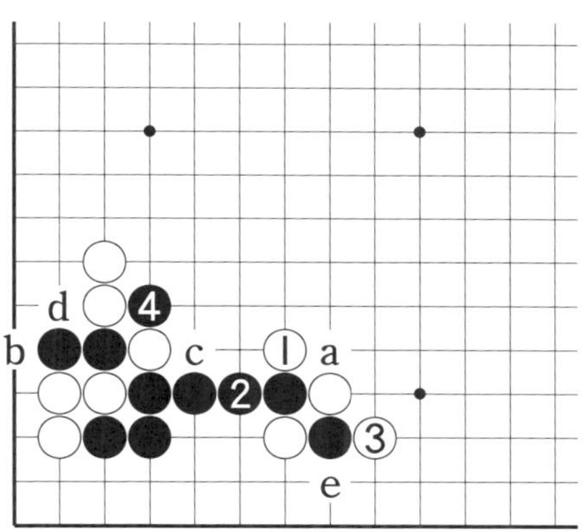

25도

3-25도(백, 수순착오)

백1쪽을 먼저 단수하는 것은 수순 착오로 백3 때 흑4의 반격을 초래 한다.

흑a가 선수이므로 백의 낭패다. 백b, 흑c, 백d로 건너면 그제야 흑 e로 둘 테니 백이 망한 결과다.

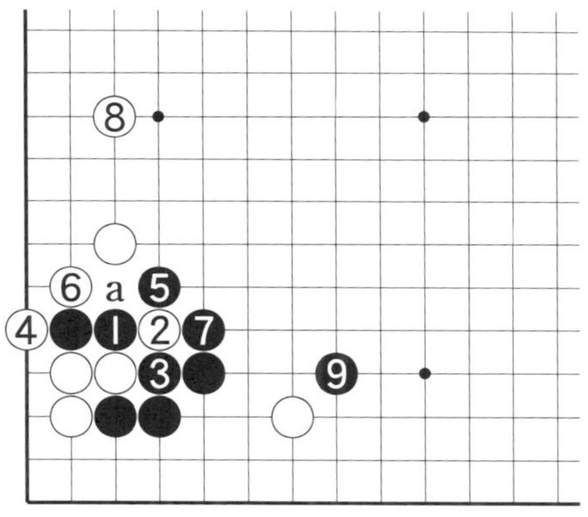

26도

3-26도(흑, 환영)

23도 백2의 상황에서 흑1, 3으로 먼저 끊을 수도 있지만, 백4로 건 너는 것은 흑도 환영이다.

백6에서 8 다음 흑9로 어깨를 짚 어가는 수순을 얻을 수 있으므로 흑도 불만이 없다. 22도와 비교해 보면 천양지차의 결과다. 그러므로 백4는 a로 둘 곳이다.

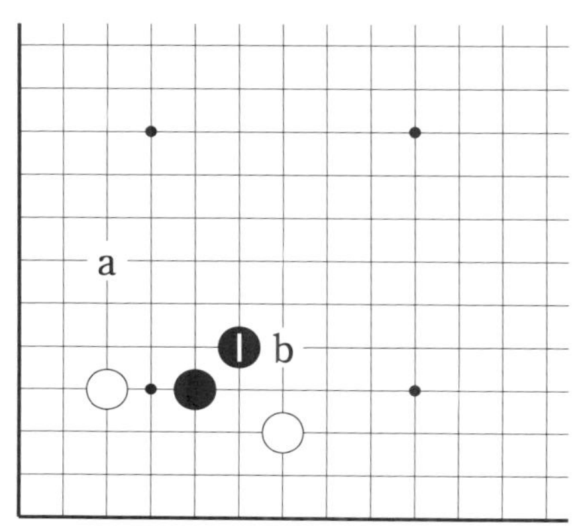

27도

3-27도(마늘모)

거슬러 올라가, 백의 한칸낮은협공 에 대해 흑1로 마늘모하는 수는 발 은 느리지만 견고한 의미가 있다.

백은 여러 가지 대응이 있지만 그 가운데서 a와 b에 대해 알아보 기로 하겠다.

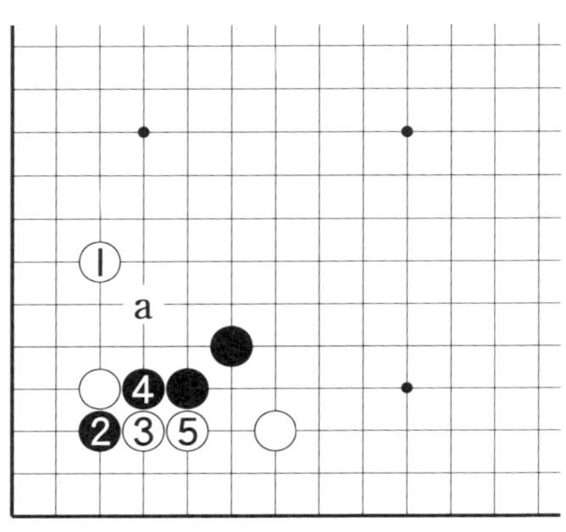

28도

3-28도(애용된 수)

백1의 두칸벌림은 a의 날일자와 더불어 애용되었던 응수 가운데 하나다. 그러면 흑은 2로 붙여가는 것이 상식이며, 백3으로 젖혀나간 것은 예정된 행동이다. 흑4, 백5 다음 ….

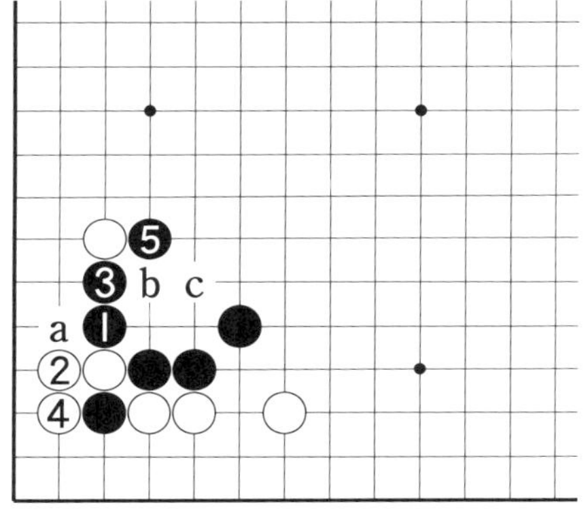

29도

3-29도(기본정석)

흑1로 단수하고 3에 치받는 것이 맥점이다. 백4는 절대이며 흑5의 젖힘까지가 기본정석이다.

3으로 a는 속수로 백4 다음 백b나 c가 선수여서 흑 전체가 공격당할 염려가 생긴다.

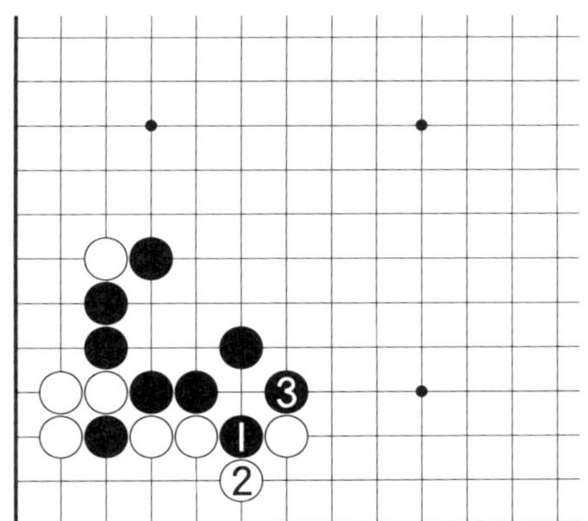

30도

3-30도(정석 이후/ 팁)

앞 그림 다음, 흑에게는 노림수가 있다. 흑1로 끼우고 백2에 흑3의 패 모양으로 버티는 수가 그것이다.

이 패는 백으로서 부담스러우므로 결국은 양보하지 않을 수 없다.

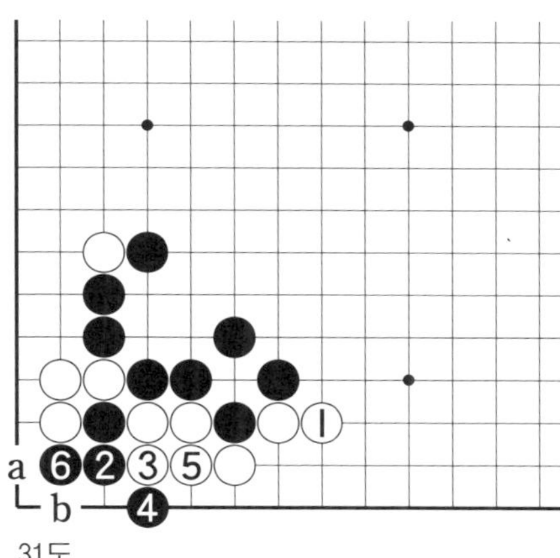

31도

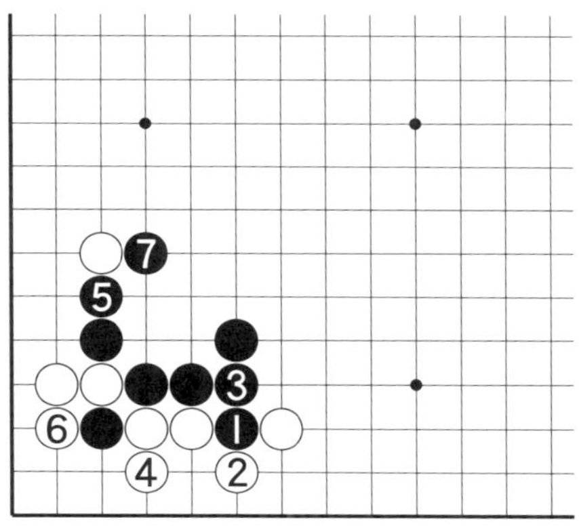

32도

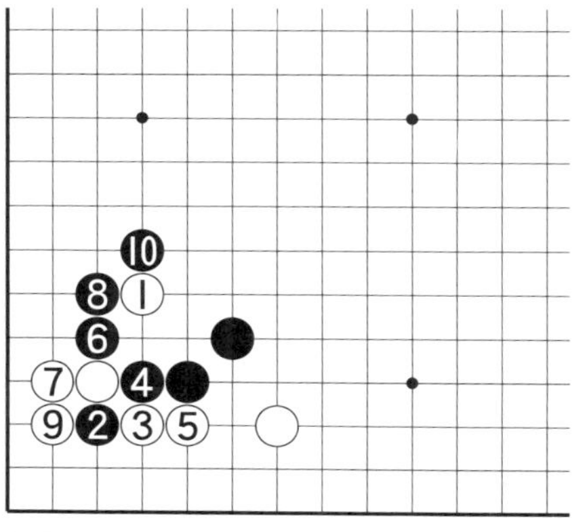

33도

3-31도(흑의 꽃놀이패)

즉, 백1로 늘어야 하는데, 그러면 흑2로 나가는 수가 성립한다. 백3은 어쩔 수 없으니 흑4를 선수하고 6에 꼬부려서 수가 난다.

다음 백a에 흑b로, 이것은 흑의 꽃놀이패다.

3-32도(옛 정석)

그런데 아주 예전에는 치받기 전에 흑1, 3으로 끼워이었다. 이러면 7까지 된 다음 귀쪽에 아무런 뒷맛도 없다.

백은 안심할 수 있으니 고맙다. 개량된 것이 29도의 수순이다.

3-33도(정석)

27도 다음 백1의 날일자도 두칸벌림과 비슷한 의미다. 흑2 이하 좀 긴 수순이지만 앞서 배운 것과 큰 차가 없으니 어렵지 않다.

10의 젖힘만 기억하면 된다. 이것도 훌륭한 정석이다.

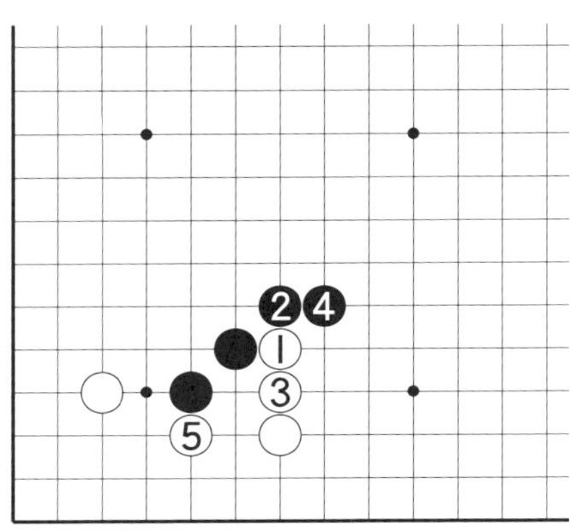

34도

3-34도(정석)

흑의 마늘모에 대해 백1쪽을 붙이는 수는 귀와의 연락을 꾀하는 의미도 있다. 즉, 흑2의 젖힘에 백3으로 빳빳하게 잇겠다는 것이다.

흑4로 대범하게 뻗으면 백5로 붙여서 건너간다.

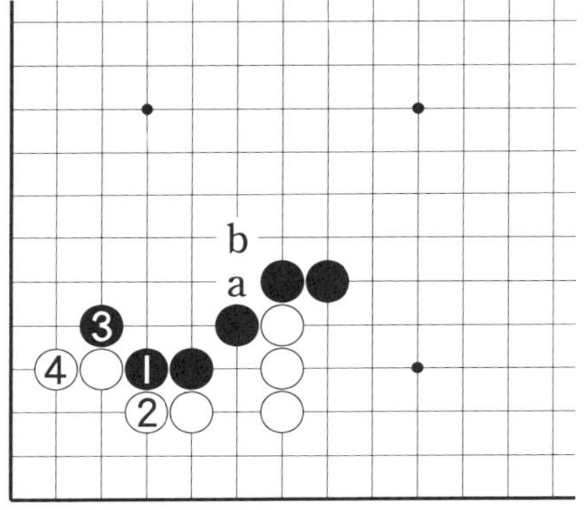

35도

3-35도(정석 이후 1)

앞 그림 이후, 흑1로 치받고 3에 젖혀서 선수활용하는 것도 가능하다. 귀를 굳혀주므로 좀 아깝지만 세력에 역점을 둘 때 쓴다.

나중에 백a의 끊음에는 흑b로 몰아서 버린다.

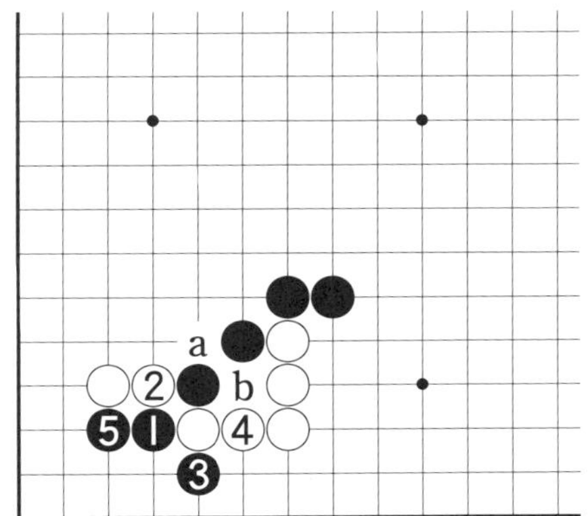

36도

3-36도(정석 이후 2)

34도 다음 흑은 안쪽을 1로 젖혀나갈 수도 있다. 백2에는 흑3으로 단수하고 5에 막아서 귀살이를 시도한다.

따라서 4로는 백도 a에 몰고 흑4 때 백b로 대들 공산이 크다.

제 4 형

소목 한칸걸침 ☞ 두칸높은협공

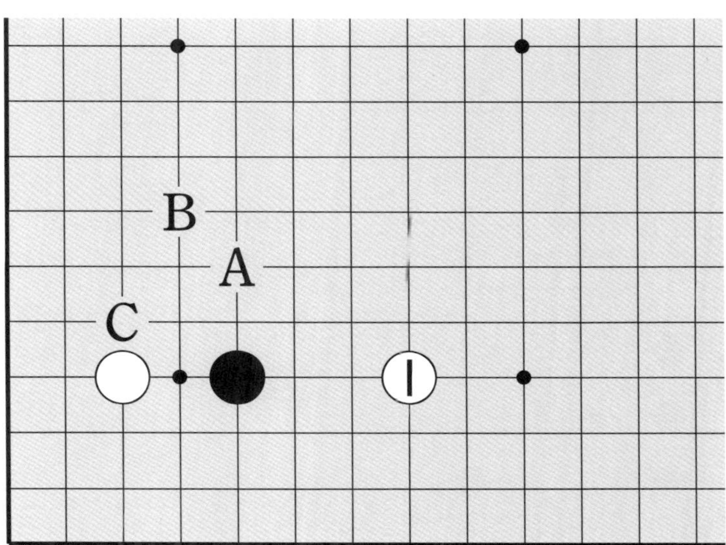

흑의 한칸걸침에 대한 백1의 두칸높은협공은 소목의 협공 가운데서는 역사가 그리 오래된 수법이 아니다.

　흑의 대응책은 여러 가지가 있는데, 가장 간명한 수를 꼽으라면 A의 한칸뜀이다. B의 눈목자씌움은 난해하기로 소문난 변화를 품고 있다. 이웃나라 일본에서는 변화가 복잡함을 빗대어 요도(妖刀)라고 부른다. 여하튼 이 눈목자씌움은 대사백변, 밀어붙이기와 더불어 3대 난해코스다. C의 붙임 또한 그 이후가 쉽지 않다. 여기서는 그 대략의 중요한 변화를 훑어보는 데 그치기로 한다.

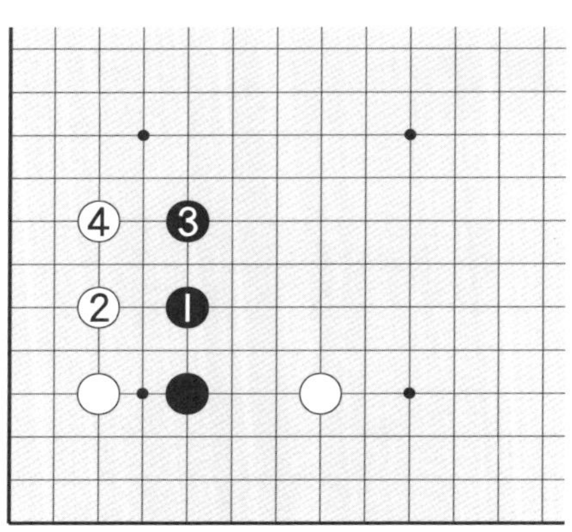

1도

1. 한칸뜀

1-1도(한칸뜀)

흑1의 한칸뜀은 출발은 간명하지만 나중의 처리가 어렵다. 백2에 흑3으로 또 한칸을 뛰면 백도 4에 한칸을 뛰는 것이 상식적이다.

　행마 자체는 시원시원하고 쉽지 않은가? 계속해서….

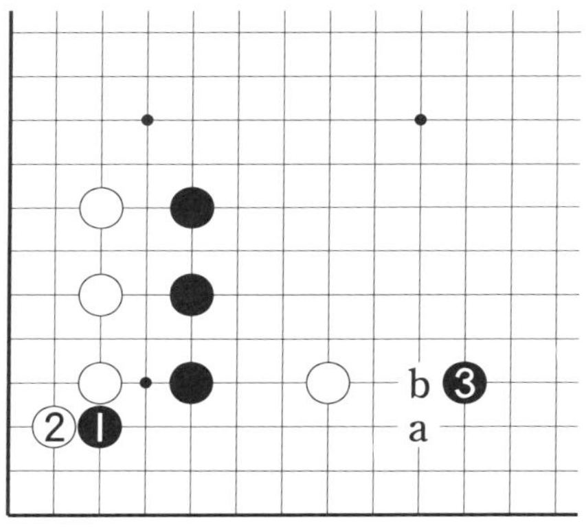

2도

1-2도(중요한 수순)

흑1로 하나 붙여서 백2와 문답해 놓는 것이 중요한 수순이다.

　그리고 나서 흑3에 협공하는 것이 보통이다. 3은 a나 b로 협공하는 수도 가능하다. 귀를 더 이상 안 둔 까닭은….

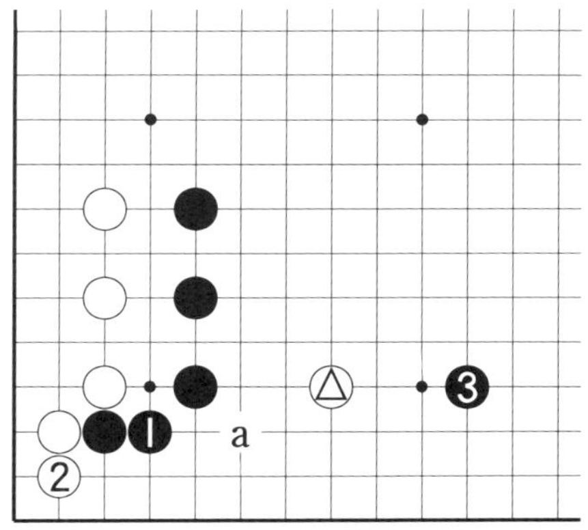

3도

1-3도(백, 움직이기 편하다)

사실 흑은 1로 끌고 싶어지기도 한다. 늘 이렇게 두곤 했으니까.

　그러나 백2로 응수하게 한 다음 흑3에 협공하면 백△가 a 등의 활용을 보고 움직이기가 편한 의미가 있다.

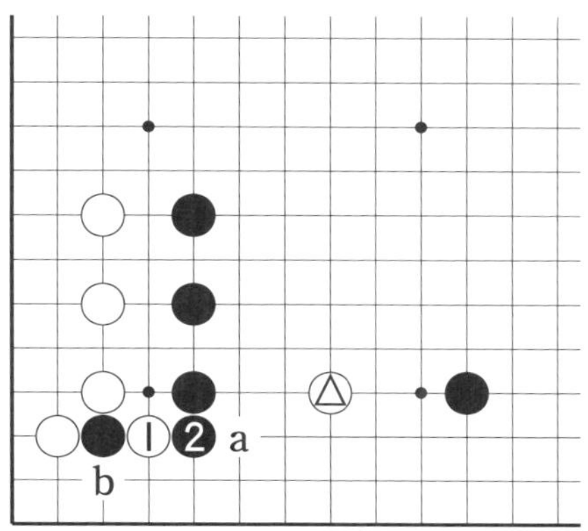

4도

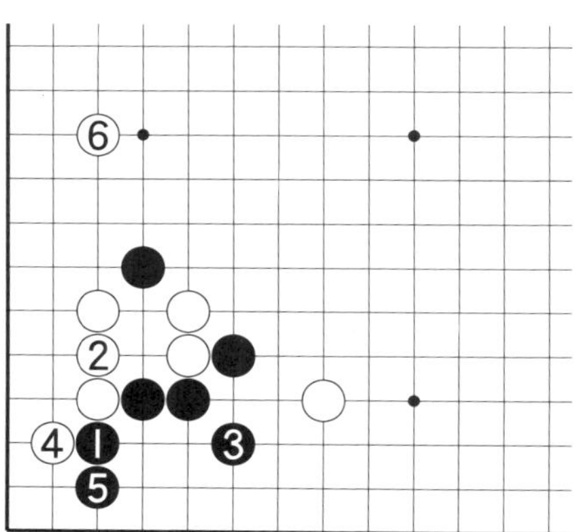

1도

2도

1-4도(백, 불편하다)

이 상황에서는 a로 두기가 거북하므로 그 만큼 백△는 움직이기가 불편하다.

따라서 백은 1로 흑 한점을 잡는 정도인데, 흑2로 막히면 백△도 약화되고 흑b의 맛이 생긴다.

2-1도(눈목자씌움)

이번에는 흑1의 눈목자씌움이다. 이른바 요도정석이라고도 부르는데, 일본의 바둑용어를 그대로 쓴 것이다. 백2의 붙임은 빈도수 넘버원의 응수다. 백4, 흑5에 백6으로 뛰고….

2-2도(기본정석)

흑1로 젖히고 백2에 잇는 것이 가장 널리 알려져 있는 진행이다.

흑3으로 호구치면 백은 4를 하나 선수하고 6에 벌린다. 여기까지가 기본정석이다.

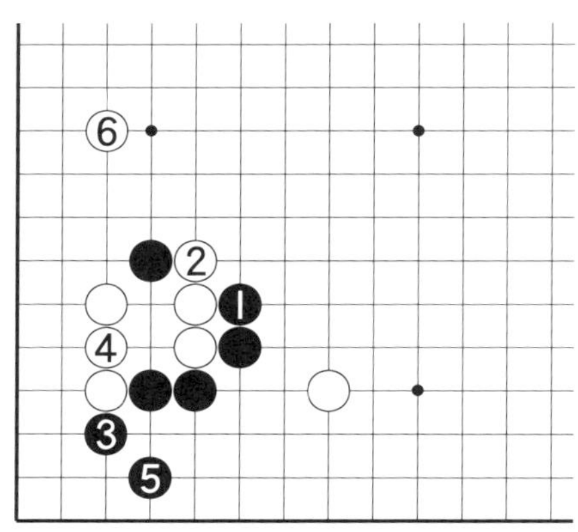

3도

2-3도(일장일단)

앞 그림 1로 이 그림처럼 흑1로 밀어가는 수도 유력하다.

백2는 간명한 응수이며, 그러면 흑은 3에 젖히고 5쪽을 호구치게 된다. 6까지는 정석으로 2도와는 일장일단이 있다.

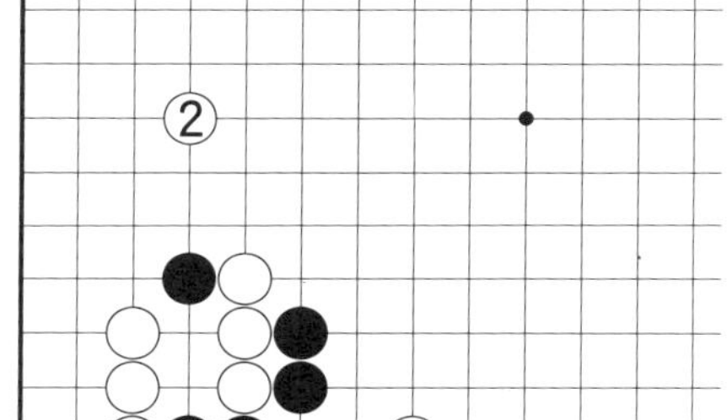

4도

2-4도(흑, 월등하다)

그런데 앞 그림 5로 이 그림처럼 흑1로 2선에 내려서는 치열한 수법이 있다.

백2면 흑3으로 지켜서 2도나 3도에 비해 흑이 월등하게 좋은 결과임을 알 수 있다.

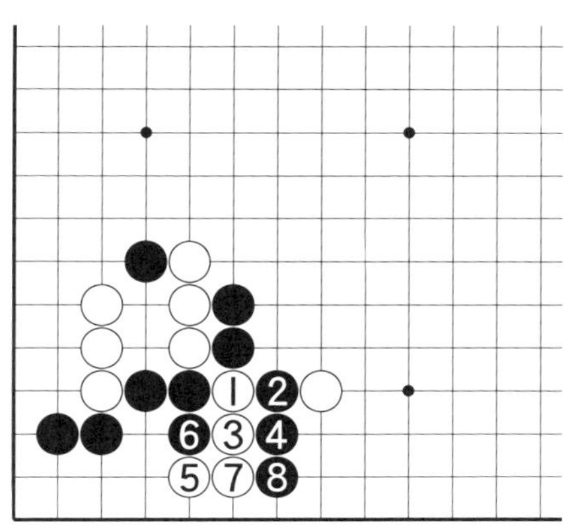

5도

2-5도(백, 거스르다)

따라서 백은 흑의 뜻을 거스르려고 하게 된다. 앞 그림 흑1에 백1로 끊어서 흠집을 남기자는 데 착안한다. 흑2쪽에서 단수하고 4로 따라 내려 온 것은 절대다. 백5에 흑6, 8도 최강이다.

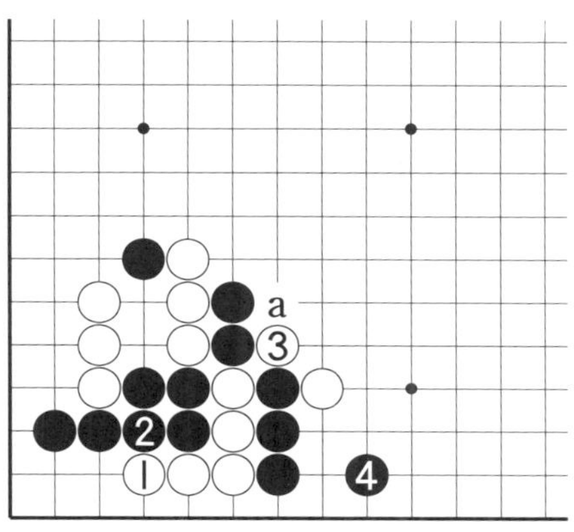

6도

2-6도(축은 흑의 유리)

앞 그림에 이어 백은 1, 흑2를 선수하고 백3으로 끊는다. 흑4는 이것이 응수의 틀이자 최선이다.

물론 백a의 축은 흑이 유리한 것으로 설정한다. 이 축이 된다면 흑 다 망한 것이니까.

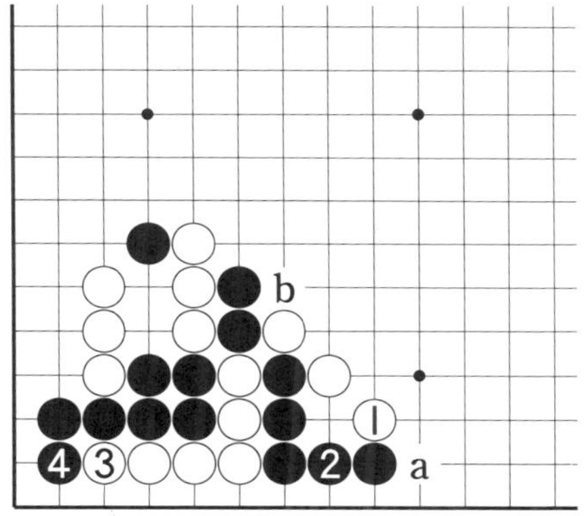

7도

2-7도(축머리 활용)

백1의 마늘모는 급소이며 흑은 2로 잇는 한수다. 백은 3을 하나 기어나가서 흑4와 교환해 두고 손을 빼는 것이 보통이다.

이후 a에 젖히는 수나 b의 축을 보며 두어나가게 된다. 축머리 활용이 우선일 것이다.

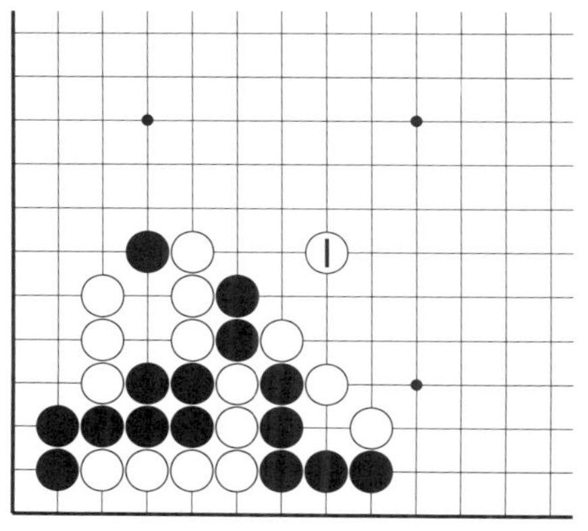

8도

2-8도(연습문제/ 흑 차례)

앞 그림의 결과를 그대로 옮겨왔다. 흑은 '축이 안 되니까 안심'이라고 여기고 있었다.

그런데 백이 느닷없이 1로 씌워왔다. '앗, 장문?' 하고 놀란다면 심각한 상황이다.

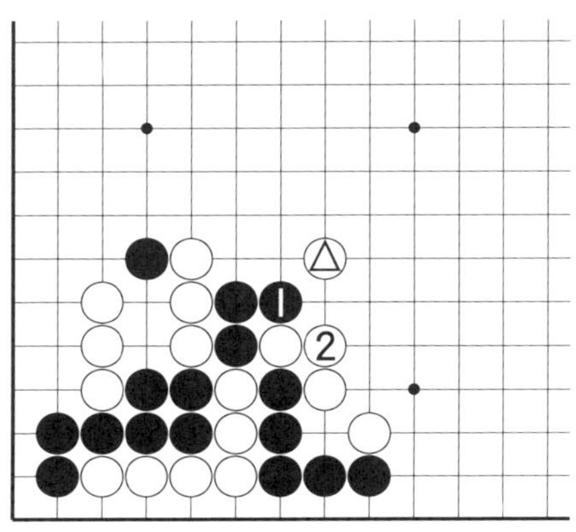

9도

2-9도(흑, 망하다)

당황한 나머지 흑1로 단수를 한다면 그것은 돌이킬 없는 강을 건넌 셈이다. 백은 2로 잇는다.

이러면 백△가 장문의 맥점으로 변한다. 흑은 3수, 백은 4수이니 흑은 망했다.

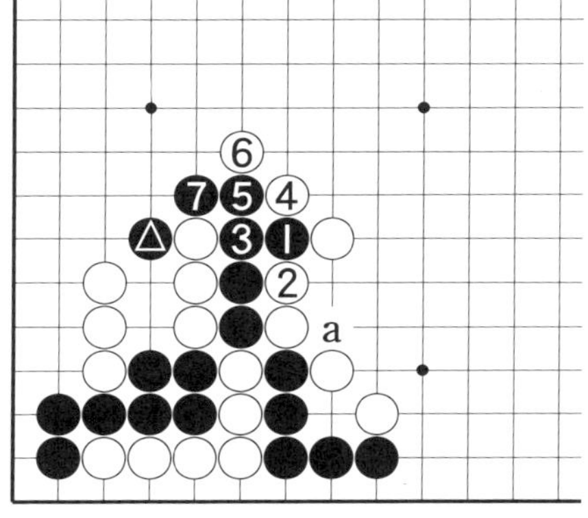

10도

2-10도(비장의 맥점)

그러나 흑에게는 비장의 맥점이 있었으니 바로 1의 마늘모붙임이다. 백2 이하의 축은 ▲에 걸려서 안 된다.

천상 백2 대신 4에 두고 흑a를 허용해야 하니 흑은 만사가 해결되었다.

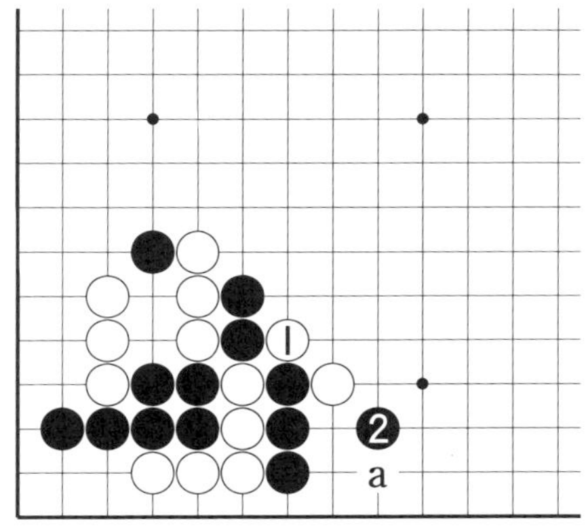

11도

2-11도(연습문제/ 백 차례)

백1로 끊자 흑은 2로 뛰었다. 정석은 a로 아래쪽을 뛰는 것인데 왜 이렇게 두었을까?

사실 흑은 엄청난 실수를 범한 것이다. 자, 백에게 찬스가 왔다. 어떤 수가 있을까?

244

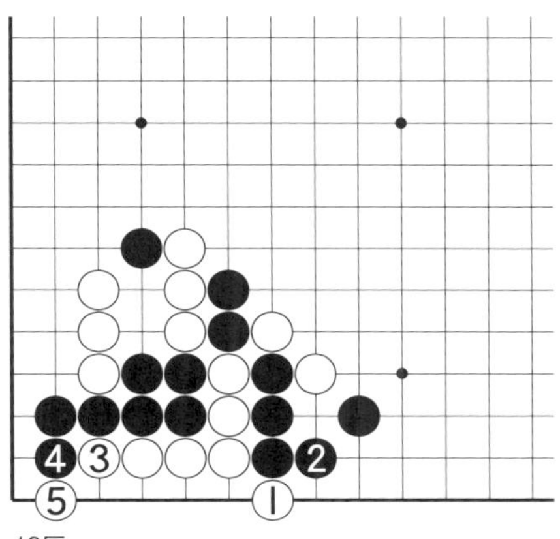

12도

2-12도(양젖힘이면 1수 증가)

백1로 젖히는 수가 출발점이다. 흑2를 기다려 백3으로 기어들고 흑4에 백5로 젖히는 것이 좋은 수순이다. 양젖힘이면 한 수가 늘어나는 거 알고 있어야 한다. 이로써 흑은 패를 피할 수가 없다.

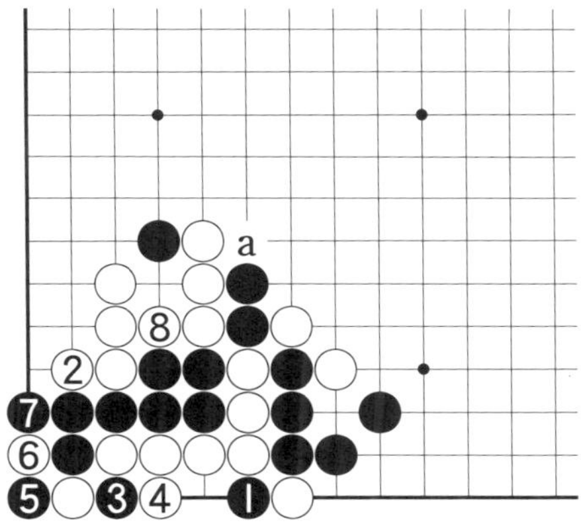

13도

2-13도(자체 팻감)

이 그림의 수순만 있는 것은 아니며 하나의 예를 든 것인데 흑1, 3에 먹여치고 5, 7로 패를 하는 것이 고작이다.

그러나 백에게는 a 등의 자체 팻감이 있어 이 패를 이길 수 있다.

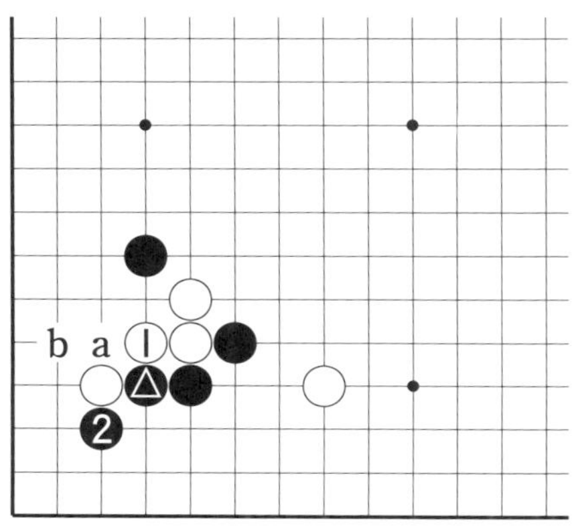

14도

2-14도(빈삼각)

흑△ 때 백1의 빈삼각으로 꽉 막아 버리는 수도 복잡하다. 여기서는 간단한 변화 두 가지만 소개한다.

흑2의 젖힘에 백은 a로 잇거나 b로 호구치는 것이 간명하다.

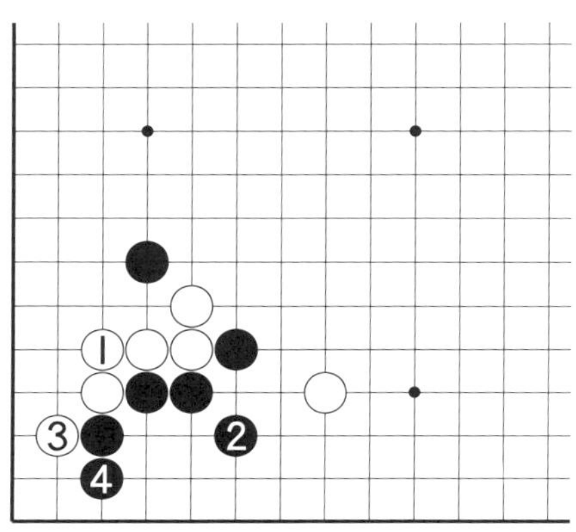

15도

2-15도(옛 정석)

먼저 백1로 꽉 잇는 변화부터 본다. 흑2로 호구치면 아주 간단한 코스로 간다.

백은 3에 젖히는 정도다. 흑4로 늘어서 2도와 비슷한 결과가 되었다. 옛 정석의 하나다.

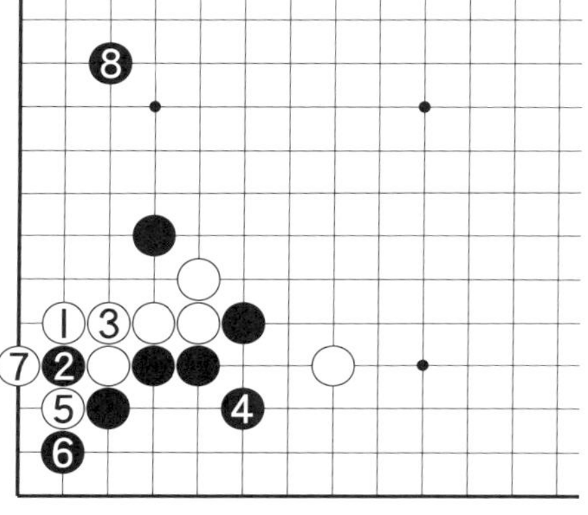

16도

2-16도(정석)

14도 다음 백1로 호구치는 것도 그리 어려운 변화는 없다.

흑2로 한방 선수하고 4에 호구치는 것이 보통이다. 백5, 7은 보기보다는 큰 수이며, 흑은 발빠르게 8에 벌려서 이것도 정석이다.

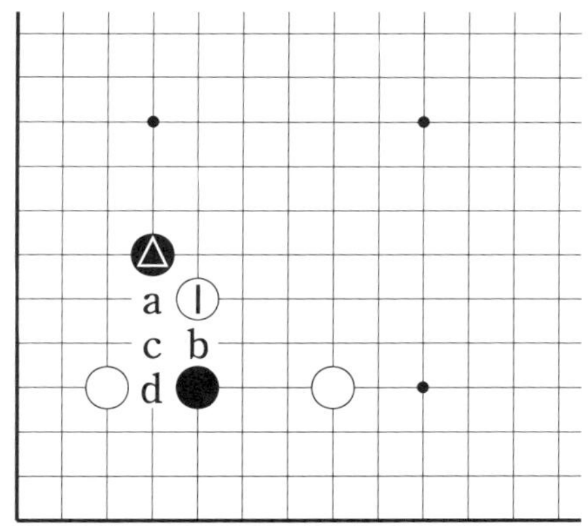

17도

2-17도(백, 어깨짚음)

흑▲의 눈목자씌움에 대해 백1로 어깨를 짚는 수는 귀를 버릴 요량으로, 그 대가로 세력을 얻으려는 것이 그 목적이다.

흑a, 백b, 흑c는 백d로 끊겨 백이 바라는 바다.

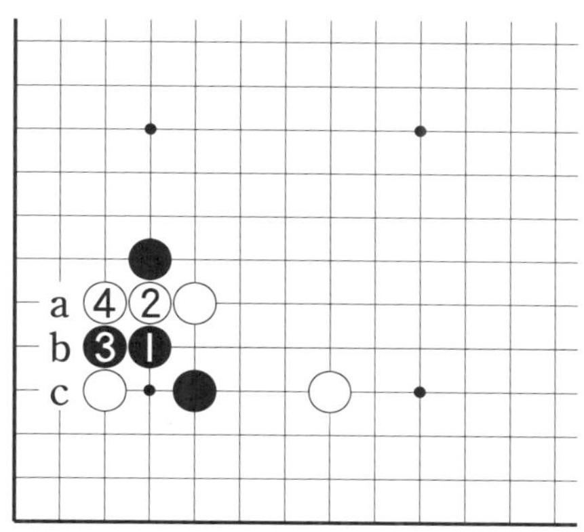

18도

2-18도(마늘모)

흑1의 마늘모로 째고나가는 한수다. 백2는 예정된 행동이며 흑3도 필연이다.

백4 다음 흑에게는 세 가지 선택이 있다. a의 바깥쪽 젖힘, b의 내려섬, c의 안쪽 젖힘이다.

2-19도(초기의 정석)

이 정석이 등장한 초기에는 흑1로 젖혔다. 백2를 기다려 흑3으로 호구쳐서 백 한점을 제압하고 9까지 귀의 실리를 크게 확보했다.

실리와 세력의 갈림으로 호각의 결과다.

19도

2-20도(큰 끝내기)

앞 그림 7로는 이 그림 흑1에 꽉 이으면 선수를 잡을 수는 있으며 실전례도 있다.

하지만 백a, 흑b 다음 백c의 맥점이 주효해 흑d, 백e의 큰 끝내기가 남는 점이 흑의 불만이다.

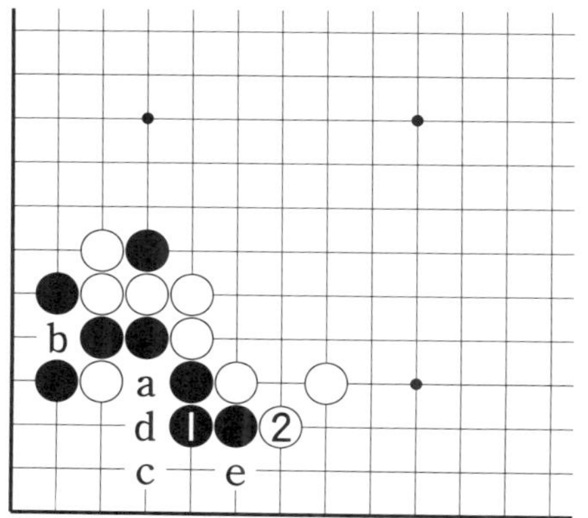

20도

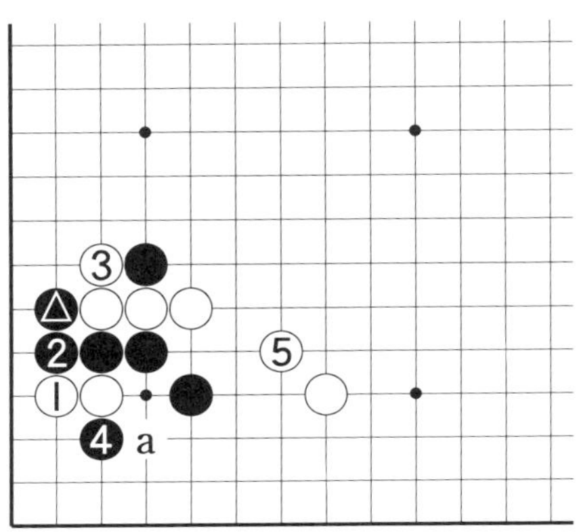

21도

2-21도(맛의 구체화)

흑△로 젖혔을 때 백1, 흑2를 문답하고 백3에 꼬부리는 것은 귀의 맛을 보다 구체화하려는 의도다.

흑4면 백5로 봉쇄한 다음 백a의 젖힘을 노리게 될 것이다. 정형의 하나다.

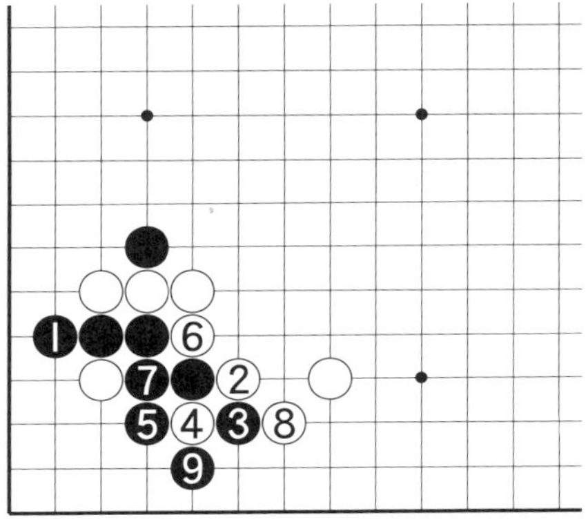

22도

2-22도(간명한 진행)

18도 다음 흑1로 곱게 내려서면 백2로 붙이고 흑3에 백4로 맞끊는 것이 맥점이다.

6으로 9에 내려서면 복잡하므로 그 변화는 생략한다. 9까지는 간명한 진행으로 정석이다.

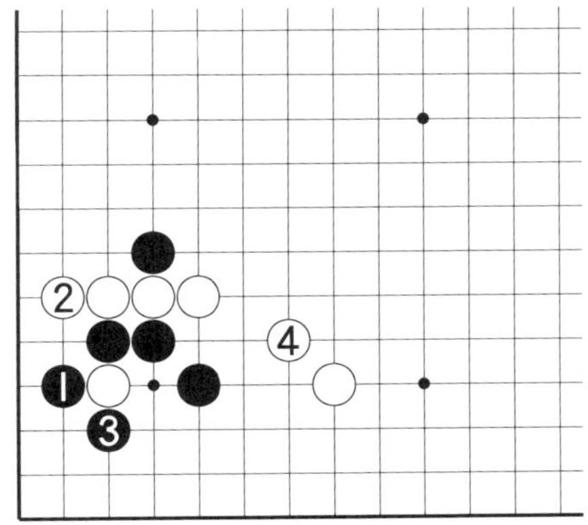

23도

2-23도(흑, 궁리한 수법)

18도 다음 흑1로 안쪽에서 젖히는 것은 궁리한 수법이다. 백2를 불러 그쪽 진출은 막히지만, 귀는 흑3으로 잡아서 깨끗하다.

실리도 제법 튼실하므로 경우에 따라 유력한 선택이다.

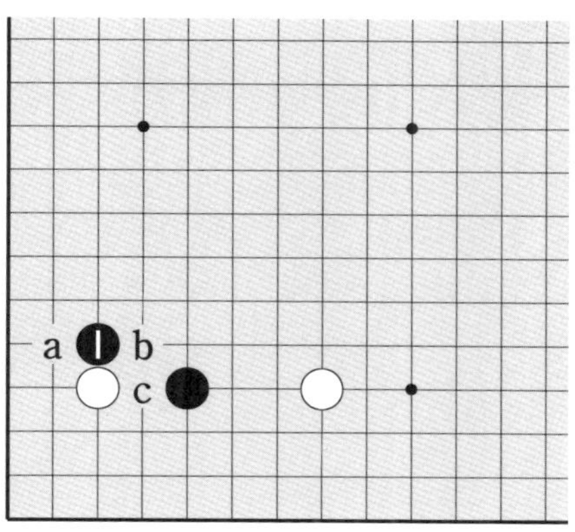

1도

3. 바깥 날일자붙임

3-1도(바깥쪽 붙임)

처음으로 되돌아가서, 백의 두칸높은협공에 흑1의 바깥쪽 붙임은 만만치 않은 변화를 내포하고 있다.

백은 세 가지 선택이 있으며 a만이 비교적 간단하고 b, c는 매우 복잡하다.

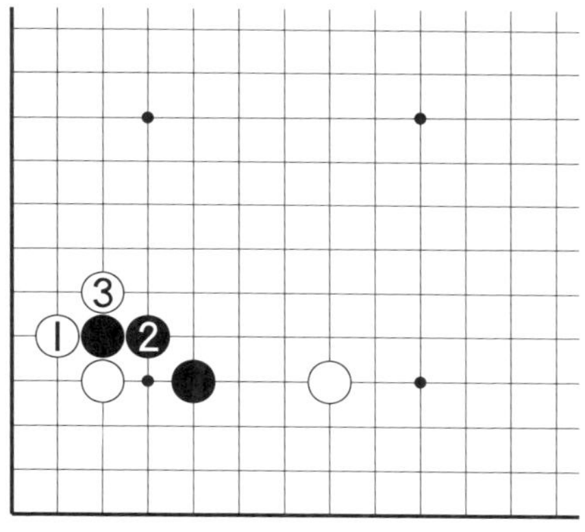

2도

3-2도(백, 온건한 수법)

백1의 젖힘은 온건한 수법이다. 흑2는 이것이 틀이며, 백3의 젖힘도 가장 많이 쓰이는 수다.

다음 흑은 잡고 싶은 반대쪽을 끊으면 된다. 백도 끊어온 쪽을 잡는 것이 올바르다.

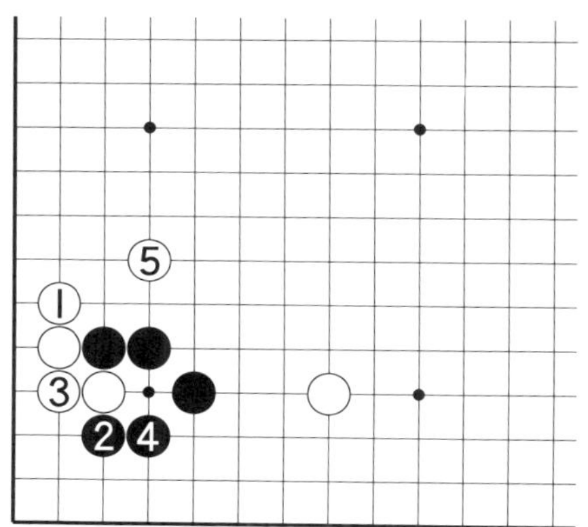

3도

3-3도(흑, 책략이 없다)

앞 그림 3으로 이 그림 백1로 나가는 수는 흑에게 리듬을 주지 않겠다는 뜻이다.

흑2의 붙임은 당연한데 백3에 이을 때 흑4는 책략이 없는 수여서 백5의 공격을 당해 갑갑하다.

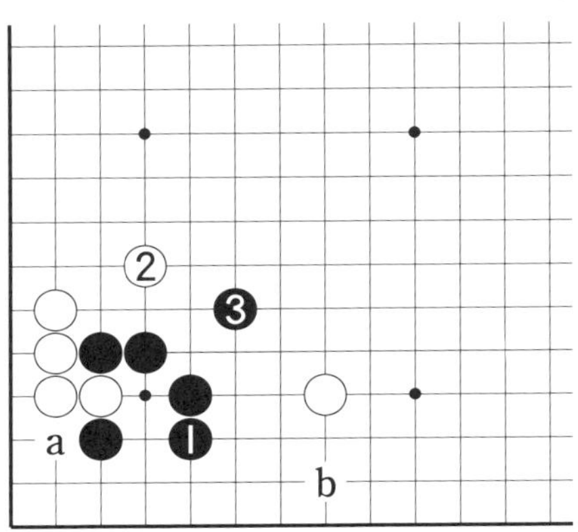

4도

3-4도(정형)

앞 그림 4로는 이 그림 흑1로 늘어서는 것이 호수다.

다음 a로 막는 수와 b의 눈목자 달림을 맞보기로 근거를 확보하고 있다. 백2에는 흑3으로 유유히 진출해서 좋다.

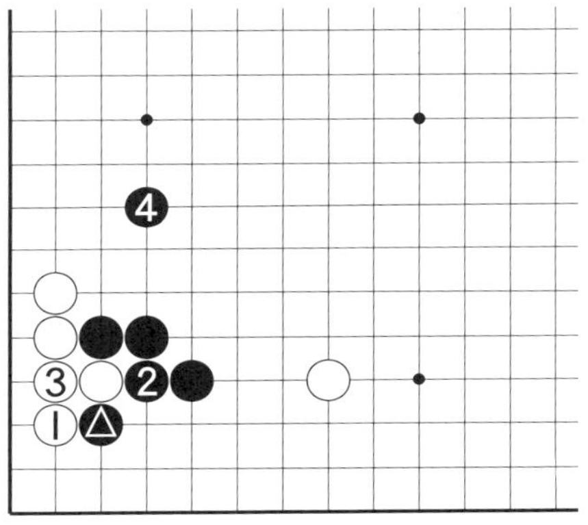

5도

3-5도(백, 다소 불만)

흑▲에 붙였을 때 만약 백이 잇지 않고 1로 응수한다면 흑2의 한방이 기분 좋은 선수활용이다.

그리고 나서 훌쩍 4로 날아올라 경쾌한 모습이다. 이것은 백이 다소 불만일 것이다.

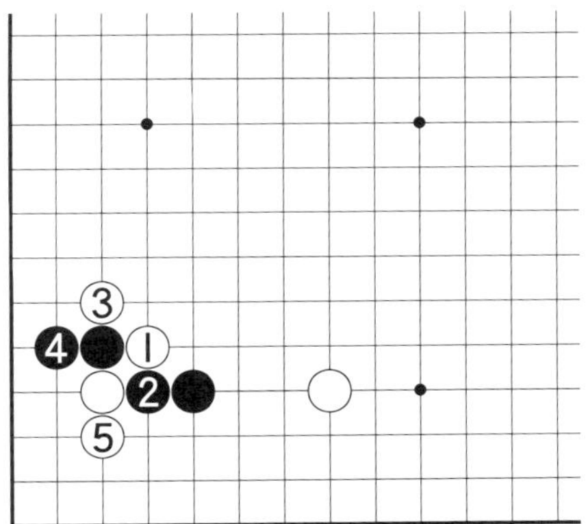

6도

3-6도(백, 준엄한 수법)

흑의 바깥쪽 붙임에 백1로 젖혀나가는 것은 준엄한 수법이다. 흑2에 백3으로 단수하고 5로 귀쪽에 뻗는다.

이 일련의 수는 두칸높은협공 때부터의 예정된 행동이라고 할 수 있다.

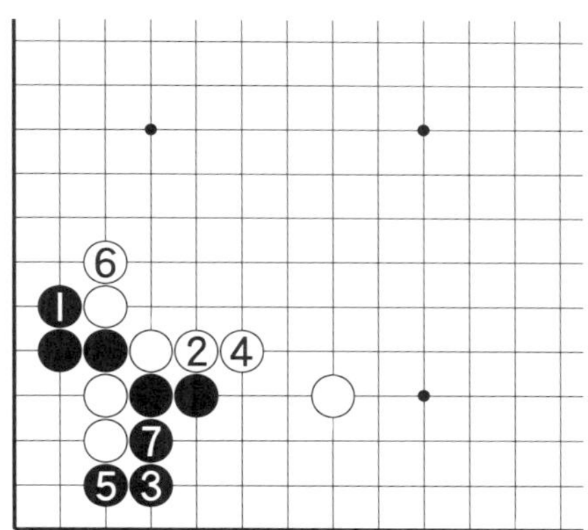

7도

3-7도(흑, 바깥쪽 꼬부림)

흑의 대응은 두 가지인데, 하나가 흑1의 바깥쪽 꼬부림이다.

　백2는 절대이며 흑3으로 뛰어 귀의 백 두점을 공략하게 된다. 백4에 흑5, 백6에 흑7은 필요한 수로 여기까지가 정석이다.

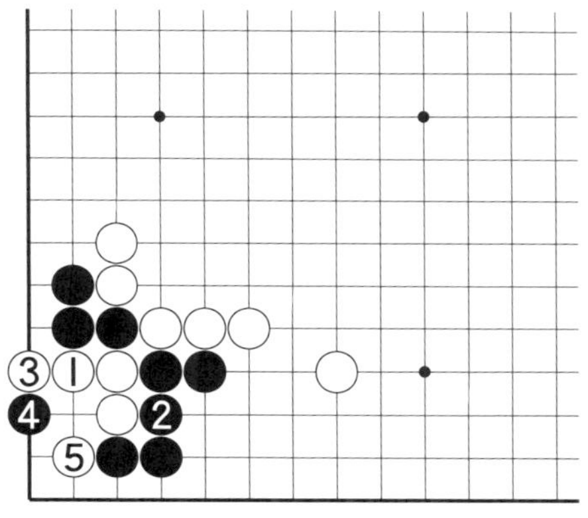

8도

3-8도(수상전은 백승)

앞 그림 7은 손을 빼어도 괜찮을 것 같지만 그렇지가 않다.

　백1로 꼬부려 막는 수가 있다. 흑2에는 백3의 내려섬이 귀의 특수성을 활용한 맥점으로, 수상전은 백의 승리다.

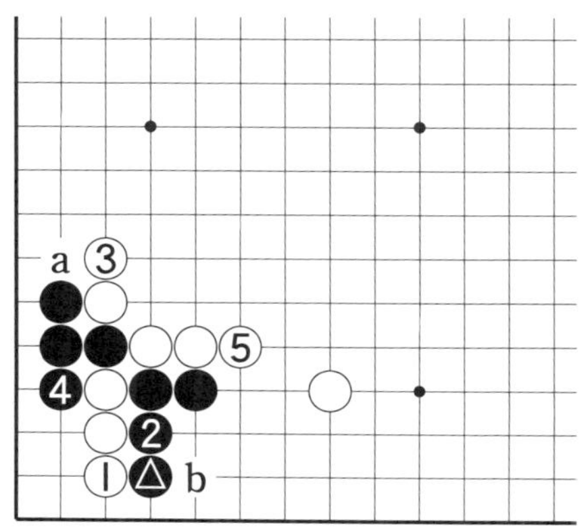

9도

3-9도(백, 키워서 버린다)

흑▲ 때 백은 1에 막아서 석점으로 키워서 버리는 수법도 있다.

　흑2의 이음은 절대이며 백3에 늘면 흑4도 절대다. 백은 5로 지킨 다음 백a를 선수하거나 b를 활용하게 된다.

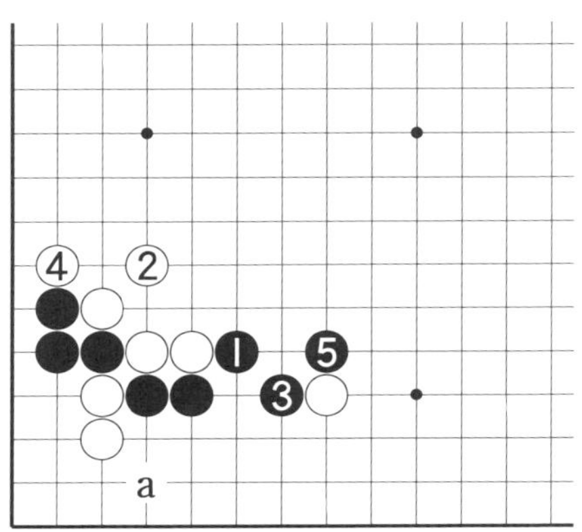

10도

3-10도(백, 유리)

a로 뛰지 않고 흑1로 젖히면 백2로 호구치는 것이 호수다. 흑3에는 백4로 흑 석점을 잡아서 유리한 갈림이다.

흑5에 젖혀서 대가를 구하겠지만 백은 선수까지 잡아서 만족이다.

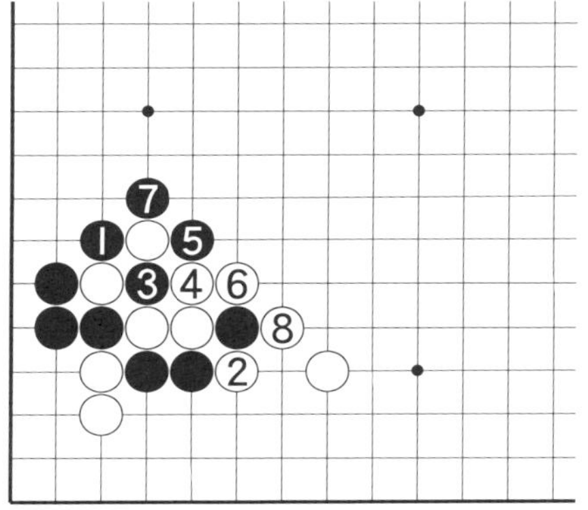

11도

3-11도(백, 유리)

앞 그림 3은 이 그림 흑1로 단수하는 편이 낫다.

백2의 끊음은 예정된 행동이며, 흑은 3 이하 7로 연거푸 따내고 백도 8에 따내어서 일단락인데, 백이 유리한 갈림이라는 평가다.

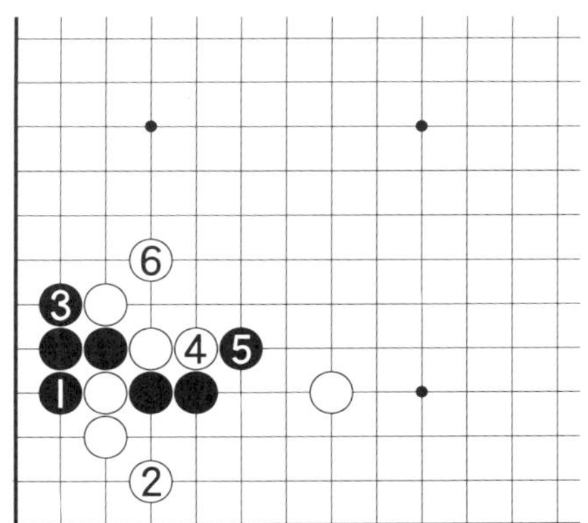

12도

3-12도(흑, 안쪽 꼬부림)

이번에는 흑1의 안쪽 꼬부림이다. 지금이라면 백2로 응수하는 정도이니 그때 흑3으로 나간다.

이 문답에는 자못 깊은 의미가 있다. 백4, 흑5, 백6은 앞서와 같은 진행이며….

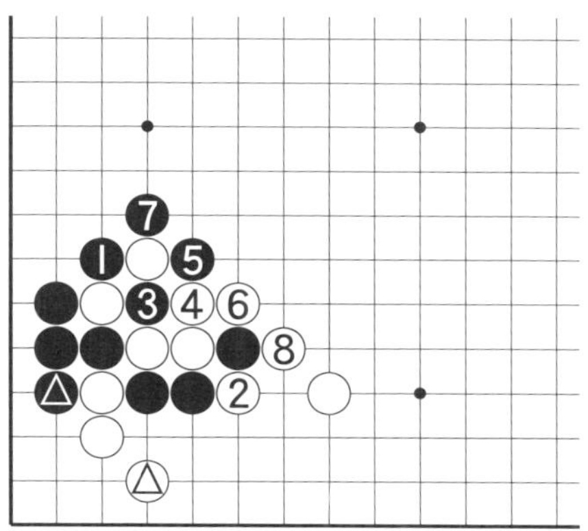

13도

3-13도(흑, 둘 만하다)

계속해서 흑1 이하 백8까지는 11도에서 본 수순이다. 자, 11도와 어떤 차가 있을까?

그렇다! 흑●와 백△의 문답만큼 흑이 유리하다. 따라서 이 갈림은 흑도 둘 만하다.

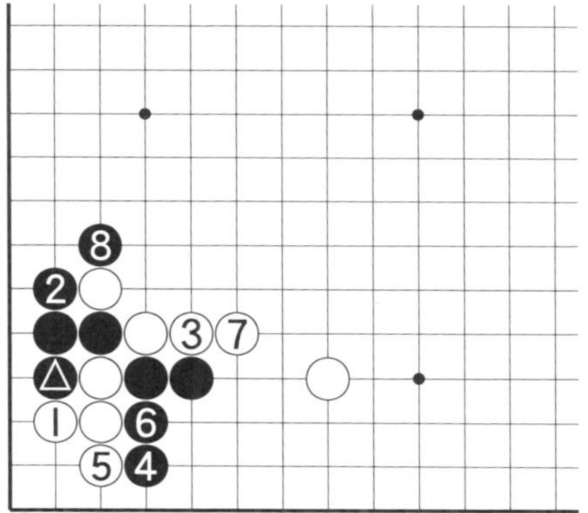

14도

3-14도(흑, 유리)

흑●에 대해 백1로 막는 것은 좋지 않다.

흑2 다음 백3이면 이번에는 흑은 젖히지 않고 4에 뛰어 귀의 백 석 점을 잡는다. 백5, 7에 흑8로 둘 여유도 생겨 흑이 유리한 갈림이다.

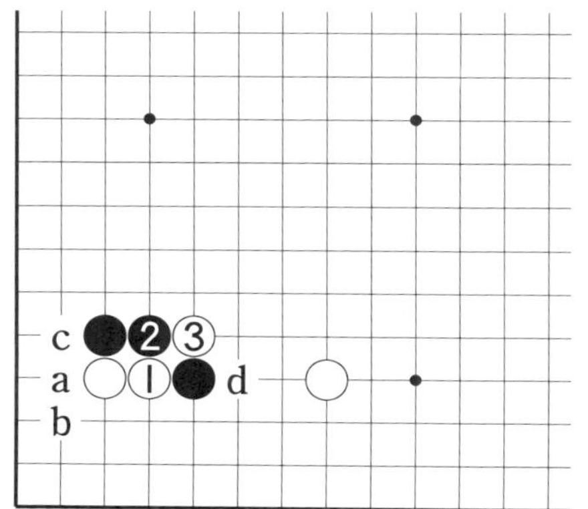

15도

3-15도(백, 치받고 끊다)

마지막으로 검토할 대상은 흑의 바깥쪽 붙임에 백1로 치받고 흑2에 백3으로 끊는 변화다.

흑의 대응은 a, 백b, 흑c로 젖혀 잇든가, 아니면 잠자코 흑d에 늘든가 둘 중 하나다.

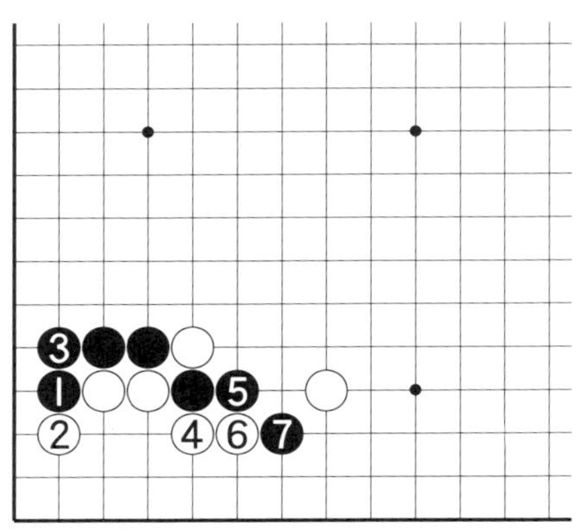

16도

3-16도(흑, 간명을 기해)

흑1, 3으로 젖혀잇는 것은 간명한 결과를 원하는 수다. 백은 4로 단수하고 6으로 건너는 것이 상식적인 응수다.

여기서 흑7로 젖혀나가는 수는 일종의 희생타 전법이다.

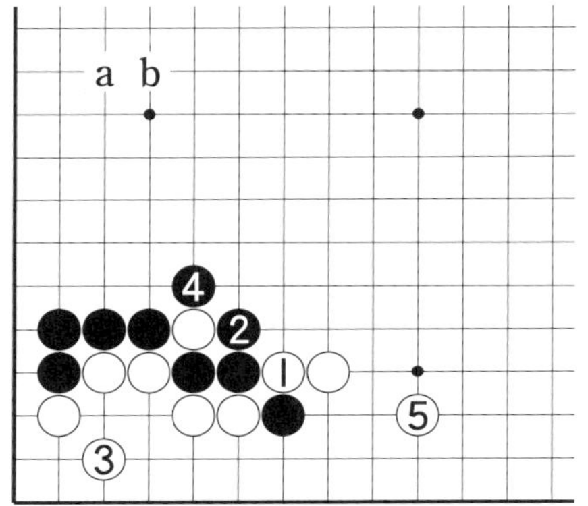

17도

3-17도(정석)

백은 1로 끊으면서 단수하고 3으로 지키는 것이 정수다. 흑은 그 틈에 4까지 빵따내어 상당한 세력을 쌓았다.

백5로 지킨 다음 흑은 a나 b로 전개하게 된다. 정석의 하나다.

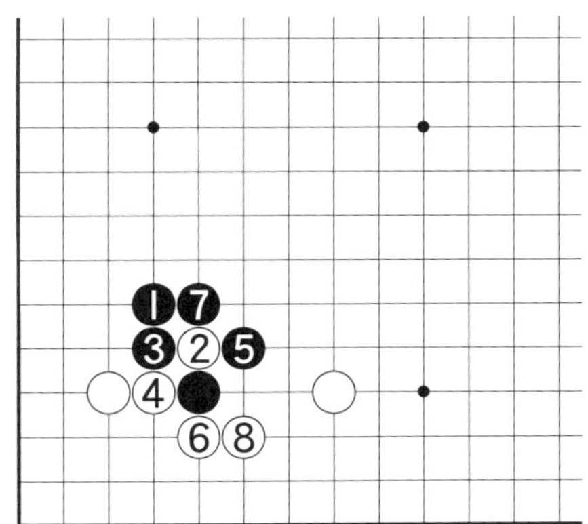

18도

3-18도(흑의 날일자)

애초 백의 협공에 흑1의 날일자는 약간 어정쩡한 수법이다. 백은 2로 건너붙여 4 이하 8까지 실리를 확보해서 우세한 갈림이다.

만약 흑5의 축이 백에게 유리하다면 백은 더 좋은 결과가 나오지 않겠는가. 참고로 소개한다.

부록

실전례

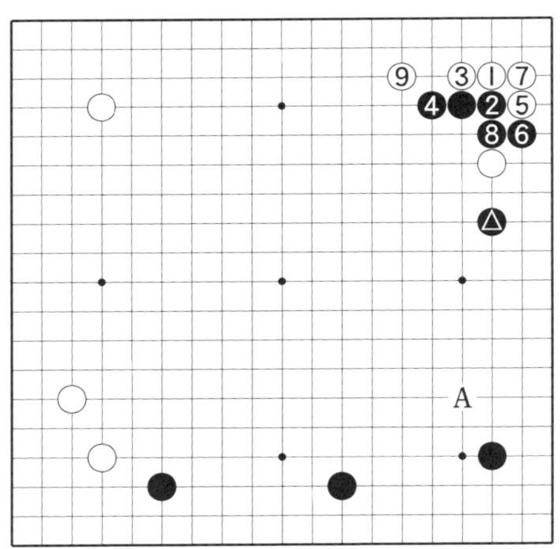

실전례-1(한칸협공)

화점 날일자걸침에 흑▲의 한칸협공이다.

백1의 3三침입이면 흑2 이하 백9까지는 낯익은 기본정석이다. 이 다음 흑A의 날일자가 우하의 흑 진영을 키우는 절호점이 된다.

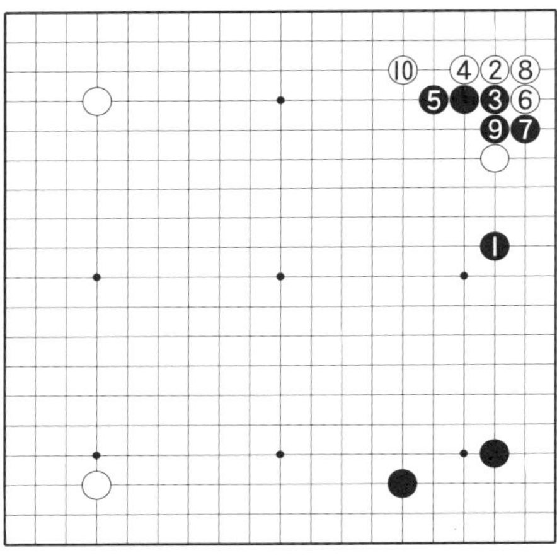

실전례-2(두칸협공)

이번에는 백의 날일자걸침에 흑1의 두칸협공이다.

역시 백2의 3三침입에 흑3 이하 백10까지가 기본정석이다. 흑1의 한점이 우하귀 흑의 눈목자굳힘과 잘 어울리는 느낌 아닌가?

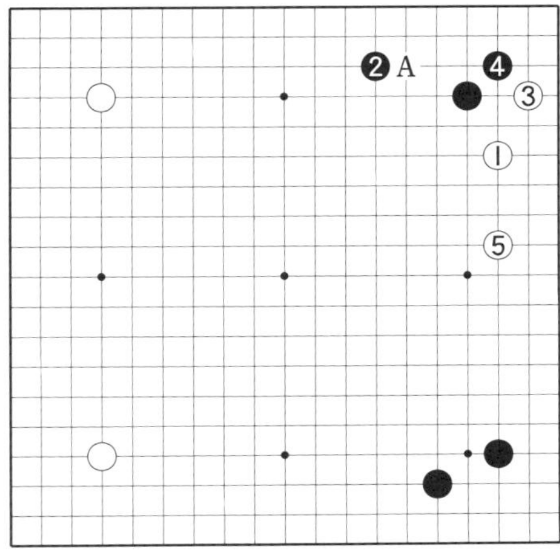

실전례-3(눈목자응수)

백1의 날일자걸침에 흑2의 눈목자는 흔치 않은 응수다.

백은 흑이 A의 날일자로 받지 않은 데 크게 구애받지 않고 3에서 5의 기본정석을 택했다. 이것도 한 판의 바둑이다.

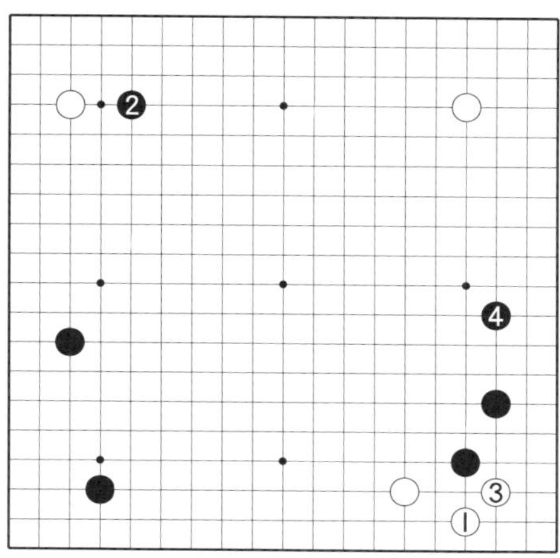

실전례-4(두칸벌림)

날일자걸침/ 날일자응수에 이어, 백 1의 날일자로 미끄러지자 흑은 손을 빼어 2로 좌상귀에 걸쳤다. 백3의 3三침입에는 백4의 두칸벌림이 행마의 틀이자 응수의 요령이다.

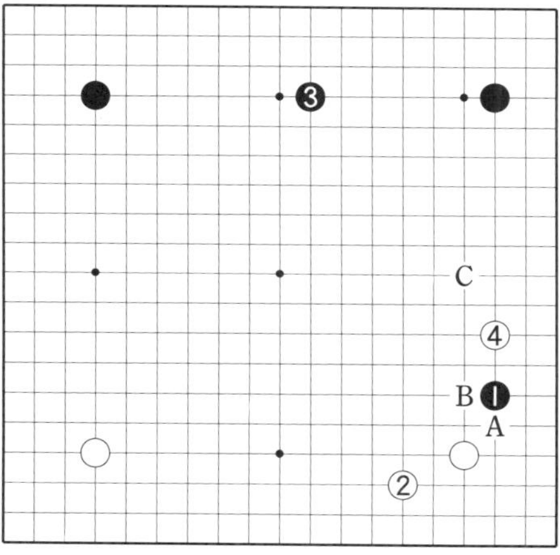

실전례-5(협공이 상식)

이번에는 흑1의 날일자걸침에 백2의 날일자응수 때 흑이 손을 빼어 상변에 높은 중국식포진을 펼쳤다.

백4의 협공은 상식인데 백A, 흑B를 교환하고 백C에 협공할 수도 있다.

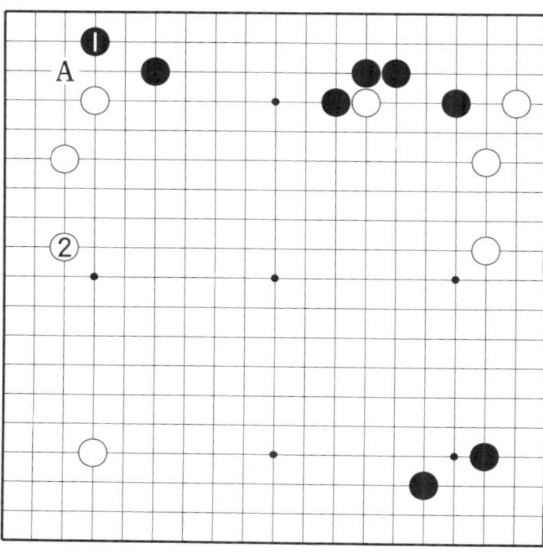

실전례-6(그냥 두칸)

날일자걸침/ 날일자응수 다음 흑1로 미끄러졌을 때 백은 A로 받지 않고 그렇다고 손을 빼어 큰 곳으로도 가지 않고 2로 두칸을 벌렸다. 상변 흑진을 의식한 유연한 발상이다.

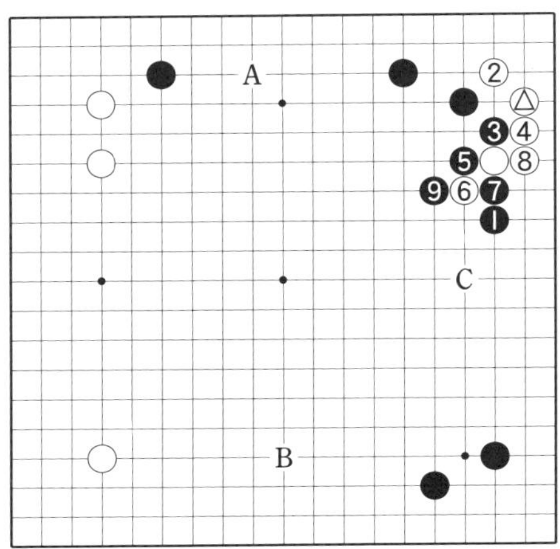

실전례-7(흑의 대응)

이번에는 백△의 날일자달림에 흑
1로 배후에서 엄습하는 수다. 백2
에 흑9까지는 거의 외길이다.

다음 백은 A 또는 B로 향하게
되는데, 그럴 때 흑의 대응은 C가
상식이다.

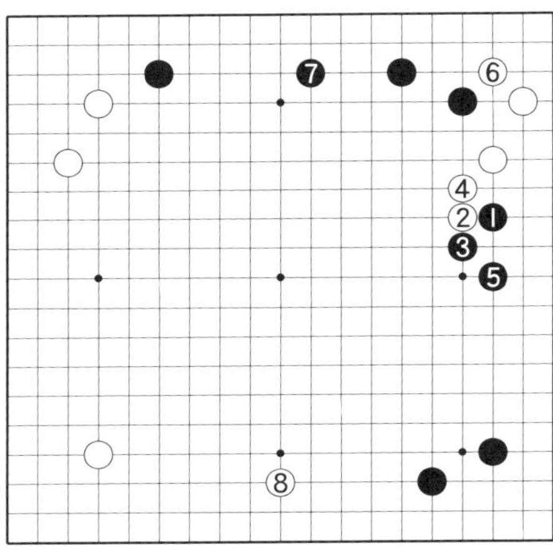

실전례-8(봉쇄를 피한 정석)

비슷한 배석이다. 흑1에 백은 2로
붙였다. 흑3에 백4로 끌고 흑5를 기
다려 그제야 백6으로 마늘모했다.
흑7의 두칸벌림에 백8로 큰곳을 차
지한다.

백이 우상귀 봉쇄를 피하는 정석
을 쓴 데 주목한다.

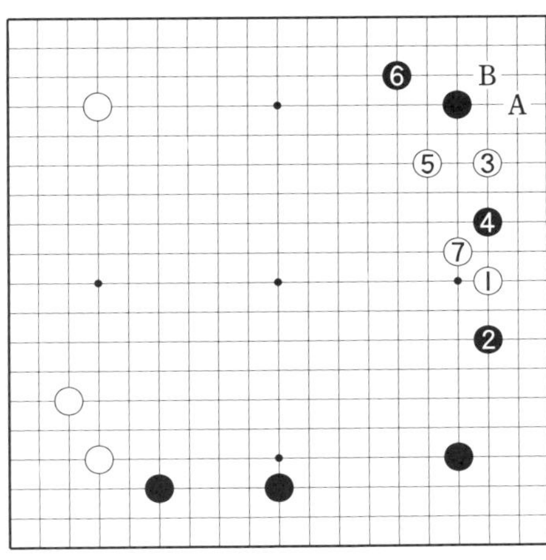

실전례-9(갈라침에서)

백1의 갈라침에 흑2로 다가서 백
은 3에 걸쳤다. 흑4는 상용수법이
며 백5, 7로 정석이 완료된다.

7은 A, 흑B를 먼저 둘 수도 있
지만 흑은 B 대신 7에 반격할지도
모른다.

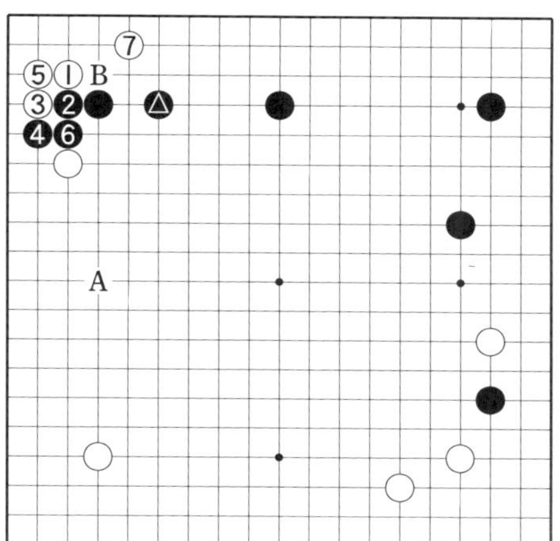

실전례-10(한칸응수)

늦일자걸침에 흑이 ⬛로 한칸응수한 장면이다.

　백1의 3三침입에 흑2, 4면 백은 7까지 귀를 도려낸다. 1로 A에 전개한다든지 4로 B에 막으면 전혀 다른 한판의 바둑이 된다.

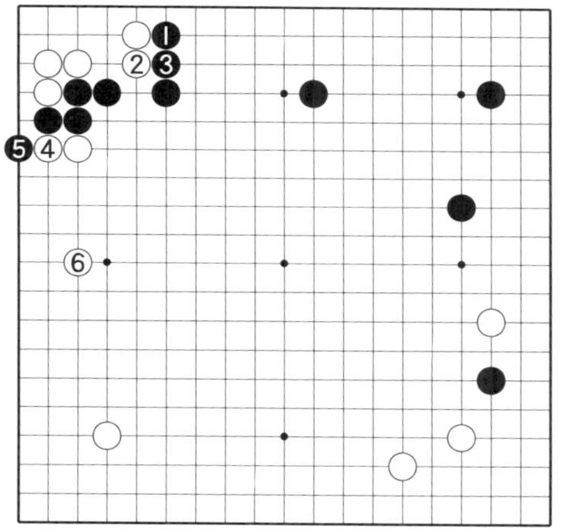

실전례-11(익혀 두자)

앞 그림에 이어, 흑1, 3으로 백의 상변진출을 저지하는 것이 보통이다. 백4로 건너자고 할 때 흑5의 젖힘은 익혀둘 만한 응수이며, 백6도 이렇게 두는 것이 틀이라고 알아두기 바란다.

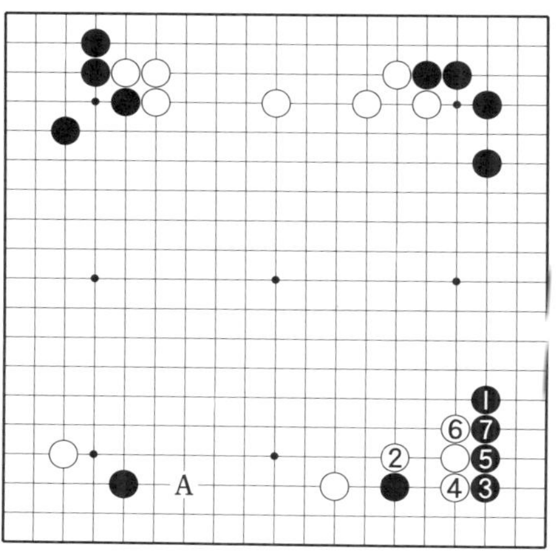

실전례-12(양걸침 1)

화점에 날일자걸침, 백의 한칸협공에 흑1로 양걸침한 장면이다.

　백2에 흑3으로 3三침입하자 백은 4쪽을 막았다. 흑5, 7은 두터운 수법이며, 다음 백A의 한칸협공이 절호점이다.

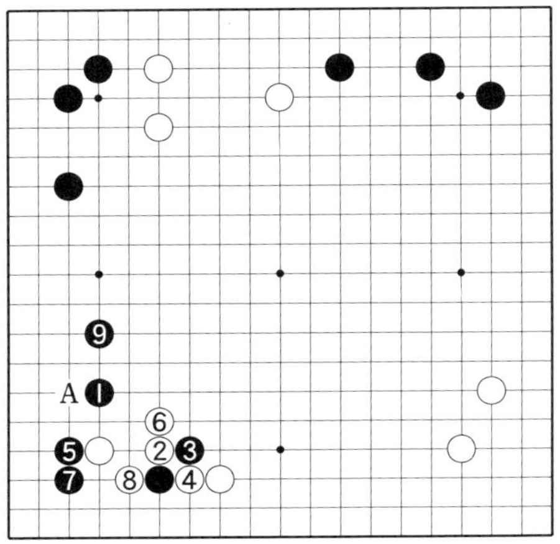

실전례-13(양걸침 2)

이번에는 한칸으로 양걸침한 예다. 흑1에 백2는 당연하며 흑3, 백4를 문답하고 흑5에 붙였을 때 백6의 뻗음이 두터운 수법이다.

9의 한칸뜀은 백A의 붙임을 방비한 수다.

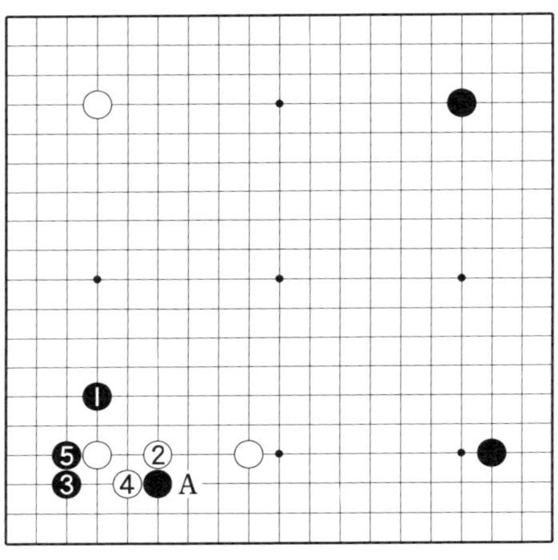

실전례-14(양걸침 3)

흑의 날일자걸침, 백의 두칸높은협공에 흑1의 한칸 양걸침이다. 백2에 붙이자 흑3으로 3三침입했다.

백4는 간명한 수이지만 흑5로 건넌 다음 흑A로 움직이는 수가 남았다.

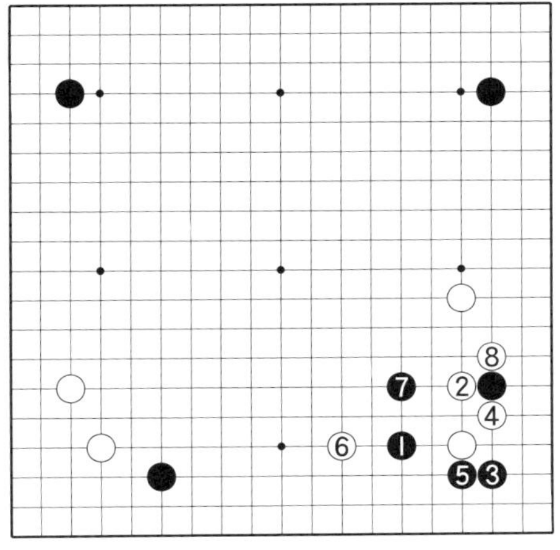

실전례-15(양걸침 4)

배석은 다르지만 이번에도 역시 흑1의 한칸 양걸침이다. 백2 이하 흑5까지는 앞서와 같은 진행이다.

여기서 백은 6으로 잽을 날리고 나서 8로 흑 한점을 맛좋게 잡아두었다.

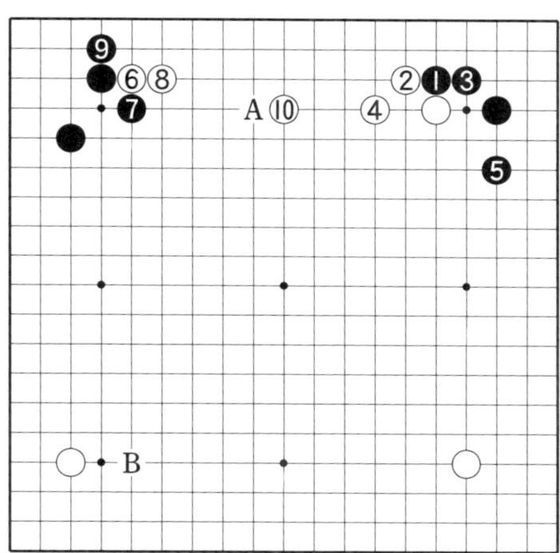

실전례-16(한칸걸침)

소목 한칸걸침에 흑1, 3의 붙여끌기다. 백6의 붙임이 유행하는 수법이다. 흑7, 9를 기다려 백10으로 진영을 구축한다.

다음 흑은 A로 붙여가거나 B에 걸치는 바둑이 된다.

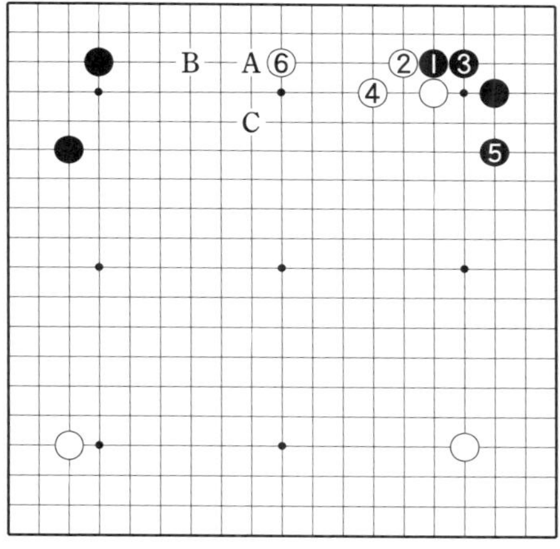

실전례-17(백, 좁히다)

역시 백의 한칸걸침에 흑1, 3의 붙여끌기다. 백4, 흑5는 정석대로의 진행인데 여기서 백6으로 한칸 좁힌 수가 눈길을 끈다.

백A, 흑B, 백C로 진행되는 코스가 싫었던 것 같다.

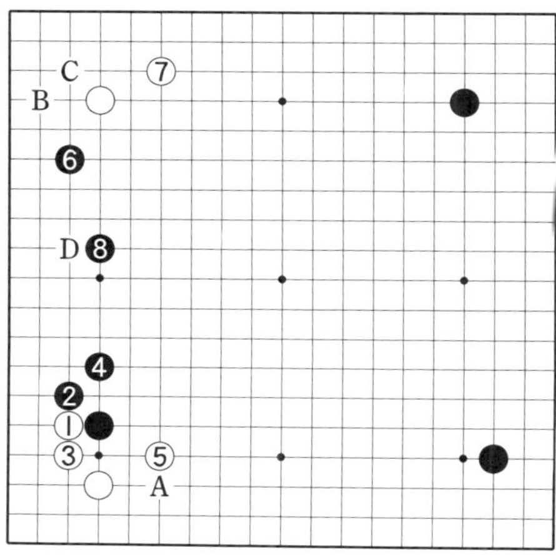

실전례-18(최근의 경향)

역시 백1, 3의 붙여끌기인데 흑4 때 A의 한칸이 아닌 백5의 날일자가 최근 꽤 두어지고 있다. 흑6에 걸치고 8의 눈목자는 정형이다.

예전에는 8로 흑B, 백C, 흑D로 많이 두었다.

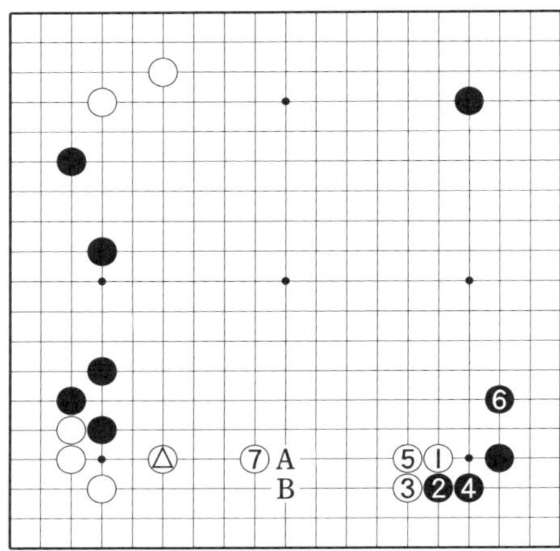

실전례-19(백, 입체적 구상)

앞 그림 실전의 후속편이다. 흑의 붙여끌기에 이번에는 백5로 꽉 이은 예다.

흑6에 백7까지 벌린 것은 백△와의 폭을 맞춘 것이다. A나 B로 둔 것에 비해 입체적인 구상 아닌가?.

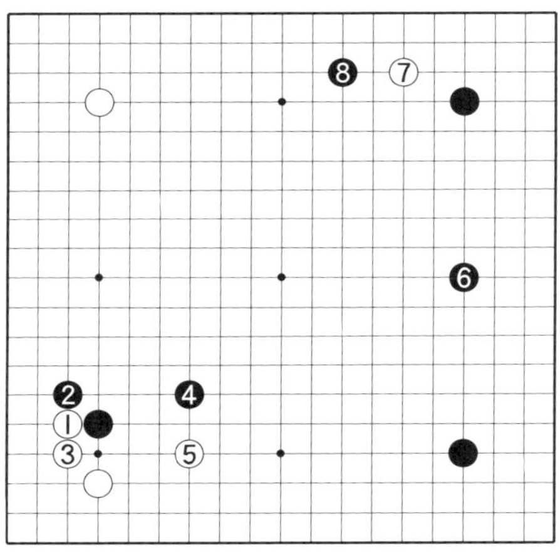

실전례-20(흑, 중앙 중시)

백1, 3의 붙여끌기에 흑4로 훌쩍 날아오른 것은 중앙을 중시하는 호방한 수법이다.

백5에 선수를 뽑아 흑6으로 3연성을 구축하고 백7의 걸침에 흑8로 협공하려는 작전이었다.

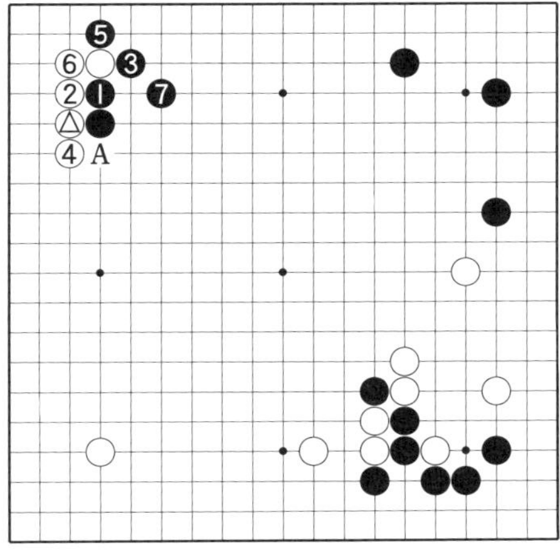

실전례-21(흑, 간명한 수법)

백△의 붙임에 흑1로 치받고 3에 젖혔다.

백4에 흑이 A로 따라붙으면 큰 밀어붙이기 정석의 변화로 돌입하는데, 최근에는 흑5, 7이라는 간명한 수법이 크게 유행하고 있다.

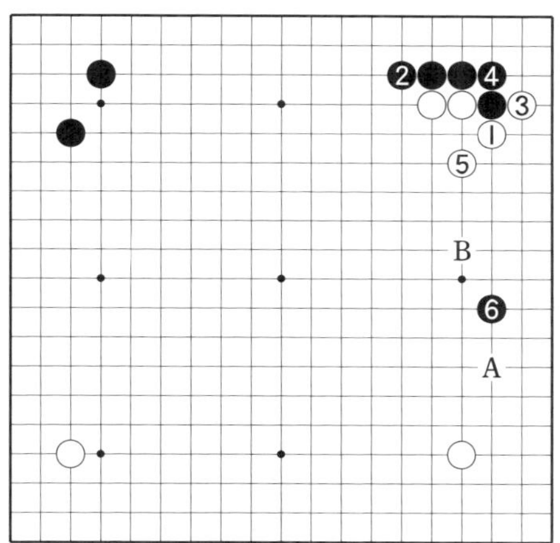

실전례-22(갈라침은 필연)

이번에는 입장이 뒤바뀌어 백이 치받고 젖힌 예다.

역시 흑2에 백3으로 단수하고 5에 호구치는 간명한 코스를 택했다. 흑6의 갈라침은 필연이며 다음 백A, 흑B가 예상된다.

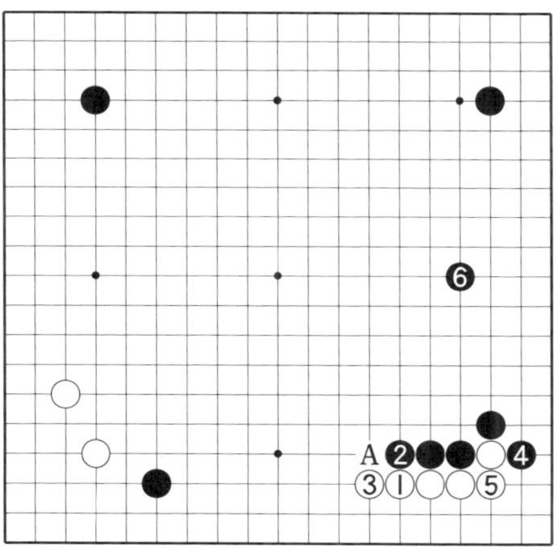

실전례-23(백, 참다)

백1로 늘자, 흑은 집요하게 2로 따라붙어 큰 밀어붙이기의 코스를 원하고 있다.

그러나 백은 3으로 참았고(?), 흑은 4에서 6으로 우변을 구축해 나름대로 성과를 거두었다.

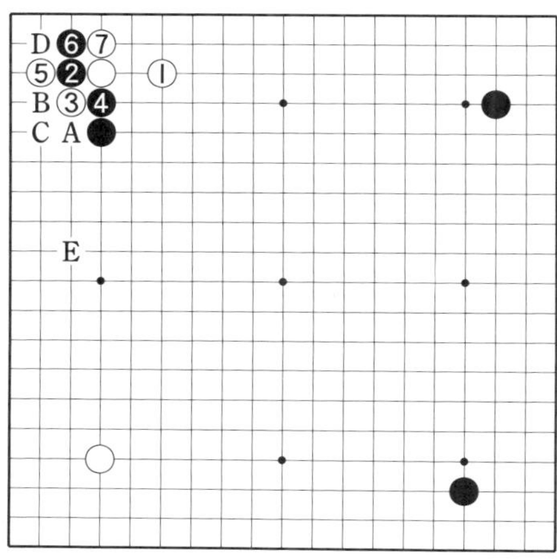

실전례-24(정석)

흑의 한칸걸침에 백1의 한칸으로 응수했다. 흑2의 붙임에 백3으로 젖혀나가고 5, 7은 있는 수법이다.

여기서 흑A, 백B, 흑C, 백D 다음 흑E로 벌리는 것이 종래의 정석이다.

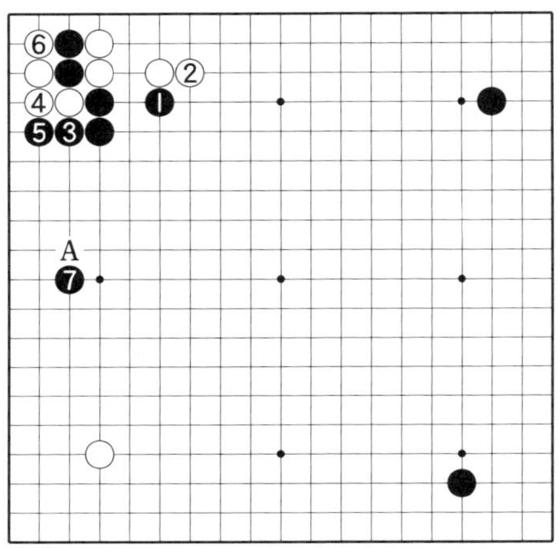

실전례-25(개량형)

앞 그림에 이은 실전이다. 흑1, 백2를 활용하고 흑3, 5로 막는 것이 개량된 정석이다.

이번에는 A가 아니라 7로 한걸음을 더 나아갈 수 있다. 유행하는 수법의 하나다.

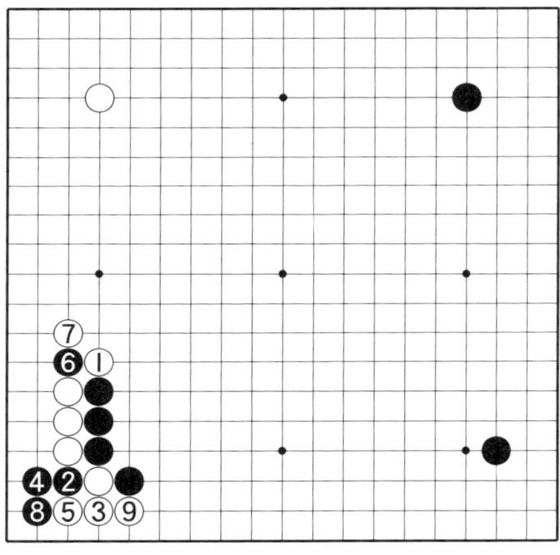

실전례-26(큰 밀어붙이기)

당연하지만 좌하귀에 주목해 주기 바란다. 백1로 젖히면 본격적인 큰 밀어붙이기 정석의 변화로 들어간다. 흑2, 4에 백5의 안쪽 꼬부림 때 흑6, 8은 중요한 수순이며 백9도 절대다.

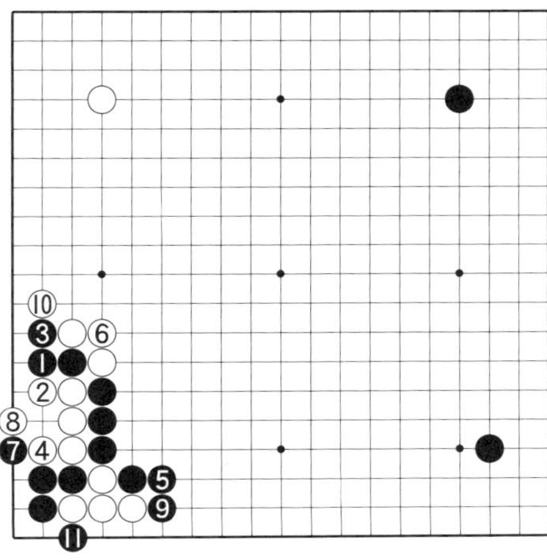

실전례-27(정석)

계속해서 흑1, 3, 5에 백이 6의 곳을 이은 것은 이 변화 가운데서는 그래도 쉬운 코스에 속한다.

흑7로 젖히고 9에 꼬부려 막은 것이 교묘한 수순이다. 11까지는 정석의 하나다.

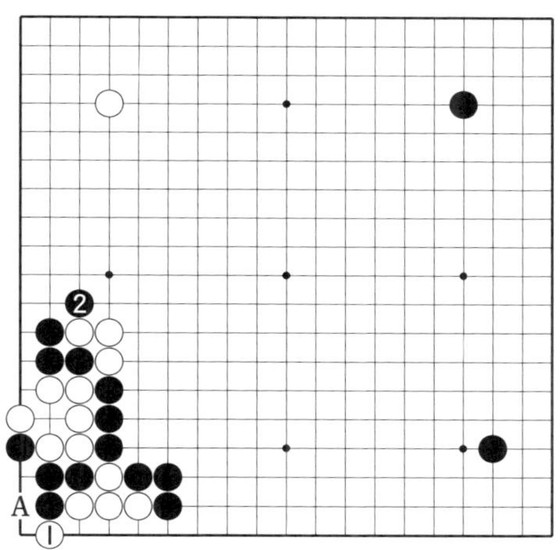

실전례-28(보충설명)

앞 그림의 10으로 이 그림 백1에 젖혀서 귀를 수중에 넣으려는 것은 좋지 않다.

흑2 다음 귀에 시한폭탄 같은 흑A의 패가 남아 있어 백 전체의 사활이 걸리므로 견딜 수 없다.

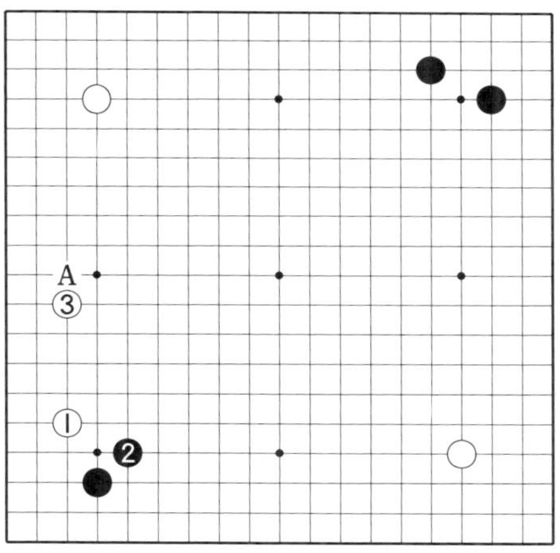

실전례-29(날일자걸침)

흑의 소목에 백1의 날일자걸침이다. 흑2의 마늘모는 덤이 큰 현대 바둑에서 인기가 비교적 적은 수이지만 그래도 꾸준히 두어진다.

백은 3에 벌리는 것이 보통이며 A도 있다.

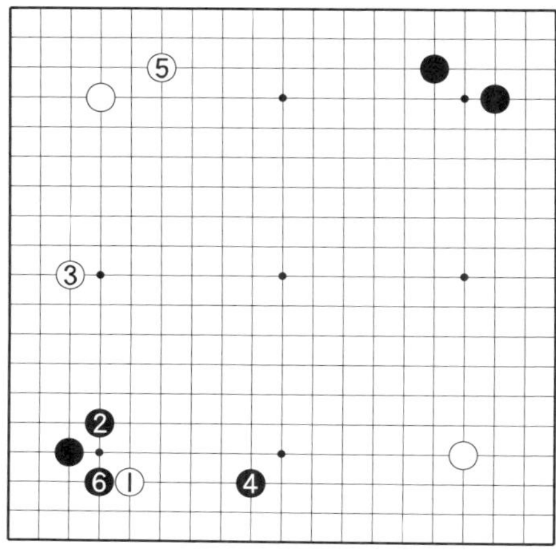

실전례-30(백, 손빼기)

배석이 다르다. 백1의 날일자걸침에 역시 흑2의 마늘모가 선택받았다. 백은 좌변을 중시해 3으로 전개하고 흑4에는 백5로 좌상을 굳혔다. 손빼기를 활용한 구상이었다.

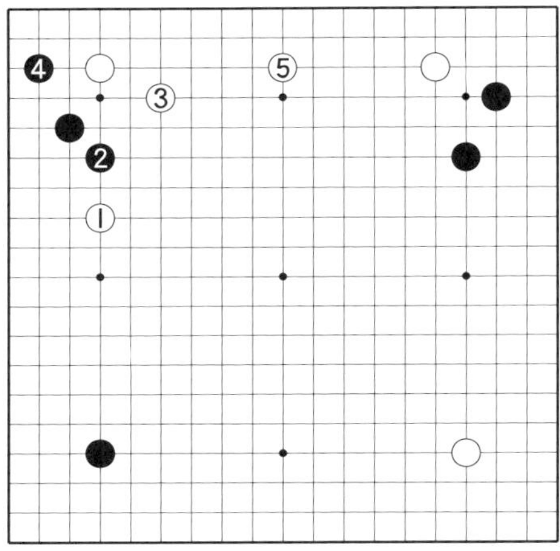

실전례-31(고풍)

흑의 날일자걸침에 백1의 두칸높은 협공이다. 흑2의 마늘모는 견실한 수이며, 백3의 날일자에 흑4의 날일자달림은 고풍스런 수법이다.

5까지 오랜만에 보는 정석이다. 이다음….

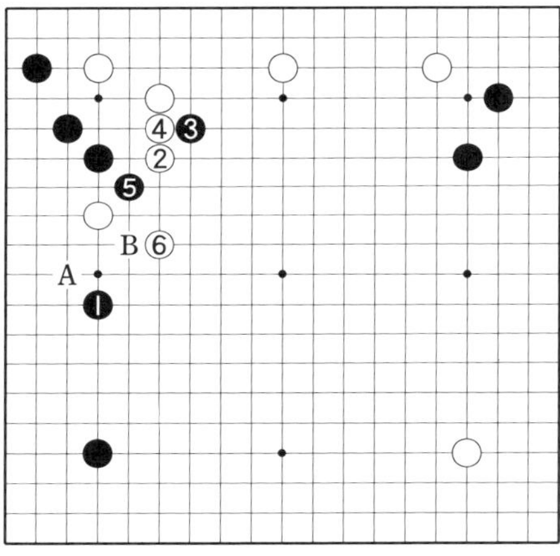

실전례-32(정석 이후)

흑1로 백 한점을 협공한다면 백2로 뛰는 것이 좋다. 그리고 흑3, 5에 자연스럽게 백6으로 진출하는 것이 리듬이다.

1 대신 A의 날일자라면 백B의 마늘모가 행마의 틀이다.

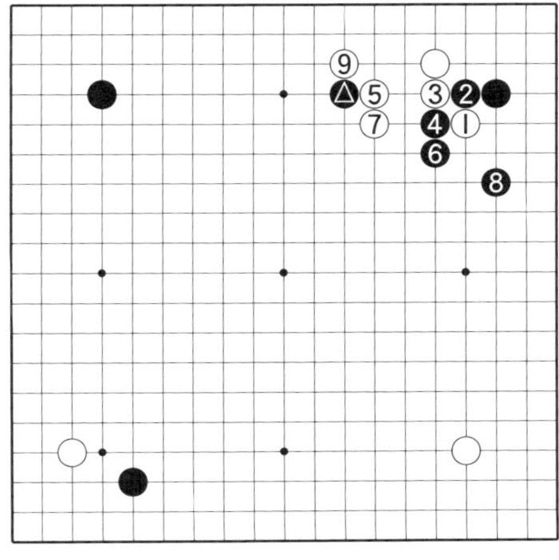

실전례-33(정석)

백의 날일자걸침에 흑▲의 두칸높은협공이다.

백1의 날일자씌움은 최근에도 가끔 볼 수 있다. 흑2, 4에 백5의 붙임은 맥점이며 흑6, 8, 백7, 9로 타협해서 정석이 이루어진다.

진격의 중반전

352쪽 | 목진석 감수 · 이하림 편저

바둑의 드라마틱한 중반전에 프로 일류는 어떻게 판세를 읽어가는가? 프로 고수의 실전보에서 재료를 발췌해 중반의 긴 과정을 따라가면서, 형세판단을 곁들여 나타날 수 있는 다양한 장면들을 보여준다.

이기는 바둑 시리즈

01 기본 정석으로 강자가 되어라

272쪽 | 목진석 감수 · 백재욱 지음

귀의 화점과 소목에서 기본적이고 중요한 변화를 익힌다면 정석을 거의 마스터했다고 봐도 좋다. 그러므로 바둑에 강해지려면 화점과 소목의 기본정석을 마스터하라!

02 기본 포석으로 승자가 되어라

280쪽 | 목진석 감수 · 백재욱 지음

최근의 포석은 처음부터 공간 전체를 활용하는 발상이 트렌드다. 그 과정에서 치열한 전투가 일어나기도 한다. 그럴수록 기본에 바탕을 둔 포석 감각을 익혀라. 그것이 안전하게 이기는 길이다.

03 기본 행마로 감각을 키워라

272쪽 | 목진석 감수 · 이하림 지음

바둑은 효율이다. 효율적인 바둑을 두려면 부분적인 모양에서의 행마의 길과 쓰임새, 전체적인 안목에서의 급소와 행마법을 익혀야 한다. 이런 행마의 감각을 키워 실전에서 적절히 구사해보자.

04 기본 전략으로 판을 지배하라

272쪽 | 목진석 감수 · 이하림 지음

정석은 주로 귀의 변화, 포석은 귀를 토대로 한 변의 변화가 핵심이라면, 전략은 중앙까지 염두에 둔 입체적 실전적 개념이다. 그야말로 야전(野戰)이다. 이제 야전의 세계로 들어가 보자.

05 기본 사활로 수읽기에 강해져라

272쪽 | 목진석 감수 · 이하림 지음

전체 판을 주도하려면 부분전투에 능해야 하고 그런 능력을 키우려면 수읽기에 강해져야 한다. 사활은 그 첩경이다.

06 기본 맥점으로 수보기에 강해져라

272쪽 | 목진석 감수 · 이하림 지음

바둑 한 판의 과정에는 다양한 맥이 숨어있다. 이런 맥을 찾는 학습으로 수를 빨리 보는 힘을 기르면 판의 급소를 읽으며 각종 전투에서 승리할 수 있다.

07 기본 변칙수로 위기를 돌파하라

272쪽 | 목진석 감수 · 이하림 지음

바둑은 정석대로만 두어서는 이길 수 없다. 그 과정에는 온갖 변칙적인 수법이 도사리고 있다. 이런 위기를 극복하고 살아남으려면 불의의 변칙수를 응징하고 때로는 상황에 맞는 정의의 변칙수를 구사해 어려운 판세를 돌파해야 한다.

08 기본 끝내기로 판을 뒤집어라

272쪽 | 목진석 감수 · 이하림 지음

바둑은 마라톤과 같아서 단번에 승부가 나지 않는다. 종반 역전의 짜릿함을 맛보려면 불리한 국면이라도 무모한 행동을 삼가며 때를 기다리는 인내심이 필요하다. 그런 절대 기회가 생겼을 때 끝내기의 묘미로 판을 뒤집어보자.

왕초보 바둑 배우기 시리즈

왕초보 바둑 배우기 1. 입문하기

240쪽 | 조창삼 지음

바둑을 처음 접하는 분들이 배워야 할 규칙과 기본 기술을 이해하기 편한 대화 형식으로 거침없이 풀었다. 1권을 마치면 누구랑 두어도 당당할 것이다

왕초보 바둑 배우기 2. 완성하기

240쪽 | 조창삼 지음

'입문하기 편'을 마친 분들이 배워야 할 부분 기술과 행마를 이해하기 편한 대화 형식으로 거침없이 풀었다. 2권을 마치면 부분 전투에 자신이 붙어 바둑의 묘미를 느낄 것이다.

왕초보 바둑 배우기 3. 대국하기

240쪽 | 조창삼 지음

'완성하기 편'을 마친 분들이 배워야 할 초반의 포석, 중반의 전투, 종반의 끝내기 등 바둑의 한 판 과정에서 필요한 핵심 기술을 초심자의 눈높이에서 보여준다.